Monika Rühl | Jochen Hoffmann

Das AGG in der Unternehmenspraxis

Monika Rühl | Jochen Hoffmann

Das AGG in der Unternehmenspraxis

Wie Unternehmen und
Personalführung Gesetz
und Richtlinien rechtssicher
und diskriminierungsfrei umsetzen

Bibliografische Information Der Deutschen Nationalbibliothek
Die Deutsche Nationalbibliothek verzeichnet diese Publikation in der
Deutschen Nationalbibliografie; detaillierte bibliografische Daten sind im Internet über
<http://dnb.d-nb.de> abrufbar.

1. Auflage 2008

Alle Rechte vorbehalten
© Betriebswirtschaftlicher Verlag Dr. Th. Gabler | GWV Fachverlage GmbH, Wiesbaden 2008

Lektorat: Maria Akhavan | Sascha Niemann

Der Gabler Verlag ist ein Unternehmen von Springer Science+Business Media.
www.gabler.de

Das Werk einschließlich aller seiner Teile ist urheberrechtlich geschützt. Jede Verwertung außerhalb der engen Grenzen des Urheberrechtsgesetzes ist ohne Zustimmung des Verlags unzulässig und strafbar. Das gilt insbesondere für Vervielfältigungen, Übersetzungen, Mikroverfilmungen und die Einspeicherung und Verarbeitung in elektronischen Systemen.

Die Wiedergabe von Gebrauchsnamen, Handelsnamen, Warenbezeichnungen usw. in diesem Werk berechtigt auch ohne besondere Kennzeichnung nicht zu der Annahme, dass solche Namen im Sinne der Warenzeichen- und Markenschutz-Gesetzgebung als frei zu betrachten wären und daher von jedermann benutzt werden dürften.

Umschlaggestaltung: Nina Faber de.sign, Wiesbaden
Druck und buchbinderische Verarbeitung: Wilhelm & Adam, Heusenstamm
Gedruckt auf säurefreiem und chlorfrei gebleichtem Papier
Printed in Germany

ISBN 978-3-8349-0022-7

Vorwort

Stefan Lauer, Mitglied des Vorstandes Deutsche Lufthansa AG, Mitglied des Präsidiums BDA, Mitglied des Vorstandes Deutsche Gesellschaft für Personalführung (DGfP)

Kaum ein in den letzten Jahren erlassenes Gesetz hat sich schon während seiner Entstehung mit einer größeren kritischen Beobachtung durch die Öffentlichkeit konfrontiert gesehen als das Allgemeine Gleichbehandlungsgesetz (AGG) vom 18. August 2006. Getreu den Brüsseler Richtlinienvorgaben trug es zunächst den Titel „Antidiskriminierungsgesetz". Im Laufe der parlamentarischen und außerparlamentarischen Diskussion wurde der vorgegebene Begriff „Diskriminierung" durch „Benachteiligung" bzw. „Belästigung" ersetzt, und aus dem viel schärfer klingenden „Antidiskriminierungsgesetz" wurde das freundlicher anmutende „Allgemeine Gleichbehandlungsgesetz". Schon unserem Grundgesetz wohnt, aber auch vielen anderen Gesetzen, das Gebot der Gleichbehandlung inne, ohne dass man je daran Anstoß genommen hätte. Was sollte sich also Bedenkliches hinter diesem Namen verbergen?

Das Gesetz ist die Umsetzung sechs europäischer Richtlinien, die gem. Art. 13 EG-Vertrag sämtlich einstimmig, also auch mit Zustimmung durch die Bundesrepublik Deutschland, zustande gekommen sind. Allerdings war der deutsche Gesetzgeber bei der Erfüllung seiner Pflicht recht säumig, denn bereits im Jahr 2003 hätte ein Gesetz vorliegen müssen. Es kann dahinstehen, ob diese Verzögerung dadurch begründet ist, dass der Gesetzgeber sich bewusst war, hier einen tiefen Einschnitt in den Grundsatz der Vertragsfreiheit, eine der wichtigsten Säulen unseres Zivilrechts, vornehmen zu müssen oder ob es einfach die Schwierigkeiten der Ausgestaltung waren, bei der Abfassung des Gesetzes die vielen bereits existierenden Vorschriften zu diesem Thema zu integrieren oder auch außer Kraft zu setzen.

Im Ergebnis sind wir jedoch über das hinausgegangen, wozu uns die Vorgaben verpflichteten. Hätten die engagiert und mit großer Sachkunde geführten öffentlichen und zum Teil auch parlamentarischen Diskussionen nicht die schlimmsten Auswüchse verhindert, läge uns heute ein Gesetz vor, das auf das Zivil- und insbesondere das Arbeitsrecht einen noch viel weitergehenden Einfluss gehabt hätte. Aber auch bereits das jetzt erlassene Gesetz wird weit reichende Folgen haben. Zudem werden sich angesichts der Verschiedenheiten der nationalen Mentalitäten bei der Anwendung und Auslegung von Gesetzen im Laufe der Zeit zusätzliche Diskrepanzen ergeben.

Man muss sich wohl auch damit abfinden, dass die Brüsseler Richtlinien-Maschinerie die Schaffung einer Idealwelt anstrebt, bei der Kosten und Aufwand nicht im Blickfeld stehen. Es scheint auch nicht von Belang zu sein, ob das Ziel von mehr Schutz für das Individuum zum Geburtshelfer von Vermeidungsstrategien werden kann. Denn wenn es derart erschwert wird, jemanden einzustellen, ohne dabei Gefahr zu laufen, hohe Entschädigungssummen zahlen zu müssen, fördert das in der Wirtschaft möglicherweise den Gedanken nach mehr Automatisierung oder der Verlagerung von Tätigkeiten in Länder, die noch nicht von vergleichbaren Reglementierungen betroffen sind.

Die Autoren, die beide über langjährige Erfahrungen im Personalbereich verfügen, sahen es als ihre Aufgabe an, das Gesetz kritisch zu untersuchen, vorhandene Ungereimtheiten anzusprechen und auch auf handwerkliche Fehler aufmerksam zu machen. Bei alldem haben sie die gebotene Neutralität gegenüber einem demokratisch zustande gekommenen Gesetz gewahrt. Wem wäre mit langen Ausführungen zu der Frage, ob es der EU-Richtlinien oder des AGG in der heutigen Zeit bedurft hätte, gedient gewesen? Ebenso haben sich die Autoren weitestgehend der Überlegungen enthalten, ob es denn zu der befürchteten Prozesslawine kommen wird oder nicht. Gewiss, es gibt bereits eine Reihe von Verfahren, die allerdings erst zu einem kleinen Teil rechtskräftig beendet sind. Zudem liegt eine umfassende Rechtsprechung des Europäischen Gerichtshofes zu den jeweilig zugrunde liegenden EU-Richtlinien vor.

Man darf auf die Entwicklung gespannt sein, denn der deutsche Gesetzgeber hat den Gerichten partiell erheblichen Entscheidungsrahmen eingeräumt. Es liegt in ihrer Hand, das Gesetz zu einem Mittel der individuellen „Bereicherung" oder einem Beitrag zu mehr Gerechtigkeit und einem gedeihlicheren Miteinander im Arbeitsleben werden zu lassen.

Frankfurt, im Herbst 2007   Stefan H. Lauer

Inhaltsverzeichnis

Vorwort 5

Abkürzungsverzeichnis 11

I. Einleitung 13

II. Die Grundlagen für das AGG 17

III. Das arbeitsrechtliche AGG 19

1. An wen wendet sich das Gesetz, § 6 AGG? 19

2. Das Ziel des Gesetzes, § 1 AGG 22
   - 2.1 Rasse und Ethnie 23
   - 2.2 Geschlecht 24
   - 2.3 Religion oder Weltanschauung 25
   - 2.4 Behinderung 27
   - 2.5 Alter 28
   - 2.6 Sexuelle Identität 30
   - 2.7 Änderung des § 75 BetrVG 31
   - 2.8 Zusammenfassung zu § 1 AGG 31

3. Benachteiligungsverbot, § 7 AGG 32

4. Welche Bereiche werden geregelt, § 2 AGG? 34

5. Definitionen von Benachteiligungen/ Begriffsbestimmungen, § 3 AGG 40
   - 5.1 Unmittelbare Benachteiligung 41
   - 5.2 Mittelbare Benachteiligung 41
   - 5.3 Belästigung 42
   - 5.4 Sexuelle Belästigung 43
   - 5.5 Anweisung zu einer Benachteiligung 46

6. Ausnahmen/zulässige unterschiedliche Behandlungen 47
   6.1   Ausnahmen wegen beruflicher Anforderungen, § 8 AGG 47
   6.2   Ausnahmen wegen Religion oder Weltanschauung, § 9 AGG 53
   6.3   Ausnahmen wegen Alters, § 10 AGG 55
   6.4   Unterschiedliche Behandlung wegen mehrerer Gründe, § 4 AGG 64
   6.5   Positive Maßnahmen, § 5 AGG 65

7. Organisationspflichten des Arbeitgebers 66
   7.1   Ausschreibung, § 11 AGG 66
   7.2   Maßnahmen und Pflichten des Arbeitgebers, § 12 AGG 68

8. Rechte des Arbeitnehmers bei Verstößen des Arbeitgebers gegen das AGG 74
   8.1   Beschwerderecht, § 13 AGG 74
   8.2   Leistungsverweigerungsrecht, § 14 AGG 78
   8.3   Entschädigung und Schadensersatz, § 15 AGG 79
   8.4   Schutz vor Viktimisierung, § 16 AGG Maßregelungsverbot 87
   8.5   Beweislasterleichterung, § 22 AGG 89

9. Soziale Verantwortung der Beteiligten, § 17 AGG 91

10. Mitgliedschaft in Vereinigungen, § 18 AGG 94

11. Unterstützende Institutionen 97
    11.1 Antidiskriminierungsverbände, § 23 AGG 97
    11.2 Antidiskriminierungsstelle des Bundes, §§ 25 – 30 AGG 99

IV. Folgen für das Personalmanagement 107

1. Ausschreibung 108

2. Auswahl 110
   2.1   Auswahlverfahren 110
   2.2   Zulässige und unzulässige Fragen 113
   2.3   Auswahlentscheidung und Absage 116

3. Einstellung/Integration und Beschäftigung 117

4. Personalentwicklung 118

5. Umgang mit der Mitbestimmung 120

6. Trennung 121

7. Datenschutz 124

8. Pflichten des Arbeitgebers 125

9. Zusammenfassung 128

10. Fragen und Antworten entlang des Personalprozesses 131

V. Pro-aktive Auseinandersetzung mit dem AGG: Diversity Management 135

1. Definition und Dimensionen 135

2. Business Case 138

3. Implementierung 141
   3.1 Status-quo-Analyse 141
   3.2 Zieldefinition 142
   3.3 Entwicklung einer Strategie 143
   3.4 Stakeholder-Analyse 143
   3.5 Maßnahmen 144
   3.6 Kommunikation 144
   3.7 Controlling 145

4. Managing Diversity 146
   4.1 Kultur 147
   4.2 Alter 147
   4.3 Geschlecht 149

5. Diversity Management bei Deutsche Lufthansa AG 150
   5.1 Einführung 150
   5.2 Status quo 151
   5.3 Aktivitäten 155

VI. Rechtsgrundlagen und Umsetzung in anderen EU-Staaten 159

1. Der Vertrag von Amsterdam 159

2. Die EU-Richtlinien 161

3. Umsetzung der EU-Richtlinien innerhalb der EU-Staaten 171

VII. Weitere EU-Vorgaben und Konsequenzen für das AGG 179

VIII. Zivilrechtliches AGG 183

IX. Nachwort 185

Quellen- und Literaturverzeichnis 191

Register 195

Die EU-Richtlinien und das AGG 199

Die Autoren 257

Abkürzungsverzeichnis

a.a.O.	am angegebenen Ort
a. E.	am Ende
AGG	Allgemeines Gleichbehandlungsgesetz
ADG	Antidiskriminierungsgesetz
Anm.	Anmerkung
ArbG	Arbeitsgericht
ArbGG	Arbeitsgerichtsgesetz
BAG	Bundesarbeitsgericht
BDA	Bundesvereinigung Deutscher Arbeitgeberverbände
BetrAVG	Gesetz zur Verbesserung der betrieblichen Altersversorgung (Betriebsrentengesetz)
BetrVG	Betriebsverfassungsgesetz
BGB	Bürgerliches Gesetzbuch
BGH	Bundesgerichtshof
BMFSFJ	Bundesministerium für Familie, Senioren, Frauen und Jugend
BRAO	Bundesrechtsanwaltsordnung
BSchG	Beschäftigtenschutzgesetz
BT	Bundestag
BT-Drucks.	Drucksache des Deutschen Bundestages
BVerfG	Bundesverfassungsgericht
EG	Europäische Gemeinschaft
EGMR	Europäischer Gerichtshof für Menschenrechte
EGV	Vertrag zur Gründung der Europäischen Union
EKD	Evangelische Kirche in Deutschland
EMRK	Konvention zum Schutze der Menschenrechte und Grundfreiheiten
EU	Europäische Union
EuGH	Europäischer Gerichtshof

EWG	Europäische Wirtschaftsgemeinschaft
FAZ	Frankfurter Allgemeine Zeitung
FAS	Frankfurter Allgemeine Sonntagszeitung
GG	Grundgesetz
Hs.	Halbsatz
h. M.	herrschende Meinung
i. d. F.	in der Fassung
i. V. m.	in Verbindung mit
Kap.	Kapitel
KSchG	Kündigungsschutzgesetz
LAG	Landesarbeitsgericht
LG	Landgericht
LPartG	Lebenspartnerschaftsgesetz
MuSchG	Mutterschutzgesetz
n. F.	neue Fassung
RDG	Rechtsdienstleistungsgesetz
Rdn.	Randnote
Rspr.	Rechtsprechung
SGB	Sozialgesetzbuch
SoldGG	Gesetz über die Gleichbehandlung der Soldatinnen und Soldaten (Soldatinnen- und Soldaten-Gleichbehandlungsgesetz)
TVG	Tarifvertragsgesetz
TzBfG	Teilzeit- und Befristungsgesetz
UKlaG	Unterlassungsklagegesetz
Urt.	Urteil
Verf.	Verfasser
Vorbem.	Vorbemerkung
WRV	Weimarer Reichsverfassung
Ziff.	Ziffer
ZPO	Zivilprozessordnung

I. Einleitung

Die unterschiedliche Bewertung, die das Allgemeine Gleichbehandlungsgesetz (AGG) vom 18. August 2006 erfahren hat und erfährt und die bereits während der parlamentarischen Diskussion des Vorentwurfes (noch unter dem Namen „Antidiskriminierungsgesetz") auffällig war, liegt sicherlich zum Großteil an den von ihm direkt oder indirekt betroffenen Gruppen. Wirtschaftsvertreter, Verbände, zahlreiche Professoren und Anwälte, aber auch der Deutsche Richterbund[1] haben sich während des Gesetzgebungsverfahrens teilweise recht lautstark zu Wort gemeldet und ihre Zweifel angemeldet, ob die Bundesrepublik Deutschland angesichts der EU-Richtlinien, die zweifellos umgesetzt werden mussten und die mit Stimme der Bundesrepublik zustande gekommen waren, nicht über das Ziel hinausschösse. Sie haben auf die massive Einschränkung der Vertragsfreiheit sowohl im arbeitsrechtlichen wie auch im zivilrechtlichen Teil hingewiesen und darauf, dass dieses Gesetz sehr wohl von interessierten Personen als Einladung zu prozessieren verstanden werden könnte, um schnell und ohne Mühe an Geld zu kommen. Zudem befürchteten sie, wie wir meinen mit Recht, einen großen (zusätzlichen) Verwaltungsaufwand, der sich in einer Zeit, in der der Entbürokratisierung das Wort geredet wird, recht anachronistisch ausnimmt.

Demgegenüber haben Institutionen, die sich eher als die Vertreter der „Schwachen" oder von Minderheiten berufen fühlen[2], dieses Gesetzesvorhaben begrüßt. Auch in der offiziellen Begründung zum Gesetz heißt es, ein energisches Eingreifen des Staates gegen zahlreiche Arten von Benachteiligungen sei mehr als überfällig.[3]

Eine „Bündelung" dieser divergierenden Auffassungen brachte die Bundestagsdebatte über den Gesetzesentwurf der Fraktionen von SPD und Bündnis 90/Die Grünen vom 16. Dezember 2004 am 21. Januar 2005[4]. Zentraler Punkt der parlamentarischen Auseinandersetzung war die Frage, ob denn der deutsche Gesetzgeber lediglich die Richtlinie wie gefordert und in der Koalitionsvereinbarung ausgemacht eins zu eins umsetzen wolle oder ob der vorliegende Entwurf nicht doch weit über die Erfüllung der Pflicht hinausging. In der Tat war Letzteres der Fall. Die in den folgenden Monaten wie erwähnt auch in der Öffentlichkeit geführte Dis-

---

[1] Z. B. BDA, BDI, ZDH, DIHK, Bundesverband Deutscher Banken, Deutscher Richterbund, Gesamtverband der Versicherungswirtschaft, CDU, FDP, Hauptverband des Deutschen Einzelhandels, Deutscher Anwaltverein, Verband der Chemischen Industrie, Bundesverband mittelständischer Wirtschaft u. a. m.
[2] Statt aller seien exemplarisch die folgenden Organisationen, Parteien und Vereinigungen genannt: Deutsches Institut für Menschenrechte, DGB, ver.di, Hans-Böckler-Stiftung, Büro gegen Altersdiskriminierung, Deutscher Mieterbund, Deutscher Behindertenrat, Türkische Gemeinde Deutschland, Antidiskriminierungsnetzwerk Berlin, Bündnis 90/Die Grünen.
[3] BT a.a.O., S. 21 ff.
[4] www.bundestag.de/bci/plenarprotokolle, Druckdatum 24. Januar. 2005

kussion brachte schließlich noch erhebliche Änderungen, die dem Arbeitgeberlager zwar immer noch nicht ausreichend erschienen, aus dessen Sicht aber doch den ursprünglichen Entwurf erheblich entschärften.

Eine Untersuchung der EU-Kommission (Eurobarometer)[5] bei 16.032 Europäern im Jahre 2002 mit dem Ziel herauszufinden, wie viele Personen sich schon einmal diskriminiert gefühlt hätten, hatte zu der Erkenntnis geführt, dass die (geringe) Zahl ein staatlich regulierendes Eingreifen eher nicht erfordert hätte (die mit Abstand höchste Angabe mit 5,8 Prozent gab es bei dem Merkmal „Alter"). Und wenn schon, so hätte es näher gelegen, bei den Europäischen Richtlinien, die nun umgesetzt werden mussten, ein wenig zurückhaltender zu arbeiten, um nicht wieder derart regulierend in den Rechtsverkehr unter privaten Individuen einzugreifen.

Diese Überlegung bringt der Schriftsteller Bernd Wagner, der 1985 aus der DDR kommend nach West-Berlin übersiedelte, um der Fremdbestimmung zu entgehen, auf folgenden ironisch-sarkastischen Nenner: „Das muss unbedingt gesetzlich geregelt werden! Nur so werden wir im 21. Jahrhundert den besten aller Staaten erhalten, von dem die Diktatoren des 20. vergeblich träumten, einen Staat, in dem wir nicht mehr auf persönlichen Anstand, Instinkt und Mitgefühl angewiesen sind, sondern die absolute Gerechtigkeit per Gesetz eingeklagt werden kann. Dass es dabei zu gewissen Nebenerscheinungen wie Denunziantentum, Heuchelei und hemmungslosem Egoismus kommen kann, muss hingenommen werden, und sie mit neuen Gesetzen zu bekämpfen die Aufgabe späterer Generationen sein."[6]

Und auch der Hauptverband des Deutschen Einzelhandels (HDE) zeigt sich in einer Äußerung vom März 2005 eher ratlos, die Unternehmen seien froh um jeden Kunden, egal welcher Hautfarbe, Religion oder welchen Alters. Sie lebten vom Kundenkontakt, vom Kontakt mit möglichst vielen und vielfältigen Kunden. Der Gesetzgeber sehe die Verbraucher offensichtlich nur als potenzielle Bedrohung, vor der die Beschäftigten zu schützen seien. Der Verband setzt sich mit der Frage auseinander, ob der Handel nunmehr Einlasskontrollen durchführen müsse, um mögliche Schadensersatzansprüche der Arbeitnehmer ausschließen zu können.

Zweifellos gibt es immer noch zu viel Gedankenlosigkeit im Umgang mit Minderheiten in Deutschland. So war z. B. die Haltung gegenüber Behinderten sehr lange geprägt davon, die Behinderung als unabänderliches persönliches Schicksal hinzustellen, anstatt sich kritisch mit gesellschaftlichen Vorurteilen und Ausschlussmechanismen auseinanderzusetzen und den Behinderten ein weitestgehend barrierefreies und selbst bestimmtes Leben zu ermöglichen. Gleichwohl kann festgestellt werden, dass hier in den letzten Jahren ein Umdenken und Umlenken eingesetzt hat. Es stellt sich die Frage, ob es nicht sinnvoller gewesen wäre, diese Bewegung – bezogen auf alle Merkmale – mit den Mitteln einer großen Kampagne zu nutzen, um so eine manifeste Bewusstseinsänderung in der Bevölkerung herbeizuführen. Ob dieses Ziel auch mit dem Erlass eines Gesetzes, das dem Bürger eine Einschränkung seiner Freiheiten zu Gunsten der Schaffung von mehr Gleichheit auferlegt, erreicht werden wird, muss die Zukunft lehren.

---

5 www.migration-boell.de/web/diversity
6 Cicero, www.cicero.de

I. Einleitung

Trotz allem: Das AGG ist Realität. Erste Trends im Umgang mit ihm zeichnen sich ab. Während Großunternehmen, die sich mit Recht wegen ihres Bekanntheitsgrades, wegen ihrer Marke und ihrer komplexeren Struktur für gefährdeter halten, bereits unmittelbar nach Inkrafttreten des Gesetzes Schulungen durchgeführt haben und noch durchführen, vertrauen kleinere Betriebe oft eher auf ihre „Übersichtlichkeit" und darauf, dass man mit gutem Beispiel ein benachteiligungsfreies Umfeld schaffen könne.

Obwohl in der Bundesrepublik Deutschland Art. 3 Abs. 3 des Grundgesetzes bereits seit 1949 ein umfassendes Benachteiligungsverbot garantiert, kann man davon ausgehen, dass die Vereinigten Staaten von Amerika die eigentlichen Impulsgeber für die heute vorliegenden zahlreichen Regelungen in Europa sind. 1964 leitete der „Civil Rights Act" das Ende der Rassentrennung ein. Er umfasste zunächst die Dimensionen Geschlecht, Rasse/Ethnie, Religion und nationale Herkunft, später dann auch Alter, Behinderung und Schwangerschaft. Seit 1991 gibt es dort die Möglichkeit, Schadensersatz zu erhalten und die Anwaltskosten ersetzt zu bekommen. Hier wie auch in Großbritannien, wo 1993 die Entschädigungsobergrenze aufgehoben wurde, führen die gesetzlichen Gegebenheiten zu Prozessen, deren Klagesummen in Deutschland nicht zu erwarten sind. Liegt z.B. der Höchstbetrag, der mit einer Kündigungsschutzklage in Großbritannien erreicht werden kann, bei ca. 56.800 Pfund, belief sich der Streitwert im bislang „teuersten" Fall wegen eines „institutionell sexistischen Betriebsklimas" auf sieben Millionen Pfund. Im Jahre 2004 waren dort insgesamt über 14.200 Klagen wegen sexueller Diskriminierung anhängig.

Wir müssen in Deutschland höchstwahrscheinlich nicht mit solchen Auswüchsen rechnen. Zum einen hat der Gesetzgeber im AGG direkt Sperren eingefügt, zum anderen sollte die alte und bewährte Rechtsprechung zu Schadensersatz und Entschädigung hier verhindern, dass es zu Forderungen in absurder Höhe kommen wird.

Gleichwohl wird den Praktikern die Beachtung und Anwendung des Gesetzes nicht leicht fallen. Weist es doch Mängel und Ungereimtheiten auf, die hohe Ansprüche an die Kunst der Interpretation und Auslegung stellen. Der Gesetzgeber selbst spricht in seiner Begründung von einem „lernenden Gesetz" und meint damit die erklärende Konkretisierung durch die Gerichte, die allerdings einige Zeit in Anspruch nehmen wird.

Das Gesetz stellt also neue und erhebliche Anforderungen an alle sich im Arbeitsleben befindenden Personen, an welcher Stelle auch immer. Die Autoren haben sich fast ausschließlich mit dem arbeitsrechtlichen Teil des AGG befasst. Der zivilrechtliche Teil wurde lediglich kurz gestreift. Das Gesetz über die Gleichbehandlung der Soldatinnen und Soldaten blieb gänzlich außer Ansatz.

Das vorliegende Buch will dem Praktiker ein Hilfsmittel sein, ihm das Gesetz nahe bringen und so dazu beitragen, einerseits dessen positive Aspekte zu erkennen, andererseits die notwendige Sensibilität zu wecken, um nicht ungewollt in Verfahren hineinzuschlittern, die nicht nur viel Geld kosten, sondern auch zu größeren personalpolitischen Irritationen führen können.

Gleichwertig neben der Erläuterung des Gesetzestextes und der daraus abgeleiteten Empfehlungen für seine praktische Umsetzung wird der Personalprozess von der Auswahl bis zur Trennung einer kritischen Würdigung unterzogen. Es handelt sich dabei um Anleitungen für die Praxis, deren Beachtung Kollisionen mit dem Gesetz verhindern soll.

Eine Besonderheit des Buches ist der Teil, der sich der betrieblichen Situation von Mitarbeitenden unterschiedlichster Qualifikation, Herkunft, Weltanschauung etc. auf eine progressive Art und Weise widmet. Hier ist erklärtes Ziel, klare Anregungen zu geben, sich der Heterogenität eines Mitarbeiterstammes positiv anzunähern, um dadurch wertvolle Impulse für die Gestaltung der Arbeit, mehr noch aber für die zu erzeugenden Produkte zu gewinnen. Statt eine Vermeidungsstrategie zu empfehlen, wird hier dargelegt, wie ein Gesetz, das zunächst auf Unverständnis und Ablehnung stieß, Anlass sein kann, innerbetriebliche Prozesse zu überdenken und „Normabweichungen" bei Menschen nicht zu bekämpfen, sondern sie als Bereicherung zu verstehen und ihre besonderen Begabungen nutzbar zu machen.

Zur schnelleren Orientierung finden sich die einzelnen Vorschriften nicht nur an der Spitze der zu ihnen verfassten Erläuterungen, sondern das Gesetz wird im vollen Wortlaut in seiner Fassung vom 18. August 2006, geändert durch das „Zweite Gesetz zur Änderung des Betriebsrentengesetzes und anderer Gesetze" vom 18. Oktober 2006, abgedruckt.

Um dem Benutzer ein vollständiges Bild der gesamten Materie zu vermitteln, wurden die dem Gesetz zugrunde liegenden EU-Richtlinien ebenfalls im Wortlaut abgedruckt und auch erläutert. Bei Bedarf kann hierauf zurückgegriffen werden, um zu einem tieferen Verständnis des Gesetzes zu gelangen.

Wegen der besseren Lesbarkeit und einfacheren Darstellung wird häufig entweder nur die männliche oder auch nur die weibliche Form gewählt. Die Autoren bitten dafür um Verständnis und betonen, dass immer auch die jeweils andere Form mit gemeint ist.

Am Schluss, „zu (un-)guter Letzt", wurde versucht, die Anwendbarkeit des Gesetzes einem kleinen Test in einem ungewöhnlichen Kontext zu unterziehen.

II. Die Grundlagen für das AGG

Mit diesem „Gesetz zur Umsetzung europäischer Richtlinien zur Verwirklichung des Grundsatzes der Gleichbehandlung" vom 14. August 2006, verkündet am 17. August 2006, wird in der Bundesrepublik Deutschland erstmalig versucht, das Thema Antidiskriminierung/Allgemeine Gleichbehandlung einheitlich für die Bereiche Arbeitsrecht und Zivilrecht (Art. 1 Allgemeines Gleichbehandlungsgesetz (AGG)), Soldatenrecht (Art. 2 Gesetz über die Gleichbehandlung der Soldatinnen und Soldaten (Soldatinnen- und Soldaten-Gleichbehandlungsgesetz-SoldGG)) und Sozialrecht (Art. 3 Änderungen in anderen Gesetzes, Absätze 7 bis 10) zu regeln.

Bei den im Titel des Gesetzes erwähnten europäischen Richtlinien, die am Ende des Buches abgedruckt sind und in Teil VI. 2 erläutert werden, handelt es sich im Einzelnen um:

- Richtlinie des Rates vom 9. Februar 1976 zur Verwirklichung des Grundsatzes der Gleichbehandlung von Männern und Frauen hinsichtlich des Zugangs zur Beschäftigung, zur Berufsbildung und zum beruflichen Aufstieg sowie in Bezug auf die Arbeitsbedingungen (76/207/EWG), geändert durch die Richtlinie 2002/73/EG des Europäischen Parlaments und des Rates vom 23. September 2002

- Richtlinie 2000/43/EG des Rates vom 29. Juni 2000 zur Anwendung des Gleichbehandlungsgrundsatzes ohne Unterschied der Rasse oder der ethnischen Herkunft

- Richtlinie 2000/78/EG des Rates vom 27. November 2000 zur Festlegung eines allgemeinen Rahmens für die Verwirklichung der Gleichbehandlung in Beschäftigung und Beruf

- Richtlinie 2002/73/EG des Europäischen Parlaments und des Rates vom 23. September 2002 zur Änderung der Richtlinie 76/207/EWG des Rates zur Verwirklichung des Grundsatzes der Gleichbehandlung von Männern und Frauen hinsichtlich des Zugangs zur Beschäftigung, zur Berufsbildung und zum beruflichen Aufstieg sowie in Bezug auf die Arbeitsbedingungen

- Richtlinie 2004/113/EG des Rates vom 13. Dezember 2004 zur Verwirklichung des Grundsatzes der Gleichbehandlung von Männern und Frauen beim Zugang zu und bei der Versorgung mit Gütern und Dienstleistungen

Diese Richtlinien basieren ihrerseits auf anderen Erklärungen und Verträgen der EU. Sie sind auszugsweise abgedruckt und besprochen in Teil VI. 1.

Dieser gesetzgeberische Akt, zu dem die Bundesrepublik Deutschland als EU-Mitgliedstaat verpflichtet war[1], war deswegen kompliziert, weil er eine Fülle bereits vorhandener Regelungen zu berücksichtigen hatte. Zum Teil wurden sie integriert, aber zum Teil auch abgeändert oder sogar aufgehoben. Hierbei handelt es sich um Vorschriften u. a. aus dem BGB, dem BetrVG, dem Sozialgesetzbuch, dem Sozialgerichtsgesetz, dem ArbGG, dem Personalvertretungsgesetz und dem Sprecherausschussgesetz.

Die Frage zu stellen, ob es denn nicht der europäischen Pflicht genügt hätte, auf die in Deutschland schon bestehende Regelungsdichte zu verweisen und auf ein neues Gesetz gänzlich zu verzichten, ist müßig. Dennoch sei eine „praktische" Antwort erlaubt. Ein solcher Verweis auf schon vorhandene Gesetze wäre seinerseits ebenfalls nur in Gesetzesform möglich gewesen. D. h., statt mit einer Regelung aus einem Guss hätte man es immer zu tun gehabt mit diesem Verweisungsgesetz und den entsprechenden Vorschriften, auf die verwiesen wurde. Eine schlimme Vorstellung. Und dabei wäre noch nicht einmal klar, ob sich der Richtliniengeber überhaupt mit einem solchen Vorgehen zufriedengegeben hätte.

---

[1] Nach erfolgter Zustimmung zu den Richtlinien

III. Das arbeitsrechtliche AGG

In Teil III werden die einzelnen, das Arbeitsrecht betreffenden Paragrafen des AGG beleuchtet. Die Reihenfolge der Kommentierung richtet sich nicht nach der Reihenfolge der Vorschriften, sondern gehorcht einer anwenderorientierten Systematik. Zu Beginn eines jeden Absatzes ist zunächst der Gesetzestext zitiert, damit die Ausführungen leichter verständlich sind.

1. An wen wendet sich das Gesetz, § 6 AGG?

> § 6 Persönlicher Anwendungsbereich
>
> (1) Beschäftigte im Sinne dieses Gesetzes sind
>
> 1. Arbeitnehmerinnen und Arbeitnehmer,
>
> 2. die zu ihrer Berufsbildung Beschäftigten,
>
> 3. Personen, die wegen ihrer wirtschaftlichen Unselbständigkeit als arbeitnehmerähnliche Personen anzusehen sind; zu diesen gehören auch die in Heimarbeit Beschäftigten und die ihnen Gleichgestellten.
>
> Als Beschäftigte gelten auch die Bewerberinnen und Bewerber für ein Beschäftigungsverhältnis sowie die Personen, deren Beschäftigungsverhältnis beendet ist.
>
> (2) Arbeitgeber (Arbeitgeber und Arbeitgeberinnen) im Sinne dieses Abschnitts sind natürliche und juristische Personen sowie rechtsfähige Personengesellschaften, die Personen nach Absatz 1 beschäftigen. Werden Beschäftigte einem Dritten zur Arbeitsleistung überlassen, so gilt auch dieser als Arbeitgeber im Sinne dieses Abschnitts. Für die in Heimarbeit Beschäftigten und die ihnen Gleichgestellten tritt an die Stelle des Arbeitgebers der Auftraggeber oder Zwischenmeister.
>
> (3) Soweit es die Bedingungen für den Zugang zur Erwerbstätigkeit sowie den beruflichen Aufstieg betrifft, gelten die Vorschriften dieses Abschnitts für Selbständige und Organmitglieder, insbesondere Geschäftsführer oder Geschäftsführerinnen und Vorstände entsprechend.

In § 6 AGG („persönlicher Anwendungsbereich") wird der von diesem Gesetz geschützte Personenkreis definiert. Es geht hier ausschließlich um den **Schutz im Arbeitsleben**. Das AGG hat also unmittelbar gestaltenden Einfluss auf das deutsche Arbeitsrecht. Während § 1 die Schutzziele[1] beschreibt bzw. die Gründe nennt, aus denen nicht benachteiligt werden darf, bezeichnet § 6 die **Personengruppen**, die mit diesem Gesetz geschützt werden sollen. In erster Linie sind dies unselbständige Arbeitnehmer. Die Definition ist sehr umfassend, wie nachfolgend noch dargestellt wird. Das entspricht der Intention der europäischen Richtliniengeber, die nicht nur die Schutzziele weit gesteckt, sondern auch den Kreis der zu schützenden Personen sehr groß gezogen haben.

Die Vorschrift ist in drei Absätze unterteilt. Abs. 1 definiert den Begriff „**Beschäftigte im Sinne des AGG**". Zu ihnen zählen:

1. Arbeitnehmerinnen und Arbeitnehmer, d.h. Personen, die sich in einem abhängigen Beschäftigungsverhältnis befinden. Selbstverständlich werden zu ihnen auch die Leitenden Angestellten gem. § 5 Abs. 3 BetrVG gerechnet, denn die Tatsache, dass sie nicht unter den Geltungsbereich des Betriebsverfassungsgesetzes fallen, hat auf ihre Abhängigkeit vom Arbeitgeber keinen Einfluss.

2. die zu ihrer Berufsbildung Beschäftigten, **d.h. Auszubildende,**

3. arbeitnehmerähnliche Personen.

Hier stellt das Gesetz auf die wirtschaftliche Unselbständigkeit ab und nennt als Beispiel Heimarbeiter und ihnen Gleichgestellte (z.B. Behinderte in Behindertenwerkstätten)[2]. Zu dieser Gruppe heißt es in Absatz 2, dass hier an die Stelle des Arbeitgebers der Auftraggeber oder der Zwischenmeister tritt, d.h., diese Gruppen sind die Adressaten der aus dem Gesetz resultierenden Pflichten.

Absatz 1, Nr. 3 vergrößert den geschützten Personenkreis um die Bewerberinnen und Bewerber für ein Beschäftigungsverhältnis. Damit wird der Erfahrung Rechnung getragen, dass, wenn Benachteiligungen auftreten, diese häufig im Vorfeld von Beschäftigungsverhältnissen geschehen. Der gesamte Prozess von einer Personalsuchanzeige in einer Zeitung oder einer entsprechenden Veröffentlichung im Internet über die schriftliche Auswahl bis hin zum Bewerbergespräch birgt eine Vielzahl von Gefahren, Menschen aus einem der in §1 AGG genannten Gründe zu benachteiligen. Es ist damit zu rechnen, dass gerade in diesem Zusammenhang, d.h. gerade im Hinblick auf diesen Personenkreis sich ein Schwerpunkt bei der Anwendung des AGG ergeben wird. Sind es doch besonders Personen, die sich um einen Arbeitsplatz bewerben, die sehr genau auf ihre Rechte achten. Die breite öffentliche Diskussion im Vorfeld der Verabschiedung dieses Gesetzes hat sicherlich das Ihre dazu getan, um jede Handlung eines Arbeitgebers bei der Anbahnung eines Beschäftigungsverhältnisses oder gerade dann, wenn dieses nicht zustande kommt, einer akribischen Prüfung auf mögliche

---

1 Keine Benachteiligung wegen Rasse oder ethnischer Herkunft, Geschlecht, Religion oder Weltanschauung, Behinderung, Alter oder sexueller Identität.
2 Vgl. § 39 SGB IX.

Rechtsverletzungen zu unterziehen. Und die Möglichkeiten, hier Fehler zu begehen, sind wirklich zahllos, wie im Kontext mit den einschlägigen Vorschriften noch dargelegt werden wird.

Der Kreis der geschützten Personen umfasst aber nicht nur Bewerberinnen und Bewerber sowie Arbeitnehmerinnen und Arbeitnehmer, sondern auch Personen, deren **Beschäftigungsverhältnis beendet** ist. Das kann sich auswirken auf Empfänger einer Betriebsrente, wenn der ausgeschiedene Mitarbeiter reklamiert, er sei z.B. bei der Festlegung ihrer Höhe aus einem der in §1 AGG genannten Gründen benachteiligt worden.

Von § 6 AGG umfasst sind nicht nur die Beschäftigten der Privatwirtschaft, sondern auch die des öffentlichen Dienstes. Für Beamtinnen und Beamte sowie Richterinnen und Richter gelten die Sonderregeln des § 24 AGG.

§ 6 Abs. 2 AGG definiert als Arbeitgeber natürliche und juristische Personen sowie rechtsfähige Personengesellschaften, die Arbeitnehmer nach Abs. 1 beschäftigen. Leiharbeitnehmer können sich bei Verletzung ihrer Rechte nach diesem Gesetz, sprich einem Verstoß gegen das Benachteiligungsverbot, sowohl an den Verleiher wie auch an den Entleiher wenden. Beide sind Arbeitgeber im Sinne dieses Gesetzes. Hier wird es darauf ankommen, in wessen Sphäre die unerlaubte Benachteiligung geschehen ist, d.h. wer sie zu vertreten hat.

Für Selbständige und Organmitglieder, insbesondere **Geschäftsführer** und **Vorstände,** gilt das Verbot unerlaubter Benachteiligung nur, soweit die Bedingungen für den Zugang zur Erwerbstätigkeit sowie den beruflichen Aufstieg betroffen sind (Abs. 3). Daraus folgt, dass denkbare Benachteiligungen in einem anderen als dem beschriebenen Kontext in Bezug auf diesen Personenkreis irrelevant sind. Angesichts der Tatsache, dass Vorstände und Geschäftsführer ja bereits die absoluten Spitzenpositionen in einem Unternehmen erklommen haben, fragt es sich, an welchen „beruflichen Aufstieg" der Gesetzgeber gedacht haben mag. In seiner Begründung gibt er hierüber leider keine Auskunft. Denkbar wäre allerdings ein Aufstieg innerhalb eines Konzerns durch einen Wechsel von einer in eine andere Gesellschaft. Von größerer Bedeutung dürfte indessen die Ausdehnung des Schutzes auf den **Zugang zur Erwerbstätigkeit** sein. Sie entspricht der Intention des Absatz 1, in dem Bewerber den Arbeitnehmern im Sinne dieses Gesetzes gleichgestellt werden. Anspruchsgegner in einem solchen Fall würde wohl der Inhaber eines Unternehmens sein, gleich, ob er selbst in der Geschäftsführung tätig ist oder nicht. Es käme darauf an, ob er Geschäftsführer oder Vorstände einstellt. Bei Kapitalgesellschaften würde sich das Verbot der unerlaubten Benachteiligung von Personen gem. § 6 Abs. 3 AGG wohl lediglich auf den Abschluss des Dienstvertrages, nicht z.B. auf die Bestellung zum Vorstand beziehen[3]. Adressat bei Schadensersatz- oder Entschädigungsansprüchen wäre der Aufsichtsrat. Allerdings mit der Einschränkung, dass es sich bei der Tätigkeit in diesem Gremium um eine Erwerbstätigkeit handeln müsste, also das Mitglied hierfür Bezüge erhielte.[4]

---

3 Vgl. Bauer, Rdn. 27 zu § 6 AGG.
4 Vgl. Bauer, Rdn. 28 zu § 6 AGG.

Im Übrigen wird man hier nicht damit rechnen müssen, dass es zu größeren Auseinandersetzungen kommt. Einerseits sind die Vorgehensweisen bei der Auswahl von Vorständen oder Geschäftsführern meist sehr komplex und von Außenstehenden auch im Hinblick auf die §§ 7 und 1 AGG schwer nachzuvollziehen, andererseits wird jemand, der sich bei diesem Prozess im Sinne des AGG für benachteiligt hält, genau überlegen, ob er versuchen sollte, Ansprüche nach dem AGG geltend zu machen. Einer weiteren Karriere, wo auch immer, wäre das sicherlich nicht förderlich.

2. Das Ziel des Gesetzes, § 1 AGG

> § 1 Ziel des Gesetzes
>
> Ziel des Gesetzes ist, Benachteiligungen aus Gründen der Rasse oder wegen der ethnischen Herkunft, des Geschlechts, der Religion oder Weltanschauung, einer Behinderung, des Alters oder der sexuellen Identität zu verhindern oder zu beseitigen.

Mit der Umsetzung der europäischen Richtlinien in das deutsche Allgemeine Gleichbehandlungsgesetz strebt der Gesetzgeber an, dass Benachteiligungen aus Gründen der Rasse oder wegen der ethnischen Herkunft, des Geschlechts, der Religion oder Weltanschauung, einer Behinderung, des Alters oder der sexuellen Identität verhindert oder beseitigt werden sollen. Die vier zugrunde liegenden Richtlinien[5] werden am Ende dieses Buches abgedruckt und in Teil VI erläutert.

Die **Aufzählung** der Gründe in § 1 AGG ist **abschließend.** Benachteiligungen aus Gründen, die hier nicht genannt sind, unterliegen nicht dem Schutz des AGG. Es ist aber auch keineswegs das Ziel des AGG, für allumfassende Gleichbehandlung zu sorgen und *jede* ungerechtfertigte Benachteiligung zu unterbinden. Das ergibt sich z.B. aus der Formulierung in § 2 Abs. 2 AGG, die auf Vorschriften des SGB I und des SGB IV sowie auf das Betriebsrentengesetz verweist. Noch weiter gefasst, ähnlich einer Generalklausel, ist § 2 Abs. 3 AGG. Hier heißt es ausdrücklich, dass die Geltung **„sonstiger Benachteiligungsverbote oder Gebote der Gleichbehandlung"** durch dieses Gesetz nicht berührt wird.

Bemerkenswert ist, dass der deutsche Gesetzgeber den Ausdruck „Diskriminierung", den die EU-Richtlinien verwenden und der auch über lange Zeit im deutschen Gesetzgebungsverfahren benutzt wurde („Antidiskriminierungsgesetz", ADG), überhaupt nicht mehr gebraucht. Er hat sich dabei davon leiten lassen, dass ein benachteiligendes Verhalten noch lange nicht diskriminierend sein muss. Eine Diskriminierung stellt einen weit stärkeren Eingriff in Per-

---

[5] 2000/43/EG, 2000/78/EG, 2002/73/EG, 2004/113/EG.

sönlichkeitsrechte dar als eine Benachteiligung. Letztere kann ja, wie unter den §§ 8 – 10 AGG (Teil III. 5.1 – 5.3) dargestellt wird, durchaus zulässig sein. Bei einer „zulässigen Diskriminierung" ergäben sich allerdings bereits semantische Probleme.

Bei der Anwendung des Gesetzes können daraus Schwierigkeiten entstehen, dass der Gesetzgeber es unterlassen hat, bei der Formulierung des Gesetzesziels (§ 1 AGG) die dort genannten Gründe (Rasse, Ethnie, Alter usw.) zu definieren. An anderer Stelle, s. z.B. die §§ 3 und 6 AGG, werden bereitwillig Definitionen gebracht. Es mag sein, dass der Gesetzgeber der Auffassung war, die verwandten Begriffe seien selbst erklärend und zusätzliche Definitionen daher entbehrlich, vielleicht sogar kontraproduktiv. Dagegen spricht allerdings die Tatsache, dass sich die offizielle Begründung recht ausführlich mit der Erläuterung der verwendeten Begriffe befasst.

Die Frage, ob die Reihenfolge der Gründe in § 1 AGG eine Gewichtung signalisieren soll, wird man wohl verneinen müssen. Alle Begriffe stehen **gleichberechtigt** nebeneinander. Dort, wo eine große begriffliche Nähe herrscht bzw. wo man von einer Verwandtschaft zweier Gründe sprechen kann, sind diese durch „oder" verbunden (Rasse oder ethnische Herkunft, Religion oder Weltanschauung). Im Übrigen trennen Kommata die einzelnen Begriffe.

2.1 Rasse und Ethnie

Gleich der erste der aufgeführten Gründe, „**Rasse**", ist problematisch. Schon in den Erwägungen zur EU-Antirassismus-Richtlinie (2000/43/EG) artikulieren die Verfasser ihr Unbehagen, weil der Begriff „Rasse" ja nicht erst im vorigen Jahrhundert eine besonders negative Prägung erfuhr. So heißt es dort unter Ziff. 6: „Die Europäische Union weist Theorien, mit denen versucht wird, die Existenz verschiedener menschlicher Rassen zu belegen, zurück. Die Verwendung des Begriffs „Rasse" in dieser Richtlinie impliziert nicht die Akzeptanz solcher Theorien." Die EU hat ungeachtet dieser Problematik den Ausdruck beibehalten und auch der deutsche Gesetzgeber hat sich gleichermaßen entschieden. Mit einer anderen Wortwahl wäre es wohl auch nicht gelungen, in die begriffliche Nähe von „**Rassismus**" und „**Rassendiskriminierung**" zu kommen. Und genau darum ging es. Die EU hat immer wieder (s.auch § 13 EG-Vertrag und die bereits erwähnte Richtlinie 2000/43/EG) herausgestellt, von welch essenzieller Bedeutung ein Zusammenleben unter dem größtmöglichen Schutz vor ethnisch motivierter Benachteiligung innerhalb der EU-Grenzen ist[6].

Der Begriff „**Ethnie**" ist umfassender. Neben „Rasse" lassen sich darunter z.B. Hautfarbe, nationaler Ursprung oder auch Abstammung oder Volkstum subsumieren[7]. Die Absicht des Gesetzgebers ist klar: keine Benachteiligung aus Gründen der Abstammung und der (nationalen) Herkunft. In der Begründung zum Gesetz heißt es denn auch, dass selbst dann eine Benachteiligung wegen Rasse bzw. Ethnie angenommen werden kann, wenn scheinbar auf Religion oder Staatsangehörigkeit abgestellt wird. Letztere ist ja kein Grund i.S.d. § 1 AGG.

---

6   S.a. BT a.a.O., S. 30.
7   Vgl. Nicolai, Rdn. 38.

2.2 Geschlecht

„Die **Gleichstellung von Männern und Frauen** stellt nach Art. 2 und Art. 3 Abs. 2 des EG-Vertrages sowie nach der Rechtsprechung des (Europäischen, d. Verf.) Gerichtshofes ein grundlegendes Prinzip dar. In diesen Vertragsbestimmungen wird die Gleichstellung von Männern und Frauen als Aufgabe und Ziel der Gemeinschaft bezeichne"[8].

Das Prinzip (das Postulat) von der Gleichberechtigung von Männern und Frauen ist nicht neu. In Deutschland (nicht nur) hat es Verfassungsrang („Männer und Frauen sind gleichberechtigt", Art. 3 Abs. 2, S. 1 GG). Dieses **Grundrecht** gilt zunächst nur für das Verhältnis zwischen Bürger und Staat. Es ist aber seit langem unbestritten, dass Art. 3 Abs. 2, S. 1 GG auch bei der Anwendung und Auslegung von Vorschriften, insbesondere Generalklauseln wie den §§ 138 und 242 BGB Berücksichtigung findet (sog. „Drittwirkung der Grundrechte"). Darüber hinaus ist der Staat seit Änderung des Grundgesetzes vom 27. Oktober 1994 verpflichtet, "…die tatsächliche Durchsetzung der Gleichbehandlung von Frauen und Männern (zu fördern) (und) auf die Beseitigung bestehender Nachteile (hinzuwirken)", Art. 3 Abs. 2, S. 2 GG. Mit anderen Worten, durch die Richtlinien-Vorgaben aus Brüssel ergab sich in Deutschland grundsätzlich keine n e u e Verpflichtung. Auch in den Vorschriften des BGB gab es bereits das Verbot, Männer und Frauen im Arbeitsleben wegen ihres Geschlechts unterschiedlich zu behandeln (§§ 611 a, 611 b, 612 Abs. 3 BGB). Diese Vorschriften wurden nun durch das AGG aufgehoben, Art. 3 Abs. 14 AGG, und durch entsprechende Regelungen im AGG ersetzt. Verstöße gegen die Pflichten aus den vorzitierten Paragrafen werden, wenn sie vor dem 18. August 2006 (dem Tag des Inkrafttretens des AGG) geschehen sind, noch nach den alten Regeln behandelt, s. § 33 AGG.

Das Verbot der Benachteiligung wegen des Geschlechts gem. den §§ 1 und 7 AGG erfährt noch eine (eigentlich lediglich deklaratorische) Ergänzung in § 3 Abs. 1, S. 2 AGG. Hier heißt es, dass eine „unmittelbare Benachteiligung wegen des Geschlechts … auch im Falle einer ungünstigeren Behandlung einer Frau wegen Schwangerschaft oder Mutterschaft (vorliegt)".

Der Gesetzgeber will mit dieser Formulierung eine Selbstverständlichkeit noch einmal besonders hervorheben. Es ist unbestritten, dass eine unzulässige Benachteiligung wegen eines der Gründe in § 1 AGG auch dann vorliegt, wenn sie wegen eines Merkmals geschieht, das zwar nicht wörtlich in dieser Vorschrift erwähnt wird, aber mit einem dieser Begriffe in engem Zusammenhang steht. So ist z.B. eine Benachteiligung wegen einer bestimmten Hautfarbe unter den Grund „Rasse oder ethnische Herkunft" zu subsumieren. Folgerichtig unterliegt die Benachteiligung wegen Schwangerschaft oder Mutterschaft (nicht erwähnt in § 1 AGG) dem Benachteiligungsverbot wegen des (weiblichen) Geschlechts gem. § 1 (§ 3 Abs. 1, S. 2 AGG).

---

8   RL 2002/73/EG vom 23. September 2002.

III. Das arbeitsrechtliche AGG

Schon im Jahr 1995 hatte sich der EuGH mit der Frage zu beschäftigen, ob eine nationale Gesetzesregelung europarechtskonform sei, die zur Beseitigung faktischer Benachteiligungen von Frauen ihnen z.B. bei Ernennungen und Beförderungen den **absoluten Vorrang** vor Männern einräumt. Im konkreten Fall hatte sich ein Mann in der Verwaltung der Hansestadt Bremen gegen eine Benachteiligung bei einer Beförderung zur Wehr gesetzt. Zum Ausgleich einer zu niedrigen Anzahl weiblicher Beschäftigter in bestimmten Positionen war ein Gesetz erlassen worden, das den Frauen unbedingten Vorrang einräumte. Der EuGH hat entschieden, dass eine solche Vorschrift über eine Förderung der (angestrebten) Chancengleichheit hinausgeht und damit europarechtswidrig ist, Art. 2 Abs. 4 der Richtlinie 76/207/EWG[9]. Auf die Fälle der „umgekehrten Diskriminierung" wird unter § 5, Teil III, Kapitel 5. 5, eingegangen werden.

2.3 Religion oder Weltanschauung

Schon im Preußen des Alten Fritz galt die Religionsfreiheit („In meinem Staat kann jeder nach seiner Fasson selig werden"[10]). Unser Grundgesetz bestimmt in Art. 3 Abs.3 GG, dass „niemand wegen.... seiner religiösen oder politischen Anschauungen benachteiligt oder bevorzugt werden (darf)."

Der Gesetzgeber lässt eine Definition des Begriffes „Religion" vermissen. Auch die offizielle Begründung hüllt sich in Schweigen. Der Ausdruck kommt vom lateinischen „religio" und bedeutet so viel wie Glaube des Menschen an übernatürliche göttliche Mächte.[11]

Die Frage nach einer Abgrenzung oder Erläuterung ist indessen nicht neu. Sie stellt sich bereits im Zusammenhang mit dem Benachteiligungsverbot nach Art. 3 Abs. 3 GG („Niemand darf ... wegen seiner religiösen ... Anschauungen benachteiligt oder bevorzugt werden."). Darüber hinaus garantiert Art. 4 GG ausdrücklich die Glaubens-, Gewissens- und Bekenntnisfreiheit („Die Freiheit des Glaubens, des Gewissens und die Freiheit des religiösen und weltanschaulichen Bekenntnisses sind unverletzlich. Die ungestörte Religionsausübung wird gewährleistet", Abs. 1 und 2). Zwar besteht in Deutschland keine Staatskirche[12], aber Religionsgemeinschaften sind, soweit Körperschaften des öffentlichen Rechts, also z.B. die Katholische und die Evangelische Kirche (EKD), gem. Art. 137 Abs. 6 WVerf. berechtigt, Steuern zu erheben. In Deutschland werden diese in Abhängigkeit zur Lohn- bzw. Einkommensteuer berechnet. Insoweit herrscht sicherlich Klarheit, was die Anwendbarkeit des § 1

---

[9] Fall „Kalanke", EuGH 17. Oktober 1995, NZA 1995, 1095.
[10] Friedrich II. am 22. Juni 1740.
[11] In der Folge von Sören Kierkegaard (1813 – 1855) definieren Karl Barth, Rudolf Bultmann und andere „Religion" als sublimsten Versuch menschlicher Selbstbehauptung, durch die der Mensch eine Sicherung zwischen sich und Gott aufzurichten und das Verhältnis von Offenbarung und Geschichte aufzuzeigen versucht, Fischer Lexikon der Christlichen Religionen, 1957, S. 141.
[12] Vgl. Art. 137 Weimarer Reichsverfassung.

AGG angeht. Das gilt im Übrigen auch für die Untergruppen der großen Religionsgemeinschaften. Ebenso für Methodisten, Adventisten, Mormonen, Zeugen Jehovas, Heilsarmee etc.. Aber auch Angehörige des mosaischen oder des muslimischen Glaubens sind i.S.d. § 1 geschützt. Selbstverständlich ist auch das Nicht-Angehören zu einer Religion(-sgemeinschaft) schutzwürdig im Sinne des § 1 AGG.

In diesen Zusammenhang gehört die Frage nach der rechtlichen Einordnung der **Scientologen.** Vor über zehn Jahren hat das BAG[13] Scientology als ein Wirtschaftsunternehmen eingestuft („... ist eine Institution zur Vermarktung bestimmter Erzeugnisse. Die religiöse oder weltanschauliche Lehre dienen als Vorwand für die Verfolgung wirtschaftlicher Ziele ... Sie ist keine Religions- oder Weltanschauungsgemeinschaft der Art. 4, 140 GG, Art. 137 WRV"). Daran hat auch ein Urteil des Europäischen Gerichtshofs für Menschenrechte (EGMR)[14] nichts geändert (Verpflichtung der Stadt Moskau, Scientology als religiöse Gemeinschaft einzutragen). Der EGMR hat lediglich festgestellt, dass die konkrete Ablehnung russischer Behörden in Moskau, die „Church of Scientology Moscow" auf Grundlage eines in Russland seit 1997 bestehenden Religionsgesetzes als religiöse Vereinigung zu registrieren und der Organisation damit Rechtsfähigkeit zu verleihen, rechtswidrig war. Das Gericht erkannte auf eine Verletzung der Vereinigungsfreiheit. Keinesfalls hat es für alle Unterzeichnerstaaten der Europäischen Menschenrechtskonferenz bindend festgestellt, es handele sich bei der Scientology-Organisation als solcher um eine Religionsgemeinschaft im Sinne des Artikels 9 EMRK. Das Urteil ist ohnehin nur für die am Verfahren beteiligten Parteien bindend.

Im Übrigen hat das Bundesverfassungsgericht in einer Entscheidung vom 14. Oktober. 2004[15] festgestellt, dass Urteile des EGMR lediglich Auslegungshilfen für die nationalen Gerichte seien und eine schematische Vollstreckung der Urteile demgegenüber nicht statthaft sei. Die EMRK stehe in der Bundesrepublik Deutschland im Rang unter dem Grundgesetz auf der Ebene des einfachen Rechts[16].

Man kann also in Zukunft weiterhin davon ausgehen, dass **Scientology keine i.S.d. § 1 AGG geschützte Religion** ist. Eine Nichtberücksichtigung eines Scientologen z.B. bei einer Einstellung, ist demnach keine unerlaubte Benachteiligung gem. den §§ 7, 1 AGG.

Der Begriff „**Weltanschauung**" ist ebenfalls vom Gesetzgeber nicht definiert. Bei seiner Auslegung empfiehlt es sich, schon wegen seiner engen Verknüpfung mit „Religion" in § 1 AGG, restriktiv vorzugehen. Ebenfalls in § 9 AGG sind diese beiden Begriffe eng miteinander verbunden. Hier sind auch die zulässigen Ausnahmen vom Benachteiligungsverbot gem. den §§ 7, 1 AGG geregelt, auf die später[17] noch näher eingegangen wird. Unter Weltanschauung wird man ein fest gefügtes (philosophisches) Wertesystem ohne einen transzendenten Bezug, wie er sich in der Religion manifestiert, verstehen dürfen. „Weltanschauung birgt die

---

13 Az. 5 AZB 21/94 vom 22. März 1995.
14 Az. 18147/02 vom 12. April 2007.
15 Az. 2 BvR 1481/04.
16 Zitiert nach „Stadt Hamburg: Die Arbeitsgruppe Scientology, Stand 12. April bzw. 18. Juli 2007, www.arbeitsgruppe-scientology.de.
17 Teil III, Kapitel 2.

Philosophie in sich, geht wie diese auf das Ganze, Universale, Letzte und umfasst nicht bloß das Wissen um den Kosmos, sondern auch die Wertungen, die erlebten Rangordnungen der Werte, die Lebensgestaltungen."[18] Nicht gemeint sind politische Überzeugungen oder Mitgliedschaften in politischen Parteien.

Man wird davon ausgehen können, dass es in der betrieblichen Praxis kaum zu definitorischen Abgrenzungsschwierigkeiten kommen wird. Zur Untermauerung dieser Auffassung kann auch dienen, dass die Merkmale Religion und Weltanschauung in der offiziellen Begründung des Gesetzes keine Erwähnung finden.

2.4 Behinderung

Schon im SGB IX, Rehabilitation und Teilhabe behinderter Menschen, findet sich eine Definition dieses Begriffes: „Menschen sind behindert, wenn ihre körperliche Funktion, geistige Fähigkeit oder seelische Gesundheit mit hoher Wahrscheinlichkeit länger als sechs Monate von dem für das Lebensalter typischen Zustand abweichen und daher ihre Teilhabe am Leben in der Gesellschaft beeinträchtigt ist."[19]

Während das SGB IX die Ansprüche der Behinderten, soweit die Behinderung den Grad 30 oder mehr beträgt, gegenüber den Rehabilitationsträgern, aber auch gegenüber dem Arbeitgeber regelt, setzt das AGG bereits bei geringen gesundheitlichen Abweichungen an. Ihm geht es in erster Linie um die Teilhabe des Behinderten am Berufsleben[20]. Es darf also die Behinderung allein kein Ablehnungsgrund bei Einstellung oder Beförderung sein. Das heißt indessen **nicht**, dass für den Arbeitgeber aus dem AGG eine quasi **isolierte Verpflichtung** resultiert, einen Behinderten einzustellen, gleichgültig, ob dieser den beruflichen Anforderungen genügt oder nicht. In diesem Zusammenhang stellt sich die Frage, welche Anforderungen hinsichtlich der behindertengerechten Gestaltung des Arbeitsplatzes der Arbeitgeber zu erfüllen hat. Diese Beurteilung richtet sich zum einen sicherlich nach der Größe seines Betriebes und der finanziellen Leistungsfähigkeit, zum anderen danach, ob mit einer Umgestaltung des Arbeitsplatzes der Behinderte in die Lage versetzt werden kann, einen vollwertigen wirtschaftlichen Beitrag zu vertretbaren Kosten zu leisten. Die Intention des Gesetzgebers ist eindeutig. Er möchte, soweit irgend möglich, dass Behinderte in den Arbeitsprozess integriert werden, indem er eine Ausgrenzung allein aus dem Grund „Behinderung" untersagt.

---

18 H. Meyer, zit. Nach H. Schmidt, Philosophisches Wörterbuch, Stuttgart, 1951.
19 § 2 Abs.1, S. 1 SGB IX. Vgl. auch § 19 SGB III: „Behindert im Sinne dieses Buches sind Menschen, deren Aussichten, am Arbeitsleben teilzuhaben oder weiter teilzuhaben, wegen Art oder Schwere ihrer Behinderung im Sinne von § 2 Abs. 1 SGB IX nicht nur vorübergehend wesentlich gemindert sind und die deshalb Hilfe zur Teilnehme am Arbeitsleben benötigen, einschließlich lernbehinderter Menschen."
20 Vgl. EuGH vom 11.Juli 06, Az. C-13/05.

Bei grundsätzlich gleicher Zielrichtung legt das AGG die Schwelle für den Schutz von Behinderten niedriger legt als SGB IX. Dabei ist zu beachten, dass eine „normale" Krankheit noch nicht ausreicht, den Grund „Behinderung" in § 1 AGG auszufüllen und damit die Schutzmechanismen des AGG auszulösen. Das heißt z.B., eine wegen lang andauernder Krankheit und ungünstiger Prognose ausgesprochene **Kündigung** stellt keinen Verstoß gegen die §§ 7 und 1 AGG dar.

Außer Frage steht, dass es Arten von Behinderungen gibt, die für die Besetzung eines bestimmten Arbeitsplatzes als unüberwindbares Hindernis angesehen werden müssen. So kann sicherlich dann kein Verstoß gegen das Benachteiligungsverbot wegen Behinderung angenommen werden, wenn z.B. eine Allergie einen Chemiker auf einem Laborarbeitsplatz stark beeinträchtigen würde und er deshalb die angestrebte Position nicht erhält.[21]

2.5 Alter

Die Gesetzes- und Rechtslage in Deutschland war bereits vor Inkrafttreten des AGG gekennzeichnet von einem umfassenden Schutz älterer Arbeitnehmer. Die Gründe dafür liegen in der zutreffenden Erkenntnis, dass diese gegenüber jüngeren Arbeitnehmern häufig im Nachteil sind. Das geschieht besonders in „Grenzsituationen" wie z.B. Einstellung, Förderung und Entlassung.

Allerdings gab es bisher noch kein Gesetz, das einem Arbeitgeber vorschrieb, bevorzugt ältere Arbeitnehmer einzustellen. Hierin läge auch mit Sicherheit ein Verstoß gegen den Grundsatz der Vertragsfreiheit, deren Grenzen durch die §§ 242 und 138 BGB markiert sind. Dennoch hat der Gesetzgeber z.B. mit § 14 TzBfG einen Tatbestand geschaffen, der bei einer Einstellung von älteren Arbeitnehmern einen Vorteil dadurch bietet, dass es die Begründung eines befristeten Arbeitsverhältnisses ohne einen sachlichen Grund ermöglicht, wenn der Arbeitnehmer das 58. Lebensjahr vollendet hat. Bis zum 31. Dezember 2006 war diese Grenze sogar auf das 52. Lebensjahr herabgesetzt. Der Gesetzgeber wollte mit dieser Regelung die (Wieder-) Einstellungschancen Älterer erhöhen. Und sie steigen natürlich dadurch, dass die Befristung entgegen früherer Rechtslage ohne einen sachlichen Grund möglich wurde.

Diese Ausführungen machen deutlich, dass der Gesetzgeber sich schon vor dem AGG mit dem Thema „Alter" beschäftigte. Die Regelung des TzBfG stellt natürlich aus der Sicht des Jüngeren eine Benachteiligung dar, ist aber sicherlich keine im Sinne des AGG, da der Gesetzgeber hier ausdrücklich eine zulässige arbeitsmarktpolitisch motivierte Weiche gestellt hat.

Auch in § 80 Abs. 1, Ziff. 6 BetrVG ist das Postulat einer privilegierenden Behandlung älterer Arbeitnehmer enthalten. Der Betriebsrat soll „die Beschäftigung älterer Arbeitnehmer fördern". Im Bereich der Sozialgesetzgebung findet sich ebenfalls eine günstigere Behand-

---

21 Vgl. auch die Ausführungen in Teil III, Kapitel 5.1.

lung älterer Arbeitnehmer. § 421 j SGB III bietet Arbeitnehmern, die das 50. Lebensjahr vollendet haben, einen Zuschuss zum Arbeitsentgelt, wenn durch die Aufnahme einer Arbeit die Arbeitslosigkeit beendet oder vermieden wird und der Nettolohn für die aufgenommene Arbeit geringer ist als der, der der Zahlung von Arbeitslosengeld zugrunde lag oder liegen würde. Auch ist für die Gewährung von Altersrente nach den sehr detaillierten Regelungen der §§ 237 und 237 a SGB III ein bestimmtes Mindestalter Voraussetzung.

Die ausgewählten Beispiele sind nicht erschöpfend. Sie zeigen aber, dass das Thema „Alter" in Gesetz und Rechtsprechung eine prominente Stelle einnimmt und nicht erst das AGG sich dieser Materie gewidmet hat. Steht also auf den ersten Blick der ältere Arbeitnehmer im Fokus der Fürsorge des Gesetzgebers, so ist angesichts dieser privilegierenden Situation gut vorstellbar, dass sich die Jüngeren nun ihrerseits benachteiligt fühlen. Es bedarf nicht viel Fantasie, um vorauszusagen, dass die Diskussion um den richtigen Umgang mit dem Alter mit Sicherheit die meisten Konflikte in der betrieblichen Praxis hervorrufen wird, obwohl der Gesetzgeber mit § 10 AGG[22] umfassende Ausnahmevorschriften formuliert hat, die eine Benachteiligung wegen Alters als zulässig bewerten. Grundsätzlich ist jedoch zunächst davon auszugehen, dass das Alter allein und isoliert keine qualifizierende Eigenschaft ist, d.h., der Gesetzgeber spricht dem Alter einen Unterscheidungswert als Grundlage für eine Entscheidung im Arbeitsleben ab. Ausgangsüberlegung war sicherlich der Wunsch, niemanden wegen seines zu hohen Alters zu benachteiligen. Das AGG macht aber hier nicht Halt, sondern verbietet ebenso eine Benachteiligung wegen zu geringen Alters. Und selbst das „Mittelalter", wenn ihm denn auch noch Fürsorgepflichten obliegen, genießt den Schutz des Gesetzes. Mit anderen Worten sei die schon getroffene Aussage noch einmal bekräftigt: Da jedes Alter geschützt ist, scheidet das Alter als zulässiges einziges Entscheidungskriterium aus.

Diese durch die Hereinnahme des undifferenzierten Begriffs „Alter" in den Gründe-Katalog des § 1 AGG getroffene apodiktische Festlegung[23] durch den Gesetzgeber kollidiert jedoch mit den mannigfachen Anforderungen der betrieblichen Praxis, in der das **Lebensalter** in vielen Situationen eben doch eine **erhebliche Rolle** spielt. Das kann sein bei Einstellung, Ausbildung, Weiterbildung, Förderung und auch Entlassung. Immer können Ansprüche des Individuums den Vorstellungen des Arbeitgebers, den Anforderungen des Arbeitsplatzes und dem zu erbringenden finanziellen Aufwand gegenüberstehen[24].

---

[22] „Zulässige unterschiedliche Behandlung wegen Alters".
[23] „… Benachteiligungen aus Gründen … verhindern oder … beseitigen."
[24] In Teil III, Kapitel 5.3 werden die gem. § 10 AGG zulässigen Benachteiligungen wegen Alters ausführlich dargestellt.

2.6 Sexuelle Identität

Die EU-Richtlinie 2000/78/EG des Rates vom 27. November 2000 spricht noch von der „sexuellen Ausrichtung". Aber sowohl bei der Anpassung des § 75 BetrVG[25] an die genannte Richtlinie wie auch in § 1 AGG ist nun von **sexueller Identität** die Rede. Es soll an dieser Stelle auf eine semantische Abhandlung zur Unterscheidung der Begriffe verzichtet werden. In einem Kontext wie diesem muss die Differenzierung kurz gehalten werden. Geht man davon aus, dass der Gesetzgeber eine Benachteiligung wegen jedweder Ausformung des Geschlechtstriebes verhindern wollte, weil das Individuum nach dem heutigen Stand der Wissenschaft seine Veranlagung ja nicht durch bloße Willensanstrengung in eine andere abändern kann, erscheint die Wahl des Wortes „Identität" als die bessere. (Es soll hier die reine Unterdrückung, die Triebsublimierung außer Ansatz bleiben, weil sie von der Gesellschaft nicht erwartet werden kann, es sei denn zur Vermeidung strafrechtlich relevanten Verhaltens). Demgegenüber würde die Verwendung des Begriffes „Ausrichtung" suggerieren, dass das triebgeprägte menschliche Verhalten auf Grund einer bestimmten Veranlagung subjektiver Beeinflussung zugänglich ist. Spätestens die Abschaffung des § 175 StGB, der die Homosexualität unter Strafe stellte, im Jahre 1969 machte auch der breiteren Öffentlichkeit klar, dass die Frage der „sexuellen Orientierung oder Ausrichtung" eben keine der Orientierung ist, weil man sich ja nicht für oder gegen Homosexualität entscheiden kann, sondern, dass es sich hierbei um eine angeborene, weitestgehend unbeeinflussbare Identität handelt. Man darf lediglich darüber verwundert sein, dass die komplette juristische Aufbereitung dieses Themas nach den schon lange vorliegenden Erkenntnissen der Sexualforschung derart viel Zeit in Anspruch genommen hat.

„Sexuelle Identität" ist weit auszulegen. Sie umfasst nicht nur die Homosexualität in ihrer männlichen und weiblichen Erscheinungsform, sondern auch Bi- und Transsexualität und – selbstredend – auch die Heterosexualität. Bei Letzterer braucht man sich nur eine durchaus denkbare Benachteiligung eines heterosexuellen Kellners vorzustellen, der in einer Bar für überwiegend homosexuelle Gäste beschäftigt werden möchte, aber abgelehnt wird. Hier wäre u.U. ein relevanter Verstoß gegen die §§ 7 und 1 AGG gegeben. – Es kann aber durchaus Fälle geben, wo die Art der Beschäftigung eben doch eine bestimmte sexuelle Identität voraussetzt, bzw. wo eine andere, nicht gewünschte, zu einer Entscheidung gegen eine Person führt, ohne dass diese gegen das Gesetz verstößt[26].

In einem aktuellen Urteil[27] hat der Bundesgerichtshof festgestellt, dass eine unterschiedliche Behandlung gleichgeschlechtlicher eingetragener Lebenspartner gegenüber Eheleuten in Bezug auf Altersversorgung (Zusatzversorgung im öffentlichen Dienst, VBL) kein Verstoß gegen das Verbot der Benachteiligung wegen der sexuellen Ausrichtung nach dem AGG ist.

---

25 Arbeitgeber und Betriebsrat haben darüber zu wachen, „dass jede unterschiedliche Behandlung von Personen ... wegen ... ihrer sexuellen Identität unterbleibt".
26 Siehe dazu die Ausführungen zu den Ausnahmevorschriften („Zulässige unterschiedliche Behandlung ...") §§ 8 – 10 AGG, Teil III, Kapitel 5.1. – 5.3.
27 BGH, Urt. v. 14. Februar 2007, Az. IV ZR 267/04.

2.7 Änderung des § 75 BetrVG

An diese Stelle gehört auch der Blick auf den durch das AGG geänderten **§ 75 BetrVG**. Während diese Vorschrift bis zu ihrer Änderung von den in § 1 AGG enthaltenen Merkmalen nur die Begriffe „Religion, Geschlecht und sexuelle Identität" nannte, erfuhr sie nun eine Erweiterung. In seiner neuen Fassung verpflichtet § 75 BetrVG Arbeitgeber und Betriebsrat, darüber zu wachen, dass „jede Benachteiligung von Personen aus Gründen ihrer Rasse oder wegen ihrer ethnischen Herkunft, ihrer Nationalität, ihrer Religion oder Weltanschauung, ihrer Behinderung, ihres Alters, ihrer politischen oder gewerkschaftlichen Betätigung oder Einstellung oder wegen ihres Geschlechts oder ihrer sexuellen Identität unterbleibt".

Damit ist klar, dass der Gesetzgeber sozusagen „doppelt genäht" hat. Der Katalog der Gründe, aus denen nicht benachteiligt werden darf, findet sich also nahezu identisch in beiden Gesetzen, im AGG und im BetrVG. Gleichermaßen geben beide Gesetze dem Betriebsrat oder einer im Betrieb vertretenen Gewerkschaft bei Verstößen des Arbeitgebers gegen seine Pflichten die Rechte aus **§ 23 Abs. 3 BetrVG**. Während im BetrVG die gesetzliche Handlungsgrundlage in der direkten Anwendung des § 23 Abs. 3 BetrVG liegt, bedient sich das AGG der Verweisung auf diese Vorschrift, § 17 Abs. 2 AGG. Es ist besonders darauf hinzuweisen, dass entgegen ursprünglichen politischen Vorstellungen die nun vorliegende Fassung des AGG nicht zulässt, dass Betriebsrat oder Gewerkschaft Ansprüche des widerrechtlich Benachteiligten geltend machen, § 17 Abs. 2, letzter Satz AGG. Sie können lediglich das Verhalten (Tun, Unterlassen, Dulden) des Arbeitgebers im Hinblick auf das **betriebliche Kollektiv** beeinflussen.

Die Benachteiligungsverbote des BetrVG sind um die Begriffe aus § 1 AGG ergänzt worden. Demgegenüber sind umgekehrt (vom BetrVG zum AGG) keine zusätzlichen Gründe aufgenommen worden. D.h., Abstammung, Nationalität, Herkunft, politische oder gewerkschaftliche Betätigung oder Einstellung finden sich zwar in § 75 BetrVG, aber nicht in § 1 AGG. Wäre es anders, dann wäre der deutsche Gesetzgeber erheblich über seine Pflicht, die EU-Richtlinien umzusetzen, hinausgegangen.

2.8 Zusammenfassung zu § 1 AGG

Mit „Ziel des Gesetzes" folgt der deutsche Gesetzgeber den europarechtlichen Vorgaben in Gestalt der zitierten Richtlinien und stellt den Grundgedanken an die Spitze, dass er Benachteiligungen von Menschen aus Gründen, die in ihrer Person liegen und von ihnen nicht beeinflusst werden können (Ausnahme lediglich Religion und Weltanschauung, deren Ausübung bereits durch das Grundgesetz geschützt ist), nicht dulden will. Zwar waren die meisten der in § 1 AGG genannten Gründe bereits in anderen Gesetzen und eben auch dem Grundgesetz zu finden, eine umfassende Konzentration in nur einem Gesetz liegt aber erst seit dem 18. August 2006 mit dem Allgemeinen Gleichbehandlungsgesetz vor.

3. Benachteiligungsverbot, § 7 AGG

> § 7 Benachteiligungsverbot
>
> (1) Beschäftigte dürfen nicht wegen eines in § 1 genannten Grundes benachteiligt werden; dies gilt auch, wenn die Person, die die Benachteiligung begeht, das Vorliegen eines in § 1 genannten Grundes bei der Benachteiligung nur annimmt.
>
> (2) Bestimmungen in Vereinbarungen, die gegen das Benachteiligungsverbot des § 1 verstoßen, sind unwirksam.
>
> (3) Eine Benachteiligung nach § 1 durch Arbeitgeber oder Beschäftigte ist eine Verletzung vertraglicher Pflichten.

Während § 1 AGG das Ziel des Gesetzes, nämlich ein generelles Benachteiligungsverbot aus einem oder mehreren der hier genannten Gründe ähnlich einer Präambel formuliert, nennt § 7 AGG die Adressaten: **Beschäftigte.** Wer hierunter zu verstehen ist, definiert § 6[28]. Sie dürfen nicht benachteiligt werden. Dieses Verbot richtet sich nicht nur an den Arbeitgeber, sondern z.B. auch an andere Mitarbeiter/Beschäftigte. Während dieser Personenkreis bei eventuellem Fehlverhalten vom Arbeitgeber durch so genannte arbeitsnotwendige Maßnahmen (Abmahnung u.Ä.) zur Beachtung des Gesetzes angehalten werden kann, wird dies schwierig bis unmöglich, wenn sich Dritte, also z.B. Kunden oder Erfüllungsgehilfen des Arbeitgebers nicht gesetzeskonform verhalten. Auch solche Personen sind vom Benachteiligungsverbot betroffen[29]. Damit muss sich ein Arbeitgeber, will er sich nicht einer Pflichtverletzung i.S.d. § 12 AGG schuldig machen, für seinen Mitarbeiter einsetzen, indem er gegen die Benachteiligung durch Kollegen oder Dritte vorgeht. Das ist sicherlich sehr weit gegriffen, da dem Arbeitgeber letzteren gegenüber die erforderlichen Durchsetzungsmittel nicht zur Verfügung stehen. Lehnt also z.B. ein Kunde trotz eines energischen Hinweises durch den Arbeitgeber auf das AGG eine Verhaltensänderung ab, bleibt diesem schließlich nur noch die Beendigung der Geschäftsbeziehung, um seinen Mitarbeiter zu schützen. Das erscheint zwar ziemlich wirklichkeitsfremd, ist aber wohl so gewollt. Eine Grenze ist sicherlich dort zu ziehen, wo ein gesetzeskonformes Verhalten letztlich zum Verlust von Arbeitsplätzen führen würde.

---

[28] S. Teil III, Kapitel 1.
[29] BT-Drucks., a. a. O., S. 34.

III. Das arbeitsrechtliche AGG

Noch stärkere Irritationen werden hervorgerufen durch § 7 Abs.1, S. 1, 2. Hs. AGG.. Danach kann es zu einer verbotenen Benachteiligung gem. § 1 AGG schon dann kommen, wenn die handelnde Person eine **Benachteiligung** lediglich **annimmt**, diese in Wirklichkeit aber gar nicht vorliegt. In einer Polemik[30] einen Tag vor der ersten Lesung des Gesetzes im Parlament hat der parlamentarische Geschäftsführer der CSU, Peter Ramsauer, dazu ausgeführt: „... Es genügt sogar für einen Anspruch auf Schadensersatz, dass das Diskriminierungsmerkmal vom Arbeitgeber nur angenommen wurde und objektiv nicht vorlag. Wie beweist man, dass man etwas, was objektiv nicht vorlag, auch nicht unterstellt hat?" – Das klingt zwar zunächst nachvollziehbar, trägt aber der Intention des Gesetzgebers nicht Rechnung. Dieser möchte den Umstand berücksichtigt wissen, dass Menschen oft „bestimmte Eigenschaften oder Verhaltensweisen zugeschrieben werden, z.B. allein auf Grund ihres Erscheinungsbildes"[31], die dann Einfluss auf die Entscheidung nehmen, die sich als Benachteiligung gem. § 1 AGG und damit als Verstoß gegen das Verbot in § 7 AGG darstellt. Der Gesetzgeber geht also von den **Vorstellungen,** der **Motivation** des Benachteiligenden aus. Es kommt nicht darauf an, ob der ihm vorschwebende Grund aus § 1 AGG, auf dem seine Entscheidung basiert, auch tatsächlich vorgelegen hat.

Gem. § 7 Abs. 2 AGG sind Bestimmungen, die gegen das Benachteiligungsverbot des Abs. 1 verstoßen, unwirksam. Mit dieser Vorschrift wird keine neue Rechtslage geschaffen, denn bereits gem. § 134 BGB sind Vorschriften, die gegen ein gesetzliches Verbot verstoßen, unwirksam. § 7 Abs. 2 AGG hat also eher deklaratorischen Charakter. Er findet seine Wurzel in den Richtlinien 2000/43/EG, 2000/78/EG und 76/207/EWG[32]. Umfasst sind **alle Kollektiv- und Individualverträge,** die zur Regelung bestehender oder zukünftiger Arbeitsverhältnisse abgeschlossen wurden. Für Arbeitgeber und Betriebs- bzw. Tarifpartner ergibt sich im Zusammenspiel mit § 17 Abs. 1 AGG grundsätzlich die Verpflichtung, bestehende vertragliche Regelungen auf einen Verstoß gegen das Benachteiligungsverbot gem. §§ 7 und 1 AGG zu überprüfen und aus Gründen der Rechtsklarheit und Gesetzeskonformität entweder anzupassen oder zu streichen. Gerade in Unternehmen mit einer aktiven Mitbestimmung bzw. mit einer Kultur, möglichst viele Ansprüche und Sachverhalte detailliert (haus-)tarifvertraglich zu regeln, könnte ein erheblicher Arbeitsaufwand entstehen. Damit ist besonders dann zu rechnen, wenn z.B. Firmen durch den Zusammenschluss mehrerer (älterer) Unternehmen entstanden sind, deren Kollektivvereinbarungen auch danach noch weiter gelten. Die Frage, ob man diesen Aufwand wirklich betreiben muss, ist angesichts der Unwirksamkeitsregel in § 7 Abs. 2 AGG wohl eher zu verneinen. Abgesehen davon gab es schon vor Inkrafttreten des AGG Unwirksamkeits- bzw. Nichtigkeitsregelungen. So bestimmt § 134 BGB, dass ein Rechtsgeschäft, das gegen ein gesetzliches Verbot verstößt, nichtig ist, wenn sich nicht aus dem Gesetz ein anderes ergibt. In unserem Zusammenhang ist § 7 Abs. 1 AGG das gesetzliche Verbot i.S.d. § 134 BGB. Damit erscheint § 7 Abs. 2 AGG rein deklaratorisch. Er bekräftigt sozusagen lediglich eine Rechtslage, die ohnehin bestand [33] .

---

30 „Baustein zum Nullwachstum", FAZ vom 20. Januar 2005.
31 BT a.a.O., S. 34.
32 S. auch dort.
33 So auch Bauer, Rdn. 20 zu § 7 AGG.

§ 7 Abs. 3 AGG stellt eine Benachteiligung nach Abs. 1, die durch Arbeitgeber oder Beschäftigte bewirkt wurde, als eine **Verletzung vertraglicher Pflichten** dar. Damit ist der Weg zum vertraglichen Leistungsstörungsrecht des BGB eröffnet. Anders als die in den dem Gesetz vorangegangenen öffentlichen Diskussionen geäußerten Befürchtungen, die sich an das Inkrafttreten des AGG geknüpft haben, garantiert diese Verweisung, dass bei Verstößen gegen das Benachteiligungsverbot des AGG nicht mit astronomischen (an z.B. der amerikanischen Praxis orientierten) Schadensersatz- oder Entschädigungsforderungen zu rechnen ist, sondern die Gerichte bei der Anwendung des AGG auf der Basis einer über einhundert Jahre alten und akzeptierten Rechtsprechung urteilen können.

4. Welche Bereiche werden geregelt, § 2 AGG?

> § 2 Anwendungsbereich
>
> (1) Benachteiligungen aus einem in § 1 genannten Grund sind nach Maßgabe dieses Gesetzes unzulässig in Bezug auf:
>
> 1. die Bedingungen, einschließlich Auswahlkriterien und Einstellungsbedingungen, für den Zugang zu unselbständiger und selbständiger Erwerbstätigkeit, unabhängig von Tätigkeitsfeld und beruflicher Position, sowie für den beruflichen Aufstieg,
>
> 2. die Beschäftigungs- und Arbeitsbedingungen einschließlich Arbeitsentgelt und Entlassungsbedingungen, insbesondere in individual- und kollektivrechtlichen Vereinbarungen und Maßnahmen bei der Durchführung und Beendigung eines Beschäftigungsverhältnisses sowie beim beruflichen Aufstieg,
>
> 3. den Zugang zu allen Formen und allen Ebenen der Berufsberatung, der Berufsbildung einschließlich der Berufsausbildung, der beruflichen Weiterbildung und der Umschulung sowie der praktischen Berufserfahrung,
>
> 4. der Mitgliedschaft und Mitwirkung in einer Beschäftigten- oder Arbeitgebervereinigung oder einer Vereinigung, deren Mitglieder einer bestimmten Berufsgruppe angehören, einschließlich der Inanspruchnahme der Leistungen solcher Vereinigungen,
>
> 5. den Sozialschutz, einschließlich der sozialen Sicherheit und der Gesundheitsdienste,
>
> 6. die sozialen Vergünstigungen,
>
> 7. die Bildung,

> 8. den Zugang zu und die Versorgung mit Gütern und Dienstleistungen, die der Öffentlichkeit zur Verfügung stehen, einschließlich von Wohnraum.
>
> (2) Für Leistungen nach dem Sozialgesetzbuch gelten § 33 c des Ersten Buches Sozialgesetzbuch und § 19 a des Vierten Buches Sozialgesetzbuch. Für die betriebliche Altersvorsorge gilt das Betriebsrentengesetz.
>
> (3) Die Geltung sonstiger Benachteiligungsverbote oder Gebote der Gleichbehandlung wird durch dieses Gesetz nicht berührt. Dies gilt auch für öffentlich-rechtliche Vorschriften, die dem Schutz bestimmter Personengruppen dienen.
>
> (4) Für Kündigungen gelten ausschließlich die Bestimmungen zum allgemeinen und besonderen Kündigungsschutz.

Die Ziele des Gesetzes und das Benachteiligungsverbot finden sich in den §§ 1 und 7 AGG. Die Definition des Adressatenkreises gibt § 6 AGG. Der Anwendungsbereich wird in § 2 AGG geregelt. In Abs. 1 werden unter den Ziffern 1 – 4 die Bereiche des Arbeitslebens, auf die dieses Gesetz Anwendung findet, enumerativ aufgeführt. Sie werden nachstehend erläutert. Die zivilrechtlichen Regelungsgegenstände bleiben unberücksichtigt.

§ 2 Abs. 1, Nr. 1 AGG legt fest, dass Benachteiligungen aus einem der in § 1 AGG genannten Gründen unzulässig sind in Bezug auf sämtliche Bedingungen für den **Zugang zu unselbständiger und selbständiger Erwerbstätigkeit.** Hierzu zählen auch die Auswahlkriterien und die Einstellungsbedingungen. Dabei spielen Tätigkeitsfeld und berufliche Position keine Rolle. Ebenso wie für einen Eintritt in eine Erwerbstätigkeit gelten diese Benachteiligungsverbote auch für den beruflichen Aufstieg.

Das Gesetz etabliert hier einen umfassenden Schutz vor Benachteiligung bei Einstellungen und beruflichem Fortkommen, kurz, alle Personalprozesse im Unternehmen[34] sind benachteiligungsfrei i.S.d. AGG zu stellen. Es obliegt dem Arbeitgeber, die jeweiligen Voraussetzungen/Bedingungen benachteiligungsfrei zu gestalten. Die erste Klippe, die er dabei umschiffen muss, sind Text, (evtl.) Bebilderung und Layout einer Stellenanzeige bzw. der entsprechende Auftritt im Internet. Schon hier ist die Gefahr einer offenen oder versteckten Benachteiligung groß, wie nachfolgend in den Hinweisen für die Praxis[35] noch näher erläutert wird. Während eine Einstellungsvoraussetzung wie „junger dynamischer Verkäufer" oder „Deutsch Muttersprache" leicht als möglicher Verstoß gegen das AGG identifiziert werden kann, ist die Kombination von Texten, die für sich genommen unverfänglich sind, mit Fotos, die z.B. eindeutige Hinweise auf das gewünschte Geschlecht und/oder Alter suggerieren, häufig schwierig zu bewerten. Es kommt hierbei darauf an, ob in der Gesamtaussage eines solchen Auftritts eine unzulässige Benachteiligung aus einem der Gründe aus § 1 AGG gesehen werden kann. Entsteht z.B. der Eindruck, dass eindeutig eine Frau (ein Mann) in einer Stellenanzeige oder -ausschreibung bevorzugt wird (Achtung: ohne, dass der Arbeitsplatz dies zwingend erfordert), nützt ein in Klammern hinzugefügtes (m/w) nichts. Es handelt sich hier demnach nicht

---

[34] S. dazu auch Teil IV.
[35] S. Teil IV.

um den Einzelfall oder die Einzelbenachteiligung, sondern um **kollektive Vorgaben** („Bedingungen, Einstellungsbedingungen, Auswahlkriterien"). Dem Arbeitgeber ist es auch nicht gestattet, für bestimmt Positionen generell gegen die Vorgaben/Verbote des AGG zu verstoßen. Das Gleiche gilt für bestimmte Tätigkeitsfelder. Mit anderen Worten, eine „Generalabsolution" gibt es nicht. Einzig die Ausnahmevorschriften der §§ 8 – 10 AGG[36] ermöglichen, aus arbeitsplatzrelevanten Gründen gegen das generelle Benachteiligungsverbot gem. §§ 7 und 1 AGG zu handeln.

Im Rahmen des § 2 Abs. 1, Nr. 1 AGG ist es grundsätzlich unerheblich, ob Auswahlkriterien, Einstellungs- oder Beförderungsbedingungen einseitig vom Arbeitgeber aufgestellt wurden oder ob sie im Zusammenwirken mit Tarif- oder Betriebspartnern zustande kamen. Eine Anwendung von Kollektivregelungen führt erst dann zu Schadensersatz- oder Entschädigungsansprüchen, wenn der Arbeitgeber vorsätzlich oder grob fahrlässig handelt[37]. Kollektive Bestimmungen, die gegen das Benachteiligungsverbot des § 1 verstoßen, sind ohnehin unwirksam (§ 7 Abs. 2 AGG).

Das Feld der **Arbeitsbedingungen im weitesten Sinne wird** in § 2 Abs. 1, Nr. 2 AGG beschrieben. Hier wird dem Arbeitgeber untersagt, einseitig oder im Wege von Vereinbarungen aus einem der Gründe in § 1 AGG unterschiedliche Bedingungen, die sich als unerlaubte Benachteiligungen herausstellen können, festzulegen. Das heißt, er darf weder hinsichtlich der Vergütung noch in Bezug auf Entlassungsbedingungen, aber auch bei allen anderen Arbeitsbedingungen und bei Beförderungen nicht aus einem der in § 1 AGG genannten Gründen differenzieren. Kommt es hier zu einer unzulässigen Benachteiligung z.B. in Bezug auf die Vergütung (Einstufung in eine tarifvertraglich vereinbarte Tabelle), kann dies zu erheblichen Schadensersatzansprüchen führen[38].

Zu beachten ist, dass die „Beendigung des Beschäftigungsverhältnisses" sowohl die Kündigung wie auch den Aufhebungsvertrag, aber auch das Erreichen der Altersgrenze umfasst. Selbst über das Ende des Beschäftigungsverhältnisses hinaus entfaltet das Benachteiligungsverbot noch Wirkung. So ist die **betriebliche Rente** ebenfalls Teil der Arbeitsbedingungen bzw. des Arbeitsentgelts und unterliegt damit dem Schutzzwecke des § 2 Abs. 1, Nr. 2 AGG.

Konflikte können leicht entstehen bei der Verhandlung und dem Abschluss kollektivrechtlicher Vereinbarungen, die die **Beendigung von Beschäftigungsverhältnissen** regeln. Auch hier gilt der Grundsatz, dass z.B. das Alter nicht als Differenzierungsmerkmal bei der Festlegung der Ausscheidebedingungen (z.B. im Sozialplan) herangezogen werden darf. Bliebe es uneingeschränkt bei diesem Grundsatz, wäre der Gesetzgeber den höchst unterschiedlichen tatsächlichen Lebensumständen (z.B. Möglichkeit der Weiterbeschäftigung auf dem Arbeitsmarkt, soziale Verpflichtungen gegenüber Angehörigen etc.) nicht gerecht geworden. Die

---

36 S. Teil III, Kapitel 5.1. – 5.3.
37 § 15 Abs. 3 AGG.
38 S. § 15 Abs. 1 AGG, sog. „positives Interesse", d.h. Differenz zwischen der aktuellen Vergütung und der, die der Person an sich zustehen würde, ihr aber unter Verstoß gegen das AGG nicht gezahlt wird.

III. Das arbeitsrechtliche AGG

sehr umfassende und detaillierte Ausnahmeregel des § 10 AGG erlaubt indessen die Bewertung und Berücksichtigung solcher Umstände[39].

§ 2 Abs. 1, Nr. 2, 2. Halbsatz AGG wird eingeleitet mit dem Wort „insbesondere". Damit wird klargestellt, dass es sich hier nicht um eine enumerative Aufzählung, sondern lediglich um eine Verdeutlichung handelt. Somit können z.B. auch Richtlinien für die Teilnahme an Umschulungen, Besuche von allgemeinbildenden Seminaren etc. darunter fallen.

Eine Ergänzung und logische Fortführung der Aufzählung in § 2 Abs. 1, Nr. 2 AGG findet sich in Nummer 3. Sie verbietet eine Benachteiligung aus einem der Gründe in § 1 AGG bei dem Zugang zu allen Formen und Ebenen der Berufsberatung, der Berufsbildung und-ausbildung, der beruflichen Weiterbildung und der Umschulung sowie der praktischen Berufserfahrung. In seiner Begründung dieser Vorschrift begnügt sich der Gesetzgeber mit einer kurzen Zusammenfassung des Textes. Eine Erläuterung gibt er nicht. Der Text ist auch hinlänglich klar und aus sich selbst heraus verständlich. Wichtig ist, dass diese Regelung umfassend zu verstehen ist und sämtliche Arten und Formen der beruflichen Bildung umfasst, auch die von öffentlichen Rechtsträgern angebotenen[40].

Das Verbot einer Benachteiligung in Bezug auf Mitgliedschaft bzw. Mitwirkung in berufsbezogenen Beschäftigten- oder Arbeitgebervereinigungen inklusive Inanspruchnahme von dort gewährten Leistungen wird in Nummer 4 ausgesprochen. Diese Vorschrift ist mit § 18 AGG zu vergleichen. Während dort (Abs. 2) die rechtswidrige Benachteiligung (hier: Ablehnung einer Mitgliedschaft) zu einem Anspruch auf Aufnahme in die Vereinigung führt, fehlt in § 2 Abs.1, Nr. 4 AGG eine entsprechende Regelung. Der Grund hierfür findet sich in § 18 AGG selbst. Dort handelt es sich um eine überragende Machtstellung, die z.B. eine Vereinigung einer bestimmten Berufsgruppe (z.B. Vereinigung Cockpit) im wirtschaftlichen oder sozialen Bereich innehat, wenn ein grundlegendes Interesse am Erwerb einer Mitgliedschaft besteht, oder um eine Tarifvertragspartei. Mit dieser Formulierung wird zum Ausdruck gebracht, dass es zu einer bestimmten Tarifvertragspartei bzw. einer bestimmten Vereinigung keine Alternative gibt. Folgerichtig begründet das Gesetz hier einen Kontrahierungszwang. Mit den in § 2 Abs. 1, Nr. 4 AGG beschriebenen Vereinigungen wird eine ähnliche singuläre Position offenbar nicht in Verbindung gebracht. Ein Anspruch auf Aufnahme besteht also folgerichtig nicht. Hierin ist diese Vorschrift mit § 15 AGG zu vergleichen. Diese regelt Fragen von Schadensersatz und Entschädigung; ein Arbeitsverhältnis wird bei Verstoß gegen das AGG hingegen nicht begründet, § 15 Abs. 6 AGG.

Die Nummern 5 – 7 regeln weit überwiegend das Benachteiligungsverbot in Bezug auf Sozialschutz, soziale Vergünstigungen, soziale Sicherheit sowie Gesundheitsdienste und Bildung. Da es sich hier in erster Linie um staatliche Leistungen handelt, selbst wenn einzelne Leistungen (privater Arztvertrag, Bildungsleistungen privater Anbieter[41] auf privatrechtlicher Grundlage erbracht werden, wird hier nicht näher auf diese Vorschrift eingegangen. Das gilt

---

[39] S. Teil III, Kapitel 5.3.
[40] Bauer, Rdn. 32 zu § 2 AGG.
[41] Vgl. BT a.a.O., S. 31 f.

auch für Nummer 8. Hier geht es um den Zugang zu und die Versorgung mit Gütern und Dienstleistungen für die Öffentlichkeit, einschließlich Wohnraum, also ebenfalls keine Themen im arbeitsrechtlichen Kontext.

In Absatz 2 wird festgelegt, dass für die betriebliche Alterversorgung ausschließlich die auf der Grundlage des Sozialgesetzbuches geregelten Benachteiligungsverbote gelten, §§ 33 c SGB I und 19 a SGB IV[42]. Beide Vorschriften wurden durch das AGG neu eingeführt. § 33 c SGB I begründet das Benachteiligungsverbot aus Gründen der Rasse und wegen der ethnischen Herkunft und verbietet die Benachteiligung wegen Behinderung im Bereich des Sozialgesetzbuches. § 19 a SGB IV soll Benachteiligungen im Bereich der Berufsberatung verhindern[43].

Mit Absatz 3 stellt der Gesetzgeber klar, dass mit Verabschiedung des AGG nur die Verpflichtung zur Umsetzung der genannten EU-Richtlinie erfüllt wurde. Das Gesetz ist keine abschließende Kodifizierung oder eine Zusammenfassung sämtlicher existierender Benachteiligungsverbote. Das **Teilzeit- und Befristungsgesetz** behält ebenso seine Gültigkeit wie z.B. **das Mutterschutzgesetz.**

Sofort nach Inkrafttreten des AGG war Absatz 4 Anlass für Kritik[44]. Zunächst scheint er Klarheit zu schaffen mit der Feststellung, dass für Kündigungen ausschließlich die Bestimmungen zum allgemeinen und besonderen Kündigungsschutz gelten. Das sind u.a. die Generalklauseln des **BGB, z.B. die §§ 134 und 242 BGB,** nach denen auch bisher schon eine Kündigung wegen der Hautfarbe oder wegen des Geschlechts oder der sexuellen Identität rechtswidrig, bzw., wenn gegen die guten Sitten verstoßend, sogar nichtig war. Umfasst sind ebenfalls die **§§ 1 und 15 KSchG.**

Wenn nun § 2 Abs. 4 AGG die ausschließliche Anwendung dieser Vorschriften bestimmt, kollidiert er mit Art. 3 der Rahmenrichtlinie 2000/78/EG, der festlegt, dass das Verbot der Benachteiligung wegen der in § 1 AGG genannten Gründe für die Beschäftigungs- und Arbeitsbedingungen **einschließlich der Entlassungsbedingungen** gilt. Dem deutschen Gesetzgeber ist womöglich ein Fehler unterlaufen. Er hat nämlich das Verbot der Benachteiligung, wie es sich aus den Richtlinien ergibt und wie es im AGG auch grundsätzlich richtig umgesetzt ist, für Kündigungen ausgeschlossen. Demgegenüber kann ja auch bei einer Kündigung eine Benachteiligung aus einem Grund aus § 1 AGG gesehen werden, d.h., es ist zu prüfen, ob eine Kündigung, die nach den genannten kündigungsrechtlichen Vorschriften rechtmäßig ist, nicht doch gegen geltendes europäisches Recht verstößt. Da gerade das jedoch mit § 2 Abs. 4 AGG ausgeschlossen wird, verstößt entweder diese Vorschrift gegen EU-Recht und ist damit unwirksam oder sie muss zumindest europarechtskonform ausgelegt werden.

Diese – berechtigte – Kritik an § 2 Abs. 4 AGG hat den Gesetzgeber nicht beeindruckt. Im Gegenteil. Er hat bei seiner ersten hastigen Korrektur des AGG zwei Monate nach dessen Inkrafttreten, nämlich am 18. Oktober 2006, die Existenz des § 2 Abs. 4 AGG ausdrücklich

---

42 Vgl. BT a.a.O., S. 32.
43 Vgl. BT a.a.O., S. 57.
44 Vgl. „Soziale Sicherheit", Heft 8 u. 9/2006, S. 297 f.

III. Das arbeitsrechtliche AGG

bestätigt und ihn sogar zur Eliminierung einer anderen AGG-Vorschrift herangezogen. Sinnigerweise hat er dieses Vorgehen dann auch noch „getarnt". Unter der Überschrift „Zweites Gesetz zur Änderung des Betriebsrentengesetzes und anderer Gesetze"[45], in Kraft getreten am 12. Dezember 2006, hat er unter Berufung auf § 2 Abs. 4 AGG **§ 10 Nr. 6 und 7 AGG ersatzlos gestrichen.** § 10 AGG regelt sehr umfassend die zulässige unterschiedliche Behandlung (Benachteiligung) wegen Alters. Nummer 6 befasste sich speziell mit der Berücksichtigung des Alters bei der **Sozialauswahl** anlässlich von betriebsbedingten Kündigungen i.S.d. § 1 KSchG, insbesondere unter Berücksichtigung der Chancen auf dem Arbeitsmarkt. Nummer 7 regelte das Thema **Unkündbarkeit** ab einem bestimmten Alter. Beide Vorschriften sind nun gestrichen worden. In seiner Begründung zu § 2 Abs. 4 AGG hatte der Gesetzgeber noch gesagt, er diene der Klarstellung, dass die Bestimmungen des allgemeinen und besonderen Kündigungsschutzes ausschließlich gelten sollten. Die – vielleicht – angestrebte Klarheit für die Praxis war wegen der Kollision dieser Vorschrift mit dem Europarecht schon anfangs nicht erreicht worden. Aus diesem Grund hätte sie so gar nicht aufgenommen werden dürfen bzw. man hätte sie später streichen müssen. Doch der Gesetzgeber hat anders entschieden. Gleichwohl wird empfohlen, auch nach der Streichung von § 10 S. 3, Nummern 6 und 7 AGG bei betriebsbedingten Kündigungen neben den rechtfertigenden Gründen u.a. des § 1 KSchG auch noch zu prüfen, ob in der Kündigung nicht u.U. ein Verstoß gegen das Benachteiligungsverbot wegen eines der Gründe gem. § 1 AGG vorliegt.

In einer ersten **Entscheidung** zu diesem Komplex hat nun das Arbeitsgericht Osnabrück[46] festgestellt, dass das AGG entgegen der offenkundigen Auffassung des Gesetzgebers (§ 2 Abs. 4 AGG) auch auf Kündigungen anwendbar sei. Unstreitig beziehe sich die entsprechende europäische Richtlinie auch auf die Beendigung von Arbeitsverhältnissen und damit sei § 2 Abs. 4 AGG **europarechtswidrig.** „Dem Gesetzgeber hätte in Anbetracht der europäischen Vorgaben eigentlich klar sein müssen, dass sich Kündigungen vom Diskriminierungsschutz nicht ausklammern lassen. Daher wäre es besser gewesen, er hätte das Kündigungsschutzgesetz an die Diskriminierungsregeln angepasst"[47].

Noch deutlicher äußert sich Däubler: „Die Herausnahme von Kündigungen steht im Widerspruch zum primärrechtlichen Diskriminierungsverbot; § 2 Abs. 4 AGG muss daher außer Anwendung bleiben."[48]

---

[45] Vgl. BT-Drs. 16/1936 v. 18. Oktober 2006.
[46] Az.: 3 Ca 725/06, besprochen in der FAZ vom 3. Mai 2007.
[47] Ubber, FAZ vom 3. Mai 2007.
[48] Däubler, Rdn. 263 zu § 2 AGG.

5. Definitionen von Benachteiligungen/ Begriffsbestimmungen, § 3 AGG

§ 3 Begriffsbestimmungen

(1) Eine unmittelbare Benachteiligung liegt vor, wenn eine Person wegen eines in § 1 genannten Grundes eine weniger günstige Behandlung erfährt, als eine andere Person in einer vergleichbaren Situation erfährt, erfahren hat oder erfahren würde. Eine unmittelbare Benachteiligung wegen des Geschlechts liegt in Bezug auf § 2 Abs. 1 Nr. 1 bis 4 auch im Fall einer ungünstigeren Behandlung einer Frau wegen Schwangerschaft oder Mutterschaft vor.

(2) Eine mittelbare Benachteiligung liegt vor, wenn dem Anschein nach neutrale Vorschriften, Kriterien oder Verfahren Personen wegen eines in § 1 genannten Grundes gegenüber anderen Personen in besonderer Weise benachteiligen können, es sei denn, die betreffenden Vorschriften, Kriterien oder Verfahren sind durch ein rechtmäßiges Ziel sachlich gerechtfertigt und die Mittel sind zur Erreichung dieses Ziels angemessen und erforderlich.

(3) Eine Belästigung ist eine Benachteiligung, wenn unerwünschte Verhaltensweisen, die mit einem in § 1 genannten Grund in Zusammenhang stehen, bezwecken oder bewirken, dass die Würde der betreffenden Person verletzt und ein von Einschüchterungen, Anfeindungen, Erniedrigungen, Entwürdigungen oder Beleidigungen gekennzeichnetes Umfeld geschaffen wird.

(4) Eine sexuelle Belästigung ist eine Benachteiligung in Bezug auf § 2 Abs. 1 Nr. 1 bis 4, wenn ein unerwünschtes, sexuell bestimmtes Verhalten, wozu auch unerwünschte sexuelle Handlungen und Aufforderungen zu diesen, sexuell bestimmte körperliche Berührungen, Bemerkungen sexuellen Inhalts sowie unerwünschtes Zeigen und sichtbares Anbringen von pornographischen Darstellungen gehören, bezweckt oder bewirkt, dass die Würde der betreffenden Person verletzt wird, insbesondere wenn ein von Einschüchterungen, Anfeindungen, Erniedrigungen, Entwürdigungen oder Beleidigungen gekennzeichnetes Umfeld geschaffen wird.

(5) Die Anweisung zur Benachteiligung einer Person aus einem in § 1 genannten Grund gilt als Benachteiligung. Eine solche Anweisung liegt in Bezug auf § 2 Abs. 1 Nr. 1 bis 4 insbesondere vor, wenn jemand eine Person zu einem Verhalten bestimmt, das einen Beschäftigten oder eine Beschäftigte wegen eines in § 1 genannten Grundes benachteiligt oder benachteiligen kann.

5.1 Unmittelbare Benachteiligung

Die Begriffsbestimmungen sind weitgehend wörtlich aus den Richtlinien übernommen. Nach Absatz 1, S. 1 liegt eine **unmittelbare Benachteiligung** dann vor, wenn eine Person wegen eines der in § 1 genannten Gründe eine weniger günstige Behandlung erfährt, als eine andere Person in einer vergleichbaren Situation erfährt, erfahren hat oder erfahren würde. Es handelt sich hier nicht um eine abstrakte Beschreibung möglicher Benachteiligungen, sondern um die Definition einer klaren **Vergleichssituation.** D.h., die Betrachtung einer Handlung (oder Unterlassung!) einer Person geschieht immer und nur unter Heranziehung einer anderen Person in einer vergleichbaren Situation. Das ergibt sich bereits aus dem Wort „Benachteiligung". Hier ist immer der Vergleich zwischen (wenigstens) zwei Individuen als Grundlage für eine Bewertung der aktuellen Situation erforderlich; und zwar im Hinblick auf die Gründe des § 1 AGG. Einer (oder mehrere) von ihnen müssen konkreter (oder unterstellter) Anlass und Motiv für ein zielgerichtetes Handeln in Richtung einer Person sein. Die unmittelbare Benachteiligung kann sowohl andauern wie auch bereits abgeschlossen sein. Es genügt auch eine hinlänglich konkrete Gefahr, dass eine Benachteiligung noch eintritt[49].

In Absatz 1, S. 2 wird eigentlich Überflüssiges beschrieben. Der Gesetzgeber möchte sicherstellen, dass eine Benachteiligung wegen **Schwangerschaft** oder **Mutterschaft,** beides Begriffe, die nicht in den Gründen des § 1 AGG zu finden sind, als eine Benachteiligung wegen des Geschlechtes (geschützt in § 1 AGG) angesehen wird, weil hier ein enger begrifflicher Zusammenhang besteht und damit gegen das Gesetz verstößt.

Auch hier wie generell ergeht der Hinweis auf die §§ 8 – 10 AGG, die aus einer Benachteiligung eine zulässige Handlung machen, wenn die hier beschriebenen Voraussetzungen erfüllt sind, d.h. wenn z.B. zwingende Anforderungen eines Arbeitsplatzes eine differenzierende Behandlung erfordern. Auch § 5 AGG sei schon an dieser Stelle erwähnt, der positive Maßnahmen (man liest auch „positive Diskriminierung" – ein Wortungetüm), d.h. auch unterschiedliche Behandlungen zulässt, wenn Nachteile wegen eines in § 1 AGG genannten Grundes verhindert oder ausgeglichen werden sollen[50].

5.2 Mittelbare Benachteiligung

Absatz 2 definiert nun gegenüber der unmittelbaren (konkreten) Benachteiligung in Absatz 1 die **mittelbare.** Sie liegt vor, wenn dem Anschein nach neutrale Vorschriften, Kriterien oder Verfahren eine Person wegen eines in § 1 AGG genannten Grundes gegenüber anderen Per-

---

49 BT a.a.O., S. 32.
50 Näheres zu § 5 in Teil III, Kapitel 5.5. und zu §§ 8 – 10 AGG in Teil III, Kapitel 5.1. – 5.3.

sonen in besonderer Weise benachteiligen können, es sei denn, die betreffenden Vorschriften, Kriterien oder Verfahren sind durch ein rechtmäßiges Ziel sachlich gerechtfertigt und die Mittel zur Erreichung des Ziels angemessen und erforderlich. Bei der Prüfung dieser Vorschrift genügt die Feststellung einer **drohenden Benachteiligung**. Auch hier geht es wieder um den Vergleich zwischen einem Individuum und einer Bezugsgruppe. Die Einzelperson muss eine schlechtere Behandlung gegenüber anderen befürchten. Diese Schlechterstellung muss noch nicht eingetreten, die Wahrscheinlichkeit, dass sie eintritt, aber hinlänglich konkret sein. Bei der Frage, ob eine solche Benachteiligung evtl. vom geltenden Recht gedeckt ist, bedarf es zunächst noch nicht der Prüfung der Ausnahmevorschriften der §§ 8 – 10 AGG. Bereits der Tatbestand des Absatz 2 stellt der möglichen drohenden Benachteiligung das einschränkende Merkmal der **sachlichen Rechtfertigung** wegen Erreichens eines rechtmäßigen Ziels entgegen. Es ist nun Sache desjenigen, der sich von einer eventuellen Benachteiligung bedroht fühlt, darzulegen, dass eine solche Rechtfertigung nicht vorliegt. Ebenfalls muss er nachweisen, dass die Mittel zur Erreichung des Zieles nicht angemessen und erforderlich sind. Anderenfalls liegt keine mittelbare Benachteiligung vor. Diese Prüfung erfolgt stufenweise. Liegt bereits kein rechtmäßiges Ziel vor, kann die Frage nach Angemessenheit und Erfordernis der Mittel, dieses Ziel zu erreichen, regelmäßig offen bleiben.

Absatz 2 will also die Situationen regeln, in denen nicht wegen eines der Gründe nach § 1 AGG benachteiligt wird, sondern in denen die (drohende) Benachteiligung quasi durch die Hintertür kommt. Da wird in einer Ausschreibung z.B. ohne Altersangabe von einem jungen dynamischen Team gesprochen (Altersdiskriminierung) oder hinter „voll einsatzfähig" verbirgt sich eine Benachteiligung wegen Behinderung. Auch ein Satz wie „ Sie finden sich in einer rauen und herausfordernden Umgebung zurecht" kann möglicherweise eine Benachteiligung wegen des (weiblichen) Geschlechts sein.

5.3 Belästigung

Das Gesetz knüpft in Absatz 3 Forderungen nach Schadensersatz bzw. nach Entschädigung immer an das Vorliegen (oder Drohen) einer Benachteiligung an. Nun ist eine **Belästigung** von der reinen Wortbedeutung her zunächst keine Benachteiligung. Sie wird es erst dann, wenn bestimmte in Absatz 3 genannte (zusätzliche) Merkmale hinzukommen. Eine Belästigung als solche hat keinerlei Referenzpunkte. Sie spielt sich zwischen mindestens zwei Individuen (einem oder mehreren Belästiger(n)) und einem oder auch mehreren Opfer(n) ab. Das gesetzliche Postulat der Gleichbehandlung erfordert aber immer einen **Vergleich**. D.h., jemand muss im Vergleich zu anderen benachteiligt werden. Dies wird indessen bei der Belästigung nicht immer der Fall sein. So kann z.B. eine ganze Gruppe von Frauen von ihrem (ihren) Vorgesetzten belästigt werden. Eine Vergleichsgruppe gibt es nicht. Der Wille des Gesetzgebers geht aber dahin, gerade auch das Thema „Belästigung" zu behandeln und sie als Benachteiligung im Sinne des Gesetzes zu klassifizieren, wenn sie mit einem (oder mehreren)

III. Das arbeitsrechtliche AGG

der in § 1 AGG genannten Gründe im Zusammenhang steht. Hinzukommen muss noch, dass das Ziel der belästigenden Handlung eine **Verletzung der Würde** der betroffenen Person ist oder dass dies zumindest bewirkt wird. Geringfügige Handlungen scheiden aus. Dann wird aus der Belästigung durch gesetzliche Definition eine Benachteiligung im Sinne dieses Gesetzes; einer Bezugsgruppe bedarf es nicht. Der Handelnde muss aus der Sicht des **objektiven Beobachters** davon ausgehen können, dass sein Verhalten unter den gegebenen Umständen von den Betroffenen nicht erwünscht ist oder nicht akzeptiert wird. Es sind Angriffe verbaler und nonverbaler Art vorstellbar. So sind z.B. Verleumdungen, Beleidigungen, Anfeindungen, abwertende Äußerungen, Drohungen und körperliche Übergriffe, die alle in einem Zusammenhang mit einem der in § 1 genannten Gründe stehen, Belästigungen im Sinne dieser Vorschrift und damit Benachteiligungen gemäß AGG[51], die die an entsprechender Stelle geregelten Folgen auslösen können. Eine Handlung von der Qualität, dass die **Menschenwürde gem. Art. 3 GG verletzt** wird, ist **nicht erforderlich.** Die Anforderungen des § 3 Abs. 3 AGG sind niedriger.

In seiner Begründung zu dieser Vorschrift führt der Gesetzgeber[52] u.a. aus, „wesentlich ist die Verletzung der Würde der Person durch unerwünschte Verhaltensweisen, insbesondere das Schaffen eines von Einschüchterungen, Anfeindungen, Erniedrigungen, Entwürdigungen und Beleidigungen gekennzeichneten Umfeldes." Diese Begründung/Erläuterung des Gesetzgebers findet keine Entsprechung im Text der Vorschrift. Hier heißt es eindeutig **„und"** zur Einleitung des 2. Halbsatzes. D.h., eine einmalige (oder auch mehrmalige) Belästigung genügt nicht als Anspruch auslösender Vorgang, wenn nicht durch sie ein wie oben bezeichnetes Umfeld geschaffen wird. Nun mag es im Einzelfall auf diese Trennschärfe nicht zwingend ankommen. Denkbar ist immerhin, dass sich eine Person im Sinne des § 3 AGG belästigt fühlt, das Umfeld hiervon aber in keiner Weise tangiert wird. Da dies aber zwingende Voraussetzung (s.o.) für das Vorliegen einer Belästigung, vor der § 3 Abs. 3 AGG schützen will, ist, kommt diese Vorschrift nicht zum Zuge. Schütt/Wolf[53] halten aus diesem Grunde das **Haftungsrisiko** des Arbeitgebers eher für **eingeschränkt,** weil sie davon ausgehen, dass zur Erfüllung des Tatbestandes eine einmalige Handlung (Belästigung) nicht ausreicht, vielmehr regelmäßig erst kontinuierliches Handeln ein feindliches Umfeld i.S.d. § 3 Abs. 3, 2. Hs. AGG schaffen wird. Dem ist zuzustimmen.

5.4 Sexuelle Belästigung

Absatz 4. Mit Inkrafttreten des AGG wurde das **Beschäftigtenschutzgesetz aufgehoben.** Bereits in dessen § 2 war der Schutz vor **sexueller Belästigung** festgelegt. An dessen Stelle ist nun § 3 Abs. 4 AGG getreten. Er baut im Wesentlichen auf dem Benachteiligungsbegriff

---

51 BT a.a.O., S. 33.
52 BT a.a.O., S. 33.
53 S. 29.

des Abs. 3 auf und nennt eine sexuelle Belästigung eine Benachteiligung in Bezug auf § 2 Abs. 1, Nr. 1 – 4 AGG, also quasi auf das gesamte Arbeitsleben. Auch in Abs. 4 wird wieder darauf abgestellt, ob eine Handlung bezweckt oder bewirkt, dass die **Würde einer Person verletzt** wird. Parallel zu Absatz 3 spricht auch Absatz 4 von **unerwünschtem Verhalten**.

Voraussetzung für das Vorliegen einer sexuellen Belästigung ist, dass das unerwünschte Verhalten sexuell bestimmt ist. Dazu zählen u.a. unerwünschte sexuelle Handlungen und Aufforderungen zu diesen, sexuell bestimmte körperliche Berührungen (z.B. der „Klaps auf den Po" oder gezieltes Betatschen), aber auch Bemerkungen sexuellen Inhalts sowie unerwünschtes Zeigen und sichtbares Anbringen von pornografischen Darstellungen. Die Aufzählung ist nicht vollständig. Man braucht nicht viel Fantasie, es genügen wohl schon offene Augen, um im Arbeitsleben zumindest bei den beiden letztgenannten Merkmalen nicht selten Verstöße gegen das Verbot der sexuellen Belästigung erkennen zu können. Allerdings wird man die Innentür eines verschließbaren Spindes nicht von vornherein als Ort für die sichtbare Anbringung pornografischer Darstellungen klassifizieren können, Vorsicht ist aber dennoch angezeigt. Denn es kommt ja nicht darauf an, ob eine sexuelle Belästigung **bezweckt** wird, es genügt ja schon, wenn sie lediglich **bewirkt** wird. Der „Täter" muss sich nichts Schlimmes dabei gedacht haben. Hat er sie aber „bezweckt", kommt es nicht darauf an, ob dann die Belästigung auch tatsächlich „bewirkt" wurde.

Zwischen den Absätzen 3 und 4 gibt es einen wesentlichen Unterschied. Spricht Absatz 3 noch davon, dass ein von Einschüchterungen, Anfeindungen, Erniedrigungen, Entwürdigungen oder Beleidigungen gekennzeichnetes Umfeld geschaffen wird – dieses Tatbestandsmerkmal ist **kumulativ** zur Würdeverletzung zu sehen –, verwendet Abs. 4 zwar dieselben Merkmale („Einschüchterungen usw"), setzt davor aber das Wort „**insbesondere**, wenn". Damit ist die Hürde niedriger als in Absatz 3. Der Gesetzgeber bringt damit zum Ausdruck, dass er die sexuelle Belästigung noch weitaus kritischer in Bezug auf eine mögliche Würdeverletzung ansieht als andere ebenfalls unerwünschte Verhaltensweisen. Es genügt also die individuelle Würdeverletzung, womöglich in einem einzigen Fall, die Schaffung eines Umfeldes – wie vorstehend beschrieben – ist nicht erforderlich. Wie auch schon in Absatz 3 kommt es nicht auf die subjektiven Empfindungen des Einzelnen, sondern auf den **objektiven Betrachter** an. Hier ist natürlich an Grenzfälle zu denken, so, wenn etwa eine Würdeverletzung bezweckt wird, der objektive Betrachter aber das Geschehene dafür nicht ausreichend hält. Hier liegt wahrscheinlich noch keine sexuelle Belästigung vor. Schwieriger dürfte es zu beurteilen sein, wenn eine Person sich auf Grund einer Handlung belästigt fühlt (dieses Gefühl ist ja eine rein subjektiv-emotionale Empfindung), objektiv aber vielleicht nur ein eher harmloser Scherz vorliegt.

Bei dem erkennbaren Willen des Gesetzgebers, eine sexuelle Belästigung in jedem Falle zu unterbinden, können die Maßstäbe, die etwa ein Arbeitgeber anlegt, nicht streng genug sein. Es empfiehlt sich daher immer eine klare Sprache gegenüber der Belegschaft, durchaus unter Hinweis auf das AGG, besonders, wenn es bisher keinerlei Meinungsäußerungen zu diesem Thema gegeben hat. Es muss eindeutig erkennbar sein, dass der Arbeitgeber Belästigungen nicht duldet und mit den ihm zur Verfügung stehenden arbeitsrechtlichen Mitteln bis hin zur Auflösung des Arbeitsverhältnisses dagegen vorgehen wird.

III. Das arbeitsrechtliche AGG

An dieser Stelle ist auf das Thema „**Mobbing**" einzugehen. Die betriebliche Praxis signalisiert immer wieder, dass Mobbing einen Stellenwert hat, den man ihm offiziell nicht gern einräumen möchte, der aus der Sicht der Betriebsangehörigen jedoch weit höher ist, als oft zugegeben wird. Mobbing ist im Sinne dieses Gesetzes eine **Belästigung i.S.d. § 3 Abs. 3 oder 4 AGG**. Der geschützte Raum ist das gesamte Arbeitsleben[54]. Der Akt des Mobbens findet entweder im Hinblick auf einen der genannten Gründe des § 1 AGG oder als sexuelle Belästigung gem. § 3 Abs. 4 AGG statt. Hierbei ist dann eine Verbindung zu § 1 AGG nicht erforderlich.

Da Gesetzgeber und Rechtsprechung an Akte von Mobbing sehr schwerwiegende Folgen knüpfen (und auch schon vor Inkrafttreten des AGG geknüpft haben), ist es nahe liegend, dass die Rechtsprechung an das **Vorliegen** von Mobbing **strenge Voraussetzungen** gestellt hat. Die am häufigsten herangezogene **Definition** für den Begriff Mobbing stammt vom **LAG Thüringen**. Hier heißt es „... sind fortgesetzte ... der Anfeindung, Schikane oder Diskriminierung dienende Verhaltensweisen, die nach ihrer Art und ihrem Ablauf im Regelfall einer übergeordneten, von der Rechtsordnung nicht gedeckten Zielsetzung förderlich sind und in ihrer Gesamtheit das allgemeine Persönlichkeitsrecht, die Ehre oder die Gesundheit des Betroffenen verletzen".[55] Bei dieser Definition wird deutlich, dass in aller Regel ein **einmaliges (Fehl-)Verhalten** noch **nicht als Mobbing** gewertet werden kann. Es muss vielmehr lang- oder mittelfristig das Ziel einer Verletzung, die unsere Rechtsordnung nicht deckt, verfolgt werden. Und die fortgesetzten Aktionen müssen dieser Zielsetzung förderlich sein. Damit ist klar, dass noch nicht jede Belästigung, die zu einer Würdeverletzung führt, den Begriff Mobbing erfüllt. Hier muss noch ein gewisses Kontinuum, ein **fortgesetztes Handeln** hinzukommen, das sich gerade wegen der sich ständig wiederholenden oder andauernden Belastung negativ auf Persönlichkeitsrecht, Ehre oder Gesundheit der betroffenen Person auswirkt.

Die Möglichkeiten, ein solches Ziel zu erreichen, sind sehr vielfältig und hierarchieunabhängig. Die häufigste Konstellation ist wohl Mobbing unter Kollegen. Hier wiederum richtet es sich in aller Regel gegen eine Einzelperson, seltener gegen eine durch bestimmte hervorstechende Eigenschaften zu definierende Gruppe. Ausgeübt werden kann es durch eine Einzelperson, aber auch durch mehrere. Das Ziel, das von unserer Rechtsordnung nicht gedeckt ist, kann darin bestehen, die Person zu einer bestimmten Handlung oder Unterlassung zu drängen oder sie in den Augen der Umgebung herabzuwürdigen. Es kann aber auch eine totale Verunsicherung der Handlungsfokus sein, der zu schweren gesundheitlichen (physischen wie psychischen) Schäden führt und oft in Resignation und Kündigung, leider manchmal auch im Suizid endet.

Beispielhaft sei hier angeführt: **Schlecht** über einen Betroffenen hinter seinem Rücken **reden** mit dem Ziel, andere diesem gegenüber negativ zu beeinflussen und ihm dadurch direkt oder indirekt zu schaden. Sich **hämisch** über eine Eigenschaft (ein Merkmal) gem. § 1 **äußern.** Jemanden ständig bei seinen Vorgesetzten **schlecht machen**. Sich andauernd **abwertend** über seine Arbeitsleistung äußern. Andauernd sein **Aussehen kritisieren** usw. Mobbing kann z.B.

---

54 Vgl. § 2 Abs. 1, Nr. 1 – 4 AGG.
55 LAG Thüringen, 15. Februar 2001, Az. 5 Sa 102/00, ähnlich 10. April 2001, Az. 5 sa 403/00.

auch dann vorliegen, wenn Kollegen oder Vorgesetzte permanent auf fachliche Unzulänglichkeiten hinweisen. Indessen handelt es sich hier dann nicht um einen Fall des AGG, da kein Merkmal des § 1 AGG die Grundlage abgibt.[56]

Es gibt daneben auch noch ein Mobbing „von oben nach unten" (sog. **„Bossing"**). Dazu zählen sämtliche ungerechtfertigte Kritiken an Leistung, Benehmen, Aussehen, Lebensführung usw. Aber auch eine andauernde Überforderung, was die zu leistende Arbeit angeht, kann Mobbing sein, wenn damit ein bestimmtes Ziel, z.B. den Betroffenen zu einer Eigenkündigung zu bewegen, verfolgt wird. Dasselbe gilt für regelmäßiges Herausrufen aus dem Urlaub, wenn es dafür keinen zwingenden Grund gibt und es bewusst als Schikane mit unrechtmäßigem Ziel eingesetzt wird.

Die **Beweislage** ist für das Opfer von Mobbing häufig schwierig. Es gilt hier auch **keine Beweislastumkehr bzw. -erleichterung** wie bei anderen Ansprüchen wegen Verstoßes gegen dieses Gesetz[57]. Das heißt, der Sachverhalt, auf den der Vorwurf des Mobbings gegründet wird, muss vollständig **vom Opfer nachgewiesen** werden. Werden Gerichte mit Mobbing-Fällen befasst, werden sie an die Beweisführung des Verletzten hohe Ansprüche stellen.

Die innerbetrieblichen Möglichkeiten des Verletzten, sich zur Wehr zu setzen, richten sich hauptsächlich nach den **§§ 12, 13, 14 und 15 AGG**.

5.5 Anweisung zu einer Benachteiligung

In Absatz 5 wird die **Anweisung zu einer Benachteiligung** der Benachteiligung gleichgesetzt, d.h., derjenige, der einen anderen veranlasst, eine Benachteiligung wegen eines der Gründe aus § 1 AGG vorzunehmen, wird so behandelt, als habe er die Benachteiligung selbst vorgenommen. Diese Anweisung muss **vorsätzlich** erfolgen. Der Anweisende muss auch zu ihr befugt sein. Indessen ist es „nicht erforderlich, dass der Anweisende sich der Verbotswidrigkeit der Handlung bewusst ist, denn das gesetzliche Benachteiligungsverbot erfasst alle Benachteiligungen, ohne dass ein Verschulden erforderlich ist"[58] . Bezug genommen wird hier auf § 2 Abs. 1, Nr. 1 – 4 AGG, es geht also wiederum um das gesamte Arbeitsleben. Dabei kommt es nun nicht darauf an, ob der Angewiesene die Tat auch **wirklich ausführt**, d.h., die Benachteiligung wird bereits in der Anweisung und nicht erst in deren Befolgung gesehen. Das wird in der Formulierung dieser Vorschrift deutlich. Es heißt da, „wenn jemand eine Person zu einem Verhalten bestimmt, das einen Beschäftigten wegen eines in § 1 AGG genannten Grundes benachteiligt oder benachteiligen kann." „Kann" zeigt, dass es zu einer

---

56 Vgl. Däubler, Rdn. 72 zu § 3 AGG.
57 s. Ausführungen zu § 22 AGG, Teil III, Kapitel 7.5.
58 BT a.a.O., S. 33.

Umsetzung der Anweisung **nicht kommen** muss. – Der Nachweis allerdings, dass es sich um eine Benachteiligung handelt, wenn die Anweisung nicht ausgeführt wurde, für die der Verletzte dann Schadensersatz oder Entschädigung verlangen kann, dürfte nicht so ganz einfach sein.

6. Ausnahmen/zulässige unterschiedliche Behandlungen

6.1 Ausnahmen wegen beruflicher Anforderungen, § 8 AGG

> § 8 Zulässige unterschiedliche Behandlung wegen beruflicher Anforderungen
>
> (1) Eine unterschiedliche Behandlung wegen eines in § 1 genannten Grundes ist zulässig, wenn dieser Grund wegen der Art der auszuübenden Tätigkeit oder der Bedingungen ihrer Ausübung eine wesentliche und entscheidende berufliche Anforderung darstellt, sofern der Zweck rechtmäßig und die Anforderung angemessen ist.
>
> (2) Die Vereinbarung einer geringeren Vergütung für gleiche oder gleichwertige Arbeit wegen eines in § 1 genannten Grundes wird nicht dadurch gerechtfertigt, dass wegen eines in § 1 genannten Grundes besondere Schutzvorschriften gelten.

Vorbemerkung: Den Verfassern der europäischen Richtlinien, die dem deutschen AGG zugrunde liegen, ist es genauso klar gewesen wie dem deutschen Gesetzgeber, dass der in § 1 aufgestellte Grundsatz, keine Benachteiligung wegen eines der hier genannten Gründe, zwar das (hehre) Ziel der gesetzgeberischen Vorstellungen ist, jedoch gleichermaßen, dass es sich nicht in allen Fällen des täglichen Arbeitslebens ohne Einschränkungen erreichen lässt. Entsprechende Vorsorge hat er mit der Schaffung der **Ausnahmeregeln in den §§ 8 – 10 AGG** getroffen. Wegen der hier beschriebenen Möglichkeiten geht die häufig zu hörende Kritik, dass der Arbeitgeber nun „fast gar nichts mehr darf" und deshalb am besten die Hände von Ausschreibungen, Auswahlgesprächen, Einstellungen und beruflichen Förderungen lässt, an der tatsächlichen Gesetzeslage vorbei. Was in der Tat nicht mehr geduldet wird, ist die früher oft anzutreffende Art einer etwas unbekümmerten Vorgehensweise in personellen Angelegenheiten. Die heute in § 1 genannten Gründe standen früher als Entscheidungskriterien oder Hilfsüberlegungen nicht unter einer scharfen Kontrolle, ob sie in Bezug auf einen bestimmten Arbeitsplatz herangezogen werden dürfen oder nicht.

Unter der Geltung des AGG lassen sich **zwei Faustregeln** aufstellen. 1. Die Gründe des § 1 dürfen nicht als Unterscheidungsmerkmale, die eine Entscheidung maßgeblich beeinflussen, herangezogen werden. Geschieht dies doch, liegt eine unzulässige Benachteiligung und damit ein Verstoß gegen das AGG vor. 2. Der unter 1. aufgestellte Grundsatz gilt dann nicht, wenn spezielle Anforderungen des Arbeitsplatzes eine Bewertung und Beurteilung eines dieser Gründe notwendig machen. Mit anderen Worten wird aus der unzulässigen Benachteiligung eine zulässige, wenn die Spezifika des Arbeitsplatzes bedingen, dass einer der Gründe aus § 1 AGG eben doch als ein erforderliches Unterscheidungsmerkmal dient. Es gibt nun einmal Berufe, die nur von einem Mann/einer Frau ausgeübt werden können. Es gibt auch Arbeitsplätze, die bestimmte Arten von Behinderung nicht erlauben, meist auch zum Schutze des Behinderten selbst und nicht nur seiner Umgebung.

Der Gesetzgeber setzt dafür jedoch **enge Schranken**. Er verlangt, dass der Grund (aus § 1) wegen der Art der auszuübenden Tätigkeit oder der Bedingungen ihrer Ausübung eine **wesentliche und entscheidende berufliche Anforderung** darstellt. Das heißt, ein bestimmtes Geschlecht, eine Altersgrenze, die ethnische Herkunft, das Nichtvorliegen einer Behinderung (z.B.) sind für die Besetzung eines Arbeitsplatzes oder für eine berufliche Förderung unabdingbare Voraussetzung. Eine weitere Einschränkung besteht darin, dass dieser Zweck rechtmäßig und die Anforderung angemessen sein müssen. Damit ist gemeint, dass ein Ziel, das man mit einer solchen Maßnahme erreichen möchte, von der Rechtsordnung gedeckt sein muss. Gleichzeitig darf die Anforderung nicht überbetont werden, sondern muss in einem nachvollziehbar angemessenen Verhältnis zum angestrebten Zweck stehen. Sie muss „**wesentlich und entscheidend**" sein[59]. „Eine Ungleichbehandlung kann also nicht durch Erwägungen der bloßen Zweckmäßigkeit zulässig werden. Vielmehr muss die an den Beschäftigten gestellte Anforderung erforderlich sein und dem Grundsatz der Verhältnismäßigkeit zwischen beruflichem Zweck und Schutz vor Benachteiligung standhalten"[60].

§ 8 Abs. 1 AGG handelt von der unmittelbaren Benachteiligung gem. § 3 Abs. 1 AGG. Im Streitfalle wird also das Individualinteresse an der nicht stattfindenden Benachteiligung wegen eines der Gründe aus § 1 AGG abzuwägen sein gegen die Anforderungen des Arbeitsplatzes gerade in Bezug auf solche Kriterien. Es wird an den Arbeitsgerichten liegen, hier im Laufe der Zeit abstrakte Rechtsbegriffe zu entwickeln, die in der Lage sind, bei einer solchen Abwägung für ein Optimum an Rechtssicherheit zu sorgen.

Eine zulässige Benachteiligung wegen **Rasse oder ethnischer Herkunft** kann dann vorliegen, wenn z.B. wegen zu befürchtender Konflikte die Position eines Geschäftsführers einer jüdischen Gedenkstätte nicht mit einem Moslem besetzt wird. Das Gleiche kann gelten, wenn die Leitung einer türkischen kulturellen Einrichtung einem Türken statt einem Griechen anvertraut wird. Zwar gibt es weder eine türkische, noch eine griechische Rasse und die Staatsangehörigkeit ist kein Grund i.S.d. § 1 AGG. Der Begriff ethnische Herkunft ist jedoch weit zu fassen, und ebenso wurde vom Gesetzgeber wie schon in den EU-Richtlinien der

---

[59] BT a.a.O., S. 35.
[60] BT a.a.O., S. 35.

III. Das arbeitsrechtliche AGG

Ausdruck „Rasse" verwendet, obwohl man den Theorien von der Existenz verschiedener Rassen ausdrücklich nicht folgen wollte, um sich dem Verdikt der Rassendiskriminierung und des Rassismus überhaupt nähern zu können.

Auch das Geschlecht kann zulässiges Unterscheidungskriterium sein und damit eine Benachteiligung erlauben. Entscheidend sind auch hier die konkreten Anforderungen des Arbeitsplatzes. So ist zum Beispiel gut vorstellbar (neben den stets genannten Fällen, in denen z.B. die Position einer Striptease-Tänzerin nicht von einem Mann ausgefüllt werden kann etc.), dass z.B. in der Redaktion einer Frauenzeitschrift kein Mann einen Platz finden kann („Zeitung von Frauen für Frauen"). Neben den speziellen Bedingungen, die in der Aufgabe liegen, kann hier durchaus auch der Gedanke der vorbeugenden Maßnahme aus § 12 Abs. 1 AGG in Betracht kommen. Es ist gut vorstellbar, dass ein Mann in einem reinen Frauenteam zu Konflikten führt, die sich dann zu seinen Lasten auswirken. Und § 12 Abs. 1 AGG verpflichtet den Arbeitgeber sozusagen im Vorfeld dazu, Vorkehrungen zu treffen, dass absehbare Konflikte vermieden werden. Hierüber lässt sich allerdings trefflich streiten[61].

Schwieriger dürfte der Fall dann liegen, wenn die Aufgabe von Männern und gleichermaßen auch von Frauen zu bewältigen ist, der Arbeitgeber sich aber aus anderen Gründen, die eher in exogenen Faktoren liegen, für einen Mann entscheiden möchte. Infrage kommt hier z.B. ein Einsatz als Führungskraft in einem Land, in dem Frauen traditionell in der Arbeitswelt keine besondere Rolle spielen und schon gar nicht als Vorgesetzte von Männern akzeptiert würden. Würde aus diesem Grund z. Zt. noch die Wahl auf einen Mann fallen, wäre hierin wohl eine zulässige Benachteiligung einer (gleich qualifizierten) Frau zu sehen. Allerdings gibt es bereits heute Beispiele für erfolgreiche weibliche Vorgesetzte in eben diesen „Männergesellschaften".

Anders wäre die Rechtslage dann zu beurteilen, wenn ein Arbeitgeber es ablehnen würde, eine Frau zur Vorgesetzten eines reinen Männerteams zu machen, nur weil sie Frau ist. Hier verschieben sich in neuerer Zeit zum Glück die Ansichten und Gepflogenheiten in der Industrie. Ganz abgesehen davon, dass es sich Deutschland in Gegenwart und Zukunft gar nicht leisten kann, auf qualifizierte Kräfte zu verzichten, nur weil sie einem bestimmten Geschlecht angehören.

Für eine zulässige Benachteiligung wegen Religion oder Weltanschauung hat der Gesetzgeber eine gesonderte Vorschrift verfasst, die sich ausschließlich diesem Problemkreis widmet[62].

Eine Behinderung kann Grund für eine zulässige Benachteiligung sein, wenn die Anforderungen des Arbeitsplatzes den Einsatz eines Menschen mit einer speziellen Behinderung auf gerade diesem Arbeitsplatz ausschließen. Behindert ist jemand dann, wenn seine körperliche Funktion, geistige Fähigkeit oder seelische Gesundheit mit hoher Wahrscheinlichkeit länger als sechs Monate von dem für das Lebensalter typischen Zustand abweicht und daher seine Teilnahme am Leben der Gesellschaft beeinträchtigt ist[63].

---

61 S. auch die Ausführungen zu § 12 AGG in Teil III, Kapitel 6.2.
62 S. die Ausführungen zu § 9 AGG in Teil III, Kapitel 5.2.
63 § 2, Abs. 1, S. 1 SGB IX

Einfach liegen die Fälle dann, wenn offenkundig eine Behinderung so beschaffen ist, dass der Einsatz des Menschen auf dem Arbeitsplatz Gefahren für sein eigenes Leben oder seine Gesundheit mitbrächte oder wenn dadurch andere ihrerseits gefährdet würden. So wird z.B. niemand einen Epileptiker auf einem Baugerüst einsetzen wollen. Auch die Durchführung schwerer körperlicher Arbeit bei vorliegendem Wirbelsäulenschaden verbietet sich schon von selbst. Einen Legastheniker wird man für eine Lektorenstelle unberücksichtigt lassen dürfen, ohne dem Vorwurf eines Verstoßes gegen das AGG ausgesetzt zu werden. Nach § 8 Abs. 1 AGG muss das Nichtvorliegen einer Behinderung wegen der Art der auszuübenden Tätigkeit oder der Bedingungen ihrer Ausübung eine wesentliche und entscheidende berufliche Anforderung darstellen, sofern der Zweck rechtmäßig und die Anforderung angemessen ist.

Nicht immer liegen die Fälle so klar wie vorstehend geschildert. Ein weites Feld wird sich für die Arbeitsgerichte dort auftun, wo zwar auf den ersten Blick durch die vorliegende Behinderung eine wesentliche und entscheidende berufliche Anforderung nicht erfüllt erscheint, jedoch angemessene Vorkehrungen des Arbeitgebers, die ihn allerdings nicht unverhältnismäßig belasten dürfen, dieses Manko ausgleichen könnten. Vor dem Hintergrund von § 81 SGB IX mit seinen umfassenden Ansprüchen von Schwerbehinderten bzw. ihnen Gleichgestellten wird im Einzelfall sehr sorgfältig zu prüfen sein, ob § 8 Abs. 1 AGG die Ungleichbehandlung bzw. die Benachteiligung trägt. Insbesondere ist hierbei zu berücksichtigen, dass für eine behindertengerechte Einrichtung des Arbeitsplatzes staatliche Hilfen sowohl für den Behinderten direkt wie auch für den Arbeitgeber genehmigt werden können. Zuständig sind die Integrationsämter[64], die mit der Bundesagentur für Arbeit zusammenarbeiten[65]. Angesichts dieser Situation dürfte das Argument einer übermäßigen oder gar unzumutbaren finanziellen Belastung wegen der behindertengerechten Einrichtung eines Arbeitsplatzes nur selten Bestand haben und damit als Argument für eine zulässige Benachteiligung im Sinne von § 8 Abs. 1 AGG von eher geringer Bedeutung sein.

In den nachstehenden Hinweisen für die Praxis[66] wird dargestellt, ob man bei Bewerbergesprächen überhaupt nach der Behinderung fragen darf und wie es sich mit dem Fragerecht nach einer Schwerbehinderung verhält, wenn z.B. ein Unternehmer die vorgeschriebene Quote zur Beschäftigung Schwerbehinderter noch nicht erfüllt hat und deshalb Ausgleichsabgaben zahlen muss (105 – 260 Euro pro Monat[67]).

Hiervon zu unterscheiden und nicht im AGG geregelt ist die Frage nach Vorliegen einer Krankheit. Generell ist hierzu zu sagen, dass das Bundesverfassungsgericht am 15. Dezember 1983 in seinem sog. „Volkszählungsurteil" ein diesbezügliches allgemeines Fragerecht bzw. eine Antwortpflicht verneint hat („Grundrecht auf informationelle Selbstbestimmung" gem. Art. 2 Abs. 1 i.V. m. Art. 1 Abs. 1 GG). Es ging in diesem Verfahren in erster Linie um unbegrenzte Erhebung, Speicherung, Verwendung und Weitergabe von persönlichen Daten[68]. Die hier entwickelten Grundsätze finden aber auch auf das Arbeitsleben Anwendung.

---

64 § 102 SGB IX.
65 § 101 SGB IX.
66 Teil IV, Kapitel 2.1.
67 Vgl. § 77 SGB IX.
68 Model-Creifelds, Rdn. 182, I und BVerfG Az. 1 BvR 209, 269, 362, 420, 440, 484/83

III. Das arbeitsrechtliche AGG

Eine Einschränkung wird der beschriebene Grundsatz dann erfahren, wenn das Vorliegen einer bestimmten Krankheit den Anforderungen eines Arbeitsplatzes entgegensteht. So wird man ein Fragerecht und eine Antwortpflicht beispielsweise in einem Chemieunternehmen bejahen müssen, wenn sich der Einsatz in einem Versuchslabor wegen des Vorliegens einer Allergie gegen bestimmte chemische Stoffe wegen zu befürchtender Verschlechterung des gesundheitlichen Zustandes des Laboranten verbietet.

Der Schutz des allgemeinen Persönlichkeitsrechts tritt immer dann zurück, wenn das Interesse eines Arbeitgebers objektiv und stellenbezogen stärker als die Unverletzbarkeit der Individualsphäre des Einzelnen ist.

Das Alter wird mit hoher Wahrscheinlichkeit der Grund nach § 1 AGG sein, um den es die meisten Auseinandersetzungen geben wird bzw. auch schon gibt. Zunächst ist es das Ziel des Gesetzgebers, das Alter nicht als Unterscheidungskriterium bei Auswahlentscheidungen zuzulassen. Ihm, wie auch den Richtliniengebern, war indessen bewusst, dass das Arbeitsleben eben doch eine Fülle von Sachverhalten kennt, bei denen sehr wohl ein bestimmtes Alter in Bezug auf Einstellung, Schulung, Förderung, Beendigung des Arbeitsverhältnisses etc. eine Rolle spielen kann. Zwar ist § 8 Abs.1 AGG als allgemeine Regel, die eine unterschiedliche Behandlung aus Gründen der auszuübenden Tätigkeit oder der Bedingungen ihrer Ausführung zulässt, wenn diese eine entscheidende berufliche Anforderung darstellen, auch geeignet, ein bestimmtes Alter als zulässiges Entscheidungskriterium anhand dieser Vorschrift zu prüfen. In der Praxis wird jedoch § 10 AGG, der „ungeachtet des § 8" in seinen ersten beiden Sätzen auch eine Art Generalklausel für die zulässige Berücksichtigung des Alters formuliert, eine größere Bedeutung zukommen; besonders im Hinblick darauf, dass er sechs Konstellationen (§ 10 S. 3, Nr. 1 – 6 AGG) exemplarisch aufführt („insbesondere Folgendes"), die die zulässigen Ausnahmen näher beschreiben. Achtung: Es handelt sich hier nicht um eine enumerative (ausschließliche) Aufzählung von Sachverhalten, sondern nur um Beispiele, um das Ziel der Vorschrift klarer zu machen. Die zulässigen Benachteiligungen wegen Alters werden in den Ausführungen zu § 10 AGG[69] näher untersucht.

In den Vorentwürfen zum AGG (zuvor ja ADG, „Antidiskriminierungsgesetz") wurde noch von „sexueller Orientierung" gesprochen. Diese Wortwahl indiziert, dass der betroffene Mensch hinsichtlich seiner sexuellen Ausrichtung eine Wahl- oder Einflussmöglichkeit hat. Das deckt sich nicht mit den gesicherten Erkenntnissen der Medizin und Psychologie. Aus diesem Grunde ist die Wortwahl „sexuelle Identität" sicherlich die präzisere. Eine zulässige Benachteiligung wegen einer bestimmten sexuellen Identität gem. § 8 Abs. 1 AGG ist nur schwer vorstellbar. Hier kämen auch die Grundrechte aus Art. 1 und 2 GG zum Zuge, ebenso die Generalklausel des § 242 BGB. Bereits nach diesen Vorschriften wäre eine Benachteiligung wegen der sexuellen Identität rechtswidrig.

Das Verbot einer geringeren Vergütung für gleiche oder gleichwertige Arbeit aus Gründen des Geschlechts war schon in § 612 Abs. 3, S. 1 BGB festgeschrieben. Auch die Existenz bestimmter Schutzvorschriften wegen des Geschlechts erlaubte nach § 612 Abs. 3, S. 2 BGB

---

[69] Teil III, Kapitel 5.3.

keine geschlechtsbedingte unterschiedliche Behandlung. Durch das AGG wurde § 612 Abs. 3 BGB aufgehoben. § 8 Abs. 2 AGG dehnt den Schutz auf alle in § 1 AGG genannten Gründe aus. Das heißt, keiner der dort genannten Gründe rechtfertigt eine unterschiedliche Vergütung gegenüber vergleichbaren Personen oder Gruppen. Dieser Grundsatz folgert aus dem Aufbau des 2. Absatzes. Denn er verbietet (sogar!) eine unterschiedliche Behandlung aus einem der Gründe des § 1 AGG, wenn seinetwegen besondere Schutzvorschriften erlassen wurden. Solche Schutzvorschriften werden also ausdrücklich nicht als Rechtfertigungsgrund akzeptiert. Zu denken ist hier etwa an den Fall, dass ein Arbeitgeber Frauen mit dem Hinweis auf die Geltung des Mutterschutzgesetzes schlechter bezahlen möchte. Das Gleiche gilt für einen Behinderten, der nicht deswegen eine geringere Vergütung bekommen darf, weil es zahlreiche Gesetze zu seinem besonderen Schutz gibt.

Hier ist jedoch darauf zu achten, dass unterschiedliche Anforderungen des Arbeitsplatzes hinsichtlich der zu leistenden Qualität oder in Bezug auf den körperlichen Einsatz ebenso Differenzierungen der Vergütung zulassen wie z.B. eine höherwertige Ausbildung. Bei Letzterem ist allerdings Vorsicht geboten, denn eine bessere Bezahlung wegen sog. „vorgehaltenen Wissens" (das aber nicht abgerufen wird) ist sehr problematisch und in aller Regel auch in den meisten Tarifverträgen nicht vorgesehen.

Es ist fraglich, ob es der Regelung des § 8 Abs. 2 AGG überhaupt bedurft hätte. § 7 Abs. 2 AGG kennzeichnet Vereinbarungen als unwirksam, die gegen das Benachteiligungsverbot des § 1 AGG verstoßen. Danach wäre also auch die Vereinbarung einer niedrigeren Vergütung wegen eines Grundes aus § 1 AGG unwirksam. Die nachstehend zitierte Begründung des Gesetzgebers hilft auch nicht, diese Frage zu beantworten. Es heißt dort[70]: „Absatz 2 greift den Grundsatz der Entgeltgleichheit bezüglich des Geschlechts in § 612 Abs. 3 BGB auf. Dieser Grundsatz wird nunmehr durch § 7 AGG über das Merkmal Geschlecht hinaus auf alle in § 1 AGG genannten Merkmale erstreckt und stellt künftig in Verbindung mit § 2 Abs. 1 Nr. 2 AGG und § 8 Abs. 2 AGG die neue Grundlage für Ansprüche auf gleiches Entgelt für gleiche oder gleichwertige Arbeit dar."[71]

Letzten Endes kann es dahingestellt bleiben, welche Vorschrift zur Anwendung kommt. Klar ist, dass die Vereinbarung/Zahlung einer unterschiedlichen Vergütung aus einem der in § 1 AGG genannten Gründe nach den Vorschriften des AGG nicht zulässig ist, wenn es sich nicht um eine vom Gesetzgeber zugelassene Ausnahme („zulässige Benachteiligung") handelt.

Inwieweit Betriebszugehörigkeit oder Alter als Grundlage für die Vereinbarung einer höheren Vergütung dienen kann, wird zu § 10 AGG[72] abgehandelt.

---

[70] BT a.a.O., S. 35.
[71] Vgl. zum Gesamtkomplex Schütt/Wolf, a.a.O., S. 41, „Im Grunde genommen ist die gesonderte Regelung zur Entgeltgleichheit in § 8 Absatz 2 überflüssig, denn die auf ein Diskriminierungsmerkmal bezogene Vereinbarung eines geringeren Lohnes ist bereits nach § 7 (Benachteiligungsverbot) i.V.m. § 2 Absatz 1 Nr. 2 (Arbeitsbedingungen einschließlich Arbeitsentgelt) verboten."
[72] Teil III, Kapitel 5.3.

6.2 Ausnahmen wegen Religion oder Weltanschauung, § 9 AGG

> § 9 Zulässige unterschiedliche Behandlung wegen der Religion oder Weltanschauung
>
> (1) Ungeachtet des § 8 ist eine unterschiedliche Behandlung wegen der Religion oder der Weltanschauung bei der Beschäftigung durch Religionsgemeinschaften, die ihnen zugeordneten Einrichtungen ohne Rücksicht auf ihre Rechtsform oder durch Vereinigungen, die sich die gemeinschaftliche Pflege einer Religion oder Weltanschauung zur Aufgabe machen, auch zulässig, wenn eine bestimmte Religion oder Weltanschauung unter Beachtung des Selbstverständnisses der jeweiligen Religionsgemeinschaft oder Vereinigung im Hinblick auf ihr Selbstbestimmungsrecht oder nach der Art der Tätigkeit eine gerechtfertigte berufliche Anforderung darstellt.
>
> (2) Das Verbot unterschiedlicher Behandlung wegen der Religion oder der Weltanschauung berührt nicht das Recht der in Absatz 1 genannten Religionsgemeinschaften, der ihnen zugeordneten Einrichtungen ohne Rücksicht auf ihre Rechtsform oder der Vereinigungen, die sich die gemeinschaftliche Pflege einer Religion oder Weltanschauung zur Aufgabe machen, von ihren Beschäftigten ein loyales und aufrichtiges Verhalten im Sinne ihres jeweiligen Selbstverständnisses verlangen zu können.

Voranzustellen ist der Grundsatz, dass auch wegen Religion oder Weltanschauung gem. den §§ 7 und 1 AGG eine benachteiligende Handlung gegenüber Beschäftigten nicht statthaft ist. „Die Richtlinie 2000/78/EG ermöglicht es aber den Mitgliedstaaten, bereits geltende Rechtsvorschriften und Gepflogenheiten beizubehalten, wonach eine Ungleichbehandlung wegen der Religion oder Weltanschauung keine Benachteiligung darstellt, wenn die Religion oder Weltanschauung einer Person nach der Art der Tätigkeit oder der Umstände ihrer Ausübung angesichts des Ethos der Organisation eine wesentliche und gerechtfertigte berufliche Anforderung darstellt.."[73]

Heranzuziehen ist hier Art. 140 GG, der Art. 136 – 139 und 141 der WRV zu Bestandteilen des Grundgesetzes macht. Entscheidend ist Art. 137[74] WRV. Abs. 3 lautet: "Jede Religionsgemeinschaft ordnet und verwaltet ihre Angelegenheiten selbständig innerhalb der Schranken des für alle geltenden Gesetzes. Sie verleiht ihre Ämter ohne Mitwirkung des Staates oder der bürgerlichen Gemeinde." Hierauf fußt die Fassung des § 9 AGG. Er erlaubt ungeachtet des § 8 Abs.1 AGG eine unterschiedliche, also auch benachteiligende Behandlung wegen Religion oder Weltanschauung bei der Beschäftigung durch Religionsgemeinschaften. Dieser Begriff ist weit zu fassen. Der Gesetzgeber nennt nicht nur die körperschaftliche Organisation, sondern die zugeordneten Einrichtungen sowie Vereinigungen, die sich die gemeinschaftliche

---

[73] BT a.a.O., S. 35.
[74] Nicht wie bisweilen zitiert Art. 136.

Pflege einer Religion oder Weltanschauung zur Aufgabe machen. Allerdings muss die „Religion oder Weltanschauung unter Beachtung des Selbstverständnisses der jeweiligen Religionsgemeinschaft oder Vereinigung im Hinblick auf ihr Selbstbestimmungsrecht oder nach der Art der Tätigkeit eine gerechtfertigte berufliche Anforderung (darstellen)"[75].

Es geht hier darum, dass der Gesetzgeber innerhalb des höchst sensiblen Bereichs des persönlichen Glaubens und der Institutionen, die sich der Pflege und Verbreitung dieses Glaubens (der Religion) verpflichtet haben, einerseits eine rechtswidrige Benachteiligung ausschließen, andererseits aber auch die gebotene Rücksichtnahme auf die Gepflogenheiten und Selbstverständlichkeiten in diesen Organisationen walten lassen möchte. Überall dort, wo es um die aktive Ausübung einer Religion geht oder um Glaubensfragen im engeren Sinne, spielt die Zugehörigkeit zu einer Religionsgemeinschaft eine Rolle. Folgerichtig kann nach ihr gefragt und eine berufsbezogene Entscheidung (Einstellung) von ihrem Vorliegen abhängig gemacht werden. Die Religionsgemeinschaft soll über Ordnung und Verwaltung ihrer Angelegenheiten selbst entscheiden können[76].

Das gilt ebenfalls, wenn hier auch der Einzelfall jeweils genau betrachtet werden muss, für Organisationen, die von Religionsgemeinschaften – in der Regel im vorschulischen, schulischen oder caritativen Bereich – betrieben werden. Hier liegt es nahe, dass die Frage nach der Religionszugehörigkeit eines Controllers z.B. in einem von einer Kirche betriebenen Altenheim eher nicht vom Ausnahmegedanken des § 9 Abs. 1 AGG gedeckt ist, denn es handelt sich wohl nicht um eine gerechtfertigte berufliche Anforderung.

Die Grenzen sind, soweit es sich um Organisationen der genannten Art handelt, sicherlich fließend. Entscheidend dürfte immer die Nähe einer Aufgabe zu einem bestimmten Glauben sein und, ob die Zugehörigkeit zu diesem Glauben für die Bewältigung der Aufgabe unverzichtbar ist. Dabei wird es um objektive Beurteilungsmaßstäbe gehen, die allerdings die wohlverstandenen Interessen der Religionsgemeinschaft unter dem o.a. Grundsatz zu berücksichtigen haben.[77]

In diesem Zusammenhang rückt auch § 118 BetrVG ins Blickfeld. Diese Vorschrift bestimmt ausdrücklich, dass das Betriebsverfassungsgesetz auf Tendenzbetriebe[78] keine Anwendung findet, soweit die Eigenart des Unternehmens oder des Betriebes dem entgegensteht. Ebenso findet das Betriebsverfassungsgesetz keine Anwendung auf Religionsgemeinschaften und ihre karitativen und erzieherischen Einrichtungen unbeschadet ihrer Rechtsform.

§ 9 Abs. 2 AGG konkretisiert an sich eine Selbstverständlichkeit. In einem Arbeitsverhältnis richten sich die Rechte und Pflichten nach den besonderen Anforderungen, wie sie im Arbeitsvertrag niedergelegt sind bzw. wie sie Gepflogenheiten und Übungen in einem Unter-

---

[75] § 9 Abs. 1 AGG a. E.
[76] BT a.a.O., S. 35.
[77] Vgl. im Übrigen Teil III, Kapitel 2.
[78] „Unternehmen und Betriebe, die unmittelbar und überwiegend 1. politischen, koalitionspolitischen, konfessionellen, karitativen, erzieherischen, wissenschaftlichen oder künstlerischen Bestimmungen oder 2. Zwecken der Berichterstattung oder Meinungsäußerung, auf die Art. 3 Abs.1, S. 2 GG Anwendung finden, dienen …"

nehmen vorgeben. Sie können je nach Art der Unternehmung höchst unterschiedlich sein. Entscheidend ist jeweils, ob sie sich von dem angestrebten Ziel ableiten lassen und ob sie mit der Rechtsordnung im Einklang stehen. Insofern hat diese Vorschrift einen eher deklaratorischen Charakter. Sie dient allerdings der Klarstellung, dass eine Religionsgemeinschaft nicht durch die Existenz des AGG und durch das grundsätzliche Benachteiligungsverbot daran gehindert ist, ein „loyales und aufrichtiges Verhalten im Sinne ihres jeweiligen Selbstverständnisses"[79] zu verlangen. Der Gesetzgeber räumt also ein, dass die Anforderungen an die Beschäftigten – neben den dem Arbeitsverhältnis immanent innewohnenden – noch eine spezielle Ausformung oder Ergänzung im Sinne der Religionsgemeinschaft erfahren können. Große praktische Bedeutung wird dieser Vorschrift sicherlich nicht zukommen.

6.3 Ausnahmen wegen Alters, § 10 AGG

> § 10 Zulässige unterschiedliche Behandlung wegen des Alters
>
> Ungeachtet des § 8 ist eine unterschiedliche Behandlung wegen des Alters auch zulässig, wenn sie objektiv und angemessen und durch ein legitimes Ziel gerechtfertigt ist. Die Mittel zur Erreichung dieses Ziels müssen angemessen und erforderlich sein. Derartige unterschiedliche Behandlungen können insbesondere Folgendes einschließen:
>
> 1. die Festlegung besonderer Bedingungen für den Zugang zur Beschäftigung und zur beruflichen Bildung sowie besonderer Beschäftigungs- und Arbeitsbedingungen, einschließlich der Bedingungen für Entlohnung und Beendigung des Beschäftigungsverhältnisses, um die berufliche Eingliederung von Jugendlichen, älteren Beschäftigten und Personen mit Fürsorgepflichten zu fördern oder ihren Schutz sicherzustellen,
>
> 2. die Festlegung von Mindestanforderungen an das Alter, die Berufserfahrung oder das Dienstalter für den Zugang zur Beschäftigung oder für bestimmte mit der Beschäftigung verbundene Vorteile,
>
> 3. die Festsetzung eines Höchstalters für die Einstellung auf Grund der spezifischen Ausbildungsanforderungen eines bestimmten Arbeitsplatzes oder auf Grund der Notwendigkeit einer angemessenen Beschäftigungszeit vor dem Eintritt in den Ruhestand,
>
> 4. die Festsetzung von Altersgrenzen bei den betrieblichen Systemen der sozialen Sicherheit als Voraussetzung für die Mitgliedschaft oder den Bezug der Altersrente oder von Leistungen bei Invalidität einschließlich der Festsetzung unterschiedlicher Altersgrenzen im Rahmen dieser Systeme für bestimmte Beschäftigte oder Gruppen von Beschäftigten und die Verwendung von Alterskriterien im Rahmen dieser Systeme für versicherungsmathematische Berechnungen,

---

[79] § 9 Abs. 2 AGG.

> 5. eine Vereinbarung, die die Beendigung des Beschäftigungsverhältnisses ohne Kündigung zu einem Zeitpunkt vorsieht, zu dem der oder die Beschäftigte eine Rente wegen Alters beantragen kann; § 41 des Sechsten Buches Sozialgesetzbuch bleibt unberührt,
>
> 6. Differenzierungen von Leistungen in Sozialplänen im Sinne des Betriebsverfassungsgesetzes, wenn die Parteien eine nach Alter oder Betriebszugehörigkeit gestaffelte Abfindungsregelung geschaffen haben, in der die wesentlich vom Alter abhängenden Chancen auf dem Arbeitsmarkt durch eine verhältnismäßig starke Betonung des Lebensalters erkennbar berücksichtigt worden sind, oder Beschäftigte von den Leistungen des Sozialplans ausgeschlossen haben, die wirtschaftlich abgesichert sind, weil sie, gegebenenfalls nach Bezug von Arbeitslosengeld, rentenberechtigt sind.

Der breite Raum, den der Gesetzgeber der unterschiedlichen Behandlung wegen Alters gibt, zeigt ebenso, wie die sehr detaillierte exemplarische („insbesondere") Aufzählung einzelner Ausnahmetatbestände, dass es sich hier um einen Schwerpunkt bei der zulässigen Abweichung vom Verbot der Benachteiligung handelt. Das liegt daran, dass das Alter zwar grundsätzlich kein zugelassenes Unterscheidungskriterium ist[80], es im Arbeitsleben aber sehr viele Regelungen gibt, bei denen das Lebensalter eine maßgebliche Rolle spielt. „Alle Beschäftigten können während ihres Berufslebens einmal ein „kritisches" Alter durchlaufen"[81]. Beim Berufseinstieg können sich für den Jüngeren bestimmte Hemmnisse ergeben, wenn z.B. in Einstellungsbedingungen auf Berufserfahrung abgestellt wird, die man erst in einem bestimmten Lebensjahr erworben haben kann. Es könnte sich dann um eine mittelbare Benachteiligung wegen (des zu geringen) Alters handeln, es sei denn, diese Berufserfahrung ist eindeutig als direktes Zugangskriterium zu bewerten. Sie kann z.B. aber auch durch sehr intensive Beschäftigung mit einer Materie und damit erst in zweiter Linie durch Zeitablauf erworben werden. In einem solchen Falle hätte man es wohl mit einer nicht zulässigen Benachteiligung wegen Alters zu tun, wenn der Bewerber ohne Ansehung seiner Fähigkeiten nur wegen zu geringen Lebensalters abgelehnt werden würde.

Der Hauptgedanke des Gesetzgebers besteht aber wohl in dem Schutz des Älteren, weil unter den heutigen Umständen für diesen auf dem regulären Arbeitsmarkt nur sehr schwer eine Arbeitsstelle zu finden ist. Bedenkt man, dass ca. die Hälfte der Unternehmen in Deutschland in ihrer Belegschaft keine Person mehr beschäftigt, die älter als 50 Jahre ist[82], wird die Brisanz des Problems und damit auch die schwere Aufgabe für den Gesetzgeber, steuernde Gegenmaßnahmen zu ergreifen, sehr deutlich.

Die „zulässige unterschiedliche Behandlung wegen des Alters", § 10 AGG, ist keine Spezialnorm, die die Generalausnahmeklausel des § 8 AGG verdrängt. § 10 AGG findet Anwendung „ungeachtet des § 8", d.h., man kann das Alter als Auswahlkriterium berücksichtigen, wenn es bei der auszuübenden Tätigkeit oder bei den Bedingungen ihrer Ausübung einen wesentli-

---

[80] Vgl. auch die Ausführungen zu § 1 AGG in Teil III, Kapitel 2.
[81] BT a.a.O., S. 36
[82] Relativierend ist jedoch zu bemerken, dass hierzu auch Kleinstunternehmen gehören, die oft nur aus einer oder zwei Personen bestehen.

III. Das arbeitsrechtliche AGG

chen Grund darstellt (§ 8 Abs. 1 AGG). § 10 AGG erlaubt die unterschiedliche Behandlung wegen des Alters, „wenn sie objektiv und angemessen und durch ein legitimes Ziel gerechtfertigt ist". Und „die Mittel zur Erreichung dieses Ziels müssen angemessen und erforderlich sein"[83]. Das „legitime Ziel" kann einmal aus dem Unternehmensziel abgeleitet werden und kann auch ein Teilziel sein, zum anderen ist es durchaus zulässig, auch exogene Ziele in den Entscheidungsvorgang mit einzubeziehen. So kann z.B. eine bestimmte Arbeitsmarktsituation dazu veranlassen, verstärkt sehr junge Menschen einzustellen, denn es ist sicherlich ein legitimes Ziel, die Jugendarbeitslosigkeit und damit einhergehend die Perspektivlosigkeit vieler Schulabgänger zu bekämpfen. Und die Einstellung bzw. die Ausbildung ist ein angemessenes und erforderliches Mittel im Sinne dieser Vorschrift.

Die etwas verunglückte Anordnung von „objektiv" in der Aneinanderreihung „objektiv und angemessen und durch ein legitimes Ziel gerechtfertigt"[84] wirft die Frage nach dem Willen des Gesetzgebers auf. So ist die nahe liegende Interpretation, dass die unterschiedliche Behandlung wohl objektiv sein müsse, nicht sehr hilfreich. Mehr Sinn ergibt sich dann, wenn man den Ausdruck „vor die Klammer zieht". Danach würde der Wille des Gesetzes erfüllt sein, wenn aus objektiver Bewertung und nicht auf Grund subjektiver Einschätzung die unterschiedliche Behandlung angemessen und durch ein legitimes Ziel gerechtfertigt ist.

Genauso kann die Benachteiligung von Jüngeren angesichts der oben geschilderten schlechten Arbeitsmarktsituation für ältere Menschen (älter im Sinne von älter als 50 Jahre) im Rahmen eines Sozialplanes bei betriebsbedingten Kündigungen zulässig sein[85]. Das kann dadurch geschehen, dass das Lebensalter im Rahmen der sozialen Auswahl privilegiert behandelt wird, aber auch dadurch, dass der Sozialplan für ältere Mitarbeiter, die ausscheiden müssen, höhere Zahlungen vorsieht.

Klar ist bei allem, dass das Alter nur in begründeten Einzelfällen als Auswahlgrund herangezogen werden darf. Dabei kann es sich sowohl um Individualverträge wie auch um kollektive Regelungen (Tarifverträge, Betriebsvereinbarungen) handeln.

Zu den in § 10 S. 3 AGG aufgeführten unterschiedlichen Behandlungen nun im Einzelnen:

- **Nummer 1**
Zielgruppe dieser Schutzvorschrift, die eine Abweichung vom Grundsatz des § 1 AGG normiert, sind Jugendliche, ältere Beschäftigte und Personen mit Fürsorgepflichten (gegenüber wem auch immer). Hiermit wird das bereits Ausgeführte unterstrichen, dass nämlich eigentlich j e d e Altergruppe geschützt ist („ihren Schutz sicherstellen"), bzw. dass zu Gunsten dieser genannten Gruppen eine unterschiedliche Behandlung wegen des Alters zulässig ist. Anlässe, bei denen sie zulässig ist, sind die Festlegung besonderer Bedingungen für den Zugang zur Beschäftigung, also Einstellungsbedingungen und Auswahlkriterien, und zur beruflichen Bildung. Hier sind die Voraussetzungen angesprochen, die je-

---

[83] § 10 S. 1 und 2 AGG.
[84] § 10 S. 1 AGG.
[85] Zu dem Problem der Streichung des § 10 S. 3 Nr. 6 und 7 AGG alte Fassung wegen der auf den allgemeinen und besonderen Kündigungsschutz verweisenden Norm des § 2 Abs. 4 AGG s.Teil III, Kapitel 3.

mand (immer in Bezug auf sein Alter) mitbringen muss, der an beruflichen Bildungsmaßnahmen teilnehmen möchte. In seinen Erläuterungen schweigt der Gesetzgeber dazu, was er mit der „Festlegung **besonderer** Beschäftigungs- und Arbeitsbedingungen" meint. Die Formulierung ist wohl so zu verstehen, dass „besonders" ein Hinweis für die Berücksichtigung des Alters in den genannten Bedingungen sein soll. Ist diese Beschreibung („Beschäftigungs- und Arbeitsbedingungen") eigentlich schon umfassend und ausreichend, betont das Gesetz noch zusätzlich die Bedingungen für Entlohnung und Beendigung des Beschäftigungsverhältnisses. Die Staffelung in Entlohnungssystemen in Anlehnung an das Lebensalter kann problematisch sein. Die Bevorzugung (Höherbezahlung) eines Älteren indiziert ja gleichzeitig die Benachteiligung (unterschiedliche Behandlung) eines Jüngeren. Damit wäre eine solche Regelung zunächst nicht AGG-konform. Wenn § 10 S. 3 Nr. 1 AGG aber ausdrücklich eine Berücksichtigung des Lebensalters in Entlohnungssystemen zulässt, kann es sich nur darum handeln, dass mit dem zunehmenden Lebensalter gleichzeitig andere Kriterien mitwachsen, die für das Unternehmen von Bedeutung sind. Denn das Alter ist kein Wert an sich und damit auch nicht gesonderter Anspruch auf höhere Vergütung. Nimmt man jedoch das Alter als Indikator für zunehmende Berufserfahrung oder wachsende Treue dem Unternehmen gegenüber[86], so kann sich aus diesen Gründen sehr wohl eine Rechtfertigung für mehr Gehalt ableiten lassen. Eine alleinige Heranziehung des bloßen Lebensalters wird nicht als ausreichender Grund für die Ausnahmeregel in Nr. 1 anzusehen sein.

Das gilt ähnlich für die Überlegung, ob ältere Arbeitnehmer z.B. längeren Urlaub gewährt bekommen dürfen. Auch hier ist das Alter allein kein Grund für ein solches, die Jüngeren benachteiligendes Vorgehen. Es müssen schon überzeugende Argumente in die Richtung eines höheren Rekreationsbedürfnisses bei einem älteren Arbeitnehmer hinzukommen und es muss damit seinem Schutz i.S.d. § 10 S. 3, Nr.1 AGG gedient werden, um nicht gegen das Benachteiligungsverbot des AGG zu verstoßen. In diesem Sinne sind auch altersgemäß gestaffelte Arbeitszeiten in maßvollem Umfang zulässig[87].

Eine unterschiedliche Behandlung wegen des Alters ist auch in Bezug auf eine Beendigung des Arbeitsverhältnisses zulässig. Zu denken ist hier etwa an Altersteilzeitverträge oder besondere altersorientierte Abfindungsregelungen anlässlich von **freiwilligem Ausscheiden.** Solche Vereinbarungen können dem Erhalt einer bestimmten Altersstruktur beispielsweise in einem hoch technisierten Unternehmen oder einem Betrieb, in dem überwiegend sehr schwere körperliche Arbeit verrichtet wird, dienen. Sie können aber auch dazu da sein, unter dem Gesichtspunkt der Solidarität ältere Arbeitnehmer durch gezielte finanzielle Anreize dazu zu bewegen, jüngeren Platz zu machen[88].

---

[86] Unter der implizierten Voraussetzung, dass der Mitarbeiter bei einem Unternehmen bleibt.
[87] Zur Frage Konkurrenz von AGG und KSchG bei Kündigungen s. Teil III, Kapitel 3.
[88] Vgl. zum gesamten Komplex Bauer, Rdn. 25 ff. zu § 10 AGG.

III. Das arbeitsrechtliche AGG 59

■ **Nummer 2**
Diese Ausnahmevorschrift vom Grundsatz des Benachteiligungsverbots wegen des Alters erlaubt die Festlegung eines **Mindestalters** für den Zugang zu einer Beschäftigung oder für bestimmte mit der Beschäftigung verbundene Vorteile. Das Gleiche gilt für **Berufserfahrung** oder für das **Dienstalter**. Damit trägt der Gesetzgeber der betrieblichen Realität Rechnung, dass ein Mindestalter für die Bekleidung einer Position eine unverzichtbare Voraussetzung sein kann. So ist es z.B. schwer vorstellbar, eine zwanzigjährige Person zum erfolgreichen Leiter einer Produktionsstätte mit mehreren Tausend Mitarbeitern zu machen. Auch der Chef einer Revision sollte über eine gewisse, vornehmlich aus dem Alter resultierende Lebenserfahrung verfügen. Generell lässt sich sagen, dass berufliche Aufgaben, bei denen es wesentlich auf persönliche Ausstrahlung, Seriosität und Ansehen ankommt, eben in der Regel nicht erfolgreich durch zu junge Menschen wahrgenommen werden können.

Schwieriger wird die Beurteilung, ob es sich um eine zulässige Benachteiligung handelt, dort, wo es um **bestimmte mit der Beschäftigung verbundene Vorteile** geht. In der Regel wird es sich dabei um Entgeltleistungen handeln[89]. Eine Besserstellung, die sich allein am Lebensalter ausrichtet, ist sicherlich nicht AGG-konform. Es müsste schon eine Verbindung zwischen dem erreichten Alter und der Berufserfahrung[90] hergestellt werden. Wobei die Berufserfahrung auch kein Wert an sich ist, der eine höhere Bezahlung rechtfertigt. Sie wird es aber dann, wenn sie sich in einer Leistung niederschlägt, die gegenüber anderen, weniger Erfahrenen, für das Unternehmen zu einem messbaren Vorteil führt. Das wird sich nicht immer leicht nachweisen lassen. In die Grundüberlegungen z.B. einer tarifvertraglich vereinbarten Vergütungsstaffel sollte jedoch immer einfließen (und sich auch im Wortlaut dieser Vereinbarung niederschlagen), dass die höhere Vergütung wegen der wirtschaftlich besseren Leistung gezahlt wird, die, bei der ausdrücklichen Berücksichtigung von Ausnahmefällen, mit der zunehmenden Lebens- und Berufserfahrung einhergeht. So auch ArbG Heilbronn: Berufserfahrung, die den Arbeitnehmer dazu befähigt, seine Arbeit besser auszuführen, soll honoriert werden[91]. Der EuGH hatte sich bereits 2006 mit diesem Thema befasst[92]. Danach ist eine Differenzierung nach dem Dienstalter bei der Höhe des Entgelts gerechtfertigt. Sachlicher Grund ist die Honorierung der Berufserfahrung, die den Arbeitnehmer befähigt, seine Arbeit besser zu verrichten.

Zwingend notwenig erscheint es angesichts dieser Überlegungen, dass Vertragsklauseln auch den Fall regeln, bei dem zunehmendes Alter zu **Minderleistungen** führen kann. Hierfür dann geringere Zahlungen zu vereinbaren, wird eine Aufgabe sein, die ein hohes Verantwortungsbewusstsein der Tarifpartner erfordert.

---

[89] BT a.a.O., S. 36
[90] Berufserfahrung wird hier verstanden als ein aus der Praxis resultierender Zugewinn an relevantem Wissen zur Erledigung der jeweiligen Aufgabe. Keineswegs handelt es sich hierbei um die jahrelange monotone Wiederholung derselben Tätigkeit.
[91] Urteil vom 3. April 2007, Az. 5 Ca 12/07, zitiert nach BDA-Entscheidungssammlung II/145/07 vom 20. Juni 2007.
[92] EuGH, Urt. v. 11. Juli 2006, Az. C-17/05 (Cadman).

Eine andere Frage in diesem Zusammenhang bezieht sich darauf, ob die **Betriebstreue,** d.h. die im selben Unternehmen verbrachte Zeit, einen Wert repräsentiert, der eine höhere Vergütung rechtfertigt. Es ist hier schwierig, eine allgemein gültige Antwort zu finden. Auf der einen Seite signalisiert das lange Verbleiben in einem Unternehmen eine gewisse Zufriedenheit mit der bekleideten Position und mit den Gegenleistungen des Arbeitgebers. Daraus können besondere Loyalität und Leistungsbereitschaft erwachsen. Denkbar ist natürlich auch, dass der Bequemlichkeitsfaktor, die (Minder-)Qualifikation oder die Situation auf dem Arbeitsmarkt ein gewisses Beharrungsverhalten bedingen. Letztlich kann es dahingestellt bleiben. Wenn ein Arbeitgeber grundsätzlich im längeren Verbleiben in einem Unternehmen einen besonderen Wert sieht und es als begrüßenswerte Betriebstreue apostrophiert, dann muss es ihm auch unbenommen sein, dieses Verhalten zu honorieren, ohne dass ihm daraus der Vorwurf einer unzulässigen Ungleichbehandlung erwächst. Auch eine mittelbare Benachteiligung gem. § 3 Abs. 2 AGG i.V.m. § 1 AGG (Alter) liegt nicht vor. Das gilt gleichermaßen für Arbeitgeber, deren Unternehmen in einen Flächentarifvertrag eingebunden sind.

■ **Nummer 3**
Diese Ausnahmevorschrift trägt Wirtschaftlichkeitsüberlegungen im Zusammenhang mit Einstellungen Rechnung. So soll es einem Arbeitgeber nicht zumutet werden, aus Gründen allgemeiner Gleichbehandlung Personen einzustellen und auszubilden, von denen man auf Grund ihres Alters weiß, dass sie nach relativ kurzer Zeit wieder aus dem Unternehmen ausscheiden, um z.B. Rente zu beziehen. Mit anderen Worten muss sich eine Investition in die Qualifikation einer Mitarbeiterin/eines Mitarbeiters für den Arbeitgeber auch lohnen, d.h., er muss von der Leistung der aus- oder weitergebildeten Person profitieren (Ausdrücke wie „Amortisation" oder „return on invest" bieten sich hier an).

Die Rechtsprechung[93] stützt diese Erwägungen seit langem und knüpft bei einer (aufwändigen) Ausbildung Verweilpflichten bzw. Beteiligung (Rückzahlung) an den Ausbildungskosten an. Es hat sich ein Verhältnis von eins zu drei herausgebildet, d.h., wenn die Ausbildung 1 Jahr dauert, ist der Mitarbeiter verpflichtet, 3 Jahre im Unternehmen zu verbleiben. Anderenfalls wird er mit den (Teil-)Kosten der Qualifikationsmaßnahmen belastet. Entsprechend berechnet sich dann auch eine Höchstaltersgrenze bei einer Einstellung. Hierbei sind keine starren Marken zu setzen. Eine gewisse Flexibilität, die sich den Besonderheiten des Einzelfalles, z.B. der Komplexität der Aufgabe, den Voraussetzungen beim Bewerber, der Arbeitsmarktlage und dem finanziellen Aufwand, der mit der Qualifikation getrieben werden muss, orientiert, muss zugelassen werden. Zu beachten ist immer, dass sich die Begründung für die Altersgrenze ausschließlich aus den hier angestellten Erwägungen ergibt und damit auch nachvollziehbar ist. Eine willkürliche Festlegung erfüllt schnell den Tatbestand einer unzulässigen Benachteiligung wegen Alters gegenüber den Nicht-Berücksichtigten.

---

[93] BAG 24. Oktober 2002, Az. 6 AZR 632/00.

III. Das arbeitsrechtliche AGG

▪ **Nummer 4**

Auch hier hat der Gesetzgeber eine Regelung getroffen, die mit einer anderen Vorschrift aus diesem Gesetz konkurriert. Nummer 4 stellt klar, dass die Festsetzung von Altersgrenzen insbesondere bei der betrieblichen **Altersversorgung,** aber auch bei anderen betrieblichen **Systemen der sozialen Sicherheit** keine Benachteiligung wegen Alters darstellt. Demgegenüber heißt es in § 2 Abs. 2, S. 2 AGG, dass für die betriebliche Altersversorgung das **Betriebsrentengesetz** gelte. Aus dem Wortlaut dieser Vorschrift lässt sich eigentlich nur schließen, dass das AGG auf dieses Thema keine Anwendung findet.

Der Gesetzgeber sagt in der Begründung[94] nichts, was diesen Konflikt auflösen könnte. Man wird indessen davon ausgehen können, dass § 2 Abs. 2, S. 2 AGG Bestand hat und europarechtskonform ist und dass über die Regeln des § 1 b Abs.1 BetrAVG[95] hinaus § 10 S. 3, Nr. 4 AGG Anwendung findet. Während die genannte Vorschrift des BetrAVG die Altersgrenze und die Zeit, in der ein Arbeitsverhältnis bestanden haben muss, als Voraussetzung für die Unverfallbarkeit („unverfallbare Anwartschaft") festlegt, regelt § 10 S. 3, Nr. 4 AGG, dass die Festlegung einer Altersgrenze als Voraussetzung für den Zugang zu betrieblichen Systemen der sozialen Sicherheit (z.B. Betriebsrente) oder für den Bezug von Altersrente oder von Leistungen bei Invalidität zulässig ist.

Ebenso erlaubt diese Vorschrift die Festsetzung unterschiedlicher Altersgrenzen für bestimmte Beschäftigte oder bestimmte Gruppen von Beschäftigten innerhalb dieser Systeme. Damit wird aus einer betrieblichen Regelung, die zunächst wie ein Verstoß gegen das Benachteiligungsverbot des AGG aussieht, ein Vorgehen, das das Gesetz ausdrücklich als zulässig bezeichnet, sog. „zulässige Benachteiligung".

Konkret heißt dies, dass ein Betrieb nicht verpflichtet ist, einen Mitarbeiter, der ein bestimmtes Alter erreicht bzw. überschritten hat, in ein betriebliches Versorgungssystem aufzunehmen. Diese Altersgrenze muss allerdings in diesem System festgelegt sein. In der Regel wird es sich hier um Tarifverträge, seltener um Betriebsvereinbarungen handeln. Die Frage, ob jemand, der bei einer Einstellung deswegen abgelehnt wird, weil er in Bezug auf ein betriebliches Alterssicherungssystem zu alt ist, seine Einstellung dadurch ermöglichen kann, dass er auf diese Teilnahme verzichtet, weil er z.B. auf eine Betriebsrente finanziell nicht angewiesen ist, lässt sich wie folgt beantworten: Zunächst ist davon auszugehen, dass er (oder das Unternehmen) in das System nicht für sich selbst einzahlt, sondern einen Beitrag für die Solidargemeinschaft leistet. D.h., ein Verzicht auf Leistungen aus diesem System enthebt nicht von der Verpflichtung zur Einzahlung. Sodann verbietet § 4 Tarifvertragsgesetz (TVG) grundsätzlich den Verzicht auf ein entstandenes tarifvertragliches Recht.

Sollte in einem Unternehmen das Thema Betriebsrente durch eine Betriebsvereinbarung geregelt sein, so kann der Einzelne auf Rechte aus dieser Betriebsvereinbarung nur mit Zustimmung des Betriebsrates verzichten, § 77 Abs. 4 BetrVG. Auch das würde in dem geschilderten Fall indessen aus den vorstehend genannten Gründen das Altershindernis nicht ausräumen und deswegen auch nicht zu einer Einstellung führen können.

---

[94] BT a.a.O., S. 36.
[95] Unverfallbarkeit und Durchführung der betrieblichen Altersrente.

■ **Nummer 5**

Zu Nummer 5 findet sich in der Begründung des Gesetzgebers der Hinweis, dass diese Vorschrift (und in der alten Fassung auch die folgenden) der Rechtssicherheit dienen, indem die Regelbeispiele der Nummern 1 – 4 ergänzt werden. Es soll klargestellt werden, dass auch weiterhin das Alter bei der Beendigung von Arbeitsverhältnissen und den damit in Zusammenhang stehenden Leistungen des Arbeitgebers berücksichtigt werden kann[96]. Hierbei bleibt § 41 SGB VI ausdrücklich unberührt[97].

Das AGG stellt also zunächst einmal klar, dass es keine unzulässige Benachteiligung wegen Alters in einer Vereinbarung zwischen Arbeitgeber und Mitarbeiter darin sieht, dass ein Zeitpunkt für die Beendigung des Arbeitsverhältnisses gewählt wird, zu dem der oder die Beschäftigte eine Rente wegen Alters beantragen kann. Hier spielen auch arbeitsmarktpolitische Überlegungen eine Rolle. Es soll nicht sein, dass der ältere Mitarbeiter noch über ein bestimmtes Alter (65, später 67) hinaus arbeitet und damit einen Arbeitsplatz für Jüngere blockiert, obwohl er finanziell abgesichert ist. Sollte irgendwann einmal die Rechtsprechung zu dem Ergebnis kommen, dass solche Vereinbarungen nicht AGG-konform sind, könnte diese dazu führen, dass ein Unternehmen im Streitfall über die rechtmäßige Beendigung eines Arbeitsverhältnisses durch Zahlung einer (hohen) Abfindung belastet würde.

Bei der Beurteilung der Frage, ob Altersgrenzen für bestimmte Berufsgruppen zulässig sind, ergeben sich auch Lösungsansätze aus anderen Vorschriften. So hat z.B. das BVerfG am 26. Januar 2007[98] entschieden, dass die Altersgrenze für Verkehrspiloten (65 Jahre) verfassungsgemäß ist und nicht gegen Art. 12 Abs. 1 GG (Berufsfreiheit) verstößt. Eine entsprechende Verfassungsbeschwerde hatte des BVerfG nicht zur Entscheidung angenommen, da sie keine Aussicht auf Erfolg hatte. Ausgangpunkt für diese Entscheidung war der rechtmäßige Erlass von Rechtsverordnungen, die auf der Basis des Luftverkehrsgesetzes Eingriffe in die Berufsfreiheit (hier: Alter) regeln. Motive sind die ordnungsgemäße Erfüllung der beruflichen Anforderungen und der Schutz eines besonders wichtigen Gemeinschaftsgutes (Leib und Leben von Passagieren, Menschen in überflogenen Gebieten und von Besatzungsmitgliedern).

Ein zu Beginn des Jahres 2007 ergangenes Urteil des Arbeitsgerichts Frankfurt[99] hält eine Altersgrenze von 60 (!) Jahren für Piloten bei der Deutschen Lufthansa AG für AGG-konform wegen des Schutzes von Passagieren, der Piloten selbst und der Allgemeinheit.

---

[96] BT a.a.O., S. 36.

[97] „Der Anspruch des Versicherten auf eine Rente wegen Alters ist nicht als ein Grund anzusehen, der die Kündigung eines Arbeitsverhältnisses durch den Arbeitgeber nach dem Kündigungsschutzgesetz bedingen kann. Eine Vereinbarung, die die Beendigung des Arbeitsverhältnisses eines Arbeitnehmers ohne Kündigung zu einem Zeitpunkt vorsieht, zu dem der Arbeitnehmer vor Vollendung des 65. Lebensjahres eine Rente wegen Alters beantragen kann, gilt dem Arbeitnehmer gegenüber als auf die Vollendung des 65. Lebensjahres abgeschlossen, es sei denn, dass die Vereinbarung innerhalb der letzten drei Jahre vor diesem Zeitpunkt abgeschlossen oder von dem Arbeitnehmer bestätigt worden ist."

[98] Az. 2 BVR 2408/06.

[99] Urteil vom 14. März 2007, Az. 6 Ca 7405/06. Inzwischen bestätigt durch hessisches LAG, Urteil vom 15. Oktober 2007, Az. 17 Sa 809/07 (Frühverrentung ist „legitimes Ziel").

III. Das arbeitsrechtliche AGG

Bei den Überlegungen, die das Arbeitsgericht anstellen musste, handelt es sich wohl weniger um Fragen im Zusammenhang mit § 10 AGG, sondern vielmehr darum, ob eine Ausnahme vom (Alters-) Benachteiligungsverbot wegen spezieller Anforderungen des Arbeitsplatzes gem. § 8 AGG zulässig war. Kurios ist das Ergebnis des Arbeitsgerichts deshalb, weil an anderer Stelle im Lufthansa Konzern (CityLine) zwischen den Tarifpartnern eine Altersgrenze von 65 Jahren vereinbart worden ist. Das Urteil des LAG (s. Fußnote 99) ist nicht rechtskräftig. Die Revision zum BAG ist zugelassen.

■ **Nummer 6**
§ 10 S. 3, Nr. 6 AGG hat zwei Zielrichtungen: Es geht zunächst um die Berücksichtigung von Älteren in einem Sozialplan. Angesichts der Tatsache, dass ältere Arbeitnehmer auf dem Arbeitsmarkt geringere Chancen auf einen neuen Arbeitsplatz haben, erlaubt der Gesetzgeber durch diese Vorschrift eine privilegierende Behandlung in einem Sozialplan anlässlich von betriebsbedingten Kündigungen. Die vereinbarten höheren Zahlungen an Ältere wären grundsätzlich eine unzulässige Benachteiligung von Jüngeren wegen (jüngeren) Alters.

Wie schon aufgezeigt beruhen die Ausnahmevorschriften des § 10 AGG (auch) auf arbeitsmarkt- und sozialpolitischen Erwägungen. Deshalb werden „Differenzierungen von Leistungen in Sozialplänen im Sinne des Betriebsverfassungsgesetzes, wenn die Parteien eine nach Alter oder Betriebzugehörigkeit gestaffelte Abfindungsregelung geschaffen haben, in der die wesentlich vom Alter abhängenden Chancen auf dem Arbeitsmarkt durch eine verhältnismäßig starke Betonung des Lebensalters erkennbar berücksichtigt worden sind"[100], ausdrücklich zugelassen. Davon unabhängig ist natürlich, Alter und Betriebszugehörigkeit bei der Entscheidung, ob dem Mitarbeiter überhaupt betriebsbedingt gekündigt wird, entsprechend zu gewichten bzw. zu beachten.

Führt die Berücksichtigung wirtschaftlicher Probleme nach (zwangsweiser) Beendigung des Arbeitsverhältnisses zur zulässigen Privilegierung Älterer in Sozialplänen, lässt der Gesetzgeber in der Umkehrüberlegung einen zulässigen Ausschluss derjenigen aus dem Sozialplan zu, „die wirtschaftlich abgesichert sind, weil sie, gegebenenfalls nach Bezug von Arbeitslosengeld, rentenberechtigt sind."[101] Er unterscheidet also zwischen den „jüngeren Älteren", die noch arbeiten müssen und wollen, aber keine Chance mehr auf dem Arbeitsmarkt hätten und den „älteren Älteren", die (in absehbarer Zeit) Anspruch auf Rentenzahlungen haben.

Diese Differenzierung ist sachgerecht und zeigt einmal mehr, dass eine zu starre Anwendung des Grundsatzes von der verbotenen Benachteiligung wegen eines der Gründe aus § 1 AGG zu unbilligen und nicht nachvollziehbaren Ergebnissen geführt hätte.

So aber bleibt festzuhalten, dass im Großen und Ganzen das Verbot der Altersbenachteiligung vernünftig und sinnvoll ist, die getroffenen Regelungen aber erst angesichts der zulässigen Ausnahmen, wie sie in § 10 AGG (nicht enumerativ!) aufgeführt sind, den Erforderlichkeiten im betrieblichen Leben gerecht werden.

---

[100] § 10, S. 3, Nr. 6 AGG.
[101] § 10, S. 3, Nr. 6 AGG.

6.4 Unterschiedliche Behandlung wegen mehrerer Gründe, § 4 AGG

> Erfolgt eine unterschiedliche Behandlung wegen mehrerer der in § 1 genannten Gründe, so kann diese unterschiedliche Behandlung nach den §§ 8 bis 10 und 20 nur gerechtfertigt werden, wenn sich die Rechtfertigung auf alle diese Gründe erstreckt, derentwegen die unterschiedliche Behandlung erfolgt.

Diese Vorschrift enthält eine an sich **überflüssige Klarstellung.** Ist es doch im Grunde selbstverständlich, dass eine der in den §§ 8 – 10 AGG enthaltenen Ausnahmeregelungen, die aus einer Benachteiligung eine zulässige Benachteiligung machen, sich auf jeden der in § 1 AGG genannten Gründe beziehen muss, wenn mit einer Handlung, Duldung oder Unterlassung eine Benachteiligung wegen mehrerer dieser Gründe vorgenommen wurde[102]. Der Gesetzgeber geht davon aus, „dass bestimmte Personengruppen typischerweise der Gefahr der Benachteiligung aus mehreren nach § 1 unzulässigen Gründen ausgesetzt sind"[103].

Däubler/Bertzbach gehen noch weiter. Ihnen zufolge „erfüllt jeder Mensch zwingend mehrere verpönte Merkmale: Der Einzelne gehört einer bestimmten Ethnie an, ist Mann oder Frau, hat religiöse oder areligiöse Überzeugungen, verfügt über ein bestimmtes Alter und hat eine spezifische sexuelle Identität"[104]. Dem ist grundsätzlich zuzustimmen, aber das heißt noch lange nicht, dass ein benachteiligendes Verhalten nun automatisch immer mehrere der Gründe aus § 1 AGG berührt. Geschieht dies jedoch, muss hinsichtlich jedes einzelnen Grundes geprüft werden, ob das Handeln von den Rechtfertigungsgründen der §§ 8 – 10 AGG gedeckt, d.h. ob die Benachteiligung zulässig ist.

Stellt sich eine Handlung als unzulässige Benachteiligung hinsichtlich mehrerer Gründe aus § 1 AGG dar, so handelt es sich dennoch nicht um mehrere Benachteiligungen, die zu einer **Häufung von Ansprüchen** führen könnten, sondern lediglich um eine einzige, deren Rechtswidrigkeit auf mehreren (unabhängigen) Säulen steht. Das kann jedoch **Einfluss auf die Beweisführung** gem. § 22 AGG dergestalt haben, dass die (größere) Anzahl der „bewiesenen Indizien" den Benachteiligten in eine verbesserte Beweislage bringt.

Inwieweit die Rechtsprechung **Entschädigungsleistungen** gem. § 15 Abs. 2 AGG dann höher festlegt, wenn gegen mehrere der Gründe aus § 1 verstoßen wurde, bleibt abzuwarten. Geht man von den Vorgaben der Richtlinien aus, dass solche Leistungen zwar einerseits in einem angemessenen Verhältnis zu der begangenen Benachteiligung (und dem erlittenen Unrecht) stehen sollen, andererseits aber auch „wirksam und abschreckend" im Sinne einer

---

[102] Vgl. Schütt/Wolf: „Im Grunde genommen ist die Regelung des § 4 überflüssig, da sich bereits aus dem in § 7 geregelten Benachteiligungsverbot ergibt, dass Beschäftigte aus keinem der in § 1 genannten benachteiligt werden dürfen". S. 31 f.
[103] BT a.a.O., S. 33.
[104] Rdn. 5 zu § 4 AGG.

überzeugenden Prophylaxe zu sein haben, ist wohl damit zu rechnen, dass sich Benachteiligungen wegen mehrerer Gründe aus § 1 AGG erhöhend auf die zu leistenden Zahlungen auswirken werden[105].

6.5 Positive Maßnahmen, § 5 AGG

> **§ 5 Positive Maßnahmen**
>
> Ungeachtet der in den §§ 8 bis 10 sowie in § 20 benannten Gründe ist eine unterschiedliche Behandlung auch zulässig, wenn durch geeignete und angemessene Maßnahmen bestehende Nachteile wegen eines in § 1 genannten Grundes verhindert oder ausgeglichen werden sollen.

Mit dieser Vorschrift wird die so genannte **„positive Diskriminierung"** eingeführt. Danach ist eine Ungleichbehandlung auch bei Nichtvorliegen der Rechtfertigungsgründe der §§ 8 – 10 AGG dann zulässig, wenn mit ihr bestehende Nachteile struktureller oder tatsächlicher Art wegen eines in § 1 AGG genannten Grundes verhindert oder ausgeglichen werden sollen[106]. Es ist also sowohl die Reaktion auf einen rechtswidrigen Zustand (Benachteiligung) angesprochen wie auch eine Maßnahme, die einen solchen Zustand erst gar nicht entstehen lässt.

Diese Maßnahmen müssen **angemessen** und objektiv **geeignet** sein, die benachteiligende Situation zu verändern bzw. sie nicht entstehen zu lassen. Mit dieser Formulierung bringt der Gesetzgeber zum Ausdruck, dass bei einem solchen Vorgehen eine Abwägung der Rechtspositionen vorzunehmen ist mit dem Ziel festzustellen, ob die Benachteiligung, die zwangsläufig geschieht, von dem Betroffenen im Sinne der Rechtsordnung im Allgemeinen und im Sinne des AGG im Besonderen hingenommen werden muss.

Das Gesetz lässt solche Maßnahmen nicht nur durch den Gesetzgeber, sondern auch durch die Tarifpartner, die Betriebspartner oder auch einseitig durch den Arbeitgeber zu. Hier ist besonders zu beachten, dass es nicht zu einer absoluten Besserstellung kommen darf. So hatte z.B. der EuGH schon 1995[107] einen Fall zu entscheiden, in dem eine Behörde[108] wegen der Unterrepräsentanz des weiblichen Geschlechts in einem bestimmten Bereich bei der Besetzung von Stellen in diesem Sektor Frauen allein deswegen Priorität eingeräumt hatte, weil sie Frauen waren. Einen solchen absoluten Vorrang hat der EuGH als rechtswidrig eingestuft. Ein von § 5 AGG gedecktes Vorgehen liegt aber dann vor, wenn bei **gleicher Eignung** dem einen Geschlecht wegen Unterrepräsentanz der Vorzug gegeben wird.

---

[105] Vgl. auch Bauer, Rdn. 7 zu § 4 AGG.
[106] BT a.a.O., S. 34.
[107] Fall „Kalanke", 17. Oktober 1995, Az 1 AZR 590/92 (A).
[108] Hier: Die Verwaltung der Freien und Hansestadt Bremen.

Denkbar sind auch innerbetriebliche Vereinbarungen, die die **Förderung** von bestimmten Gruppen (Jugendliche im Zusammenhang mit Weiterbildung, zusätzliche Maßnahmen zur Integration/Förderung von Behinderten, Sprachförderung für Nichtdeutsche, besondere Schulungen für ältere Arbeitnehmer etc.) regeln.

Wenn in einem Betrieb/Unternehmen z.B. eine bestimmte Ethnie oder Rasse i.S.d. § 1 AGG zahlenmäßig in hohem Maße vertreten ist, kann es sinnvoll sein, bei Neueinstellungen Vertreter einer **ethnischen Minderheit bevorzugt** einzustellen, um hier zu einem Gleichklang und damit zu einem friedlichen Miteinander zu kommen. Vorausgesetzt (s.o.), es liegen im Übrigen gleiche Qualifikationen vor. Solche sog. „**weichen Quotenregelungen**" sind nach § 5 AGG zulässig. Dabei ist zu beachten, dass das Auswahlverfahren „transparent und nachprüfbar ist und auf objektiven Kriterien beruht"[109].

Ein besonderes Problemfeld ist die angemessene Berücksichtigung Schwerbehinderter. Hierzu enthält das **Schwerbehindertenrecht**[110] besondere Regelungen und Ansprüche. So ist auf Antrag der Schwerbehindertenvertretung, § 83 Abs.1, S. 2 SGB IX, eine Integrations- vereinbarung abzuschließen, in der u.a. eine angemessene Berücksichtigung schwerbehinderter Menschen bei der Besetzung freier, frei werdender oder neuer Stellen oder eine anzustrebende Quote festgelegt werden können. Auch solche Maßnahmen fallen unter § 5 AGG, d.h., sie gelten als Mittel, um einen bestehenden Zustand im Sinne einer mit dem AGG angestrebten Ausgewogenheit zu verändern.

Bei allen Maßnahmen im Rahmen des § 5 AGG ist darauf zu achten, dass sie die zur Erreichung des angestrebten Zweckes **mildesten Mittel** sind, d.h., dass der Eingriff in die Rechte Dritter so gering wie möglich gehalten wird[111].

7. Organisationspflichten des Arbeitgebers

7.1 Ausschreibung, § 11 AGG

§ 11 Ausschreibung

Ein Arbeitsplatz darf nicht unter Verstoß gegen § 7 Abs. 1 ausgeschrieben werden.

---

[109] Däubler, Rdn. 32 zu § 5 AGG.
[110] § 83 SGB IX.
[111] Vgl. Bauer, Rdn. 14 zu § 5 AGG.

III. Das arbeitsrechtliche AGG

Die Vorschriften des Bürgerlichen Gesetzbuches, die sich mit dem Verbot der Benachteiligung wegen des Geschlechts bzw. mit den Folgen eines Verstoßes befassten, §§ 611 a, 611 b und 612 Abs. 3 BGB, wurden durch das AGG aufgehoben. Sie gehen auf in den §§ 1 und 7, aber auch § 11 AGG. Speziell § 11 AGG ersetzt § 611 b BGB. Nach dieser Vorschrift ist eine Ausschreibung, die gegen § 7 Abs. 1 AGG verstößt, nicht zulässig. Dem Ausschreibenden ist damit versagt, in einer Ausschreibung einen der in § 1 AGG genannten Gründe als (positives oder negatives) Auswahlkriterium zu verwenden (Verbot jeder benachteiligenden Form der Stellenausschreibung). Ausnahmen von diesem Grundsatz sind indessen auch zukünftig möglich. Es muss sich aber diese Ausnahme allein mit den Anforderungen des Arbeitsplatzes bzw. mit arbeitsmarktpolitischen Erfordernissen begründen lassen[112]. Die Kontrolle für die Zulässigkeit im Einzelfall ergibt sich also aus den Kriterien, die zulässigerweise bei der Einstellung (oder Förderung) angelegt werden. Sie dürfen auch in Ausschreibungen genannt werden. Achtung: Ein nahe liegender Verstoß („Indizien beweist ...") gegen das AGG-Benachteiligungsverbot bereits bei der Ausschreibung führt zur Beweislasterleichterung des § 22 AGG und im Falle, dass dem Arbeitgeber/Ausschreibenden der Nachweis, nicht benachteiligt zu haben, nicht gelingt, zu Schadensersatz- oder Entschädigungsansprüchen (§ 15 Abs. 1 und 2 AGG). Eine Pflicht, überhaupt eine Ausschreibung vorzunehmen, begründet § 11 AGG nicht.

Bedient sich der Arbeitgeber eines Dritten, z.B. eines Personalberaters oder der Bundesagentur für Arbeit, um sich von den Mühen des Ausschreibungs- und Auswahlvorgangs zu befreien, haftet er gleichwohl, wenn diese gegen die Benachteiligungsverbote des AGG verstoßen[113]. Der Arbeitgeber kann sich allerdings von dieser Haftung und seiner Überwachungspflicht freizeichnen, wenn er einen entsprechenden Passus in den Vertrag mit dem Auftragnehmer (Personalberater o.Ä.) aufnimmt. Dabei empfiehlt es sich, die Einhaltung der Pflichten aus dem AGG ausdrücklich anzusprechen und Regress anzukündigen für den Fall der eigenen Inanspruchnahme.

Der Begriff „Ausschreibung" ist weit zu fassen. Es ist sowohl die externe Ausschreibung wie auch die innerbetriebliche gemeint. Dabei ist es gleichgültig, ob die Veröffentlichung über Printmedien oder z.B. über Internet oder ein betriebsinternes Intranet erfolgt.

Der Adressatenkreis für eine Ausschreibung ist in § 6 AGG[114] beschrieben. Hierbei geht es nicht nur um die Aufforderung, sich für eine Neueinstellung zu bewerben, sondern auch um Aus- und Weiterbildung innerhalb eines Unternehmens oder Betriebes, auf die mit einer Ausschreibung aufmerksam gemacht wird.

Es ist mittlerweile gängige Praxis, dass bei Ausschreibungstexten, wenn der Arbeitsplatz nicht zwingend ein bestimmtes Geschlecht erfordert, sowohl die männliche wie auch die weibliche Form gewählt wird („Verkaufsleiter oder Verkaufsleiterin"). Möglich ist auch „Be-

---

[112] Vgl. §§ 8 – 10 AGG.
[113] Vgl. BAG vom 5. Februar 2004, Az. 8 AZR 112/03. Hier ging es um eine Ausschreibung, die nicht geschlechtsneutral vorgenommen worden war und damit § 611 b BGB verletzte, an dessen Stelle, wie dargestellt, seit dem 18. August 2006 die Regeln des AGG getreten sind.
[114] S. Teil III, Kapitel 1.

triebswirt (m/w)". Vorsicht ist geboten, wenn der geschriebene Text von einem etwa zur Illustration des Arbeitsplatzes angefügten Foto ergänzt wird. Spricht z.B. der Text von „Verkäufer (m/w)" ohne Altersangabe und lachen dem Betrachter von einem Farbfoto zwei junge Mädchen von circa 20 Jahren entgegen, so kann sich ein Mann von 45 Jahren schon benachteiligt fühlen und die oben genannten Folgen auslösen.

Die Aufforderung, mit den **Bewerbungsunterlagen** auch ein Foto mitzuschicken, ist zwar für sich genommen noch keine Benachteiligung. Ein Bild lässt jedoch Rückschlüsse auf das Alter, das Geschlecht und ggf. die Herkunft zu. Kommt es dann zu einer Nichtberücksichtigung der Bewerbung, wird u.U. der davon betroffene Bewerber vermuten, dass dies aus einem Grunde geschah, der in § 1 genannt ist. Müsste die Benachteiligung bei der Auswahl dann noch als „bewiesenes Indiz" einer unzulässigen Benachteiligung nach den §§ 7 und 1 AGG gewertet werden, käme es wieder zu der Beweislasterleichterung des § 22 AGG mit Ansprüchen auf Schadensersatz oder Entschädigung als möglichem Resultat.

Es empfiehlt sich also, auch in einen Ausschreibungstext nur das wirklich Erforderliche hineinzunehmen. Es muss gerade so viel sein, dass sich ein Interessent von der Anzeige angezogen fühlt und sich von den Anforderungen des ausgeschriebenen Arbeitsplatzes ein hinlänglich umfassendes Bild machen kann. Aber auch nicht mehr.

7.2 Maßnahmen und Pflichten des Arbeitgebers, § 12 AGG

> § 12 Maßnahmen und Pflichten des Arbeitgebers
>
> (1) Der Arbeitgeber ist verpflichtet, die erforderlichen Maßnahmen zum Schutz vor Benachteiligungen wegen eines in § 1 genannten Grundes zu treffen. Dieser Schutz umfasst auch vorbeugende Maßnahmen.
>
> (2) Der Arbeitgeber soll in geeigneter Art und Weise, insbesondere im Rahmen der beruflichen Aus- und Fortbildung, auf die Unzulässigkeit solcher Benachteiligungen hinweisen und darauf hinwirken, dass diese unterbleiben. Hat der Arbeitgeber seine Beschäftigten in geeigneter Weise zum Zwecke der Behinderung von Benachteiligung geschult, gilt dies als Erfüllung seiner Pflichten nach Absatz 1.
>
> (3) Verstoßen Beschäftigte gegen das Benachteiligungsverbot des § 7 Abs. 1, so hat der Arbeitgeber die im Einzelfall geeigneten, erforderlichen und angemessenen Maßnahmen zur Unterbindung der Benachteiligung wie Abmahnung, Umsetzung, Versetzung oder Kündigung zu ergreifen.

III. Das arbeitsrechtliche AGG

> (4) Werden Beschäftigte bei der Ausübung ihrer Tätigkeit durch Dritte nach § 7 Abs. 1 benachteiligt, so hat der Arbeitgeber die im Einzelfall geeigneten, erforderlichen und angemessenen Maßnahmen zum Schutz der Beschäftigten zu ergreifen.
>
> (5) Dieses Gesetz und § 61 b des Arbeitsgerichtsgesetzes sowie Informationen über die für die Behandlung von Beschwerden nach § 13 zuständigen Stellen sind im Betrieb oder in der Dienststelle bekannt zu machen. Die Bekanntmachung kann durch Aushang oder Auslegung an geeigneter Stelle oder den Einsatz der im Betrieb oder der Dienststelle üblichen Informations- und Kommunikationstechnik erfolgen.

Es handelt sich hier um eine Art **Generalklausel,** mit der der Gesetzgeber bewirken will, dass der Arbeitgeber die erforderlichen Maßnahmen ergreift, damit es zu unzulässigen Benachteiligungen erst gar nicht kommt. Diese Maßnahmen müssen **„zum Schutz seiner Beschäftigten vor Benachteiligungen durch Vorgesetzte, Arbeitskollegen oder Dritte"**[115] geeignet sein. Die Beurteilung der Erforderlichkeit bestimmt sich nach objektiven Gesichtspunkten und nicht etwa nach der persönlichen Einschätzung des Arbeitgebers. Ausdrücklich nennt der Gesetzgeber auch „vorbeugende Maßnahmen" als Schutz i.S.d. Absatz 1 dieser Vorschrift.

In erster Linie ist hier an **Informations- und Schulungsmaßnahmen** zu denken. Der Arbeitgeber hat in seinem Unternehmen klarzumachen, dass er von seinem Personal die Einhaltung der Gebote und Beachtung der Verbote des AGG erwartet. Ebenso sollte deutlich werden, dass er gesetzeswidriges Verhalten mit den einem Arbeitgeber zur Verfügung stehenden Mitteln zu ahnden gedenkt.(Näheres zu § 12 Abs. 3 AGG weiter unten).

In dem Pflichtenkatalog des **§ 12 Abs. 5 AGG** steht die **Veröffentlichung des Gesetzes** an oberster Stelle. Diese sollte auf die betriebsübliche Art und Weise erfolgen. Das kann der Aushang an den dafür bestimmten „Schwarzen Brettern" sein oder aber auch eine Veröffentlichung im Intranet des Unternehmens[116]. Ebenso müssen der Wortlaut des **§ 61 b des Arbeitsgerichtsgesetzes** (Frist zur Erhebung einer Klage auf Entschädigung) **sowie Informationen über die für die Behandlung von Beschwerden** nach § 13 AGG zuständigen Stellen veröffentlicht werden.

Der **Umfang** der Informations- und Schulungsmaßnahmen und die Art und Weise ihrer Durchführung richten sich zum einen nach den betrieblichen Gepflogenheiten (z.B. auch abhängig von der Betriebsgröße einerseits, aber auch von der bereits vorhandenen Vielfalt in der Mitarbeiterschaft) und danach, was nach objektiven Kriterien für erforderlich gehalten werden muss, zum anderen auch nach der Zielgruppe. So genügt wohl gegenüber größeren Gruppen in **operativen Bereichen** eine Einweisung in die Hauptpflichten des Gesetzes, d.h. eine Erläuterung, aus welchen Gründen nicht benachteiligt werden darf (§§ 7 und 1 AGG) und was der Einzelne dazu beitragen muss, damit es nicht zu Verstößen gegen das Gesetz

---

[115] Bauer, Rdn. 6 zu § 12 AGG.
[116] „Die Bekanntmachung kann durch Aushang oder Auslegung an geeigneter Stelle oder den Einsatz der im Betrieb oder der Dienststelle üblichen Informations- und Kommunikationstechnik erfolgen", § 12 Abs. 5 AGG.

kommt. Ebenso wird man auf die Schadensersatz- und Entschädigungsregelungen in § 15 AGG hinweisen, um die möglichen nachteiligen materiellen Folgen, die den Arbeitgeber, aber auch den Einzelnen treffen können, deutlich zu machen.

Besondere Aufmerksamkeit wird man dem Thema **„Mobbing"** widmen müssen. Diesen Ausdruck kennt das Gesetz nicht, aber § 3 Abs. 3 und 4 AGG, „Belästigung" und „sexuelle Belästigung" betreffen genau diesen Sachverhalt. Bekanntlich gibt es in den Betrieben hier eine hohe Dunkelziffer, weil sich viele Betroffene aus (falscher) Scham oder Angst nicht zur Wehr setzen bzw. Vorgesetzte, Personalbereich oder Betriebsrat nicht um Hilfe angehen. Allerdings ist andererseits auch zu beobachten, dass manche Mitarbeiter diesem Thema fälschlicherweise einen zu hohen Stellenwert beimessen.

Die Existenz des § 14 AGG, **Leistungsverweigerungsrecht** bei Belästigung oder sexueller Belästigung, zeigt, welches Gewicht der Gesetzgeber diesem Thema zukommen lassen wollte. Mit Recht, denn die Ausfälle wegen psychosomatischer Störungen belasten die Unternehmen mehr als diese oft realisieren. Weiterhin ist über das Beschwerderecht gem. § 13 AGG zu informieren. Auch die nach den §§ 8 – 10 AGG vom Gesetzgeber formulierten Ausnahmen, die Benachteiligungen bei gewissen Voraussetzungen zulassen, gehören in eine Grundinformation, zu der § 12 Abs. 2 AGG den Arbeitgeber verpflichtet.

Die Durchführung solcher Schulungen ist eine Möglichkeit des Arbeitgebers aus diesem Gesetz, den Pflichten aus § 12 Abs. 1 AGG zu entsprechen, und kein Teil innerbetrieblicher Aus- und Weiterbildung, mithin **mitbestimmungsfrei**. Etwas anderes wird gelten, wenn das Thema „Allgemeines Gleichbehandlungsgesetz" als Baustein in eine andere Schulungsmaßnahme integriert wird. Dann sind die §§ 96 – 98, insbesondere § 98 Abs. 1 BetrVG zu beachten. Es besteht ein **Mitbestimmungsrecht** des Betriebsrates[117].

Die Schulung von **Vorgesetzten** und Mitarbeitern des **Personaldienstes** wird intensiver sein müssen und entsprechend mehr Zeit in Anspruch nehmen. Diese Personengruppen besitzen Weisungsbefugnis bzw. sind wegen ihrer besonderen Aufgaben im Unternehmen geborene Ansprechpartner und Ratgeber bei Fragen und Konflikten aus diesem Gesetz. Hier ist dann im Gegensatz zu der zuvor genannten Gruppe das Schwergewicht der Schulung auch stärker auf eine juristische Durchdringung der Materie zu legen.

Bei allen Schulungsmaßnahmen richtet sich die Wahl des Mittels nach dem betrieblichen Erfordernis und dem gewünschten Grad der Zweckerreichung. Sicherlich ist eine lehrgangsmäßige Schulung durch einen erfahrenen Personaljuristen (intern oder extern) oder Rechtsanwalt eine sehr empfehlenswerte Möglichkeit. Hier besteht die Gelegenheit, zu fragen und eigene Schwerpunkte, wie sie sich aus der Tagesarbeit ergeben, zu setzen. Eine sorgfältig konzipierte IT-gestützte Unterweisung per Bildschirm kann ebenfalls zum gewünschten Ergebnis führen. Empfehlenswert ist hier ein System, das auf Dialog fußt und gleichzeitig sicherstellt, dass der angebotene Stoff auch verstanden und verinnerlicht wurde.

---

[117] Vgl. Bauer, Rdn. 25 zu § 12 AGG.

III. Das arbeitsrechtliche AGG

Gleichgültig, worauf die Wahl fällt: Die Teilnahme an der Schulung sollte vorsichtshalber dokumentiert werden. Das kann durch Teilnehmerlisten und individuelle Unterschriften geschehen. Der so geführte **Teilnahmenachweis** kann in der Personalakte eines jeden Teilnehmers aufbewahrt werden. Er dient im Konfliktfall dem Arbeitgeber zur eigenen Exkulpierung[118].

Ob sich der Arbeitgeber indessen von jeglicher Haftung im Vorhinein befreien kann, richtet sich nicht nur nach dem AGG, s.o., sondern auch nach Vorschriften des Bürgerlichen Gesetzbuches. Grundsätzlich ist zunächst einmal davon auszugehen, dass das AGG den Unternehmer/Arbeitgeber nicht wegen einer Benachteiligung haften lassen will, die er nicht selbst begangen hat. Geschieht sie durch einen Mitarbeiter, sollte dessen Verschulden dem Arbeitgeber dann nicht zugerechnet werden, wenn er den Betreffenden im ausreichenden Maße geschult hatte, § 12 Abs.2, S.2 AGG. **§ 280 BGB** gibt dem Gläubiger bei Pflichtverletzung des Schuldners nur dann einen Schadensersatzanspruch, wenn dieser die Pflichtverletzung zu vertreten hat. In diesem Kontext würde das Ergebnis (Nichthaftung des Arbeitgebers) gestützt, wenn der Arbeitgeber seinen Pflichten zur Schulung nachgekommen wäre, § 12 Abs. 2, S. 2 AGG.

Anders **§ 278 BGB**. Hier heißt es: „Der Schuldner hat ein Verschulden … der Personen, deren er sich zur Erfüllung seiner Verbindlichkeit bedient, im gleichen Umfang zu vertreten wie eigenes Verschulden." Das heißt, der Arbeitgeber haftet für seine Mitarbeiter („Personen, deren er sich zur Erfüllung seiner Verbindlichkeit bedient"), wenn sie gegen das Benachteiligungsverbot des AGG verstoßen. Die These, dass der Arbeitgeber sich eben nicht allein durch Schulung aller Haftung entledigen kann, findet auch ihre Stütze in den Formulierungen des § 12 Abs. 1 AGG dieser Vorschrift. Hier wird von den „erforderlichen Maßnahmen zum Schutz vor Benachteiligungen" gesprochen, die der Arbeitgeber zu treffen hat. Diese doch recht diffuse Angabe zur Beschreibung einer Pflicht könnte zu Ratlosigkeit oder aber zu Maßnahmen führen, die am Ende (durch die Rechtsprechung) als unzureichend gewertet werden würden. Dem hilft der Gesetzgeber dadurch ab, dass er in Absatz 2 sagt, ein „Arbeitgeber, (der) seine Beschäftigten in geeigneter Weise zum Zwecke der Verhinderung von Benachteiligung geschult (hat)", hat seine Pflichten aus Absatz 1 erfüllt. Nicht mehr. Er hat seine Pflicht, die „erforderlichen Maßnahmen … zu treffen", erfüllt.

Das heißt, im Falle einer Benachteiligung durch einen Mitarbeiter im Zusammenhang mit der Erfüllung seiner arbeitsvertraglichen Pflichten kann sich der Benachteiligte nach wie vor an den Arbeitgeber halten. Dieser kann sich nicht exkulpieren dadurch, dass er auf durchgeführte Schulungen hinweist. Was sollte der Benachteiligte denn dann tun? Handelt der benachteiligende Mitarbeiter in Erfüllung seines Arbeitsvertrages, handelt er ja für seinen Arbeitgeber. Fehler, die er begeht, können nicht dazu führen, dass das Unternehmen aus seiner Haftung entlassen wird. Fazit: Der Arbeitgeber haftet für Benachteiligungshandlungen seiner Mitarbeiter im Außenverhältnis. Das Gleiche gilt natürlich auch im Falle benachteiligender Handlungen innerhalb des Unternehmens, also im Binnenverhältnis. Inwieweit er dann seinen

---

118 „Hat der Arbeitgeber seine Beschäftigten in geeigneter Weise zum Zwecke der Verhinderung von Benachteiligung geschult, gilt dies als Erfüllung seiner Pflichten nach Absatz 1", § 12 Abs. 2, S. 2 AGG.

Mitarbeiter für den von ihm zu leistenden Schadensersatz oder die Entschädigung in Regress nimmt, ist eine andere Frage. Ihre Antwort bestimmt sich im Einzelfall nach Vorsatz oder dem Grad der Fahrlässigkeit, die dem Mitarbeiter vorzuwerfen wären und nach Umfang und Qualität der Schulung, die er erfahren hat[119].

Im Ergebnis auf dieser Linie sind auch Schütt/Wolf[120]: „Die Haftung für Erfüllungsgehilfen knüpft nämlich für den Arbeitgeber nicht an eigenes, sondern an fremdes Verschulden an. Unmittelbar kann danach der Umstand, dass der Arbeitgeber seine Verpflichtung nach Absatz 2 erfüllt hat, nicht haftungsmildernd herangezogen werden. Das Ergebnis widerspricht allerdings dem Sinn und Zweck der Vorschrift ... Die Zurechnung von Fremdverschulden auch bei Erfüllungsgehilfen muss demnach in Fällen ausreichender Schulung nach Sinn und Zweck der Gesetzesnorm vermindert werden."

Während in § 12 Abs. 1 und 2 AGG die präventiven Maßnahmen, die der Arbeitgeber zur Verhinderung von Benachteiligungen in seinem Unternehmen zu treffen hat, beschreibt, legt **§ 12 Abs. 3 AGG** die Pflichten fest, die den Arbeitgeber treffen, wenn Beschäftigte konkret gegen das Benachteiligungsverbot nach § 7 Abs. 1 AGG verstoßen. Diese Maßnahmen sollen geeignet, erforderlich und angemessen, d.h. verhältnismäßig sein, um die Benachteiligung zu unterbinden. Als solche bezeichnet die Vorschrift Abmahnung, Umsetzung, Versetzung oder Kündigung. Es hätte dieser Aufzählung im Gesetz nicht bedurft, denn jeder Arbeitgeber kennt seine Möglichkeiten, mit denen er vertragswidrigem Verhalten seiner Beschäftigten begegnen kann. Die Angabe dieser vier Möglichkeiten ist daher rein deklaratorisch. Sie ist auch nicht abschließend („... zur Unterbindung der Benachteiligung **wie** Abmahnung etc."). Das heißt, es kommen noch andere sog. „arbeitsnotwendige Maßnahmen", z.B. auch eine Änderungskündigung in Betracht. In jedem Fall ist der Arbeitgeber verpflichtet, den Sachverhalt gründlich aufzuklären, evtl. Zeugen anzuhören und Protokolle über die Aussagen von ihnen oder von den Betroffenen anzufertigen (und aufzuheben!).

In **§ 12 Abs. 4 AGG** wird die Fürsorgepflicht des Arbeitgebers, seine Beschäftigten vor Benachteiligungen zu schützen, erheblich ausgedehnt. Absatz 3 beschreibt die vom Arbeitgeber erwarteten Handlungen bei Gesetzesverstößen der eigenen Mitarbeiter. Absatz 4 dehnt den Kreis demgegenüber auch auf **externe Personen** aus. Der Gesetzgeber verpflichtet somit den Arbeitgeber, auch dann tätig zu werden, wenn seinem Personal in Ausübung seiner Tätigkeit durch externe Dritte Benachteiligungen zugefügt werden. Auch hier sind wieder, wie in Absatz 3, die geeigneten, erforderlichen und angemessenen Maßnahmen zu treffen. Was er darunter versteht, verrät uns der Gesetzgeber in seiner Begründung nicht.

„Erforderlich" ist die Maßnahme, die gerade ausreicht, das belästigende Verhalten zu unterbinden. Sie steht sozusagen am unteren Ende einer vertikalen Skala verschiedener Möglichkeiten. Die Eignung kann man sich anhand einer horizontalen Aneinanderreihung von Möglichkeiten vorstellen. Nur eine (oder wenige) ist (sind) geeignet, den nötigen Einfluss oder

---

[119] Vgl. Bauer Rdn. 9, 16, 21 zu § 12 AGG, und VhU, S. 116 f.
[120] S. 59.

III. Das arbeitsrechtliche AGG

Druck auszuüben („geeignet"). Eine Maßnahme ist dann angemessen, wenn sie einerseits den gewünschten Zweck (Unterbindung der Benachteiligung) erreicht, andererseits aber den Arbeitgeber bei der Verfolgung s e i n e r Ziele nicht über Gebühr beeinträchtigt.

Das ist z.B. dann besonders schwierig zu beurteilen, wenn ein (guter) Kunde einen Mitarbeiter belästigt. Das muss allerdings mit einer gewissen Häufigkeit und Nachhaltigkeit geschehen. Eine einmalige Aktion wird man nicht als Benachteiligung werten können, die zwingend eine Intervention auslöst. Unterstellt man aber, es liegt ein benachteiligendes Verhalten in Form von andauernder Belästigung wegen eines der Gründe aus § 1 AGG vor, steht der Arbeitgeber vor der kaum lösbaren Aufgabe, einerseits seinen Mitarbeiter zu schützen, andererseits aber auch mit so viel Augenmaß vorzugehen, dass er seinen Kunden nicht verliert. Denn das verlangt das Gesetz sicherlich nicht. Eine konsequente Haltung, geprägt vom Schutze des eigenen Mitarbeiters, kann letztlich zum Verlust von Arbeitsplätzen führen, womit niemandem gedient ist.

Der Gesetzgeber äußert sich kryptisch: „Gerade in Kundenbeziehungen ist die Form einer angemessenen Reaktion anhand der konkreten Umstände des Einzelfalles zu bestimmen."[121] Es wird also immer eine Abwägung zwischen den Zumutbarkeiten gegenüber dem Beschäftigten (was muss er angesichts der Gesamtsituation innerhalb eines Kunden-/Lieferantenverhältnisses tolerieren?) und dem Arbeitgeber stattfinden müssen. Letzterer wird zu prüfen haben, wie weit er in der Ansprache seines Kunden und bei der Aufforderung, sich benachteiligungsfrei zu verhalten, gehen kann, ohne damit am Ende den Kunden zu verlieren.

Die **Informationspflichten** des Arbeitgebers wurden bereits erwähnt. **§ 12 Abs. 5 AGG** präzisiert, über was und wie der Arbeitgeber zu informieren hat. Es geht um das AGG, um § 61 b Arbeitsgerichtsgesetz und um die für die Behandlung von Beschwerden nach § 13 AGG zuständigen Stellen. Die Bekanntmachung hat im Betrieb oder „in der Dienststelle" zu erfolgen. Die Art und Weise schreibt das Gesetz abschließend vor: durch Aushang oder Auslegung an geeigneter Stelle oder durch den Einsatz der im Betrieb oder der Dienststelle üblichen Kommunikationstechnik. Entscheidend ist bei der Wahl der Mittel, dass der Arbeitnehmer Kenntnis von den Informationen erlangen kann.

---

[121] BT a.a.O., S. 37.

8. Rechte des Arbeitnehmers bei Verstößen des Arbeitgebers gegen das AGG

8.1 Beschwerderecht, § 13 AGG

> § 13 Beschwerderecht
>
> (1) Die Beschäftigten haben das Recht, sich bei den zuständigen Stellen des Betriebs, des Unternehmens oder der Dienststelle zu beschweren, wenn sie sich im Zusammenhang mit ihrem Beschäftigungsverhältnis vom Arbeitgeber, von Vorgesetzten, anderen Beschäftigten oder Dritten wegen eines in § 1 genannten Grundes benachteiligt fühlen. Die Beschwerde ist zu prüfen und das Ergebnis der oder dem beschwerdeführenden Beschäftigten mitzuteilen.
>
> (2) Die Rechte der Arbeitnehmervertretungen bleiben unberührt.

In § 12 Abs. 5 AGG wird der Arbeitgeber verpflichtet, „über die für die Behandlung von Beschwerden zuständigen Stellen" im Betrieb oder in der Dienststelle zu informieren. Aus dieser Vorschrift und aus § 13 Abs. 1 AGG, der das Recht beschreibt, sich bei den zuständigen Stellen des Betriebs, des Unternehmens oder der Dienststelle zu beschweren, wenn sich der Beschäftigte wegen eines in § 1 AGG genannten Grundes benachteiligt fühlt, folgt, dass der Arbeitgeber zunächst einmal überhaupt eine solche Stelle einrichten muss. Wo dies zu geschehen hat, lässt der Gesetzgeber ausdrücklich offen. Es kann also z.B. die Personaldienststelle, die/der Gleichstellungsbeauftragte, ein Vorgesetzter oder eine extra eingerichtete betriebliche Beschwerdestelle sein[122], deren Zusammensetzung auch mehr oder weniger beliebig sein kann. Sie sollte sich nach Zweckmäßigkeitsgesichtspunkten (z.B. Wahl der Personen, die ja für eine solche Aufgabe vom Betrieb akzeptiert werden müssen) und betrieblichen Gepflogenheiten richten.

Schon kurze Zeit nach Inkrafttreten des Gesetzes entstand Streit über die Frage, ob die **Einrichtung der Beschwerdestelle** mitbestimmungsfrei oder mitbestimmungspflichtig erfolgen kann. Das Arbeitsgericht Frankfurt[123] bezieht sich auf § 87 Abs.1, Nr.1 BetrVG und hält ein Mitbestimmungsrecht des Betriebsrates bei der Einrichtung der Beschwerdestelle nach § 13 AGG „zumindest nicht für offensichtlich ausgeschlossen". Es könnten Fragen der Ordnung des Betriebes und des Verhaltens der Mitarbeiter im Betrieb betroffen sein, mit denen sich die Beschwerdestelle zu befassen habe. Den Umfang des Mitbestimmungsrechtes soll nach den Vorstellungen des Arbeitsgerichts Frankfurt die Einigungsstelle bestimmen.

---

[122] Vgl. BT a.a.O., S. 37.
[123] Beschluss vom 23. Oktober 2006, Az. 21 BV 690/06.

III. Das arbeitsrechtliche AGG

Am 14. Februar 2007 kommt das Arbeitsgericht Hamburg[124] zu einem anderen Ergebnis. Es hält eine Mitbestimmung beim aufgezeigten Sachverhalt für „offensichtlich ausgeschlossen". Es führt aus, dass es sich bei der Einrichtung einer Beschwerdestelle nach § 13 AGG weder um die Gestaltung der Ordnung des Betriebes durch die Schaffung allgemeiner verbindlicher Verhaltensregeln noch um Maßnahmen des Arbeitgebers, durch die das Verhalten der Arbeitnehmer im Bezug auf eine bestimmte betriebliche Ordnung berührt wird, handele. Die Einrichtung einer Beschwerdestelle sei schlichter Gesetzesvollzug. So regele das AGG selbst keinen Mitbestimmungstatbestand des Betriebsrates bei der Einrichtung einer Beschwerdestelle oder dem Verfahren vor einer entsprechenden Beschwerdestelle. Die gesetzliche Grundlage des § 13 AGG stelle allein auf die Einrichtung der Beschwerdestelle ab, die der Arbeitgeber einzurichten und zu organisieren hat[125].

Der Hamburger Entscheidung ist zu folgen. Das AGG enthält keinerlei Hinweis auf ein Mitbestimmungsrecht des Betriebsrats bei der Einrichtung der Beschwerdestelle. Es handelt sich um eine reine Organisationspflicht des Arbeitgebers aus diesem Gesetz. Diese kann nicht eingeschränkt oder beeinflusst werden durch die Mitbestimmung. Daran ändern auch die Überlegungen des ArbG Hamburg nichts, dass der Arbeitgeber der Beschwerdestelle ein Befragungsrecht gegenüber dem Beschwerdesteller und auch gegenüber Zeugen eingeräumt hat. Diese Aufklärungspflichten sind sog. „Annexkompetenzen" und gehören in die mitbestimmungsfrei auszuübende Organisationsgewalt des Arbeitgebers.[126]

Nunmehr gibt es eine weitere Entscheidung. Dieses Mal vom LAG Hamburg[127]. Dieser Beschluss hebt die vorzitierte Entscheidung des Arbeitsgerichtes vom 20. Februar 2007 mit einer kaum nachvollziehbaren Begründung auf. Unter Berufung auf § 98 ArbGG kommt das LAG zu dem Ergebnis, dass ein Mitbestimmungsrecht des Betriebsrates bei der Einrichtung der Beschwerdestelle gem. § 13 AGG „jedenfalls nicht offensichtlich ausgeschlossen" ist. Im vorliegenden Fall hatte der Betriebsrat die Bestellung eines Einigungsstellenvorsitzenden durch das Gericht beantragt, was bekanntlich nur dort geschehen kann, wo ein Mitbestimmungsrecht vorliegt. Das Gericht beruft sich in seinem Beschluss auf eine Minderauffassung in der Kommentatur und Lehre. „Die zitierte Minderauffassung, die ein Mitbestimmungsrecht hinsichtlich der Besetzung der Einigungsstelle bejaht, kann bei sachkundiger Beurteilung durch das Gericht nicht als sofort erkennbar unzutreffend angesehen werden" (!!!). Allerdings scheint sich das Gericht seiner Sache doch nicht so sicher zu sein, denn am Ende des Beschlusses führt es aus: „Ob im Ergebnis tatsächlich ein Mitbestimmungsrecht besteht, ist nicht im vorliegenden Bestellungsverfahren nach § 98 ArbGG, sondern gegebenenfalls in einem ordentlichen Beschlussverfahren zu klären. Im Hinblick auf ihre grundsätzliche Bedeutung wird die Frage des Bestehens und gegebenenfalls Umfangs eines Mitbestimmungsrechtes im Zusammenhang mit der Bildung von Beschwerdestellen nach § 13 AGG für die Rechtspraxis letztlich vom Bundesarbeitsgericht zu klären sein."

---

124 Az. 9 BV 3 / 07.
125 Beide vorgenannten Entscheidungen zitiert nach BDA-Rundschreiben vom 21. Februar und 1. März 2007.
126 Vgl. auch Bauer Rdn. 6 zu § 13 AGG.
127 Vom 17. April 2007, Az. 3 TaBV 6/ 07.

Die Autoren empfehlen, trotz dieses Beschlusses von einer mitbestimmungsfreien Einrichtung der Beschwerdestelle nach § 13 AGG auszugehen, da es sich letztlich in der Tat nur um die Erfüllung einer Pflicht des Arbeitgebers nach dem Gesetz handelt.

Im Übrigen ist § 13 AGG eigentlich eine überflüssige Vorschrift. Der Gesetzgeber schreibt in seiner Begründung: „Die Vorschrift enthält keine Neuerung; entsprechende Beschwerdemöglichkeiten bestehen bereits nach geltendem Recht. Da die Beschwerde aber sowohl Grundlage für Maßnahmen des Arbeitgebers als auch für weitergehende Ansprüche des oder der Beschäftigten sein kann, ist die Vorschrift entsprechend § 3 des Beschäftigtenschutzgesetzes aufgenommen worden"[128]. Darüber hinaus stellt er in Absatz 2 klar, dass die Rechte der Arbeitnehmervertretungen unberührt bleiben. Das verweist auf **§§ 84 ff. BetrVG**. Auch hier wird ein individuelles Beschwerderecht begründet: „Jeder Arbeitnehmer hat das Recht, sich bei den zuständigen Stellen des Betriebs zu beschweren, wenn er sich vom Arbeitgeber oder von Arbeitnehmern des Betriebs benachteiligt oder ungerecht behandelt oder in sonstiger Weise beeinträchtigt fühlt."[129]

Während nun die genannte Vorschrift festlegt, dass der Arbeitgeber den Arbeitnehmer über die Behandlung der Beschwerde zu bescheiden hat und soweit er sie für berechtigt hält, ihr abzuhelfen hat[130], gibt **§ 85 BetrVG** dem Arbeitnehmer das Recht, sich mit seiner Beschwerde statt an die „zuständigen Stellen" an den Betriebrat zu wenden, der, falls er die Beschwerde für berechtigt hält, beim Arbeitgeber auf Abhilfe hinzuwirken hat. Kommt es zwischen Arbeitgeber und Betriebsrat nicht zu einer Einigung über die Berechtigung der Beschwerde, kann der Betriebsrat die **Einigungsstelle** anrufen, deren Spruch die fehlende Einigung zwischen Arbeitgeber und Betriebsrat ersetzt[131].

Ein solches „zweistufiges" Verfahren sieht § 13 AGG nicht vor. Hier prüft allein die Beschwerdestelle, ob eine Benachteiligung wegen eines in § 1 genannten Grundes gegeben ist und ob sie der Beschwerde abhilft oder nicht. Es ist daher auf jeden Fall erforderlich, dass die Beschwerdestelle so zusammengesetzt ist, dass sie eine Entscheidung treffen kann, an die sich der Arbeitgeber gebunden fühlt.

Beide Vorschriften, sowohl § 84 BetrVG als auch § 13 AGG, legen die Messlatte, die der Beschwerdeführer überwinden muss, um sich beschweren zu können, sehr niedrig. Es kommt allein auf seine **subjektive** Bewertung, nicht auf das Vorliegen objektiver Kriterien an („benachteiligt **fühlt**").

Der Beschwerdeführer kann zwischen **drei Wegen** wählen: Vorgehen nach **§ 13 AGG**, d. h. Einlegen der Beschwerde bei der zuständigen Stelle des Betriebs, des Unternehmens oder der Dienststelle, die dann auch die Entscheidungsbefugnis über die Berechtigung der Beschwerde hat, oder Beschwerde nach **§ 84 BetrVG**, evtl. unter Hinzuziehung eines Betriebsratsmitglieds, über die der Arbeitgeber entscheidet, oder Einlegen der Beschwerde beim Betriebsrat,

---

[128] BT a.a.O., S. 37.
[129] § 84, Abs. 1, S. 1 BetrVG.
[130] § 84, Abs. 2 BetrVG.
[131] § 85, Abs. 2 BetrVG.

der, falls er sie für berechtigt hält, beim Arbeitgeber auf Abhilfe hinzuwirken hat, § 85 BetrVG. Nur bei der letzten Alternative, s.o., kann das Verfahren in eine Einigungsstelle gelangen.

Der Arbeitnehmer ist im Übrigen auch nicht verpflichtet, sich für einen dieser drei Wege zu entscheiden. Er kann auch die Verfahren nach § 13 AGG und nach § 84 oder § 85 BetrVG parallel betreiben.

Der Handlungsrahmen für den Arbeitgeber findet sich in § 12 Abs. 1 – 3 AGG. Wie bereits in den Anmerkungen zu dieser Vorschrift ausgeführt, hätte es des Hinweises in § 12 Abs. 3 AGG nicht bedurft, da sich die arbeitsrechtlichen Reaktionsmöglichkeiten bzw. -pflichten schon aus dem allgemeinen Arbeitsrecht ergeben. Entscheidend für die Einzelprüfung der Beschwerde ist die Feststellung der benachteiligenden Behandlung und die arbeitgeberseitige Reaktion, die geeignet sein muss, den von der Rechtsordnung nicht geduldeten Vorgang zu beenden. Auch hier stellt sich bei der Wahl des Mittels die Frage nach der **Mitbestimmung** durch den Betriebsrat. Die hier heranzuziehende Vorschrift findet sich unter der Überschrift „Soziale Angelegenheiten" in **§ 87 BetrVG**, Mitbestimmungsrechte. Wie schon die Überschrift dieses Abschnitts im Betriebsverfassungsgesetz signalisiert, bezieht sich die innerbetriebliche Mitbestimmung gem. § 87 Abs. 1, Nr. 1 BetrVG (in „Fragen der Ordnung des Betriebs und des Verhaltens der Mitarbeiter im Betrieb") auf Sachverhalte mit sozialem Bezug. D. h., die Mitbestimmung findet nur dort statt, wo es um das innerbetriebliche Miteinander der Arbeitnehmer geht[132], hingegen nicht, wo das eingeforderte Verhalten einen Leistungsbezug hat, es also um die eigentliche Arbeitsleistung geht. Wird vom Arbeitnehmer ein Beschwerdeverfahren nach § 85 BetrVG durchgeführt, d.h. nimmt sich der Betriebsrat der Beschwerde an und versucht, beim Arbeitgeber auf Abhilfe hinzuwirken, kann es dazu kommen, dass bei bestehenden Meinungsverschiedenheiten zwischen Arbeitgeber und Betriebsrat hinsichtlich der **Berechtigung der Beschwerde** eine Einigungsstelle über eben diese Frage zu entscheiden hat. Im weiteren Verlauf könnte es dann, wenn die festzulegende Maßnahme den sozialen Sektor („Verhalten des Arbeitnehmers im Betrieb") im Rahmen des § 87 Abs. 1, Nr. 1 BetrVG berührt (s.o.), wiederum zu einem Einigungsstellenverfahren gem. § 87 Abs. 2 BetrVG kommen.

Es versteht sich von selbst, dass die Beschwerdestelle oder der Arbeitgeber den Beschwerdeführer über das Ergebnis der Beschwerdeprüfung zu unterrichten hat. Ein **Formerfordernis** sieht das Gesetz hier ebenso wenig vor wie schon bei der Einlegung der Beschwerde, d.h., sie kann mündlich, schriftlich oder auch per E-Mail eingelegt werden. Die betrieblichen Gewohnheiten werden den Ausschlag geben. Während die mangelnde Schriftform beim Einlegen der Beschwerde noch unschädlich ist, empfiehlt es sich doch, den Bescheid über Abhilfe oder nicht schriftlich zu fixieren. Das ist in jedem Fall dann hilfreich, wenn es noch zu Anschlussverfahren vor dem Arbeitsgericht[133] kommt. **Achtung:** Die Durchführung eines Beschwerdeverfahrens ist **nicht Voraussetzung** für das Geltendmachen von Ansprüchen nach § 15 AGG oder die Klageerhebung vor dem Arbeitsgericht.

---

132 „kollektive Verhaltensregeln, kollektive Ordnungsanweisungen", Bauer, Rdn. 21 zu § 13 AGG.
133 § 61 b ArbGerG.

8.2 Leistungsverweigerungsrecht, § 14 AGG

> § 14 Leistungsverweigerungsrecht
>
> Ergreift der Arbeitgeber keine oder offensichtlich ungeeignete Maßnahmen zur Unterbindung einer Belästigung oder sexuellen Belästigung am Arbeitsplatz, sind die betroffenen Beschäftigten berechtigt, ihre Tätigkeit ohne Verlust des Arbeitsentgelts einzustellen, soweit dies zu ihrem Schutz erforderlich ist. § 273 des Bürgerlichen Gesetzbuchs bleibt unberührt.

Bei § 14 AGG handelt es sich um die zweite Vorschrift im Unterabschnitt 3, Rechte der Beschäftigten. Er betrifft einen Sonderfall der Benachteiligung, und zwar einen besonders schwerwiegenden. § 14 AGG räumt dem Beschäftigten ein Leistungsverweigerungsrecht für den Fall ein, dass der Arbeitgeber gegen eine Belästigung bzw. sexuelle Belästigung[134] am Arbeitsplatz keine oder offensichtlich ungeeignete Maßnahmen ergreift. Dieses Leistungsverweigerungsrecht dient dem Schutze des Belästigten. Es wurde schon unter Teil III, Kapitel 4. ausgeführt, dass die Belästigung einer gewissen Dauer und Intensität bedarf, um den Tatbestand von § 3 Abs. 3 und 4 AGG zu erfüllen. Die Kriterien, die zu dieser Beurteilung herangezogen werden, müssen objektiv feststellbar sein. Die rein subjektive Einschätzung des Betroffenen ist nicht ausreichend. Weiterhin müssen die ergriffenen Maßnahmen **offensichtlich ungeeignet** sein, bzw. es wurden überhaupt keine getroffen, die Belästigung oder sexuelle Belästigung am Arbeitsplatz zu unterbinden. Auch das ist objektiv festzustellen. Denkbar ist auch, dass der Arbeitgeber selbst jemanden belästigt.

Die Voraussetzungen für die Ausübung eines Leistungsverweigerungsrechts sind deshalb so streng, weil die Verweigerung einer an sich aus dem Arbeitsverhältnis geschuldeten Leistung ohne Verlust des Arbeitsentgelts einen gravierenden Eingriff in das gegenseitige Rechte- und Pflichtengeflecht darstellt. Auch deswegen muss der Belästigte, bevor er zu diesem schwerwiegenden Mittel greift, andere Möglichkeiten ausgeschöpft haben, z.B. die Beschwerde nach § 13 AGG oder, s. o., nach den §§ 84 ff BetrVG. Das folgt aus der Formulierung in § 14 S. 1 AGG a. E., „soweit dies zu ihrem **Schutz erforderlich** ist". Die Leistungsverweigerung ist sozusagen die Ultima Ratio, wo es um den Schutz des Belästigten geht.

Irrt sich der Arbeitnehmer hinsichtlich der Schwere der Belästigung oder in Bezug auf die Frage, ob die ergriffene Maßnahme offensichtlich ungeeignet ist, geht das voll zu seinen Lasten. Denn die Leistungsverweigerung (Arbeitsverweigerung) ist dann unzulässig und kann zu Abmahnungen bis hin zur ordentlichen, § 620 ff. BGB, oder außerordentlichen Kündigung, § 626 BGB, führen.

---

[134] S. § 3, Abs. 3 und 4 AGG und die Ausführungen in Teil III., Kapitel 4.

§ 14 S. 2 AGG legt fest, dass **§ 273 BGB unberührt** bleibt ("Hat der Schuldner aus demselben rechtlichen Verhältnis, auf dem seine Verpflichtung beruht, einen fälligen Anspruch gegen den Gläubiger, so kann er, sofern nicht aus dem Schuldverhältnis sich ein anderes ergibt, die geschuldete Leistung verweigern, bis die ihm gebührende Leistung bewirkt wird (Zurückbehaltungsrecht).") Vergleicht man den Wortlaut dieser beiden Vorschriften, wird ihre unterschiedliche Zielsetzung deutlich. § 273 BGB ist eine „Erzwingungsvorschrift". Die Ausübung des Zurückbehaltungsrechts soll den Gläubiger zur Erbringung der von ihm geschuldeten Leistung zwingen. Das wäre hier z.B. das Ergreifen geeigneter Maßnahmen, um die Belästigung zu beenden. Trotz der räumlichen Anordnung des Verweises auf § 273 BGB in § 14 S. 2 AGG, Leistungsverweigerungsrecht (wegen Belästigung etc.), erstreckt sich das bürgerlich-rechtliche Zurückbehaltungsrecht auf alle Gründe des § 1 AGG. Es soll bei einer Benachteiligung wegen eines (oder mehrerer) der Gründe aus § 1 AGG ein gesetzeskonformes Verhalten erzwingen.

Ganz anders die Zielrichtung von § 14 S. 1 AGG. Hier geht es um den **physischen und psychischen** Schutz des Belästigten. D.h., der Belästigte darf durch (auch zeitweises) Fernbleiben vom Arbeitsplatz der Belästigung ausweichen, ohne dabei den Verlust des Arbeitsentgelts zu riskieren. Das kann u.U. zu eigenartigen Konstellationen führen. Geht z.B. die Belästigung von einer einzigen bestimmten Person aus, so ist ein Leistungsverweigerungsrecht mit Sicherheit ab dem Tag nicht mehr gegeben, an dem der Belästiger nicht (mehr) im Unternehmen ist. Das könnte auch für die Dauer des Urlaubs sein. Auf die Frage, was zu geschehen hat, wenn der Grund für ein Leistungsverweigerungsrecht irrtümlich angenommen wird und der Belästigte infolgedessen widerrechtlich seinem Arbeitsplatz fernbleibt, soll nicht näher eingegangen werden, da dieser Fall in der Praxis kaum vorkommen dürfte, impliziert eine solche Situation doch regelmäßig einen intensiven Dialog zwischen dem Belästigten und dem Arbeitgeber.

Die für den Belästigten doch sehr schwierige Darlegungs- und Beweislage, verbunden mit dem hohen Risiko des Verlustes seines Arbeitsplatzes im Falle eigenen Irrtums, lässt die Bedeutung des § 14 S. 1 AGG als eher nachrangig erscheinen.

8.3 Entschädigung und Schadensersatz, § 15 AGG

> **§ 15 Entschädigung und Schadensersatz**
>
> (1) Bei einem Verstoß gegen das Benachteiligungsverbot ist der Arbeitgeber verpflichtet, den hierdurch entstandenen Schaden zu ersetzen. Dies gilt nicht, wenn der Arbeitgeber die Pflichtverletzung nicht zu vertreten hat.
>
> (2) Wegen eines Schadens, der nicht Vermögensschaden ist, kann der oder die Beschäftigte eine angemessene Entschädigung in Geld verlangen. Die Entschädigung darf bei ei-

ner Nichteinstellung drei Monatsgehälter nicht übersteigen, wenn der oder die Beschäftigte auch bei benachteiligungsfreier Auswahl nicht eingestellt worden wäre.

(3) Der Arbeitgeber ist bei der Anwendung kollektivrechtlicher Vereinbarungen nur dann zur Entschädigung verpflichtet, wenn er vorsätzlich oder grob fahrlässig handelt.

(4) Ein Anspruch nach Absatz 1 oder 2 muss innerhalb einer Frist von zwei Monaten schriftlich geltend gemacht werden, es sei denn, die Tarifvertragsparteien haben etwas anderes vereinbart. Die Frist beginnt im Falle einer Bewerbung oder eines beruflichen Aufstiegs mit dem Zugang der Ablehnung und in den sonstigen Fällen einer Benachteiligung zu dem Zeitpunkt, in dem der oder die Beschäftigte von der Benachteiligung Kenntnis erlangt.

(5) Im Übrigen bleiben Ansprüche gegen den Arbeitgeber, die sich aus anderen Rechtsvorschriften ergeben, unberührt.

(6) Ein Verstoß des Arbeitgebers gegen das Benachteiligungsverbot des § 7 Abs. 1 begründet keinen Anspruch auf Begründung eines Beschäftigungsverhältnisses, Berufsausbildungsverhältnisses oder einen beruflichen Aufstieg, es sei denn, ein solcher ergibt sich aus einem anderen Rechtsgrund.

Einleitung

In § 15 AGG sind die Ansprüche des zu Unrecht Benachteiligten auf Schadensersatz und Entschädigung geregelt. Schon im – jetzt aufgehobenen – § 611 a BGB gab es eine ähnliche Regelung. Allerdings wurde lediglich der Begriff „Entschädigung", nicht aber „Schadensersatz" verwendet, und die Ansprüche bezogen sich ausschließlich auf geschlechtsbezogene Benachteiligungen. „Gegenüber § 611 a BGB wird (jetzt) klarer zwischen dem **Ersatz materieller** und **immaterieller** Schäden unterschieden"[135]. Nachgebildet ist dem § 611 a Abs. 2, 2. Hs. BGB § 15 Abs. 6 AGG : Die Benachteiligung „begründet **keinen Anspruch auf Begründung** eines Beschäftigungsverhältnisses ...".

Anders als § 611 a BGB, der nur die **geschlechtsbezogene** Benachteiligung bei Begründung oder während der Dauer oder anlässlich der Beendigung eines Arbeitsverhältnisses mit der Androhung einer hierfür zu zahlenden angemessenen Entschädigung in Geld[136] belegte, gibt § 15 AGG Ansprüche wegen Benachteiligung aus **jedem** einzelnen in § 1 AGG genannten Grund (oder auch aus mehreren Gründen).

---

[135] BT a.a.O., S. 38.
[136] § 611 a Abs. 2, S. 1, 1. Hs. BGB.

Verletzung vertraglicher Pflichten

§ 7 Abs. 3 AGG bestimmt, dass eine Benachteiligung wegen eines der in § 1 AGG genannten Gründe durch den Arbeitgeber eine **Verletzung vertraglicher Pflichten** ist. Das wiederum führt zu § 280 BGB, „Verletzt der Schuldner seine Pflicht aus dem Schuldverhältnis, so kann der Gläubiger Ersatz des hierdurch entstehenden Schadens verlangen. Dies gilt nicht, wenn der Schuldner die Pflichtverletzung nicht zu vertreten hat" (Abs. 1). Der Gesetzgeber weist in seiner Begründung auch auf die Geltung der §§ 276 – 278 BGB in diesem Zusammenhang hin[137].

Eigenes Verschulden und Haftung für andere

§ 15 Abs. 1 AGG gewährt dem Benachteiligten den Ersatz des materiellen Schadens. Dieser Anspruch richtet sich auf das so genannte **„positive Interesse"**, das heißt, der Benachteiligte muss so gestellt werden, wie er stehen würde, wenn das schädigende Ereignis, hier die Benachteiligung aus einem der in § 1 AGG aufgeführten Gründe, nicht eingetreten wäre. Auf Grund der Formulierung in § 15 Abs. 1, S. 2 AGG geht der Gesetzgeber von einer **Verschuldensvermutung** aus. Er unterstellt, dass der Arbeitgeber die Benachteiligung zu vertreten hat. Erst wenn dieser nachweist, dass er die Pflichtverletzung **nicht zu vertreten** hat, also weder Vorsatz noch Fahrlässigkeit[138] vorliegen, entsteht kein Anspruch auf Schadensersatz.

Zunächst und in der Hauptsache haftet der Arbeitgeber für sein **eigenes Verschulden.**

Es sind jedoch auch Fälle denkbar, in denen die Benachteiligung von einem seiner **Mitarbeiter** ausgeht. Hier nun ist zu unterscheiden, ob dieser die Benachteiligung vornimmt in Ausübung seiner vertraglich geschuldeten Pflichten, also „bei der Arbeit", oder ob sie eher „angelegentlich" geschieht, also mit der eigentlichen Arbeitsleistung nichts zu tun hat. Ist der Mitarbeiter mit gewissen Vorgesetztenfunktionen, also z.B. Weisungsbefugnis, ausgestattet, so haftet der Arbeitgeber gem. § 278 Abs. 1, S. 1 BGB für seinen **Erfüllungsgehilfen** genauso wie für eigenes Verschulden. Eine weitergehende Haftung für einen Mitarbeiter besteht grundsätzlich nicht, außer der Arbeitgeber hat seine Pflichten aus § 12 Abs. 1 – 3 AGG nicht erfüllt **(Organisationsverschulden).** Denkbar ist natürlich, dass der Arbeitgeber seinen Erfüllungsgehilfen, wenn dieser die Benachteiligung mit den negativen Folgen für den Arbeitgeber schuldhaft herbeigeführt hat, in Regress nimmt.

Auch eine Benachteiligung durch einen **Dritten,** z.B. eine Belästigung durch einen Kunden oder einen Geschäftspartner, kann zu einer Haftung des Arbeitgebers nach § 15 Abs. 1 AGG führen. Das geschieht aber auch hier nur dann, wenn er seine Pflichten aus § 12 AGG nicht erfüllt. Absatz 4 dieser Vorschrift verpflichtet den Arbeitgeber im Falle einer Benachteiligung durch Dritte, „die im Einzelfall geeigneten, erforderlichen und angemessenen Maßnahmen zum Schutz der Beschäftigten zu ergreifen". Eine weiter gehende Haftung wäre auch unbillig,

---

137 BT a.a.O., S. 38.
138 „Fahrlässig handelt, wer die im Verkehr erforderliche Sorgfalt außer Acht lässt", § 276 Abs. 2 BGB.

denn dem Arbeitgeber stehen gegenüber einem Dritten nicht die Sanktionsmöglichkeiten zur Verfügung, wie sie sich innerhalb eines Arbeitsverhältnisses ergeben und wie sie in § 12 Abs. 3 AGG ausdrücklich genannt werden.

Umfang des Schadensersatzes

Die **Höhe der Ersatzleistung** richtet sich nach dem entstandenen Schaden. Soll nun der Benachteiligte so gestellt werden, wie er stehen würde, wenn das schädigende Ereignis (die Benachteiligung) nicht eingetreten wäre, so müsste z.B. bei einer Einstellung, die nur wegen eines Verstoßes gegen das AGG nicht zustande gekommen ist, die finanzielle Ersatzleistung sich an der Differenz zwischen der aktuellen Vergütung (vielleicht auch Arbeitslosengeld) und der zu erwartenden orientieren. Bei dieser Feststellung ist auf das Gehalt abzuheben, das derjenige bekommt, der dem Benachteiligten vorgezogen worden ist. Das Gesetz nennt keine Obergrenze. Die zu § 611 a BGB entwickelte Rechtsprechung erlaubt aber eine **Deckelung des Anspruchs.** Sie orientiert sich an dem Zeitpunkt, zu dem eine frühest mögliche ordentliche Kündigung hätte ausgesprochen werden können.

Auf eine wegen Benachteiligung unterbliebene **Beförderung** sind die vorstehenden Grundsätze entsprechend anzuwenden.[139]

Entschädigung für Nicht-Vermögensschaden, § 15 Abs. 2

§ 15 Abs. 2 AGG gewährt eine **Entschädigung** für einen wegen einer ungerechtfertigten Benachteiligung aus einem der Gründe in § 1 AGG entstandenen immateriellen Schaden. Grundsätzlich kann man davon ausgehen, dass eine jede Benachteiligung, die gegen die Vorschriften des AGG verstößt, eine subjektive Verletzung verursacht, die einen Entschädigungsanspruch auslöst[140]. Nach der Begründung des Gesetzgebers soll diese Entschädigung nicht nur **angemessen** (dieses Wort fand Eingang in § 15 Abs. 2, S.1 AGG), sondern auch **wirksam** und **abschreckend** sein.[141] Nach der Rechtsprechung des EuGH und nach der Begründung des Gesetzgebers[142] kommt es bei der Haftung des Arbeitgebers **nicht** auf sein **Verschulden** an. Der Anspruchsteller muss zwar den Grad/die Schwere des erlittenen Schadens darlegen, zu einer genauen Bezifferung ist er indessen nicht verpflichtet.

Was unter einer „angemessenen" Entschädigung zu verstehen ist, werden die Gerichte herauszufinden haben. Der Gesetzgeber nennt das in seiner Begründung wohlwollend:„Damit bleibt dem Gericht der notwendige Beurteilungsspielraum erhalten, um die Besonderheiten

---

[139] Vgl. Bauer, Rdn. 29 zu § 15 AGG.
[140] BT a.a.O., S. 38.
[141] So die Richtlinie 76/207 EWG vom 9. Februar 1976, Art. 6, Abs. 2 in der Fassung der Richtlinie 2002/73/EG vom 23. September 2002.
[142] EuGH v. 22. April 1997, NJW 97, 1839 und BT a.a.O., S. 38.

jedes einzelnen Falles zu berücksichtigen."[143] Die Gerichte werden sich allerdings an der Rechtsprechung zu den §§ 253 ff. BGB orientieren. Damit sind Prozesse mit einem der amerikanischen Praxis vergleichbaren Streitwert nicht zu erwarten. Dennoch werden sich die Gerichte in einem gewissen Spannungsfeld befinden, wenn sie neben den vorhandenen Entscheidungen zu beachten haben, dass die Entschädigung eben auch abschreckend sein soll. Diesen Ausdruck kannte man im deutschen Recht bisher nicht. (Sonderlich vermisst wurde er wohl auch nicht ... Vermutlich auch deshalb hat der deutsche Gesetzgeber tunlichst darauf verzichtet, ihn in § 15 AGG zu integrieren. In den Begründungen findet er sich indessen noch – als wörtliche Wiedergabe der Formulierung in den o.g. Richtlinien und mit Hinweis darauf, dass der EuGH damit einen „tatsächlichen und wirksamen Rechtsschutz" begründen wollte.)

Dem Richtliniengeber schwebte bei dieser Wortwahl sowohl eine individual- wie auch eine generalpräventive Wirkung vor. So ist es Sache des Arbeitgebers, seinen Beschäftigten klarzumachen, dass er es mit der Beachtung des AGG ernst meint. Die sehr umfassenden Ansprüche, die auf § 15 AGG gestützt werden können, lassen es auch durchaus als empfehlenswert erscheinen, das Gesetz mit Akribie zu befolgen.

Eine Obergrenze gibt es in § 15 Abs. 2 AGG aber doch. Sie gilt für den Fall der **Nichteinstellung**. Der Anspruch beschränkt sich auf drei Monatsgehälter, wenn der Beschäftigte (Bewerber, s. § 6 Abs. 1, S. 2 AGG) auch bei benachteiligungsfreier Auswahl nicht eingestellt worden wäre. Das heißt, ursächlich für seine Nicht-Berücksichtigung war nicht ein Grund aus § 1 AGG, sondern die (mangelnde) Qualifikation für den zu besetzenden Arbeitsplatz. Wenn jedoch gleichzeitig vom Bewerber geltend gemacht wird und er entsprechende Indizien beweist (§ 22 AGG), dass auch eine unzulässige Benachteiligung i.S. der §§ 7 und 1 AGG stattgefunden hat, entsteht der Anspruch auf Entschädigung (eigentlich eine Art „Schmerzensgeld") nach § 15 Abs. 2 AGG in Höhe von drei Monatsgehältern, wie sie für die angestrebte Position gezahlt worden wären bzw. an den berücksichtigten Bewerber gezahlt werden. Es sei denn, dem Arbeitgeber gelingt es, die bewiesenen Indizien zu entkräften und darzulegen, dass allein sachlich-qualifikatorische Kriterien den Ausschlag für seine Auswahl gegeben haben und somit kein Verstoß gegen das gesetzliche Benachteiligungsverbot vorliegt.

Konkurrenz von § 15 Abs. 1 und § 15 Abs. 2 AGG

Die Absätze 1 und 2 schließen einander nicht aus. **Schadensersatz** und **Entschädigung** können **nebeneinander** gefordert werden. Jedem materiellen Schaden, der nach Abs. 1 zu ersetzen ist, wohnt gleichzeitig ein immaterieller inne.[144]

Für den Fall, dass der Arbeitgeber nach § 15 Abs. 1 AGG mangels Verschulden nicht haftet, kann ein Entschädigungsanspruch gem. Absatz 2 immer noch geltend gemacht werden, da hier Verschulden keine Anspruchsvoraussetzung ist. § 15 Abs. 2, S. 1 AGG ist somit letztlich

---

143 BT a.a.O., S. 38.
144 Vgl. Bauer, Rdn. 6 zu § 15 AGG.

die weiter greifende Vorschrift. Schon deshalb, weil der Schuldner (Arbeitgeber) sich bei einer Haftung nach § 15 Abs. 1 AGG ebenso wie bei § 15 Abs. 2, S. 2 (!) AGG ziemlich genau sein Risiko errechnen kann, was bei § 15 Abs. 2, S. 1 (!) AGG eben nicht möglich ist.

In einem Urteil zu § 611 a BGB hat sich das LAG Berlin[145] mit dem Thema der ernsthaften Bewerbung auseinandergesetzt. Auf eine nicht geschlechtsneutrale Stelle hatte sich ein objektiv nicht geeigneter und subjektiv nicht ernsthaft interessierter Mann beworben. Ihm wurde ein Anspruch auf Entschädigung wegen einer Diskriminierung wegen des Geschlechts nicht zuerkannt. Nach dem LAG liegen Indizien für das Fehlen einer subjektiv ernsthaften Bewerbung vor, wenn der Bewerber nicht alles tut, um einen positiven Eindruck der Person, der Fähigkeiten und des beruflichen Werdegangs zu erwecken, und wenn er andererseits nicht alles unterlässt, was ein negatives oder auch nur bedenkliches Licht auf die Bewerbung werfen könnte. – Diese Rechtsprechung behält natürlich auch nach Aufhebung des § 611 a BGB ihre Gültigkeit, da ja an die Stelle der genannten Vorschrift das AGG getreten ist.

Im Bewusstsein dieses Urteils dürfte es leichter fallen, sich unseriöser Bewerbungen, sog. „AGG-Hopper", zu erwehren und Schadensersatz- und Entschädigungsansprüchen zu begegnen.

Kollektivrechtliche Vereinbarungen, § 15 Abs. 3 AGG

Hier handelt es sich um eine ziemlich verunglückte Vorschrift. Der Gesetzgeber ist von der an sich nachvollziehbaren Grundüberlegung ausgegangen, dass ein Arbeitgeber, der kollektivrechtliche Vorschriften (Tarifverträge, Betriebsvereinbarungen, aber auch Sprüche von Einigungsstellen) anwendet bzw. umsetzt, von einer sog. **„Richtigkeitsgewähr"** ausgehen kann, d.h., die sorgfältige Überlegung, die er normalerweise einem individuellen Handeln vorschaltet, ist hier grundsätzlich überflüssig. Kollektivrechtliche Vorschriften stehen nicht zur Disposition. Sie müssen angewendet werden, wenn der Arbeitgeber sich nicht einer Verletzung seiner Pflichten schuldig machen will. Bei **Tarifverträgen** folgt dies aus § 4 TVG. Es ist dabei gleichgültig, ob der Arbeitgeber – z.B. bei der Anwendung von Tarifverträgen – unmittelbar tarifgebunden ist oder ob auf bestehende Tarifverträge über individuelle Arbeitsverträge Bezug genommen wird. Die Pflicht zur Anwendung von **Betriebsvereinbarungen** folgt aus § 77 Abs. 1, S. 1 und Abs. 4, S. 1 BetrVG.

Es ist also zunächst einmal davon auszugehen, dass der Arbeitgeber keine Wahlfreiheit bei der Anwendung kollektivrechtlicher Vorschriften hat, sondern dass er dazu verpflichtet ist. Vorstellbar ist allerdings, dass diese Anwendung doch zu einer – vom AGG nicht geduldeten! – Benachteiligung führen kann. So wäre z.B. ein Tarifvertrag, der die innerbetriebliche Förderung eines bestimmten Geschlechts ohne Ansehung der Qualifikation festlegt, der Auslöser dafür, dass der Arbeitgeber in Umsetzung dieses Vertrages vorsätzlich oder grob fahrlässig zum Nachteil des jeweils anderen Geschlechts handelt. Nur in diesem Fall würde die „Rich-

---

[145] LAG Berlin, Urt. vom 30. März 2006, Az. 10 Sa 2395/05, zitiert nach BDA Entscheidungssammlung II/145/ 07 vom 20. Juni 2007. Ähnlich auch ArbG Kiel, Urt. vom 9. Februar 2006, Az. 5 Ca 1995 d/05 zu § 611 a BGB, nicht rechtskräftig, ebenda.

tigkeitsgewähr" nicht greifen, der Arbeitgeber müsste gem. § 15 Abs. 1 und/oder Abs. 2 AGG haften. Der Wortlaut von § 15 Abs. 3 AGG spricht zwar nur von Entschädigung, vom Sinn der Vorschrift ist jedoch nicht nur der Anspruch nach § 15 Abs. 2 AGG, sondern auch der nach § 15 Abs. 1 AGG betroffen.

Der Wirkungsrahmen von § 15 Abs. 3 AGG wird zusätzlich dadurch verkleinert, dass § 7 Abs. 2 AGG festlegt, dass „Bestimmungen in Vereinbarungen, die gegen das Benachteiligungsverbot des Absatzes 1 verstoßen, unwirksam" sind. Ist also eine kollektivrechtliche Bestimmung AGG-konform und der Arbeitgeber wie dargelegt verpflichtet, sie anzuwenden, sind Fälle, in denen der Arbeitgeber bei der Anwendung vorsätzlich oder grob fahrlässig gegen das Benachteiligungsverbot des AGG verstößt, nur schwer vorstellbar.

Frist

Absatz 4 regelt die **Frist,** innerhalb derer ein Anspruch nach Absatz 1 oder 2 schriftlich geltend gemacht werden muss. Sie beträgt zwei Monate, es sei denn, die Tarifpartner hätten etwas anderes vereinbart. Diese kurze Frist, die erheblich abweicht von der allgemeinen Verjährungsfrist von drei Jahren, § 195 BGB, wurde entsprechend der Begründung des Gesetzes gewählt, damit dem Arbeitgeber nicht zugemutet werde, Dokumentationen über Einstellungsverfahren u. Ä. für diesen langen Zeitraum aufzubewahren. Auch angesichts der in diesem Felde sicherlich in aller Regel schwierigen Beweisführung, die oft auf persönlichen Eindrücken fußt, ist die kurze Frist sinnvoll. Sie beginnt im Falle einer Bewerbung oder eines beruflichen Aufstiegs mit dem **Zugang** der Ablehnung, in den sonstigen Fällen einer Benachteiligung mit der Kenntnisnahme von der Benachteiligung. Der Zugang ist schon dann gegeben, wenn die Benachrichtigung so in den Empfangsbereich des Betroffenen gelangt, dass dieser unter normalen Umständen von ihr **Kenntnis** nehmen konnte.

Der Zeitpunkt, auf den es als Ablaufpunkt für die Frist ankommt, wird, ausgenommen der Zugang der Benachrichtigung, nicht immer leicht zu bestimmen sein. So ist es besonders bei andauernden Benachteiligungen, hier insbesondere Belästigungen, schwierig, das richtige Datum zu finden, an dem die Frist beginnt. Der Benachteiligte wird ja in der Regel eine Zeit lang warten, bevor er ein bestimmtes Verhalten z.B. unter den Begriff **„Mobbing"** subsumiert. Und dann wird er oft von dem Gedanken gesteuert werden, dass diese Belästigung aufhört, ohne dass er etwas unternimmt. Es erscheint gesetzeskonform, wenn man in diesen Fällen das Datum der letzten geschehenen Belästigung für den Fristablauf zugrunde legt. Dabei ist es dann auch unschädlich, wenn mit Erhebung des Anspruchs auf Entschädigung nicht nur auf die letzte Belästigung abgehoben wird, sondern auch alle anderen davor erlittenen zur Anspruchsbegründung (vor allem wegen des Anspruchsumfangs!) herangezogen werden.

Der Arbeitnehmer, der sich auf eine Belästigung beruft, muss darlegen, **von wem** er belästigt wurde, und auch den **Zeitpunkt** der Belästigung nennen. Insoweit greift die Beweiserleichterung des § 22 AGG nicht.[146]

Für die Geltendmachung des Anspruchs schreibt das Gesetz **Schriftform** vor (§ 15 Abs. 4, S. 1 AGG). Zur Überprüfbarkeit der Fristeinhaltung ist die Schriftform hier unverzichtbar. Eine nähere Spezifizierung gibt der Gesetzgeber allerdings nicht. Es kann also sowohl die normale Briefform, aber auch eine E-Mail gewählt werden. Denkbar ist auch, dass der Anspruch bei der entsprechenden Stelle zu Protokoll gegeben wird. Wichtig bei jeder gewählten Form ist lediglich, dass der spätere Nachweis einer rechtzeitigen Anspruchserhebung erbracht werden kann.

Zu beachten sind eine hinlängliche Klarheit und Bestimmtheit des Anspruchs. Es muss eindeutig erkennbar sein, wogegen sich der Anspruchsberechtigte wendet. Nicht erforderlich ist die genaue Bezifferung der **Anspruchshöhe**.

Die Klagefrist gem. **§ 61 b ArbGerG** beginnt mit Geltendmachung des Anspruchs. Sie beträgt drei Monate. Da in dieser Vorschrift eine dem § 15 Abs. 4, S.1 AGG (Recht der Tarifparteien, eine andere als die gesetzliche Frist in § 15 Abs. 4, S.1 AGG zu vereinbaren) ähnliche Formulierung fehlt, ist diese Drei-Monats-Frist nicht veränderbar. Für die Klage ist es nicht erforderlich, dass der erhobene Anspruch vom Arbeitgeber abgelehnt wurde. Das Rechtsschutzinteresse für das Verfahren vor den Arbeitsgerichten entfällt nicht dadurch, dass der Mitarbeiter (noch) keinen Bescheid von dem Arbeitgeber bekommen hat. Diesem Umstand wird in der Praxis sicherlich Bedeutung zukommen, da ein Irrtum über den Fristbeginn, wenn etwa gekoppelt an einen negativen Bescheid des Arbeitgebers, doch recht nahe liegt.

Andere Ansprüche, Absatz 5

Andere Ansprüche, die sich aus den allgemeinen Rechtsvorschriften ergeben, bleiben von den Regelungen in § 15 AGG **unberührt.** Zu denken ist hier insbesondere an den **Beseitigungs- und Unterlassungsanspruch** gem. § 1004 BGB, aber auch an den deliktischen **Schadensersatzanspruch** nach § 823 Abs.1 und 2 BGB[147]. Ebenso über § 7 Abs. 3 AGG ein Anspruch auf **Schadensersatz wegen Pflichtverletzung** gem. § 280 BGB[148].

Bei der Geltendmachung von Ansprüchen nach den genannten BGB-Vorschriften sind die einschränkenden Fristenregeln des § 15 AGG anzuwenden. Anderenfalls würde der vom Gesetzgeber verfolgte Zweck, Aufbewahrungsfristen nicht über Gebühr auszudehnen, nicht erfüllt und seine Absicht unterlaufen.

---

[146] S. die Ausführungen hierzu unter Teil III, Kapitel 7.5.
[147] BT a.a.O., S. 38.
[148] Schütt/Wolf, S. 72, wenden sich gegen die vom Gesetzgeber in der o.a. Begründung aufgezeigte Möglichkeit, auch noch nach anderen Rechtsgrundlagen Ansprüche auf Schadensersatz geltend machen zu können, und sprechen § 15, Abs. 1 AGG die abschließende Regelungsbefugnis zu. Ein Vorgehen nach § 1004 BGB auf Beseitigung der Störung oder Unterlassung halten sie indessen für zulässig.

Kein Anspruch auf Einstellung, Absatz 6

Absatz 6 stellt klar, dass ein vom Arbeitgeber begangener Verstoß gegen § 7 Abs. 1 AGG **nicht zu einem Anspruch auf Begründung eines Beschäftigungsverhältnisses** führt. Diese Vorschrift ist § 611 a Abs. 2 und 5 BGB nachgebildet und entspricht dem Grundsatz der Vertragsfreiheit. Die Verletzung der AGG-Vorschriften führt auch nicht zur Begründung eines Berufsausbildungsverhältnisses oder zu einem beruflichen Aufstieg, es sei denn, ein solcher ergibt sich aus einem anderen Rechtsgrund. Hier ist zu denken an tarifvertraglich festgelegte Beförderungsregeln („Bewährungsaufstieg"), die nicht durch benachteiligendes Handeln mit der Folge von (lediglich) Schadensersatzansprüchen umgangen werden können.

Schon an dieser Stelle sei auf eine Vorschrift hingewiesen, die im Gegensatz zu § 15 Abs. 6 AGG ausdrücklich einen **Kontrahierungszwang** als Folge eines Verstoßes gegen das Benachteiligungsverbot begründet. § 18 Abs. 3 AGG gibt einen Anspruch auf Mitgliedschaft in einer Tarifvertragspartei oder einer Berufsvereinigung, wenn ein entsprechender Antrag auf Aufnahme in eine solche Vereinigung unter Verstoß gegen das Benachteiligungsverbot nach § 7 Abs. 1 AGG abgelehnt wurde.[149]

8.4 Schutz vor Viktimisierung, § 16 AGG Maßregelungsverbot

> **§ 16 Maßregelungsverbot**
>
> (1) Der Arbeitgeber darf Beschäftigte nicht wegen der Inanspruchnahme von Rechten nach diesem Abschnitt oder wegen der Weigerung, eine gegen diesen Abschnitt verstoßende Anweisung auszuführen, benachteiligen. Gleiches gilt für Personen, die den Beschäftigten hierbei unterstützen oder als Zeuginnen oder Zeugen aussagen.
>
> (2) Die Zurückweisung oder Duldung benachteiligender Verhaltensweisen durch betroffene Beschäftigte darf nicht als Grundlage für eine Entscheidung herangezogen werden, die diese Beschäftigten berührt. Absatz 1 Satz 2 gilt entsprechend.
>
> (3) § 22 gilt entsprechend.

Schon in § 612 a BGB („Der Arbeitgeber darf einen Arbeitnehmer bei einer Vereinbarung oder einer Maßnahme nicht benachteiligen, weil der Arbeitnehmer in zulässiger Weise seine Rechte ausübt.") und § 5 TzBfG („Der Arbeitgeber darf einen Arbeitnehmer nicht wegen der Inanspruchnahme von Rechten nach diesem Gesetz benachteiligen.") wird das Verbot der Benachteiligung eines Arbeitnehmers, der seine **Rechte** in Anspruch nimmt, ausgesprochen.

---

[149] Näheres s. unten, Teil III, Kapitel 9.

§ 16 AGG geht weiter. Er schützt auch den Arbeitnehmer, der sich weigert, eine **Anweisung**, die gegen eine Vorschrift der §§ 6 – 18 AGG verstößt, auszuführen. Ebenfalls die Personen, die den Beschäftigten bei der Wahrnehmung seiner Rechte unterstützen oder als **Zeuginnen oder Zeugen** aussagen.

Das Maßregelungsverbot richtet sich an den Arbeitgeber, nicht an den Benachteiligenden. Allerdings kann die Benachteiligung auch vom Arbeitgeber direkt ausgehen. In diesem Fall ist er erst recht Adressat dieser Schutzvorschrift. [150]

Die Rechte, die ein Arbeitnehmer nach diesem Gesetz wahrnehmen darf, ohne dass er deswegen Maßregelungen des Arbeitgebers befürchten muss (bzw. sich dagegen zur Wehr setzen kann), sind in den §§ 13 bis 15 AGG (Beschwerderecht, § 13 AGG, Leistungsverweigerungsrecht, § 14 AGG, und Recht auf Entschädigung oder Schadensersatz, § 15 AGG) aufgeführt. Nicht erforderlich ist es, dass der Beschäftigte bereits eine Klage nach § 61 b ArbGerG eingereicht hat, es genügt vielmehr, einen Anspruch gegenüber dem Arbeitgeber zu erheben oder die Beschwerdestelle einzuschalten. Es handelt sich hier also um einen recht umfassenden Schutz, der im Grunde sämtliche Handlungen, die in die Richtung Wahrnehmung von Ansprüchen nach diesem Gesetz zielen, einschließt.

Das Verbot der Maßregelung desjenigen, der sich weigert, eine gegen die in §§ 6 – 18 AGG (Abschnitt 2. Schutz der Beschäftigten vor Benachteiligung) enthaltenen Regelungen verstoßende Weisung auszuführen, betrifft jede Art von Verhalten. Es kann der Beschäftigte sich ausdrücklich gegen die Ausführung der Weisung zur Wehr setzen. Er kann aber auch vorsätzlich entgegen der Weisung handeln oder einfach stillschweigend gar nichts tun. Die Definition der **Weisung** findet sich in § 3 Abs. 5 AGG. Das heißt, die Weisung als solche muss immer auf die unzulässige Benachteiligung einer dritten Person gerichtet sein. Gegen diese darf sich der Beschäftigte zur Wehr setzen, ohne Maßregelungen befürchten zu müssen.

Wie bereits an anderer Stelle, so Teil 3, Kapitel 5. 2., ausgeführt, ist im betrieblichen Alltag die Beweisführung im Falle eines vorliegenden benachteiligenden Verhaltens recht schwierig. Ein Ausfluss dieser Erkenntnis manifestiert sich in der **Beweislasterleichterungsregel** in § 22 AGG. Aber auch der ausdrücklich festgelegte Schutz für Personen, die den Beschäftigten bei der Wahrnehmung seiner Rechte unterstützen oder als Zeuginnen oder Zeugen aussagen, trägt dieser Situation Rechnung. Der Gesetzgeber hat es also nicht beim reinen Opferschutz bewenden lassen, sondern er schafft das Umfeld und die Voraussetzungen, die es dem Benachteiligten erleichtern sollen, für seine Rechte einzutreten. Dabei gibt er keinerlei Anhaltspunkte dafür, wie die Unterstützungshandlungen auszusehen haben bzw. welchen Intensitätsgrad sie haben müssen. Ausgehend vom Schutzgedanken des Gesetzes wird man den Rahmen recht weit zu ziehen haben. Dabei entscheidend sind der Wille und ein entsprechendes zielgerichtetes Handeln, den Benachteiligten zu unterstützen.

Die Wortwahl **„als Zeuginnen oder Zeugen aussagen"** deutet nach dem Sprachgebrauch auf ein formalisiertes Verfahren hin. Dabei ist es gleichgültig, ob es sich um einen Prozess vor einem Gericht oder um ein nach festgelegten Regeln (z.B. eine Betriebsvereinbarung) ablau-

---

[150] Vgl. VhU S. 124.

III. Das arbeitsrechtliche AGG

fendes innerbetriebliches Verfahren handelt. Eine (diesem vorgeschaltete) innerbetriebliche Untersuchung gilt noch nicht als ein solches Verfahren, für das § 16 Abs. 1, S. 2 AGG einen Zeugenschutz gewährt[151].

Weist der Benachteiligte die benachteiligende Verhaltensweise zurück oder duldet er sie, so darf dies in keinem Falle als Grundlage für eine (personalpolitische) Entscheidung herangezogen werden, die ihn berührt, § 16 Abs. 2, S. 1 AGG. Das Gleiche gilt gegenüber Personen, die den Beschäftigten unterstützen oder als Zeuginnen oder Zeugen aussagen, § 16 Abs. 2, S. 2 AGG. Eine gegen das Gebot des § 16 Abs. 2 AGG getroffene Entscheidung ist nichtig[152].

Die **Beweislasterleichterung** des § 22 AGG[153] im Rahmen von § 16 AGG (§ 16 Abs. 3 AGG) bezieht sich auf das Benachteiligungsverbot des Absatz 1 und auf die Grundlage für eine Entscheidung nach Absatz 2. Das heißt, im Falle des **Absatz 1**, der Beschäftigte muss Indizien beweisen, dass er wegen der Inspruchnahme seiner Rechte aus den §§ 13 – 15 AGG oder wegen der Weigerung, eine gegen die §§ 6 – 18 AGG verstoßende Anweisung auszuführen, benachteiligt worden ist. Es obliegt dann dem Arbeitgeber, den **Gegenbeweis** zu führen, dass kein Verstoß gegen die Bestimmungen zum Schutz vor Benachteiligung vorgelegen hat.

Im Falle des **Absatz 2** muss der betroffene Beschäftigte Indizien beweisen, dass seine Zurückweisung oder Duldung benachteiligender Verhaltensweisen Grundlage für eine Entscheidung gewesen ist, die ihn berührt. Es ist dann wiederum Sache des Arbeitgebers nachzuweisen, dass dem nicht so ist, § 22 AGG.

8.5 Beweislasterleichterung, § 22 AGG

> § 22 Beweislast
>
> Wenn im Streitfall die eine Partei Indizien beweist, die eine Benachteiligung wegen eines in § 1 genannten Grundes vermuten lassen, trägt die andere Partei die Beweislast dafür, dass kein Verstoß gegen die Bestimmungen zum Schutz vor Benachteiligung vorgelegen hat.

Die mit § 22 AGG für das AGG geschaffene **Beweislasterleichterung** ist im deutschen Arbeitsrecht nicht neu. Schon § 611 a Abs. 1, S. 3 BGB (durch das AGG aufgehoben) bestimmte: „Wenn im Streitfall der Arbeitnehmer Tatsachen glaubhaft macht, die eine Benachteiligung wegen des Geschlechts vermuten lassen, trägt der Arbeitgeber die Beweislast dafür,

---

[151] Vgl. Bauer, Rdn. 13 zu § 16 AGG.
[152] Vgl. Bauer, Rdn. 21 zu § 16 AGG.
[153] S. Teil III, Kapitel 7. 5.

dass nicht auf das Geschlecht bezogene, sachliche Gründe eine unterschiedliche Behandlung rechtfertigen oder das Geschlecht unverzichtbare Voraussetzung für die auszuübende Tätigkeit ist."

Während das BGB von **Glaubhaftmachung** spricht, sind im AGG die Voraussetzungen für die Beweislastumkehr oder Beweislasterleichterung strenger. Hier muss die Partei, die eine Verletzung eines Benachteiligungsverbots nach dem AGG geltend macht, **„Indizien beweisen"**. In beiden gesetzlichen Regelungen ist die Formulierung „die eine Benachteiligung vermuten lassen" gleich.

Auszugehen ist zunächst einmal von dem Grundsatz, dass derjenige, der sich eines Anspruchs berühmt, dessen Voraussetzungen darzulegen und im Bestreitensfall zu beweisen hat. Nun gibt es aber Konstellationen, wo dies dem Anspruchserheber deswegen nicht gelingen kann, weil er in den Einflussbereich, innerhalb dessen der Nachweis zu führen wäre, keinen Einblick hat. Das kann z.B. das Büro sein, in dem Entscheidungen getroffen und festgelegt bzw. dokumentiert werden, es kann sich aber auch um die Motivationslage desjenigen handeln, der eine Entscheidung getroffen hat, die sich als Benachteiligung auswirkt. Entscheidend ist, dass der Anspruch erhebenden Partei der Bereich, innerhalb dessen der Beweis zu führen wäre, nicht zugänglich ist.

Die Benachteiligung als solche muss **objektiv** vorliegen. Hier trifft den Anspruchsteller die volle Darlegungs- und Beweislast, dass er gegenüber einer anderen Person weniger günstig behandelt worden ist.[154]

Das AGG (§ 22 AGG) trägt dieser schwierigen Beweissituation dadurch Rechnung, dass es für die Geltendmachung eines Anspruchs wegen unzulässiger Benachteiligung ein zweistufiges Vorgehen begründet. Zunächst muss der Anspruchsteller „Indizien beweisen", die „eine Benachteiligung wegen eines in § 1 AGG genannten Grundes **vermuten lassen**". Indizien sind Hilfstatsachen oder Vermutungstatsachen. Das heißt, der direkte konkrete Beweis kann nicht geführt werden, aber es werden Tatsachen vorgetragen, die einen bestimmten Sachverhalt belegen können, der wiederum vermuten lässt, dass die behauptete unzulässige Benachteiligung stattgefunden hat. „Es genügt, wenn das Gericht ihr Vorliegen[155] für überwiegend wahrscheinlich hält"[156]. Hinsichtlich dieser Hilfstatsachen trägt die Partei, die sie vorträgt, die **volle Beweislast**. Die in § 22 AGG geschaffene Beweislasterleichterung trifft allein die Behauptung, dass die Benachteiligung **wegen** eines in **§ 1 AGG genannten Grundes** erfolgt ist.

In der zweiten Stufe geht jetzt die Beweislast auf „die andere Partei" über. Sie muss nachweisen, „dass kein Verstoß gegen die Bestimmungen zum Schutz vor Benachteiligung vorgelegen hat." Sie kann vortragen, dass entweder objektiv überhaupt keine Benachteiligung vorgelegen hat oder dass sie gem. den §§ 8 – 10 AGG vom Gesetz ausdrücklich zugelassen ist. Gelingt ihr dies nicht, gilt der Beweis AGG-widrigen Verhaltens als geführt, der Weg zu den Ansprüchen nach den §§ 13 – 15 AGG ist frei.

---

[154] Vgl. Bauer, Rdn. 8 zu § 22 AGG, Nicolai, Rdn. 102, BT a.a.O., S. 47.
[155] das Vorliegen der Vermutungstatsachen, d. Verf.
[156] BT a.a.O., S. 47.

III. Das arbeitsrechtliche AGG

9. Soziale Verantwortung der Beteiligten, § 17 AGG

(1) Tarifvertragsparteien, Arbeitgeber, Beschäftigte und deren Vertretungen sind aufgefordert, im Rahmen ihrer Aufgaben und Handlungsmöglichkeiten an der Verwirklichung des in § 1 genannten Ziels mitzuwirken.

(2) In Betrieben, in denen die Voraussetzungen des § 1 Abs. 1 Satz 1 des Betriebsverfassungsgesetzes vorliegen, können bei einem groben Verstoß des Arbeitgebers gegen Vorschriften aus diesem Abschnitt der Betriebsrat oder eine im Betrieb vertretene Gewerkschaft unter der Voraussetzung des § 23 Abs. 3 Satz 1 des Betriebsverfassungsgesetzes die dort genannten Rechte gerichtlich geltend machen; § 23 Abs. 3 Satz 2 bis 5 des Betriebsverfassungsgesetzes gilt entsprechend. Mit dem Antrag dürfen nicht Ansprüche des Benachteiligten geltend gemacht werden.

Mit dieser Vorschrift hat der Gesetzgeber eine ähnliche **Generalklausel** mit **Appellcharakter** geschaffen wie mit § 2 Abs. 1, S.1 BetrVG.[157]

Er fordert Tarifvertragsparteien, Arbeitgeber, Beschäftigte und deren Vertretungen auf, „im Rahmen ihrer Aufgaben und Handlungsmöglichkeiten an der Verwirklichung des in § 1 AGG genannten Ziels mitzuwirken." Diese allgemeine Handlungs-(oder Unterlassungs-)aufforderung bezieht alle am betrieblichen Geschehen Beteiligten ein, sich in dem ihnen gegebenen Rahmen für eine Verbreitung und Beachtung des AGG im Betrieb einzusetzen. So kann das Gesetz zum Anlass genommen werden, Personalprozesse unter dem Gesichtspunkt unerlaubter Benachteiligungen zu überprüfen, ggf. neu zu fassen oder aber auch Verhaltenskodizes zu implementieren[158], um auf diese Weise dem Gesetz die gewünschte Publizität und Beachtung zu verleihen. Die Frage ist hier, wie weit diese Aufforderung, die ja keine Verpflichtung ist und die schon gar nicht mit zeitlichen Vorgaben oder Sanktionen belegt ist, greift. Sind also etwa die Tarif- und Betriebspartner gehalten, sämtliche **Tarifverträge und Betriebsvereinbarungen** daraufhin zu überprüfen, ob sie an irgendeiner Stelle mit den Geboten oder Verboten des AGG kollidieren? Resultat wäre dann womöglich eine AGG-konforme Anpassung, die ja nur im Verhandlungswege und sicherlich erst nach Abgleich unterschiedlicher Auffassungen zustande käme.

Eine solch weite Auslegung findet keine Basis in der Begründung des Gesetzgebers. Der damit einhergehende Aufwand wäre nicht zu rechtfertigen und erscheint schon wegen der Existenz des § 7 Abs. 2 AGG[159] als nicht erforderlich.

---

[157] „Arbeitgeber und Betriebsrat arbeiten unter Beachtung der geltenden Tarifverträge vertrauensvoll und im Zusammenwirken mit den im Betrieb vertretenen Gewerkschaften und Arbeitgebervereinigungen zum Wohl der Arbeitnehmer und des Betriebs zusammen."

[158] BT a.a.O., S. 39.

[159] „Bestimmungen in Vereinbarungen, die gegen das Benachteiligungsverbot des § 1 verstoßen, sind unwirksam."

Absatz 1 ist also – wie dargelegt – in erster Linie als eine Art Präambel, die ihre Konkretisierung an anderen Stellen des Gesetzes erfährt, zu verstehen. Einen durchsetzbaren Anspruch bei einem groben Verstoß des Arbeitgebers gegen die Vorschriften der §§ 6 bis 18 AGG gibt **Absatz 2** dem Betriebsrat oder einer im Betrieb vertretenen Gewerkschaft. Allerdings müssen in diesem Betrieb in der Regel mindestens fünf ständige wahlberechtigte Arbeitnehmer, von denen drei zu einem Betriebsrat wählbar sind, vorhanden sein[160]. Ein solcher grober Verstoß kann z.B. dann vorliegen, wenn der Arbeitgeber sich nachhaltig entgegen seinen Pflichten aus § 12 AGG verhält, d.h. die erforderlichen Maßnahmen zum Schutze der Beschäftigten vor Benachteiligungen nicht trifft oder im Einzelfall seine Verpflichtung, gegen Verstöße der Beschäftigten gegen das Benachteiligungsverbot einzuschreiten, versäumt. Oder wenn er selbst in grober Weise gegen das Benachteiligungsverbot verstößt.[161] Ein solcher Verstoß muss objektiv schwerwiegend sein und in besonders intensiver Weise gegen die Ziele des Gesetzes gerichtet sein.[162] Ein Verschulden ist dabei nicht gefordert.

Bereits im Betriebsverfassungsgesetz werden dem Betriebsrat oder einer im Betrieb vertretenen Gewerkschaft bei groben Verstößen des Arbeitgebers gegen seine Verpflichtungen aus diesem Gesetz Ansprüche eingeräumt, den Arbeitgeber zu zwingen, eine Handlung zu unterlassen, die Vornahme einer Handlung zu dulden oder eine Handlung vorzunehmen (§ 23 Abs. 3, S.1 BetrVG). Diese Ansprüche sind auch dann gegeben, wenn z.B. der Arbeitgeber seinen Pflichten nach § 75 Abs. 1 BetrVG nicht nachkommt.[163] Diese Vorschrift ist durch das AGG um die Gründe aus § 1 AGG ergänzt worden, die zuvor noch nicht enthalten waren.

Dieser allgemeine **betriebverfassungsrechtliche Handlungs- und Unterlassungsanspruch**[164] kann nicht zur Durchsetzung von Rechten bei vorliegenden unzulässigen Benachteiligungen oder Verstößen gegen allgemeine Handlungs- oder Duldungspflichten im Rahmen des AGG erhoben werden. Der Gesetzgeber hat mit § 17 Abs. 2 AGG eine Spezialnorm geschaffen, die allein bei Verstößen gegen das AGG Anwendung findet. Es handelt sich um eine Folgeverweisung auf § 23 Abs. 3 BetrVG. In beiden Vorschriften, also doppelt, ist der **grobe** Verstoß des Arbeitgebers gegen seine Pflichten aus dem jeweiligen Gesetz Voraussetzung für den Anspruch von Betriebsrat oder im Betrieb vertretener Gewerkschaft.

Mit dem Verweis auf § 23 Abs. 3 BetrVG stellt der Gesetzgeber einen kollektivrechtlichen Bezug her. D.h., Betriebsrat und Gewerkschaft sollen nur einen Anspruch auf ein Verhalten des Arbeitgebers haben, das Auswirkungen auf die Mitarbeiterschaft hat[165]. Die Geltendma-

---

[160] § 17 Abs. 2, S. 1 AGG mit § 1, Abs. 1, S. 1 BetrVG.
[161] BT a.a.O., S. 39.
[162] VhU S. 126.
[163] „Arbeitgeber und Betriebsrat haben darüber zu wachen, dass alle im Betrieb tätigen Personen nach den Grundsätzen von Recht und Billigkeit behandelt werden, insbesondere, dass jede Benachteiligung von Personen aus Gründen ihrer Rasse oder wegen ihrer ethnischen Herkunft, ihrer Nationalität, ihrer Religion oder Weltanschauung, ihrer Behinderung, ihres Alters, ihrer politischen oder gewerkschaftlichen Betätigung oder Einstellung oder wegen ihres Geschlechts oder ihrer sexuellen Identität unterbleibt."
[164] §§ 75 Abs. 1 und 2 i.V.m. § 23 Abs. 3 BetrVG.
[165] „… unter der Voraussetzung des § 23, Abs. 3, S. 1 BetrVG die dort genannten Rechte gerichtlich geltend machen …", § 17 Abs. 2, S. 1, 1. Hs. AGG.

chung von Rechten eines Benachteiligten ist ausdrücklich **ausgeschlossen,** § 17 Abs. 2, S. 2 AGG. Diese Möglichkeit war in den Entwürfen vor der endgültigen Fassung noch gegeben. Hierbei ist es unerheblich, ob der Benachteiligte seine Ansprüche geltend macht oder nicht. Es geht um **seine** Rechte, die eben nicht der Disposition von Betriebsrat oder Gewerkschaft unterliegen[166].

Die Ansprüche von Betriebsrat oder einer im Betrieb vertretenen Gewerkschaft nach § 23 Abs. 3 BetrVG müssen vor dem Arbeitsgericht geltend gemacht werden und haben zum Ziel, dem Arbeitgeber aufzugeben, „eine Handlung zu unterlassen, eine Handlung zu dulden oder eine Handlung vorzunehmen". Zu denken ist hier in erster Linie an den **Pflichtenkatalog des § 12 AGG.** Hier ist der Arbeitgeber gem. Absatz 1 **verpflichtet,** die erforderlichen Maßnahmen zum Schutz vor Benachteiligungen wegen eines in § 1 AGG genannten Grundes zu treffen. Unterstellt, der Arbeitgeber weigert sich, überhaupt irgendwelche Maßnahmen zu treffen, und der Betriebsrat macht ihm Vorschläge, wie er seine Pflicht nach Absatz 1 erfüllen kann, begeht der Arbeitgeber dann schon einen groben Verstoß gegen Vorschriften der §§ 6 – 18 AGG, hier § 12 Abs. 1 AGG? Wohl eher nicht, denn er ist in der Wahl seiner Mittel frei, hat also Ermessensspielraum. Er muss nur das Erforderliche tun. Aus diesem Grunde ist ein Vorgehen von Betriebsrat oder Gewerkschaft nach den §§ 17 Abs. 2, S. 1 AGG i.V.m. § 23 Abs. 3 BetrVG wegen Verstoßes gegen § 12 Abs. 1 AGG problematisch, weil der zu stellende Antrag es an der erforderlichen Klarheit vermissen lassen würde und damit unzulässig wäre.

Lediglich eine **Sollvorschrift** ist § 12 Abs. 2, S.1 AGG.. „Der Arbeitgeber soll in geeigneter Art und Weise, insbesondere im Rahmen der beruflichen Aus- und Fortbildung, auf die Unzulässigkeit solcher Benachteiligungen hinweisen und darauf hinwirken, dass diese unterbleiben." Satz 2 stellt die Verbindung zu der Verpflichtung in Absatz 1 her, indem er deklariert, dass die beschriebene durchgeführte Schulung als eine Erfüllung der Pflichten nach Absatz 1 gilt.

Auch hier ist Betriebsrat und Gewerkschaft mit ihren Ansprüchen aus § 17 Abs. 2 AGG i.V.m. § 23 Abs. 3 BetrVG nicht viel geholfen, d.h., die Durchführung eines entsprechenden Verfahrens vor einem Arbeitsgericht ist eher unwahrscheinlich, denn in der Nicht-Erfüllung einer Sollvorschrift kann kein grober Verstoß gegen Pflichten aus den §§ 6 – 18 AGG gesehen werden.

Anders ist es in dem Fall, in dem Beschäftigte gegen das Benachteiligungsverbot des § 7 Abs. 1 AGG verstoßen. Hier ist der Arbeitgeber **gezwungen** („so hat der Arbeitgeber..."), die erforderlichen Maßnahmen zur Unterbindung der Benachteiligung zu treffen. Die Richtigkeit seines Vorgehens zeigt sich am Erfolg. Der Gesetzgeber sagt dem Arbeitgeber auch gleich, was er am besten tun soll: Abmahnung, Umsetzung, Versetzung oder Kündigung, § 12 Abs. 3 AGG. Hier ist ein Anspruch nach § 17 Abs. 2 AGG i.V.m. § 23 Abs. 3 BetrVG auf Vornahme einer Handlung durch den Arbeitgeber dann gegeben, wenn der Verstoß gegen die Verpflichtung nach § 12 Abs. 3 AGG dadurch zu einem **groben** Verstoß wird, dass der Arbeitgeber sich nachdrücklich und anhaltend weigert, seine Pflichten zu erfüllen.

---

[166] Vgl. Bauer, Rdn. 21 zu § 17 AGG.

§ 23 Abs. 3 BetrVG kennt zwei Reaktionen darauf, dass der Arbeitgeber auch nach rechtskräftiger gerichtlicher Entscheidung pflichtwidrig handelt. Setzt er sich über seine Verpflichtung, eine Handlung zu unterlassen oder die Vornahme einer Handlung zu dulden, hinweg, so ist er auf Antrag vom Arbeitsgericht wegen einer jeden Zuwiderhandlung zu einem **Ordnungsgeld** zu verurteilen, **§ 23 Abs. 3, S. 2 BetrVG.** Den Antrag kann der Betriebsrat oder eine im Betrieb vertretene Gewerkschaft stellen. Führt er indessen eine ihm durch rechtskräftige Gerichtsentscheidung auferlegte Handlung nicht durch, so ist auf Antrag vom Arbeitsgericht zu erkennen, dass er zur Vornahme der Handlung durch **Zwangsgeld** anzuhalten sei, **§ 23 Abs. 3, S. 3 BetrVG.** Auch hier sind wieder Betriebsrat oder eine im Betrieb vertretene Gewerkschaft antragsberechtigt, Satz 4. Die Höhe von Ordnungs- und Zwangsgeld beträgt maximal jeweils **10.000.- Euro,** § 23 Abs. 3, S. 5 BetrVG.

10. Mitgliedschaft in Vereinigungen, § 18 AGG

§ 18 Mitgliedschaft in Vereinigungen

(1) Die Vorschriften dieses Abschnitts gelten entsprechend für die Mitgliedschaft oder die Mitwirkung in einer

1. Tarifvertragspartei,

2. Vereinigung, deren Mitglieder einer bestimmten Berufsgruppe angehören oder die eine überragende Machtstellung im wirtschaftlichen oder sozialen Bereich innehat, wenn ein grundlegendes Interesse am Erwerb der Mitgliedschaft besteht, sowie deren jeweiligen Zusammenschlüssen.

(2) Wenn die Ablehnung einen Verstoß gegen das Benachteiligungsverbot des § 7 Abs. 1 darstellt, besteht ein Anspruch auf Mitgliedschaft oder Mitwirkung in den in Absatz 1 genannten Vereinigungen.

Diese Vorschrift berührt den Grundsatz der Koalitionsfreiheit nach Art. 9 Abs. 1 GG, indem sie unter bestimmten Voraussetzungen einen **Anspruch auf Mitgliedschaft** in einer Tarifvertragspartei oder einer Vereinigung begründet. § 18 AGG hat seine Wurzel in § 2 Abs. 1, Nr. 4 AGG.[167]

---

[167] „Benachteiligungen aus einem in § 1 genannten Grund sind nach Maßgabe dieses Gesetzes unzulässig in Bezug auf die Mitgliedschaft und Mitwirkung in einer Beschäftigten- oder Arbeitgebervereinigung oder einer Vereinigung, deren Mitglieder einer bestimmten Berufsgruppe angehören, einschließlich der Inanspruchnahme der Leistungen solcher Vereinigungen."

III. Das arbeitsrechtliche AGG

In § 18 Abs. 1 AGG wird die entsprechende Geltung der §§ 6 – 17 AGG „für die Mitgliedschaft oder Mitwirkung in einer

1. Tarifvertragspartei,
2. Vereinigung, deren Mitglieder einer bestimmten Berufsgruppe angehören oder die eine überragende Machtstellung im wirtschaftlichen oder sozialen Bereich innehat, wenn ein grundlegendes Interesse am Erwerb der Mitgliedschaft besteht,

sowie deren jeweiligen Zusammenschlüssen" festgelegt.

Es gelten also für Mitgliedschaft oder Mitwirkung in den genannten Organisationen die Regelungen über die Benachteiligungsverbote und deren Rechtsfolgen entsprechend wie im Beschäftigungsverhältnis.[168]

Eine Definition für **Tarifvertragspartei** liefert das AGG nicht. Sie findet sich in § 2 Abs. 1 TVG („Tarifvertragsparteien sind Gewerkschaften, einzelne Arbeitgeber sowie Vereinigungen von Arbeitgebern."). Für **Vereinigung** findet sich ebenfalls keine Definition im Gesetz, sie ergibt sich aber aus dem allgemeinen Sprachgebrauch. Der Gesetzgeber hat Einschränkungen formuliert. Nicht jede Vereinigung ist angesprochen, sondern sie muss ihre Mitglieder aus einer bestimmten Berufsgruppe rekrutieren oder sie muss eine überragende Machtstellung im wirtschaftlichen oder sozialen Bereich innehaben. Und darüber hinaus muss eine vom AGG geschützte Person ein grundlegendes Interesse am Erwerb der Mitgliedschaft haben. Vereinigungen wie Sportvereine, studentische Verbindungen, Gesangsvereine und ähnliche Organisationen entsprechen nicht den Anforderungen des § 18 Abs. 1 AGG. Selbst wenn ein Antrag auf Aufnahme in eine solche Vereinigung unter Benachteiligung aus einem der in § 1 AGG genannten Gründe abgelehnt würde, führte dies nicht zu einem Anspruch auf Aufnahme nach § 18 Abs. 2 AGG, da der Gesetzgeber solche Organisationen nicht gemeint hat.[169]

Der Gesetzgeber unterstellt[170], dass **Berufsvereinigungen** eine **monopolartige Stellung** bei der Wahrnehmung beruflicher Interessen haben. Der Wortlaut der Vorschrift spiegelt die Intention bzw. die Interpretation des Gesetzgebers nicht wider. Eine „überragende Machtstellung" muss noch nicht einer monopolartigen Position entsprechen. Es muss sich jedoch schon um eine Organisation von besonderer Bedeutung und – wirtschaftlicher oder politischer – Durchsetzungskraft handeln. Nur dann kann überhaupt ein „grundlegendes Interesse" an einer Mitgliedschaft glaubhaft vorgetragen werden.

Dieses Interesse ist genauso wenig wie eine Mitgliedschaft Selbstzweck. Vielmehr geht es in erster Linie um die **Inanspruchnahme der Leistungen** von Tarifvertragsparteien oder solchen Vereinigungen (§ 2, Abs. 1, Nr. 4 AGG). Das kann z.B. die Unterstützung aus der Streikkasse einer Gewerkschaft sein, wenn der Arbeitgeber infolge von wegen Streiks ausgefallener Arbeit die Zahlungen an den Streikenden kürzt. Es kann auch die satzungsmäßige

---

[168] BT a.a.O., S 39.
[169] Vgl. auch Bauer, Rdn. 4 zu § 18 AGG.
[170] BT a.a.O., S. 39.

Gewährung von Rechtsschutz durch eine Vereinigung gem. § 18 Abs. 1, Nr. 2 AGG sein[171]. Nur ein solches vitales Interesse an einer Mitgliedschaft berechtigt im Übrigen dazu, das Recht auf Vereinigungsfreiheit des Art. 9 Abs. 1 GG entsprechend der Regelung in § 18 Abs. 2 AGG einzuschränken. Wegen dieses Eingriffs in die Koalitionsfreiheit wird man jedoch die Nummern 1 und 2 in § 18 Abs. 1 AGG zurückhaltend auslegen müssen, da anderenfalls eine Kollision mit der Verfassung zu befürchten wäre[172].

§ 18 Abs. 2 AGG gibt anders als (ausdrücklich) § 15 Abs. 6 AGG bei einem Verstoß gegen das Benachteiligungsverbot einen Anspruch auf Herstellung des angestrebten Zustandes. Er begründet einen **Kontrahierungszwang** und gibt damit den Weg frei zur eventuellen Inanspruchnahme der satzungsmäßigen Leistungen[173]. Nur auf diese Weise kann eine Benachteiligung nach § 7 Abs.1 AGG vermieden werden.

Liegt eine Benachteiligung in den Augen der Person, die um Aufnahme gebeten hat, vor, so kann sie Klage vor dem Arbeitsgericht mit dem Antrag, den Verein oder die Gewerkschaft zu verpflichten, sie aufzunehmen, erheben. Dabei ist die **Beweislast** wie in den anderen Fällen des 2. Abschnitts wiederum in § 22 AGG geregelt (s. oben 7.5). Das heißt, der Kläger/die Klägerin muss Indizien beweisen, die eine Benachteiligung wegen eines in § 1 genannten Grundes vermuten lassen. Gelingt dies, trägt die andere Partei die Beweislast dafür, dass kein Verstoß gegen die Bestimmungen zum Schutz vor Benachteiligung vorgelegen hat. Kann sie diesen Beweis nicht führen, wird das Arbeitsgericht die Gewerkschaft oder die Vereinigung verurteilen, die klagende Person in ihre Organisation aufzunehmen.

Zusammengefasst bedeutet dies, dass die Freiheit bei der Auswahl der Mitglieder, wie sie jeder Verein kennt, bei den in § 18 AGG beschriebenen Organisationen nicht gewährt wird.

Da mit der Aufnahme in die Organisation das angestrebte Ziel erreicht ist, ist für einen weiteren Anspruch, etwa auf Entschädigung nach § 15 Abs. 2 AGG, kein Raum.

---

[171] Z.B. Vereinigung Cockpit e. V., der Zusammenschluss von Cockpitpersonal in der Bundesrepublik Deutschland.
[172] Schütt/Wolf, S. 79.
[173] BT a.a.O., S. 39.

11. Unterstützende Institutionen

11.1 Antidiskriminierungsverbände, § 23 AGG

> (1) Antidiskriminierungsverbände sind Personenzusammenschlüsse, die nicht gewerbsmäßig und nicht nur vorübergehend entsprechend ihrer Satzung die besonderen Interessen von benachteiligten Personen oder Personengruppen nach Maßgabe von § 1 wahrnehmen. Die Befugnisse nach den Absätzen 2 bis 4 stehen ihnen zu, wenn sie mindestens 75 Mitglieder haben oder einen Zusammenschluss aus mindestens sieben Verbänden bilden.
>
> (2) Antidiskriminierungsverbände sind befugt, im Rahmen ihres Satzungszwecks in gerichtlichen Verfahren, in denen eine Vertretung durch Anwälte und Anwältinnen nicht gesetzlich vorgeschrieben ist, als Beistände Benachteiligter in der Verhandlung aufzutreten. Im Übrigen bleiben die Vorschriften der Verfahrensordnungen, insbesondere diejenigen, nach denen Beiständen weiterer Vortrag untersagt werden kann, unberührt.
>
> (3) Antidiskriminierungsverbänden ist im Rahmen ihres Satzungszwecks die Besorgung von Rechtsangelegenheiten Benachteiligter gestattet.
>
> (4) Besondere Klagerechte und Vertretungsbefugnisse von Verbänden zu Gunsten von behinderten Menschen bleiben unberührt.

§ 23 AGG, „Unterstützung durch Antidiskriminierungsverbände", die zweite Vorschrift in Abschnitt 4, Rechtsschutz, gibt demjenigen, der sich benachteiligt fühlt, ein weiteres Mittel (nach Beschwerderecht, § 13 AGG, Anspruch auf Schadensersatz und Entschädigung nach § 15 AGG, Leistungsverweigerungsrecht, § 14 AGG, oder Anspruch auf Mitgliedschaft in Gewerkschaft oder Vereinigung, § 18 AGG), Rechte durchzusetzen, die sich aus einer unzulässigen Benachteiligung ergeben. Er kann sich von so genannten Antidiskriminierungsverbänden unterstützen lassen. Bei diesen handelt es sich um Personenzusammenschlüsse, die nicht gewerbsmäßig und nicht nur vorübergehend die besonderen Interessen benachteiligter Personen oder Personengruppen wahrnehmen. Hierunter fallen z.B. Vereine, die sich um die Interessen von Migrantinnen und Migranten kümmern, aber auch solche, die sich um ältere Menschen oder solche mit Behinderung sorgen. Dazu zählen auch Personenzusammenschlüsse, die die Interessen von Menschen mit gleichgeschlechtlicher Orientierung vertreten[174]. Dabei darf eine solche Interessenwahrnehmung **nicht nur vorübergehend** und **nicht gewerbsmäßig** geschehen. Entsprechend muss die **Satzung** formuliert sein.

---

[174] Vgl. BT a.a.O., S. 48.

Der Gesetzgeber verweist in der Begründung von § 23 Abs. 1 AGG für die Definition dieser Begriffe („nicht nur vorübergehend" und „nicht gewerbsmäßig") auf § 4 Abs. 2 UKlaG [175]. Hier heißt es, dass diese Verbände seit mindestens einem Jahr bestehen müssen und auf Grund ihrer bisherigen Tätigkeit Gewähr für eine sachgerechte Aufgabenerfüllung bieten müssen. Nicht gewerbsmäßig handelt ein Verband dann, wenn seine Aktivitäten **nicht** auf die **Erzielung von Gewinn** gerichtet sind.

Diesen Vereinigungen stehen die in den **Absätzen 2 bis 4 beschriebenen Befugnisse** dann zu, wenn sie eine bestimmte Eigengröße (mindestens 75 Mitglieder) haben oder einen Zusammenschluss aus mindestens 7 Verbänden bilden, § 23 Abs. 1, S. 2 AGG. Bei diesen 75 Mitgliedern muss es ich um **natürliche Personen** handeln[176]. Liegt ein Zusammenschluss von sieben. Verbänden vor, ist das Vorhandensein von 75 Mitgliedern (natürlichen Personen) gleichwohl erforderlich. Diese können sich allerdings auf die verschiedenen Verbände verteilen, die sich allerdings satzungsgemäß immer einem **Antidiskriminierungsziel** verschrieben haben müssen.

Es ist Aufgabe des jeweiligen **Gerichts,** bei Verfahren nach den Absätzen 2 und 3 die oben beschriebenen Voraussetzungen auf ihr Vorliegen zu überprüfen[177], die Beweislast liegt beim Anspruchsteller[178].

Die Befugnisse solcher Antidiskriminierungsverbände sind in der jetzt vorliegenden Gesetzesfassung deutlich **eingeschränkter**, als dies noch in vorhergegangenen Entwürfen der Fall war. Sie sind gem. Absatz 2 nur befugt, „im Rahmen ihres Satzungszwecks in gerichtlichen Verfahren, in denen eine Vertretung durch Anwälte und Anwältinnen nicht gesetzlich vorgeschrieben ist, als **Beistände**[179] Benachteiligter in der Verhandlung aufzutreten". Die Einschränkung liegt zum einen darin, dass sie überhaupt nur dann, wenn kein Anwaltszwang besteht, auftreten können, sodann darin, dass sie lediglich als Beistände fungieren, also **neben, nicht anstelle** der Partei, die mit ihrer Rolle auch einverstanden sein muss, auftreten. Sie sind **keine Bevollmächtigten.** Somit wird eine Prozessstandschaft nicht begründet[180].

Ist der Vortrag eines Beistandes im Verfahren **nicht geeignet** (nicht sachdienlich), so kann das Gericht ihm weiteren Vortrag untersagen[181].

Während § 23 Abs. 2 AGG die Befugnisse von Antidiskriminierungsverbänden in gerichtlichen Verfahren regelt, beschreibt Absatz 3 die **außergerichtlichen** Rechte. Hiernach sind die Verbände vom Verbot (gem. Rechtsberatungsgesetz) der außergerichtlichen und der gerichtli-

---

[175] Unterlassungsklagegesetz.
[176] Vgl. § 4 UKlaG. Auch hier wird diese Mindestgröße gefordert.
[177] Vgl. BT a.a.O., S. 48.
[178] Vgl. Bauer, Rdn. 10 zu § 23 AGG.
[179] Hervorhebung durch d. Verf.
[180] Vgl. Schütt/Wolf, S. 87.
[181] § 157, Abs. 2 ZPO: „Das Gericht kann Parteien, Bevollmächtigten und Beiständen, die nicht Rechtsanwälte sind, wenn ihnen die Fähigkeit zum geeigneten Vortrag mangelt, den weiteren Vortrag untersagen. Diese Anordnung ist unanfechtbar." Vgl. auch BT a.a.O. S. 48.

chen Rechtsberatung freigestellt[182]. Diese durch das AGG eingeleitete Änderung der Gesetzeslage wird im Gesetz zur Neuregelung des Rechtsberatungsgesetzes[183] entsprechende Berücksichtigung finden[184].

Absatz 2 erlaubt den Antidiskriminierungsverbänden z.B. auch, als Vertreter angeblich Benachteiligter außergerichtlich aufzutreten. Sie dürfen dies immer nur **im Namen** des Benachteiligten tun. Ein Abtreten des Anspruchs durch den Benachteiligten an einen Antidiskriminierungsverband mit der Folge, dass dieser dann aus **eigenem** Recht vorgeht, ist unzulässig[185].

Absatz 4 stellt klar, dass besondere Klagerechte und Vertretungsbefugnisse von Verbänden zu Gunsten behinderter Menschen von den Regeln in § 23 Abs. 1 – 3 AGG unberührt bleiben. Zu denken ist hier an **§ 63 SGB IX** (Klagerecht der Verbände. „Werden behinderte Menschen in ihren Rechten nach diesem Buch verletzt, können an ihrer Stelle und mit ihrem Einverständnis Verbände klagen, die nach ihrer Satzung behinderte Menschen auf Bundes- oder Landesebene vertreten und nicht selbst am Prozess beteiligt sind. In diesem Falle müssen alle Verfahrensvoraussetzungen wie bei einem Rechtsschutzsuchen durch den behinderten Menschen selbst vorliegen." Hier handelt es sich um einen gesetzlich begründeten Fall der Prozessstandschaft[186]. Die Verbände können mit dem Einverständnis des behinderten Menschen dessen Rechte im eigenen Namen geltend machen[187].

11.2 Antidiskriminierungsstelle des Bundes, §§ 25 – 30 AGG

§ 25 Antidiskriminierungsstelle des Bundes

(1) Beim Bundesministerium für Familie, Senioren, Frauen und Jugend wird unbeschadet der Zuständigkeit der Beauftragten des Deutschen Bundestages oder der Bundesregierung die Stelle des Bundes zum Schutz vor Benachteiligungen wegen eines in § 1 genannten Grundes (Antidiskriminierungsstelle des Bundes) errichtet.

(2) Der Antidiskriminierungsstelle des Bundes ist die für die Erfüllung ihrer Aufgaben notwendige Personal- und Sachausstattung zur Verfügung zu stellen. Sie ist im Einzelplan

---

[182] BT a.a.O., S. 48.
[183] Neu: Rechtsdienstleistungsgesetz, RDG.
[184] Vgl. Gesetzentwurf zum Rechtsdienstleistungsgesetz, BT-Drucks. 16/3655. Die erste Lesung des Regierungsentwurfs war am 1. Februar 2007 und die öffentliche Anhörung des Rechtsausschusses des Bundestages am 5. Mai 2007.
[185] Vgl. Bauer, Rdn. 17 zu § 23 AGG.
[186] BT a.a.O., S. 48.
[187] Vgl. Bauer, Rdn. 18 zu § 23 AGG.

des Bundesministeriums für Familie, Senioren, Frauen und Jugend in einem eigenen Kapitel auszuweisen.

§ 26 Rechtsstellung der Leitung der Antidiskriminierungsstelle des Bundes

(1) Die Bundesministerin oder der Bundesminister für Familie, Senioren, Frauen und Jugend ernennt auf Vorschlag der Bundesregierung eine Person zur Leitung der Antidiskriminierungsstelle des Bundes. 2Sie steht nach Maßgabe dieses Gesetzes in einem öffentlich-rechtlichen Amtsverhältnis zum Bund. 3Sie ist in Ausübung ihres Amtes unabhängig und nur dem Gesetz unterworfen.

(2) Das Amtsverhältnis beginnt mit der Aushändigung der Urkunde über die Ernennung durch die Bundesministerin oder den Bundesminister für Familie, Senioren, Frauen und Jugend.

(3) Das Amtsverhältnis endet außer durch Tod

1. mit dem Zusammentreten eines neuen Bundestages,

2. durch Ablauf der Amtszeit mit Erreichen der Altersgrenze nach § 41 Abs. 1 des Bundesbeamtengesetzes,

3. mit der Entlassung.

Die Bundesministerin oder der Bundesminister für Familie, Senioren, Frauen und Jugend entlässt die Leiterin oder den Leiter der Antidiskriminierungsstelle des Bundes auf deren Verlangen oder wenn Gründe vorliegen, die bei einer Richterin oder einem Richter auf Lebenszeit die Entlassung aus dem Dienst rechtfertigen. Im Falle der Beendigung des Amtsverhältnisses erhält die Leiterin oder der Leiter der Antidiskriminierungsstelle des Bundes eine von der Bundesministerin oder dem Bundesminister für Familie, Senioren, Frauen und Jugend vollzogene Urkunde. Die Entlassung wird mit der Aushändigung der Urkunde wirksam.

(4) Das Rechtsverhältnis der Leitung der Antidiskriminierungsstelle des Bundes gegenüber dem Bund wird durch Vertrag mit dem Bundesministerium für Familie, Senioren, Frauen und Jugend geregelt. Der Vertrag bedarf der Zustimmung der Bundesregierung.

(5) Wird eine Bundesbeamtin oder ein Bundesbeamter zur Leitung der Antidiskriminierungsstelle des Bundes bestellt, scheidet er oder sie mit Beginn des Amtsverhältnisses aus dem bisherigen Amt aus. Für die Dauer des Amtsverhältnisses ruhen die aus dem Beamtenverhältnis begründeten Rechte und Pflichten mit Ausnahme der Pflicht zur Amtsverschwiegenheit und des Verbots der Annahme von Belohnungen oder Geschenken. Bei unfallverletzten Beamtinnen oder Beamten bleiben die gesetzlichen Ansprüche auf das Heilverfahren und einen Unfallausgleich unberührt.

§ 27 Aufgaben

III. Das arbeitsrechtliche AGG

(1) Wer der Ansicht ist, wegen eines in § 1 genannten Grundes benachteiligt worden zu sein, kann sich an die Antidiskriminierungsstelle des Bundes wenden.

(2) Die Antidiskriminierungsstelle des Bundes unterstützt auf unabhängige Weise Personen, die sich nach Absatz 1 an sie wenden, bei der Durchsetzung ihrer Rechte zum Schutz vor Benachteiligungen. 2Hierbei kann sie insbesondere

1. über Ansprüche und die Möglichkeiten des rechtlichen Vorgehens im Rahmen gesetzlicher Regelungen zum Schutz vor Benachteiligungen informieren,

2. Beratung durch andere Stellen vermitteln,

3. eine gütliche Beilegung zwischen den Beteiligten anstreben.

Soweit Beauftragte des Deutschen Bundestages oder der Bundesregierung zuständig sind, leitet die Antidiskriminierungsstelle des Bundes die Anliegen der in Absatz 1 genannten Personen mit deren Einverständnis unverzüglich an diese weiter.

(3) Die Antidiskriminierungsstelle des Bundes nimmt auf unabhängige Weise folgende Aufgaben wahr, soweit nicht die Zuständigkeit der Beauftragten der Bundesregierung oder des Deutschen Bundestages berührt ist:

1. Öffentlichkeitsarbeit,

2. Maßnahmen zur Verhinderung von Benachteiligungen aus den in § 1 genannten Gründen,

3. Durchführung wissenschaftlicher Untersuchungen zu diesen Benachteiligungen.

(4) Die Antidiskriminierungsstelle des Bundes und die in ihrem Zuständigkeitsbereich betroffenen Beauftragten der Bundesregierung und des Deutschen Bundestages legen gemeinsam dem Deutschen Bundestag alle vier Jahre Berichte über Benachteiligungen aus den in § 1 genannten Gründen vor und geben Empfehlungen zur Beseitigung und Vermeidung dieser Benachteiligungen. Sie können gemeinsam wissenschaftliche Untersuchungen zu Benachteiligungen durchführen.

(5) Die Antidiskriminierungsstelle des Bundes und die in ihrem Zuständigkeitsbereich betroffenen Beauftragten der Bundesregierung und des Deutschen Bundestages sollen bei Benachteiligungen aus mehreren der in § 1 genannten Gründe zusammenarbeiten.

§ 28 Befugnisse

(1) Die Antidiskriminierungsstelle des Bundes kann in Fällen des § 27 Abs. 2 Satz 2 Nr. 3 Beteiligte um Stellungnahmen ersuchen, soweit die Person, die sich nach § 27 Abs. 1 an sie gewandt hat, hierzu ihr Einverständnis erklärt.

(2) Alle Bundesbehörden und sonstigen öffentlichen Stellen im Bereich des Bundes sind verpflichtet, die Antidiskriminierungsstelle des Bundes bei der Erfüllung ihrer Aufgaben zu

unterstützen, insbesondere die erforderlichen Auskünfte zu erteilen. Die Bestimmungen zum Schutz personenbezogener Daten bleiben unberührt.

§ 29 Zusammenarbeit mit Nichtregierungsorganisationen und anderen Einrichtungen

Die Antidiskriminierungsstelle des Bundes soll bei ihrer Tätigkeit Nichtregierungsorganisationen sowie Einrichtungen, die auf europäischer, Bundes-, Landes- oder regionaler Ebene zum Schutz vor Benachteiligungen wegen eines in § 1 genannten Grundes tätig sind, in geeigneter Form einbeziehen.

§ 30 Beirat

(1) Zur Förderung des Dialogs mit gesellschaftlichen Gruppen und Organisationen, die sich den Schutz vor Benachteiligungen wegen eines in § 1 genannten Grundes zum Ziel gesetzt haben, wird der Antidiskriminierungsstelle des Bundes ein Beirat beigeordnet. Der Beirat berät die Antidiskriminierungsstelle des Bundes bei der Vorlage von Berichten und Empfehlungen an den Deutschen Bundestag nach § 27 Abs. 4 und kann hierzu sowie zu wissenschaftlichen Untersuchungen nach § 27 Abs. 3 Nr. 3 eigene Vorschläge unterbreiten.

(2) Das Bundesministerium für Familie, Senioren, Frauen und Jugend beruft im Einvernehmen mit der Leitung der Antidiskriminierungsstelle des Bundes sowie den entsprechend zuständigen Beauftragten der Bundesregierung oder des Deutschen Bundestages die Mitglieder dieses Beirats und für jedes Mitglied eine Stellvertretung. In den Beirat sollen Vertreterinnen und Vertreter gesellschaftlicher Gruppen und Organisationen sowie Expertinnen und Experten in Benachteiligungsfragen berufen werden. Die Gesamtzahl der Mitglieder des Beirats soll 16 Personen nicht überschreiten. Der Beirat soll zu gleichen Teilen mit Männern und Frauen besetzt sein.

(3) Der Beirat gibt sich eine Geschäftsordnung, die der Zustimmung des Bundesministeriums für Familie, Senioren, Frauen und Jugend bedarf.

(4) Die Mitglieder des Beirats üben die Tätigkeit nach diesem Gesetz ehrenamtlich aus. Sie haben Anspruch auf Aufwandsentschädigung sowie Reisekostenvergütung, Tagegelder und Übernachtungsgelder. Näheres regelt die Geschäftsordnung.

Der Beschreibung der Antidiskriminierungsstelle des Bundes[188], ihrer Rechtsstellung, ihrer organisatorischen Zuordnung, ihrer Ausstattung sowie ihrer Aufgaben und Befugnisse und ihrer Zusammenarbeit mit Nichtregierungsorganisationen hat der Gesetzgeber einen breiten Raum gegeben. Schließlich auch noch der Beiordnung eines Beirates nebst dessen Aufgabenbeschreibung.

---

[188] www.bmfsfj.de/Kategorien/Ministerium/antidiskriminierungsstelle.html.

III. Das arbeitsrechtliche AGG

Diese sechs Vorschriften werden im Folgenden zusammenhängend und nicht orientiert an der Reihenfolge der Vorschriften erläutert. Wegen seines Detailreichtums ist im Übrigen der größte Teil des Gesetzestextes selbst erklärend.

Zunächst ist festzustellen, dass der Gesetzgeber in § 25 Abs. 1 AGG über das, was der Richtliniengeber gefordert hat, deutlich hinausgegangen ist. Während die Richtlinien die Errichtung einer solchen Antidiskriminierungsstelle nur zum Schutz vor Benachteiligungen aus Gründen von „Rasse, ethnischer Herkunft und Geschlecht" verlangen, heißt es in § 25 Abs. 1 AGG „... wird ... die Stelle des Bundes zum Schutz vor Benachteiligungen wegen eines in § 1 genannten Grundes (Antidiskriminierungsstelle des Bundes) errichtet". Der Schutzauftrag an die Antidiskriminierungsstelle des Bundes umfasst also **sämtliche Gründe** des § 1 AGG. „Hintergrund dafür ist, dass im Mittelpunkt der Beratung stehen wird, die Betroffenen hinsichtlich ihrer neuen Rechte aufzuklären und sie bei der Verfolgung dieser Rechte zu unterstützen."[189]

Die Stelle ist beim **Bundesministerium für Familie, Senioren, Frauen und Jugend** errichtet. Die Zuständigkeiten anderer Beauftragter der Bundesregierung oder des Bundestages (z.B. für Schwerbehinderte oder für Personen mit Migrationshintergrund) bleiben von der Zuständigkeit der Antidiskriminierungsstelle des Bundes unberührt. Es wird interessant sein zu beobachten, wie sich denn die Trennung dieser (de facto Doppel-)Zuständigkeiten, unabhängig von der klaren Verweisungsvorschrift des § 27 Abs. 2, S. 3 AGG, im Alltag vollziehen wird. Gewollt ist, keinen bürokratischen Mehraufwand entstehen zu lassen[190].

Das zuständige Ministerium ernennt den Leiter/die Leiterin (seit dem 1. Februar 2007 Frau Dr. Martina Koeppen) auf Vorschlag der Bundesregierung, § 26 Abs. 1, S. 1 AGG. Die mit der Leitung betraute Person ist in Ausübung ihres Amtes **unabhängig** und nur dem Gesetz unterworfen, § 26 Abs. 1, S. 3 AGG. Sie ist also **nicht weisungsgebunden**. Das Rechtsverhältnis der Leitung der Antidiskriminierungsstelle gegenüber dem Bund wird durch Vertrag mit dem Bundesministerium für Familie, Senioren, Frauen und Jugend geregelt, § 26 Abs. 4, S.1 AGG.

Die Stelle ist mit den erforderlichen personellen und Sachmitteln auszustatten, § 25 Abs. 2, S.1 AGG. Nähere Vorgaben macht das Gesetz nicht. Beginn und Beendigung des Amtsverhältnisses werden umfassend in § 26 Abs. 2 und 3 AGG geregelt. Sie bedürfen keiner näheren Erläuterung.

Die **Aufgaben der Antidiskriminierungsstelle** beschreibt § 27 AGG. Sie dient als **Ansprechstelle** für jeden, der der Ansicht ist, wegen eines in § 1 AGG genannten Grundes benachteiligt worden zu sein. Die Messlatte liegt hier sehr niedrig. Es geht nicht um das **objektive** Vorliegen einer Benachteiligung, das **subjektive** Empfinden genügt. Formvorschriften für die Anrufung der Stelle nennt das Gesetz nicht („formlos, mündlich, telefonisch, schrift-

---

[189] BT a.a.O., S. 49.
[190] BT a.a.O., S. 49.

lich oder auf elektronischem Weg"; „... (es) soll den Betroffenen eine möglichst einfach zu erreichende Unterstützung zur Verfügung gestellt werden"[191].

Konkret besteht die Aufgabe der Stelle darin, die Person, die eine Benachteiligung wegen eines in § 1 AGG genannten Grundes geltend macht, bei der Durchsetzung ihrer Rechte zum Schutz vor Benachteiligungen auf unabhängige Weise zu **unterstützen.** Die Aktionen des Amtes bestehen in **Information** über die Ansprüche und die Möglichkeiten des rechtlichen Vorgehens, in der **Vermittlung von Beratung** durch andere Stellen und im **Anstreben einer gütlichen Einigung** zwischen den Beteiligten, § 27 Abs. 2, S. 2, Nr. 1 – 3 AGG. Letzteres dient dem Ziel, für die Zukunft eher eine benachteiligungsfreie Situation zu garantieren als einen Rechtsstreit mit möglicherweise unsicherem Ausgang zu führen[192]. Die Möglichkeiten der Antidiskriminierungsstelle in diesem Felde sind gering. So kann sie die Beteiligten lediglich um Stellungnahme **ersuchen,** ein Auskunftsrecht hat sie nicht. Darüber hinaus muss die Person, die sich an sie gewandt hat, damit auch noch einverstanden sein, § 28 Abs. 1 AGG.

Die Stelle hat jedoch gegenüber Behörden und öffentlichen Institutionen einen **Anspruch** auf Unterstützung bei der Wahrnehmung ihrer Aufgaben, insbesondere auf Erteilung der erforderlichen Auskünfte (§ 28 Abs. 2 AGG). Die vorbeschriebene Aufzählung (§ 27 Abs. 2, S. 2, Nr. 1 – 3 AGG) ist nicht enumerativ, sondern nur beispielhaft („insbesondere")).

Die oben bereits angesprochene Zuständigkeitsregelung konkretisiert sich in § 27 Abs. 2, S. 3 AGG. Hiernach ist die Stelle verpflichtet, das Einverständnis des Betroffenen vorausgesetzt, das Anliegen an **Beauftragte** des Deutschen Bundestages oder der Bundesregierung **weiterzuleiten,** soweit es in deren Zuständigkeit fällt.

Während die Absätze 1 und 2 die Aufgaben der Antidiskriminierungsstelle im Verhältnis zum einzelnen **Hilfe Suchenden** regelt, befassen sich die Absätze 3 bis 5 mit den **allgemeinen Aufgaben** der Stelle. Erneut betont das Gesetz die Unabhängigkeit der Stelle in ihrer Aufgabenwahrnehmung, allerdings unter der Einschränkung, dass Aufgaben anderer Beauftragter von Bundestag und Bundesregierung nicht berührt sein dürfen, § 27 Abs. 3, S.1 AGG, wenn es die allgemeinen Aufgaben der Antidiskriminierungsstelle beschreibt. Hierzu zählen:

- **Öffentlichkeitsarbeit,** § 27 Abs. 3 Nr. 1 AGG
Bei diesem Thema denkt der Gesetzgeber in erster Linie an die Zeit unmittelbar nach Errichtung der Antidiskriminierungsstelle. Durch eine gezielte und umfassende Öffentlichkeitsarbeit soll sichergestellt werden, dass der Einzelne – neben etwa den Schulungsmaßnahmen durch den Arbeitgeber nach § 12 AGG– über seine (teilweise) neuen Rechte informiert wird und auch erfährt, wohin er sich im Falle einer gefühlten Benachteiligung wenden soll. Die Leiterin der Antidiskriminierungsstelle des Bundes, Martina Köppen, führte dazu aus: "Wir wollen beraten. Unserer ersten Erfahrung nach ist manchmal schlicht Unwissenheit im Spiel. Wir haben zum Beispiel den Fall eines Handwerkers, der

keine Frau einstellen wollte, weil er die Ausgaben für eine Damentoilette scheute. Wir ha-

---

[191] BT a.a.O., S. 50.
[192] BT a.a.O., S. 50.

ben ihm dann nach Rücksprache mit der Innung erklärt, dass seine Sorge unbegründet ist. Eine Vorschrift, die ihn zwingt, eine zusätzliche Toilette einzubauen gibt es nicht".[193]

- **Prävention** (Maßnahmen zur Verhinderung von Benachteiligungen aus den in § 1 AGG genannten Gründen), § 27 Abs. 3 Nr. 2 AGG.
Hier ist in erster Linie daran zu denken, dass die Stelle in der Folge der aufklärenden Öffentlichkeitsarbeit z.B. auch Schulungen durchführt, mit denen verhindert werden soll, dass es überhaupt zu Benachteiligungen kommt. Ob dies von ihrer Kapazität her geleistet werden kann oder ob es nicht eher sinnvoll ist, solche Unterweisungen wie auch in anderen Bereichen dem freien Markt zu überlassen, sei dahingestellt.

- **Durchführung wissenschaftlicher Untersuchungen**, § 27 Abs. 3 Nr. 3 AGG
Diese wissenschaftlichen Untersuchungen dienen dem Ziel, Erkenntnisse über Grad und Häufigkeit und nähere Umstände von Benachteiligungen nach diesem Gesetz zu erforschen. Die Antidiskriminierungsstelle ist in der Wahrnehmung dieser Aufgabe unabhängig. Insbesondere muss sie diese Untersuchungen nicht selbst durchführen, sondern kann sie in Auftrag geben. Hierbei muss sie gem. § 27 Abs. 4, S. 2 AGG zusammen mit den Beauftragten des Bundes oder der Bundesregierung vorgehen.

Als Ausfluss aus den Erkenntnissen bei der Betreuung von Einzelfällen oder auf der Grundlage der wissenschaftlichen Untersuchungen hat die Stelle gemeinsam mit den Beauftragten des Bundes oder der Bundesregierung, soweit deren Zuständigkeit berührt ist, **alle vier Jahre** der Bundesregierung einen **Bericht** über Benachteiligungen aus einem der in § 1 genannten Gründe vorzulegen und Empfehlungen zur Beseitigung oder Vermeidung von diesen Benachteiligungen auszusprechen.

Nach § 27 Abs. 5 AGG sollen die Antidiskriminierungsstelle des Bundes und die Beauftragten des Bundes und der Bundesregierung bei Benachteiligungen aus **mehreren** der in § 1 AGG genannten Gründe zusammenarbeiten.

Die aktuelle Situation: Bis Anfang August 2007 sollen 18 Mitarbeiter oder Mitarbeiterinnen in der Antidiskriminierungsstelle in 3 Referaten (Recht, Öffentlichkeitsarbeit und Forschung) tätig sein. Bis August 2007 wurden 2.300 Anfragen an die Stelle gerichtet[194]. Bei diesen waren die Beschwerden wegen Benachteiligung aus Gründen des Alters mit ca. 30 % am stärksten vertreten, gefolgt von Geschlecht und Behinderung mit jeweils 25 %. Am Schluss rangiert das Merkmal Religion mit lediglich 1 %. Die maximal 16 Mitglieder des **Beirates** (je zur Hälfte Frauen und Männer) sind zurzeit noch nicht ausgewählt und ernannt[195].

---

[193] Interview in „Der Spiegel", Nr. 33/2007 vom 13. August 2007, S. 75
[194] „Der Spiegel", 33/2007 vom 13. August 2007, S. 75 .
[195] Quelle: Veröffentlichung des ver.di-Bundesarbeitskreises Lesben, Schwule, Bisexuelle und Transgender vom 24. Juni 2007.

IV. Folgen für das Personalmanagement

Grundsätzlich haben Arbeitgeber die Pflicht, Benachteiligungen aus Gründen der acht Merkmale des § 1 AGG zu unterlassen, zu verhindern oder zu beseitigen. Das AGG gilt nicht nur am Arbeitsplatz direkt, sondern betrifft das gesamte Arbeitsverhältnis, also auch zum Beispiel Betriebssport, Betriebsfeiern, Geschäftsessen und Dienstreisen.

Für die Arbeit der Personalmanager bringt das AGG gravierende Änderungen, besonders auch im Hinblick auf den öffentlichen Auftritt. Im Folgenden werden die relevanten HR-Prozessschritte im Einzelnen beschrieben.

Zuvor jedoch der Hinweis, dass im Grunde die Unternehmenskultur in ihrer Gänze auf den Prüfstand gehört d.h., sämtliche Dokumente, Instrumente/Systeme sollten zusätzlich zu den HR-Prozessen einer genaueren Kontrolle unterzogen werden (vgl. § 17 AGG; Teil III, 8). Als vorteilhaft kann sich auch eine gute Personalstatistik erweisen, die den Status quo der Vielfalt im Unternehmen aufzeigt bzw. deren Entwicklung über einen längeren Zeitraum verfolgt.

Es gibt zwar keine allgemeine gesetzlich vorgeschriebene Dokumentationspflicht. Dennoch empfiehlt sich die Aufbewahrung aller relevanten Unterlagen im Zusammenhang mit einem Personalvorgang (z.B. einer Einstellung) für mindestens fünf Monate[1], falls es zu einer Klage wegen Verletzung des AGG kommen sollte.

Wie das AGG umgesetzt wird, muss grundsätzlich jedes Unternehmen allein und für sich entscheiden. Einen allgemein gültigen „Generalschlüssel" gibt es nicht. Viel hängt auch davon ab, wie die Gerichte das Gesetz an den vielen Stellen auslegen, die einer Interpretation bedürfen.

Ob z.B. eine Vereinbarung zur Vermeidung von Benachteiligungen im Sinne des AGG abgeschlossen wird, ist ebenfalls eine Frage der Unternehmenskultur. Stark regulierte Unternehmen, in denen die Mitbestimmungsgremien einen großen Einfluss haben, werden sicherlich diesen Weg gehen – auf jeden Fall, wenn der Wunsch von der Arbeitnehmervertretung geäußert wird. Neben der Auseinandersetzung mit den Wünschen der Mitarbeitervertretungen, die langwierig und mitunter auch kostenträchtig sein kann, führt eine solche Vereinbarung ggf. aber auch zu größerer Sicherheit im Umgang mit dem Gesetz im Betrieb. Sie kann auch als Signal verstanden werden, dass Geschäftsleitung und Betriebsräte die Einhaltung des Gesetzes ernst nehmen, ein durchaus wünschenswerter Effekt. Auch dies ist nicht der Königsweg für jedes Unternehmen.

---

1 Eigentlich weiß man bereits nach zwei Monaten plus Zustellungsfrist, ob jemand eine Beschwerde gem. § 13 AGG einlegen oder Ansprüche nach § 15 AGG stellen will, sodass ca. zehn Wochen für die Dokumentation für alle unbeanstandeten Vorgänge reichen.

Das AGG gilt nicht nur für fest angestellte Mitarbeiter, sondern auch für externe Kräfte, Praktikanten und Aushilfen. Sie alle sollten auf das AGG verpflichtet werden.

1. Ausschreibung

Eine Ausschreibung für eine Stelle – gleich in welchem Medium – Print oder Elektronik – darf nicht gegen das AGG verstoßen und sollte deshalb keine Bedingungen – sog. „Filter" – enthalten, die nicht sachgerecht sind, das heißt, die nicht in der beschriebenen Aufgabe begründet sind. In Teil III. Ziff. 5 sind bereits die Ausnahmen, die das Gesetz vorsieht, dargestellt worden. Ein Theater, das für eine weibliche Rolle eine Schauspieler*in* sucht, kann dies auch weiterhin so ausschreiben. Man braucht auch keinen 17-Jährigen für die Aufgabe eines Lkw-Fahrers anzusprechen, weil ein so junger Mensch in aller Regel noch nicht einmal einen Pkw-Führerschein besitzt. Es gibt also zulässige Filter. Unzulässig wäre hingegen in einer Anzeige der Wunsch nach einer weiblichen, jungen, attraktiven Besetzung des „Vorzimmers". Diesen kann man vielleicht im Verlauf des Auswahlverfahrens realisieren, wenn man zu der Überzeugung gelangt, dass die Wunschkandidatin neben der fachlichen und methodischen Kompetenz auch die besten persönlichen und sozialen Fähigkeiten für diesen Arbeitsplatz besitzt. Hierin liegt der Gestaltungsspielraum. Es empfiehlt sich jedoch, diese beiden – der subjektiven Einschätzung unterliegenden – Kompetenzbereiche in der Ausschreibung zu erwähnen.

Die Ausschreibung sollte keinen Hinweis auf den Umfang der Arbeitszeit – also Voll- oder Teilzeit – beinhalten, weil dies bereits ein Indiz für eine mittelbare Benachteiligung auf Grund des Geschlechts sein könnte. Dies hat das EuGH bereits in mehreren Urteilen statuiert. Grundsätzlich ist fast jede Aufgabe in Teilzeit darstellbar, die Verteilung der Arbeit müsste dann eben entsprechend geregelt werden. Nicht immer ist dabei das Vorhalten von mehreren Arbeitsplätzen erforderlich. Sollten dennoch betriebliche Belange einer Teilzeitlösung entgegenstehen, so müssen diese gerichtsverwertbar dargelegt werden können.

Zulässig ist es sicher auch, für den Verkauf in einem Wäschegeschäft eine Verkäuferin zu suchen und beispielsweise männliche Bewerber auszuschließen. Schwieriger wird jedoch ein Altersfilter (mit dem Fokus auf jugendlich) für ein Bekleidungsgeschäft, das sich auf junge Mode ausgerichtet hat. Auch schwer zu begründen dürfte die Forderung nach einem regionalen Dialekt sein, weil dadurch alle nicht vor Ort Sozialisierten benachteiligt würden. Wenn das Beherrschen der deutschen Sprache Grundvoraussetzung für eine Aufgabe ist, dann sollte nicht nach einem „Muttersprachler" gesucht, sondern besser „fließende Deutschkenntnisse" erfragt werden.

IV. Folgen für das Personalmanagement

Gibt es keinen zu rechtfertigenden Grund für eine Einschränkung, so sollte die Anzeige neutral formuliert sein; und zwar im Hinblick auf alle in § 1 AGG definierten Merkmale, also Geschlecht, Alter, Religion oder Weltanschauung, Rasse oder Ethnie, Behinderung, sexuelle Identität. Dies gilt für den gesamten Text. Nicht nur in der Kopfzeile „Ingenieur/-in" (oder eine ähnliche, Frauen einschließende Formulierung), sondern durchgängig im gesamten Text. Hier empfiehlt es sich, neutrale Formulierungen zu verwenden, etwa „Studium der Ingenieurswissenschaften". Oder aber, falls die persönliche Ansprache bevorzugt wird: „Er/sie hat eine abgeschlossenes Studium der Ingenieurswissenschaften."

Im Hinblick auf das Alter deutet der Hinweis „… zwischen 25 und 40 Jahren alt …" auf eine mögliche Altersdiskriminierung hin, ebenso wie die Formulierung „erfahrener alter Hase" oder „junge dynamische Führungskraft". Auch ein 60-Jähriger kann der bestgeeignete Kandidat sein – wie auch die 60-Jährige. Die Fokussierung auf jüngere Kandidaten ist genauso kritisch wie die ausdrückliche Adressierung älterer Menschen – es sei denn, sie ist sachlich gerechtfertigt. Zum Thema Demografie und Bedeutung für das Unternehmen gibt es in Teil V. 4 weitere Informationen.

Sinn und Ziel des Gesetzes ist u.a., eine echte Altersneutralität herbeizuführen und keine Altersfilter zuzulassen. Auch in Zukunft gibt es jedoch noch die Möglichkeit, dort wo es erforderlich ist, ein Altersspektrum vorzugeben. Z.B. müssen Piloten in ihrer Ausbildung lernen, in herausfordernden Situationen das Richtige zum richtigen Zeitpunkt zu tun. Dies erfordert das drillartige Antrainieren eines Automatismus, der nur in den erst drei Lebensjahrzehnten[2] erwerbbar ist. Deshalb sind die praktizierten Altersgrenzen für den Zugang zum Pilotenberuf AGG-konform.

Aber auch zur positiven Unterstützung von jüngeren oder älteren Menschen in einer Umgebung, in der ihre jeweilige Altersgruppe Schwierigkeiten beim Zugang zum Arbeitsmarkt hat, können diese Menschen gezielt beworben und für das Unternehmen gewonnen werden. Das heißt, nicht nur die Binnensicht trägt die Entscheidung, sondern auch externe Parameter, wie zum Beispiel große Jugendarbeitslosigkeit in regionalem Umfeld, dürfen berücksichtigt werden.

In Bezug auf Religion – außer bei den Kirchen –, Weltanschauung – außer bei politischen Parteien und einschlägig ausgerichteten Medien – sowie im Hinblick auf Rasse oder Ethnie enthalten fast alle Ausschreibungen keinerlei Aussagen, sodass diese Punkte als eher unkritisch anzusehen sind. Hier wird sich wohl auch in Zukunft keine Änderung ergeben. Kritisch wird es bei diesen Merkmalen erst bei der Auswahl.

Die Ausschreibung sollte auch keine ausdrückliche Aufforderung nach Beifügung eines Fotos beinhalten. Ausnahmen hiervon wären wieder Fotomodelle, Schauspieler/-innen, Fernsehsprecher etc. Eine Forderung nach einem Foto könnte nämlich ein Indiz für eine Benachteili-

---

[2] In der Zeit, in der die so genannte „fluide" Intelligenz, also die Fähigkeit, Informationen schnell aufzunehmen, sich Verfahren anzueignen, hoch ausgeprägt ist. Ab dem Beginn des dritten Lebensjahrzehnts entwickelt sich die „kristalline" Intelligenz, die Informationen miteinander verknüpft und das Beurteilungsvermögen entwickelt.

gung sein, wenn ein Kandidat nicht zum Zuge gekommen ist und er wegen unterstellter Altersbenachteiligung oder wegen eines möglichen Migrationshintergrundes („Rasse") Schadensersatz oder Entschädigung verlangt.

Ein Anzeigentext – gleich in welcher Publikationsform – sollte durchgängig neutral formuliert sein. Also statt „Betriebswirt/-in", lieber „abgeschlossenes Studium der Betriebswirtschaft", „Meisterausbildung[3] als ..." oder „abgeschlossene Prüfung als ...". Um Spielräume für subjektive Entscheidungen zu schaffen, sollten persönliche und soziale Kompetenzen in das Anforderungsprofil aufgenommen werden (s.o.), denn hier ist die objektive Messbarkeit (und damit spätere Kontrolle) schwierig und damit ein Gestaltungsspielraum für Besetzungen z.B. nach Teampassung eingeräumt. Aber die Kompetenzen müssen einen Bezug zu der Aufgabe haben, ansonsten erreichte man genau das Gegenteil eines Gestaltungsspielraumes.

Wegen der möglichen Beschwerden – vor der Begründung des Arbeitsverhältnisses und nach deren Ende ist die Klagewahrscheinlichkeit am größten – sollte auch die Zeitungsanzeige für sechs Monate aufbewahrt werden, da sie Auslöser für eine gerichtliche Auseinandersetzung werden könnte.

2. Auswahl

2.1 Auswahlverfahren

Ein effektives Personal-Controlling ist die Voraussetzung dafür, feststellen zu können, ob die Struktur der Mitarbeitenden in Bezug auf die acht Merkmale des § 1 AGG ausgewogen ist. Ist dies bei einem oder mehreren Merkmalen nicht der Fall, überwiegen z.B. in einem bestimmten Bereich zahlenmäßig die männlichen Mitarbeitenden, kann dem durch gezielte Steuerung bei der Auswahl entgegengewirkt werden. Dies lässt das AGG (§ 5) ausdrücklich zu. Aber wann ist diese Ausgewogenheit nicht mehr gegeben? Bezieht sie sich auf den Bundesdurchschnitt? Auf den Durchschnitt in der Bevölkerung in der Region? Dies lässt sich kaum verbindlich beantworten. Dennoch seien hier Referenzzahlen, die vielleicht weiterhelfen können, genannt: Ca. 8 % der deutschen Bevölkerung haben eine Behinderung. Die Regierung selbst geht in ihrem Behindertenbericht[4] davon aus, dass Unternehmen nur durchschnittlich 4 % bei der entsprechenden Beschäftigungsquote erzielen können. Natürlich stellt sich dann die Frage, warum sie eine Zielquote von 5 % vorgibt.

---

[3] Die Autoren vertreten die Auffassung, dass bei nominalen Komposita durchaus die männliche Pluralform beim ersten Nomen verwendet werden kann, da das zweite Nomen meist die Betonung erfährt, und das erste dieses nur modifizierend einschränkt.

[4] vom 16. Dezember 2004; Drucksache 15/4575

IV. Folgen für das Personalmanagement

Ca. 9 % der männlichen Bevölkerung sind homosexuell[5], aber nur 4,5 % der weiblichen. Also wäre die Zielquote – hinterfragte man diese Eigenschaft bei der Auswahl – bei ca. 6,75 %.

Ca. 8 % der Bevölkerung hat einen Migrationshintergrund (weitere 10 % haben eine Migrationserfahrung[6]); also wäre das der Orientierungswert für Mitarbeitende, die keine deutsche Staatsangehörigkeit besitzen. – Der Frauenanteil in der Gesellschaft liegt bei über 50 %. Solange Frauen nicht gezielt ausgeschlossen werden, müssen sich jedoch Arbeitgeber, die in Industrien der sog. „Männerdomänen" tätig sind, keine Sorgen machen, wegen Benachteiligung belangt zu werden. Der Anteil von Frauen in Führungspositionen[7] beträgt in der Bundesrepublik ca. 10 %. Das erreichen oder überschreiten nicht viele Unternehmen. Aber benachteiligen sie deshalb ihr weibliches Personal?

Beim Auswahlverfahren ist zu differenzieren zwischen einem IT-gestützten automatisierten Auswahlprozess und dem klassischen Papierverfahren. Zunächst soll der automatisierte Prozess betrachtet werden, weil es hier auf die Zulässigkeit bzw. Gesetzeskonformität der eingegebenen Filter ankommt. Wenn diese AGG-verträglich sind, dann kann das System wirklich neutral eine Trennung zwischen geeignet und ungeeignet vornehmen – unabhängig von der Beschaffenheit des Bewerbers in Bezug auf einen der Gründe nach § 1 AGG. Je nach Komplexität des IT-Systems gibt es in einigen Unternehmen die Möglichkeit zu einem Online-Assessment, das die Zahl der in Frage kommenden Bewerber reduziert bei gleichzeitiger Neutralität in Bezug auf Geschlecht, Alter, ethnische Identität, eine mögliche Behinderung, Religion, Weltanschauung oder sexuelle Identität.

Die Anwendung von Online-Verfahren erhöht die Wahrscheinlichkeit der AGG-Konformität, wenn in den Verfahren nicht unzulässige Filter (Altersgrenzen, Geschlecht etc.) hinterlegt sind. IT-gestützte Verfahren sind besonders dann sehr sinnvoll, wenn für die ausgeschriebenen Aufgaben Computerkenntnisse Voraussetzung sind. Demgegenüber könnten sie bei solchen Tätigkeiten, die keine IT-Kenntnisse voraussetzen, zum Beispiel ältere Bewerber, die keine PC-Fähigkeiten haben, mittelbar benachteiligen. Außerdem kann man in IT-Systemen leichter große Mengen von Bewerbungen speichern, was im Hinblick auf mögliche Streitfälle den Dokumentationsaufwand beherrschbar macht. Zur Frage des Datenschutzes wird auf Teil IV, Kapitel 6 verwiesen.

Aber auch beim Papierverfahren, das heute noch von der Mehrzahl aller Unternehmen in Deutschland praktiziert wird, kann man eine Vorauswahl treffen. Dazu empfiehlt es sich, zuvor die entscheidungsrelevanten Kriterien festzulegen, die für die Vorauswahl und gleichermaßen für die späteren Auswahlgespräche gelten. Wenn bei einem Bewerber die fachli-

---

5 Selbstaussage des LSVD – Lesben- und Schwulenverband in Deutschland – aus 2003, www.typo.lsvd.de
6 Der Unterschied besteht darin, dass eine Migrationserfahrung die eigene Wanderbewegung beinhaltet. Menschen mit Migrationshintergrund können einen deutschen Pass haben und im Inland geboren und aufgewachsen sein.
7 Hier wird es richtig schwierig: Jedes Unternehmen benutzt eigene Definitionen. Manche zählen Außertarifliche zu den Führungskräften und haben zudem relativ niedrige Tarifgrenzen; andere definieren auch Teamleiter schon zu den Führungskräften; andere verwenden die Definition für leitende Angestellte des Betriebsverfassungsgesetzes. Dies erschwert die Vergleichbarkeit.

chen Voraussetzungen nicht gegeben sind, wenn die Bewerbung keine Hinweise auf die benötigte Methodenkompetenz gibt, dann muss eine solche Bewerbung grundsätzlich nicht weiter verfolgt werden. Aber Achtung, auch diese Unterlagen sollten für sechs Monate aufbewahrt werden, da der Bewerber nach Ablehnung – erst ab diesem Zeitpunkt beginnt die Uhr zu laufen – zwei Monate lang Zeit hat, eine Beschwerde zu führen. Drei Monate beträgt die Klagefrist gemäß § 61 b ArbGerG, einen Monat sollte man „zur Sicherheit" einplanen (vgl. zu den Fristen Teil III, Kapitel 7.3)

Das Unternehmen trägt auch dann die Verantwortung für die Auswahl, wenn es sich externer Dienstleister wie Anzeigenagenturen oder Personalberatern bedient. Es kann sich nicht exkulpieren, indem es klare Vorgaben für den Wunschkandidaten macht und auf die Verantwortung des Dritten verweist. Allerdings kann es sich durch entsprechende vertragliche Vereinbarungen mit z.B. einem Personalberater Regress vorbehalten für den Fall, dass es seinerseits von einem Bewerber in Anspruch genommen wird.

Wenn ein Bewerber auffällig auf ein AGG-relevantes Merkmal hinweist, also z.B. auf eine Behinderung oder einen ethnischen Hintergrund, dann sollte die Möglichkeit eines Rechtsmissbrauches[8] nicht ausgeschlossen werden. Hier ist besondere Vorsicht geboten.

Beide Verfahren laufen dann wieder parallel, wenn man eine Vorauswahl getroffen hat und es zu Einladungen zum Bewerbungsgespräch kommt. Wenn vorher nach neutralen Gesichtspunkten vorausgewählt wurde, dann werden Gespräche mit einer kleineren Anzahl von Bewerbern geführt. Für diese Gespräche empfiehlt es sich, vorher einen Gesprächsleitfaden zu entwickeln, nach dem allen Kadidaten dieselben Standardfragen gestellt werden und der die Antworten aufnehmen kann. Es kann auch sinnvoll sein, diese Gespräche zu zweit zu führen. Zum einen ergibt dies validere Ergebnisse, zum anderen steht dann in einem eventuellen Verfahren wegen Schadensersatz oder Entschädigung (vgl. Teil III, Kapitel 7.3) nicht Aussage gegen Aussage, sondern die Argumentation des Arbeitgebers stützt sich immerhin auf zwei Personen. Abgesehen davon, dass auf diese Weise die Zustimmung des Betriebsrates zur Einstellung, wo gesetzlich erforderlich, auch leichter zu bekommen ist. Aber auch ein Gesprächsprotokoll kann in Streitfällen als Dokumentation für ein benachteiligungsfreies Vorgehen dienen.

Vorsicht ist geboten, wenn der Lebenslauf einer Bewerberin Lücken aufweist, die auf eine Familienphase schließen lassen. Dies darf nicht die Begründung für eine mögliche Nicht-Berücksichtigung sein, weil es sich dabei um eine mittelbare Benachteiligung auf Grund des Geschlechts handeln könnte. Eine mittelbare Benachteiligung kann auch bei der Forderung nach perfektem Deutsch vorliegen – vor allem in solchen Berufen, bei denen dies nicht unabdingbare Voraussetzung ist. Menschen mit Migrationshintergrund könnten dadurch benachteiligt werden.

---

[8] Auf der Seite www.agg-hopping.de bekommt man bei Zweifeln Informationen über solche Kandidaten, die nicht wirklich an einem Arbeitsverhältnis interessiert sind, sondern sich nur Schadensersatz oder Entschädigungen einklagen möchten.

IV. Folgen für das Personalmanagement

Bewirbt sich ein Kandidat mit einer Behinderung, so ist nicht nur wie bisher üblich, die möglicherweise im Unternehmen vorhandene Vertrauensperson der Schwerbehinderten im Sinne der §§ 95 ff. SGB IX einzuschalten, die Bewerbung sollte in jedem Fall geprüft werden. Aber auch das AGG führt nicht dazu, dass ein weniger qualifizierter Bewerber mit (bzw. nur wegen seiner) Behinderung eingestellt werden muss. Das AGG setzt den Grundsatz der Besteneignung nicht außer Kraft! Es verhilft vielmehr, diesen konsequent anzuwenden.

Ob auch weiterhin nach der Zugehörigkeit zu Scientology gefragt werden darf, weil das BAG[9] diese Organisation als eine auf Profit ausgerichtete eingestuft hat und eben nicht als Religionsgemeinschaft, erschien zumindest seit April 2007 fraglich. Am 5. April 2007 hat nämlich der Europäische Gerichtshof für Menschenrechte[10] Scientology den „Anspruch auf den Schutz der Menschenrechtsgarantien als religiöse Vereinigung (Art. 9 und 11 Europäische Menschenrechtskonvention) bestätigt". Jedoch ist damit nicht festgestellt, dass es sich bei Scientology um eine gem. § 1 geschützte Religion oder Weltanschauung handelt (vgl. die ausführliche Darstellung in Teil III Kapitel 2, Ziele des Gesetzes).

2.2 Zulässige und unzulässige Fragen

Da im deutschen Arbeitsrecht eine Trennung von einem Mitarbeiter nicht einfach ist, ist naturgemäß das Interesse der Arbeitgeber, möglichst sichere Auswahlentscheidungen zu treffen, sehr groß. Indessen untersagt das AGG viele Fragen, da in ihnen bereits Benachteiligungen für Menschen aus mindestens einem der acht Gründe des § 1 AGG liegen könnten. Der Schutz der Privatsphäre des Kandidaten ist sehr stark. Nur solche Fragen sind erlaubt, die unmittelbar mit der Wahrnehmung der zu besetzenden Stelle zu tun haben, bei denen es also einen unmittelbaren Sachzusammenhang gibt. Fragen, die nicht unmittelbar mit der angestrebten Aufgabe zu tun haben, brauchen vom Bewerber nicht beantwortet zu werden. Auch eine Lüge ist eine legitime Reaktion.

Vorhandene Personalfragebögen sind unbedingt einer kritischen Prüfung zu unterziehen, da sie mögliche Benachteiligungen schriftlich dokumentieren. Sie jedoch in einem Einstellungsverfahren anzuwenden, empfiehlt sich aus den bereits dargelegten Gründen.

Der Arbeitgeber sollte auch wegen einer sonst leicht unterstellbaren Benachteiligung nach den §§ 7 und 1 AGG nicht mehr nach dem Lebensalter des Bewerbers fragen. Dies gilt auch für den in den meisten Unternehmen üblichen Personalfragebogen (s.o.). Das Alter ergibt sich ohnehin ungefähr aus dem Lebenslauf bzw. den beruflichen Stationen und sagt letztlich nichts über die Leistungsfähigkeit eines Menschen aus. Wenn Bewerbungsunterlagen ein Geburtsdatum beinhalten, kann die Bewerbung aber uneingeschränkt weiterverfolgt werden – anders als zum Beispiel in den USA.

---

9 Am 22. März 1995 – 5AZB21/94
10 AZ 18147/02

Fragen nach den persönlichen Lebensverhältnissen können kritisch sein, weil sie nicht nur über vermeintliche Familienplanungen (und damit lohnfortzahlungspflichtige Unterbrechungen) Auskunft geben, sondern möglicherweise auch über die sexuelle Identität. Kommt ein so befragter Bewerber nicht zum Zug, könnte er das Stellen dieser Frage zum Anlass nehmen, dem Unternehmen Benachteiligungsabsichten zu unterstellen, was die Beweislastumkehr auslöst und in der Folge zumindest lästig ist. Fragen nach einer Schwangerschaft waren bereits ohne AGG unzulässig, hieran hat sich nichts geändert. Eine solche Frage wäre nach AGG eine mögliche unmittelbare Benachteiligung aufgrund des Geschlechts.

Kaum zu glauben, aber dennoch nicht unmöglich ist es, wenn zum Bewerbungsgespräch ein offensichtlich männlicher Bewerber in Frauenkleidern erscheint und behauptet, sich als Frau zu fühlen. Hier ist Vorsicht geboten, weil bei Ausschluss eines derartigen Bewerbers wiederum eine unzulässige Benachteiligung wegen des Geschlechts vorliegen könnte. Auch ein Transsexueller fällt unter die „Kategorie Geschlecht". Fragt ein Bewerber beim Auswahlgespräch danach, ob die betriebliche Altersversorgung auch für eingetragene Lebenspartner[11] gilt, wird dann aber nicht eingestellt, wogegen er unter Berufung auf Benachteiligung wegen der sexuellen Orientierung vorgeht, kann in der Tat eine mittelbare Benachteiligung vorliegen. Hier hat der Arbeitgeber einen erhöhten Dokumentationsbedarf, falls es andere Gründe für die Entscheidung gibt.

Fragen nach der sexuellen Identität, nach der Religion oder nach der Weltanschauung wie auch solche nach einer Parteien- oder Gewerkschaftszugehörigkeit sind grundsätzlich tabu – es sei denn, es handelt sich um Arbeitgeber, deren Organisationsziel eine bestimmte Richtung verfolgt (sog. Tendenzbetriebe). Parteien müssen keine Mitglieder einer anderen Partei beschäftigen, ein katholischer Kindergarten braucht keine Bewerbung eines konfessionslosen Menschen zu berücksichtigen, es sei denn, seine Arbeit geschieht fern vom konfessionell geprägten „Betreuungsraum".

Im Hinblick auf Krankheiten bleibt das Fragerecht – wie vor dem AGG – begrenzt. Nur solche Fragen sind zulässig, bei denen eine mögliche Ausfallerscheinung und damit Gefährdung für andere ergründet werden soll. Aber auch bei drohender Eigengefährdung darf gezielt gefragt werden, z. B. nach Epilepsie, wenn jemand zur Arbeit auf einem Hochgerüst gesucht wird. Auch die Frage nach HIV darf vom Bewerber mit einer Lüge beantwortet werden, außer zum Beispiel im Gesundheitswesen, im produzierenden Pharmabereich (vor allem intravenöse Medikamente) oder in der Lebensmittelproduktion. Die Frage nach chronischen Krankheiten bleibt problematisch. Behinderungen, die nach dem AGG geschützt sind, sind nicht gleichzusetzen mit Krankheiten. Der Europäische Gerichtshof definiert Behinderung als eine physische oder psychische Beeinträchtigung bei der Teilhabe am Arbeitsleben über einen längeren Zeitraum. Die Grenze zwischen Krankheit und Behinderung ist fließend, deshalb kann eine Frage nach Krankheiten im Nachhinein durchaus als eine solche nach Behinderung zu werten und damit AGG-widrig sein.

---

[11] Gemeint gemäß LPartG

IV. Folgen für das Personalmanagement

Fragen nach einer Behinderung bzw. Schwerbehinderung sind unter dem AGG nur dann erlaubt, wenn die Aufgabe uneingeschränkte Gesundheit erfordert. Da es aber sehr unterschiedliche Formen und Grade von Behinderungen gibt, lässt sich kaum ein Beruf ausschließen. Will sich ein Unternehmen vergewissern, dass der potenzielle Mitarbeiter keine Einschränkungen hat, bleibt ihm nur eine umfängliche Eingangsuntersuchung, die wiederum nur dann zulässig ist, wenn der zu besetzende Arbeitsplatz uneingeschränkte Gesundheit erfordert, was im Zweifelsfall vom Arbeitgeber nachgewiesen werden muss. Unternehmen haben keinen Anspruch darauf, sich vor den möglichen zusätzlichen Kosten zu schützen, da die Beschäftigung von Menschen mit Behinderung als gesamtgesellschaftliche Aufgabe gesehen wird, die die Unternehmen mit einschließt. Diese Regelung ist insofern widersprüchlich, als Unternehmen in Deutschland je Gesellschaft die 5 %-Hürde nehmen müssen. Andererseits dürfen sie aber nicht von sich aus nach einer Behinderung fragen. Damit erhöht sich wahrscheinlich die Zahl der ausgleichspflichtigen Unternehmen. Über die Ausgleichspflicht steigen die Kosten für die Unternehmen. Vertretbar mit dem AGG wäre nur, bereits in einer Personalsuchanzeige darauf hinzuweisen, dass man wegen nicht erreichter Quote im Falle gleicher Eignung bei der Einstellung einen (Schwer-)Behinderten vorziehen würde.

Nach der Staatsangehörigkeit bzw. der Herkunft darf nur dann gefragt werden, wenn z.B. die jeweilige Aufgabe eine Arbeits- oder Aufenthaltsgenehmigung erfordert. Flugbegleiter zum Beispiel und andere häufig reisende Berufe benötigen uneingeschränkte Visafähigkeit, die nicht bei allen Nationalitäten gegeben ist. Für solche Berufe sind Fragen nach der Nationalität auch weiterhin legitim. Auch wenn das Merkmal der Nationalität im AGG nicht geschützt ist, so könnte die Frage nach der Herkunft auf mittelbare Benachteiligung aufgrund der Rasse/Ethnie hinweisen.

Das Merkmal „Rasse oder ethnische Herkunft" ist schwer abzugrenzen. Wonach will man gehen? Nach dem Phänotypus, dem Aussehen? Und was wäre demnach „abweichendes Aussehen"? Was ist die Norm? Die Angelsachsen kennen im Zusammenhang mit der Sprache das Phänomen der „Markiertheit"[12]. Markiert ist eine Sache immer dann, wenn sie aus der Menge herausragt. In Bezug auf Menschen im mitteleuropäischen Kontext ist die Optik eines dunkelhäutigen Afrikaners oder eines Arabers sicher das Andere. Aber ist jemand, der „anders" aussieht und sich benachteiligt fühlt, auch wirklich benachteiligt worden? Dies mag der Auslöser für die Prüfung einer Benachteiligung sein, letztlich entscheidet verbindlich das Gericht anhand objektiver Kriterien.

Ein Restaurantbesitzer eines indischen Restaurants sucht eine Servierkraft. Kommen hierfür nur Inder infrage? Deutsche können Pakistanis, Afghanen und Inder meist kaum unterscheiden. Muss der Besitzer den Pakistani einstellen? Ähnlich verhält es sich mit Italienern: Es gibt in Deutschland mehr italienische Restaurants als Italiener, die im Service arbeiten. In

---

12 Im Englischen gibt es keine verordnete Vorgabe für richtig und falsch wie im Duden oder dem Larrousse élémentaire im Französischen. Also ist richtig und falsch immer kontextabhängig und Ausdruck der häufigen Nutzung.

dieser Not behelfen sich viele Restaurantbetreiber mit italienisch aussehendem Personal[13]. Diskriminiert der Restaurantbesitzer blonde Finnen, wenn er sie nicht als „italienische Kellner" beschäftigt gegenüber z.B. Kroaten, Bulgaren, Rumänen etc.? Wie überall bei der Beschäftigung mit der Frage, ob eine nach AGG unzulässige Benachteiligung vorliegt, kommt es auf die unmittelbaren und zwingenden Anforderungen des konkreten Arbeitsplatzes an. D.h., kann der zitierte Restaurantbesitzer überzeugend und auch für ein Arbeitsgericht nachvollziehbar darlegen, dass er in seinem folkloristisch geprägten Service eben keine kühlen blonden Nordländer gebrauchen kann, dann darf er sich für den südländisch aussehenden Bewerber entscheiden.

Ein polizeiliches Führungszeugnis darf dann eingefordert werden, wenn die jeweilige Aufgabe die Unbescholtenheit erfordert.

2.3 Auswahlentscheidung und Absage

Am Ende der Auswahlgespräche steht die Entscheidung für denjenigen, der die Aufgabe bekleiden soll. Die Situation, dass an einem solchen Gespräch mehrere der Kandidaten im Falle ihrer Nichtberücksichtigung sich auf einen in § 1 AGG genannten Grund (Behinderung, Migrationshintergrund, Alter) berufen können, macht erneut deutlich, dass allein die Anforderungen des Arbeitsplatzes den Ausschlag geben dürfen und nur der am besten Geeignete berücksichtigt werden soll. Angesichts dieser Gemengelage empfiehlt es sich, in der Ausschreibung Raum für die Notwendigkeit des Vorliegens bestimmter persönlicher und sozialer Kompetenzen vorzusehen. Dadurch ergeben sich Spielräume für subjektive Entscheidungen. Je klarer und messbarer eine Ausschreibung ist, umso schwieriger sind Entscheidungen nach Passung in ein vorhandenes Team. Das schränkt dann aber auch die Nachprüfbarkeit erheblich ein. Denn wer kann schon sagen, ob die Teamfähigkeit von Bewerberin Müller schlechter war als die Konfliktfähigkeit des älteren Bewerbers Maier?

Bei den Absagen empfiehlt es sich, keine Gründe für die Entscheidung anzugeben. Weniger ist hier eindeutig mehr. Für die Bewerber hat dies den Nachteil, dass sie kein konstruktives Feedback erhalten und ihr Bewerbungsverhalten nicht optimieren können. Aber für Unternehmen ist das offene Wort möglicherweise der Beginn eines Rechtsstreites mit mindestens offenem Ausgang. Da es keine Frist für die Übermittlung von Absagen gibt – in aller Regel erfolgen diese, wenn die Auswahlentscheidung getroffen ist – sollte der Zugang der Absagen dokumentiert sein (z.B. Einschreiben/Rückschein), weil der Bewerber eine Frist von zwei Monaten nach Zugang der Absage hat, um seine Ansprüche nach § 15 AGG anzumelden.

---

[13] Man kann immer dann feststellen, dass es keine Italiener sind, wenn man seine rudimentären Sprachkenntnisse aus dem letzten Sprachkurs oder dem letzten Italien-Urlaub mobilisiert und nicht verstanden wird.

Ohne klaren Terminnachweis könnte ein Bewerber auch zu einem späteren Zeitpunkt gegen das Unternehmen vorgehen, das dann im schlimmsten Fall sogar schon die Unterlagen vernichtet hat.

Bei Ablehnung eines schwerbehinderten Bewerbers muss nach § 81 Absatz 1 Satz 9 SGB IX ein Grund angegeben werden. Nicht sicher ist, ob bei einer Initiativbewerbung ein Grund angegeben werden muss.

Es ist wichtig, dass nicht nur die Gesprächsführer keine Begründung für die Absage geben. Ähnliches empfiehlt sich auch für alle Menschen im Umfeld der Bewerbung, also auch z.B. für die Sekretärin. Manche Bewerber verstehen es, die Zuneigung oder zumindest das Vertrauen von Sekretärinnen zu gewinnen. Auf hartnäckiges, freundliches Anfragen nach den Beweggründen einer negativen Besetzungsentscheidung genannte Gründe können die Basis für ein Beschwerdeverfahren bilden.

Auf jeden Fall, das sei hier noch einmal betont, sollte das Auswahlverfahren dokumentiert werden, damit das Unternehmen im Falle einer Auseinandersetzung Argumente zu seiner Exkulpation aufführen kann. Diese Unterlagen sollten vertraulich behandelt werden und nicht für jeden zugänglich sein (das empfiehlt sich auch unter Datenschutzgesichtspunkten).

3. Einstellung/Integration und Beschäftigung

Nachdem die Entscheidung für den bestgeeigneten Kandidaten getroffen wurde, sämtliche Absagen an alle Mitbewerber erfolgt sind, ist der neue Mitarbeiter zu integrieren. Der Arbeitsvertrag ist hoffentlich so gestaltet, dass er den neuen Mitarbeiter in Vergütung, Arbeitszeit und Arbeitsbedingungen nicht schlechter stellt als die vergleichbaren bereits vorhandenen Mitarbeiter. Bei der Vergütung kommt es nicht nur auf die Grundvergütung, sondern auf alle monetären Zuwendungen an. Gibt es Mitarbeitergruppen, die unzulässig benachteiligt sind? Zuwendungen an verheiratete Mitarbeiter benachteiligen möglicherweise homosexuelle Mitarbeiter, es sei denn, sie werden mit dem ausdrücklichen Zusatz der Verwendung für Kinderbeaufsichtigung o. Ä. gewährt. Diese sind allerdings auf Aufforderung homosexuellen Mitarbeitern mit Betreuungspflichten für Kinder ebenfalls zu gewähren.

Während der Beschäftigung gilt der Belästigung, die meist in Form von Mobbing auftritt, das größte Augenmerk. Zwar hat der Gesetzgeber die Darlegungslast für das Belästigungsopfer im Vergleich zu anderen Benachteiligungstatbeständen erschwert, aber da gerade bei Mobbing die subjektive Einschätzung ausschlaggebend ist und empfindsamere Seelen sich eher in der Opferrolle sehen, ist es wichtig für Unternehmen, auf ein friedfertiges Miteinander aller Mitarbeiter hinzuwirken (vgl. Teil III, Kapitel 7.2). Dies kann u.a. durch eine intensive Thematisierung dieses Problems erfolgen.

Kritisch könnten verschiedene Religionszugehörigkeiten sein. Die Erwartungen an die zeitliche Lage und den Umfang der Freizeit richten sich oft stark nach der jeweiligen Religion. Aber kein Unternehmen muss z.B. Muslimen fünfmal am Tag die Gelegenheit zu einem Gebet geben. Jüdische Beschäftigte müssen nicht von Samstagsarbeit befreit werden. Es dürfen keine Nachteile wegen der Religion entstehen, es müssen aber auch keine Vorteile gewährt werden.

Noch nicht abschließend und umfassend geklärt ist die Frage, ob ein Unternehmen Bekleidungsvorschriften machen darf. Bekannt ist das Kopftuchurteil (BAG, 10. Oktober 2002), das das Tragen des Kopftuches bei einer Muslimin als zulässig erklärt hat, weil das Nicht-Tragen keine entscheidende berufliche Anforderung darstellte, nicht tätigkeitsbezogen, sondern kontextbezogen sei. Aber weder die Frage nach dem Tragen noch die nach dem Nichttragen von Bekleidungsteilen ist geklärt. Dies dürfte sich erst im Verlauf weiterer Verfahren durch Urteile ergeben. Kommt es in solchen Fällen zu gerichtlichen Auseinandersetzungen, ist es entscheidend, dass der Unternehmer anhand der offenkundigen Anforderungen des Arbeitsplatzes seine spezifische Entscheidung darlegen und auch beweisen kann. Das kann im Einzelfall auch durch die Befragung von Kunden hinsichtlich ihrer Erwartungen an das äußere Erscheinungsbild von zum Beispiel Servicepersonal geschehen. Natürlich ist eine gütliche Einigung in solchen Fällen dem Rechtsstreit vorzuziehen.

Wenn ein Außendienstmitarbeiter psychisch erkrankt und seine Zielumsätze nicht mehr erarbeitet, kann es durchaus passieren, dass die Kürzung der Erfolgsprovision als Benachteiligung aufgefasst wird.

Auch bei Beurteilungen – während des Beschäftigungsverhältnisses oder nach Beendigung – ist Vorsicht geboten: Die Betonung eines Minderheitenmerkmals („… ist für die Tatsache, dass er Migrant ist, bemerkenswert.", beispielsweise) kann, selbst dann, wenn sie wohlgemeint ist, auf eine Benachteiligung hindeuten. Ohnehin eignen sich die Gründe nach § 1 AGG weder für eine Auswahlentscheidung noch für eine Beurteilung, es sei denn in den Grenzen, die das Gesetz mit der Formulierung der Ausnahmevorschriften, §§ 5 und 8 – 10 AGG, selbst zulässt.

4. Personalentwicklung

Die Personalentwicklung entfaltet sich in den meisten Unternehmen in drei Dimensionen: Qualifikation, Rotation und dem klassischen Aufstieg. In allen drei Dimensionen ist auf Transparenz und größtmögliche Objektivität zu achten. Auch im Kontext mit der Entwicklung von Mitarbeitern sollten AGG-Verletzungen vermieden werden. Statt zum Beispiel einer Altersangabe als Voraussetzung für einen beruflichen Schritt ist es sicherer, auf Berufserfahrung zu rekurrieren, falls diese überhaupt wirklich erforderlich ist. Es empfiehlt sich eine Analyse der Beförderungszahlen entlang der Kriterien Geschlecht, Alter, Menschen mit Migrationshintergrund oder Behinderung. Manchmal ist dies auch für eigene Aha-Effekte tauglich.

Im Hinblick auf die Qualifikation verteilt sich in den meisten Unternehmen der Großteil der Budgets auf die mittlere Altersklasse, der ungefähr 35- bis 45-Jährigen. Bei den Jüngeren nimmt man an, dass sie noch von ihrer Erstqualifikation profitieren, bei den Älteren, dass sie sich bald in die Altersteilzeit verabschieden. Da die staatlich subventionierte Altersteilzeit 2009 ausläuft, die Rente mit 67 Jahren beschlossenes Recht ist, steigt die Zahl der über 55-Jährigen im Unternehmen in den nächsten Jahren stetig an. Damit kann eine qualifikatorische Förderung oberhalb von 45 Jahren nicht abbrechen, da nicht nur das Individuum dequalifiziert, sondern damit das Unternehmen, was dessen Innovationsfähigkeit reduziert und damit an seiner Wettbewerbsfähigkeit zehrt. Zudem ist das Ausgrenzen von Mitarbeitenden oberhalb einer bestimmten Altersgrenze ein Verstoß gegen das AGG. Ebenso verhält es sich aber auch bei den jüngeren Mitarbeitern. Das Lebensalter als Entscheidungskriterium ist nur im Rahmen von § 8 und § 10 AGG zugelassen.

Zum Thema Vergütung: Erfährt zum Beispiel eine gerade zur Abteilungsleiterin beförderte Frau, dass ihre männlichen Kollegen für vergleichbare Aufgaben mehr verdienen, beruft sie sich zudem auf Studien, die belegen, dass weibliche Führungskräfte durchschnittlich weniger Vergütung erhalten, dann kann das Unternehmen im Beschwerdefall davon ausgehen, dass es das Gegenteil von dem Behaupteten beweisen muss, um sich zu exkulpieren. Ohne Begründung dürfen auch nicht z.B. Teilzeit arbeitende Frauen (mittelbare Benachteiligung), Menschen mit nicht ganz perfekten Deutschkenntnissen oder Behinderung von Weiterbildungsmaßnahmen ausgeschlossen werden. Nur sachlich gerechtfertigte Begründungen erlauben eine Differenzierung.

Rotationen[14] sind eine gute Möglichkeit, Menschen intellektuell zu fördern und sie zu fordern. Auch hierbei sollte darauf geachtet werden, dass sich diese nicht auf den Kreis der „Mainstream-Kultur" – in unseren Breitengraden Männer aus unserem Kulturkreis mittlerer Altersstufen – beschränken. Selbst Mitarbeitende mit Teilzeitverträgen sollten einbezogen werden. Sie sind u.U. bereit, vorübergehend Vollzeit zu arbeiten, um sich in das neue Aufgabengebiet einzuarbeiten.

Bei der Entwicklung „nach oben", also in die Hierarchie, sollte der Blick auch auf Frauen oder Minderheiten gerichtet sein. Sie haben oft ein anderes Selbstmarketing als ihre männlichen Kollegen der Dominanzkultur, was aber nicht gleichbedeutend mit geringerer Eignung ist. Viele Unternehmen bedienen sich interner oder externer Assessment-Verfahren, um die Eignung für eine Aufgabe festzustellen. Hier ist darauf zu achten, dass die Beobachter auch möglichst vielfältig sind, damit aus unterschiedlichen Blickwinkeln beurteilt wird. In

---

14 Eine Rotation ist die Aufnahme einer neuen Aufgabe auf gleicher Hierarchieebene. Dabei können zwei Menschen ihre Aufgaben tauschen. Es kann aber auch eine größere Rochade mit mehreren Personen ausgelöst werden. Meist bietet der Weggang eines Menschen mit der sich daraus ergebenden Vakanz die Möglichkeit zu entsprechender Rotation.

Deutschland sind Frauen, Menschen mit Migrationshintergrund oder einer Behinderung noch immer unterrepräsentiert in den Führungsebenen, gemessen an ihrer Repräsentanz in der Gesellschaft. Dieses Potenzial auszuklammern bedeutet, seine Möglichkeiten einzuschränken. Nach Gauß verteilt sich Intelligenz gleichmäßig auf jede Minderheit, d.h., jede Minderheitengruppe hat auch Spitzenpotenzial, das sich für das Unternehmen positiv einsetzen lässt.

Es ist zwar relativ unwahrscheinlich, dass sich aktive Mitarbeiter mit einer Klage wegen Nichtbeförderung gegen ihren Arbeitgeber zur Wehr setzen, aber auszuschließen ist es nicht. Bedenkt man zudem, welchen Vorteil ein Unternehmen aus der Heterogenität seiner Mitarbeiter und Führungskräfte für die Kreativität und die Vielfalt der Lösungsansätze bekommt (s. mehr dazu in Teil V), so gebietet sich das Einbeziehen des gesamten Potenzials schon aus diesem Grunde.

Sollte sich ein Mitarbeiter unter Berufung auf Benachteiligung an das Arbeitsgericht wenden, so besteht unabhängig vom Ergebnis des gerichtlichen Verfahrens kein Anspruch auf Beförderung. Es gibt keinen Kontrahierungszwang (vgl. die Ausführungen zu § 15, Abs. 6 AGG, Teil III, Kapitel 7.3).

5. Umgang mit der Mitbestimmung

In der Einleitung zu diesem Kapitel ist bereits auf die Möglichkeit, eine Vereinbarung zur Vermeidung von Benachteiligungen abzuschließen, hingewiesen worden. Dies kann der Betriebsrat auf der Basis des § 87 Abs. 1 Nr. 1 BetrVG verlangen. Dabei sollte jedoch nicht das Gesetz kopiert werden, sondern auf die unternehmensspezifischen Aspekte eingegangen werden. Eine solche Vereinbarung könnte die Grenzen des Miteinanders beinhalten, Kontrollmechanismen beschreiben und die Sanktionen bei Verstößen festlegen. Auch der Sprecherausschuss – so vorhanden – sollte integriert sein. Aber es hängt sehr stark von der Unternehmenskultur ab, ob eine derartige Regulierung überhaupt passt.

Bereits vor der Existenz des AGG ist vor allem von Seiten der Mitarbeitervertretungen immer wieder der Vorwurf von „Mobbing" an den Arbeitgeber herangetragen worden. Ein nachgewiesenes Mobbing wäre eine Belästigung. Das LAG Thüringen[15] hat eine Definition für das Arbeitsrecht formuliert: „Aufeinander aufbauende, ineinander übergreifende, der Anfeindung, Schikane oder Diskriminierung dienende Verhaltensweisen, die nach ihrer Art und ihrem Ablauf im Regelfall einer übergeordneten, von der Rechtsordnung nicht gedeckten Zielsetzung förderlich sind und jedenfalls in ihrer Gesamtheit das allgemeine Persönlichkeitsrecht, die Ehre oder die Gesundheit des Betroffenen verletzen". Allerdings sind an den Beweis von Mobbing hohe Auflagen gekoppelt, so dass die sonst relativ schnell greifende Beweislastumkehr hier nicht stattfindet.

---

15 Urteil vom 15. Februar 2001 – 5 Sa 102/2000 – DB 2001, 1783

IV. Folgen für das Personalmanagement

Schon auf Grund der Rechtslage vor Inkrafttreten des AGG hatte der Betriebsrat für einen Schutz vor Benachteiligungen zu sorgen, §§ 80 und 75 BetrVG . Das AGG hat die Rechte und Pflichten des Betriebsrates jedoch nicht unerheblich erweitert. Insbesondere die Hereinnahme der Gründe aus § 1 AGG in § 75 BetrVG verlangt vom Arbeitgeber ein genaues Hinsehen (Näheres vgl. bes. Teil III, Kapitel 8). Besondere Vorsicht ist geboten hinsichtlich der Klagemöglichkeiten des Betriebrates, wenn sich der Arbeitgeber grober Verstöße gegen das AGG schuldig macht. Hier kann er gem. § 23, Abs. 3 BetrVG zur Zahlung von Ordnungs- bzw. Zwangsgeld verurteilt werden.

Selbstverständlich hat der Betriebs- oder Personalrat einen Anspruch auf Schulung zum AGG, deren Kosten vom Arbeitgeber zu übernehmen sind. Ort und Art des Anbieters kann der Arbeitgeber allein festlegen. Auch Schulungen durch die Rechts- oder Personalabteilung sind zulässig, ebenso, eLearning-Tools. Ein Mitbestimmungsrecht des Betriebsrates entsteht erst dann, wenn der Arbeitgeber die AGG-Schulung in allgemeine Fort- und Weiterbildungsmaßnahmen integriert.

6. Trennung

Neben der Ausschreibung und Auswahl lauern bei der Beendigung eines Arbeitsverhältnisses die größten Gefahren, weil der Ausscheidende meist „nichts mehr zu verlieren" hat. Dies gilt gleichermaßen für Kündigungen wie für Aufhebungsverträge. Auch wenn in § 2, Abs. 4 AGG für Kündigungen ausschließlich auf das KSchG verwiesen wird, so ist dies, wie in Teil III, Kapitel 3 ausführlich beschrieben, europarechtswidrig. Außerdem führte dies zu einer Schutzlosigkeit von Arbeitnehmern, die nicht vom KSchG erfasst werden, also solchen, die in Unternehmen mit weniger als 6 Mitarbeitern beschäftigt sind.

Bei Kündigungen durch den Arbeitgeber, die häufig ohnehin vor dem Arbeitsgericht angefochten werden, prüfen Anwälte heute immer auch die Möglichkeit einer Benachteiligung aufgrund der acht Merkmale in § 1 AGG. Jeder Mensch hat ein bestimmtes Geschlecht, jeder ein Alter, die Behinderung beginnt nach AGG nicht wie in SGB IX ab dem Grad der Behinderung von 50 bzw. 30 bei Gleichgestellten, sondern im Grunde bei Grad 1. Das kann Übergewicht sein, das kann eine minimale (gesundheitliche) Abweichung gegenüber Menschen derselben Altersstufe sein. Das kann vor allem etwas sein, das sich dem Arbeitgeber im Verlauf des Arbeitsverhältnisses nie erschlossen hat. Man darf gespannt sein, wie die Arbeitsgerichtsbarkeit bei Kündigungen mit dem AGG umgeht. Es empfiehlt sich auf jeden Fall, sich ausschließlich an den § 1 KSchG zu halten, also betriebsbedingt, personenbedingt oder verhaltensbedingt zu kündigen – keineswegs wegen eines in § 1 AGG beschriebenen Merkmales.

Auch bei Kündigungen durch den Arbeitnehmer, sogar bei Führungskräften, kann im Nachhinein der Vorwurf einer Benachteiligung aufgrund eines der acht Merkmale auftreten und gerichtlich vorgegangen werden. Dies kann nach augenblicklicher Rechtslage nicht ausgeschlossen werden und bleibt als (Rest-)Risiko beim Unternehmen. In jedem Falle wird die Vereinbarung einer Klausel empfohlen, nach der sämtliche gegenseitigen Ansprüche abgegolten sind.

Selbst bei einer einvernehmlichen Aufhebung, die in aller Regel eine Schlussklausel enthält, nach der mit Beendigung des Arbeitsverhältnisses sämtliche gegenseitige Ansprüche abgegolten sind, kann der Arbeitnehmer noch innerhalb der Zwei-Monatsfrist Ansprüche geltend machen. Dies könnten zum Beispiel Ansprüche aus einer betrieblichen Altersversorgung sein. Aber auch andere Sachverhalte sind denkbar. Allerdings reduziert eine Formel im Aufhebungsvertrag, wie zum Beispiel „Die Parteien sind sich einig, dass keine Benachteiligung oder Diskriminierung stattgefunden hat", die Wahrscheinlichkeit eines nachträglichen Klageerfolgs.

Auch bei automatischen Beendigungen wegen des Alters wartet die eine oder andere Überraschung: Piloten zum Beispiel haben je nach Arbeitgeber in Deutschland unterschiedliche Verrentungsalter. So entschieden das Arbeitsgericht Frankfurt und das Hessische LAG[16], dass bei Lufthansa das Renteneintrittsalter von 60 Jahren AGG-konform ist, obwohl es andere Gesellschaften mit einem Renteneintrittsalter von 65 Jahren in Deutschland gibt. Als Begründung wurden die abnehmende Leistungsfähigkeit und der Schutz von Leib und Leben der Besatzung, der Passagiere und der Menschen in den überflogenen Gebieten angeführt. Die Revision zum BAG ist zugelassen.

Arbeitszeugnisse sind im Hinblick auf die Erstellung und für andere Arbeitgeber hinsichtlich der zukünftigen Einsetzbarkeit des Beurteilten mit großer Sorgfalt anzugehen. Bei der Erstellung[17] ist zu unterscheiden zwischen dem Was und dem Wie, also der Beurteilung und deren Form. Die Beurteilung muss sachlich, nachvollziehbar und anhand von zuvor gesetzten Kriterien messbar erfolgen, um dem AGG gerecht zu werden. Jede Form der Subjektivität könnte vom Beurteilten als Verletzung der Gleichbehandlungsvorgabe interpretiert werden. Eine Möglichkeit für das Personalmanagement ist die Standardisierung von Zeugnissen – also auch durch Beurteilungsbögen –, was zwar deren Aussagekraft einschränken kann, aber ihre Angreifbarkeit reduziert. Eine weitere Möglichkeit der Vermeidung von Verstößen gegen das AGG ist der Verzicht jeglicher Bezugnahme auf einen (oder mehrere) der Gründe aus § 1 AGG im Zusammenhang mit wertenden Äußerungen über den ausscheidenden Arbeitnehmer.

Nachstehend einige Beispiele zu den einzelnen Gründen aus § 1 AGG:

Es erscheint nicht mehr sinnvoll, den Geburtsort im Zeugnis – meist ohnehin nicht aussagekräftig – zu erwähnen. Er ließe möglicherweise Rückschlüsse auf einen vorhandenen Migrationshintergrund zu. Natürlich kann auch ein Vor – oder Nachname solche Rückschlüsse

---

16 Az 6 Ca 7405/06 vom 14. März 2007, Az 17 Sa 809/07 vom 15. Oktober 2007.
17 S. dazu Weuster, S. 52 – 58 a.o.a. O.

IV. Folgen für das Personalmanagement

ermöglichen. In einem solchen Fall könnte allerdings die Nennung eines – falls zutreffend – deutschen Geburtsortes negative Antizipationen im Hinblick auf Sprachfertigkeiten vermeiden helfen.

Im Hinblick auf die Nennung des Vornamens lässt sich – zumindest bei in unseren Kulturkreisen gängigen Vornamen – ein Rückschluss auf das Geschlecht kaum vermeiden. Hier würden auch sicherlich die Anforderungen des AGG zu weit gezogen. Ein geschlechtsneutralisiertes Zeugnis wirkt zumindest aus heutiger Perspektive befremdlich. In den seltenen Fällen einer Geschlechtsumwandlung hat die betroffene Person Anspruch darauf, auch rückwirkend Zeugnisse namentlich ändern zu lassen[18]. Angaben zu Religion oder Weltanschauung sollten nur auf ausdrücklichen Wunsch des Beurteilten erfolgen, anderenfalls läge ein möglicher Verstoß gegen das AGG vor. Das Gleiche gilt (und galt auch schon vor Inkrafttreten des AGG) hinsichtlich der Erwähnung von innerbetrieblichen Wahlämtern, zum Beispiel Betriebsrat. Auch darf bei der Leistungsbeurteilung das Vorliegen einer Behinderung keine Erwähnung finden. Auch hier liegt die einzige Ausnahme darin begründet, dass der scheidende Mitarbeiter dies ausdrücklich wünscht.

Schwierig wird es bei dem Merkmal „Alter". Hier wird es wohl ein Umdenken geben müssen, weil bei Auswahlverfahren zu oft noch Altersfilter verwendet werden. Also sollten Zeugnisse das Geburtsdatum nicht mehr beinhalten. Da der Name in Kombination mit dem Geburtsdatum – gerade bei häufigen Namen wie z.B. Jürgen Müller – die Person eindeutig identifiziert und einen Austausch von Zeugnissen zumindest erheblich erschwert, kann der Wegfall des Geburtsdatums dazu führen, dass Missbrauch Vorschub geleistet wird. Dennoch kann ein Ausscheidender darauf bestehen, dass sein Geburtsdatum nicht mehr aufgeführt wird. Für Personalmanager lässt sich entweder aus dem Lebenslauf, falls das Geburtsdatum darin enthalten ist, ersatzweise aber aus der Biografie insgesamt (falls nicht auch noch Ausbildungszeiten und Beschäftigungsdauern fehlen) das Lebensalter annähernd schätzen, so dass der Verzicht auf eine Nennung des Geburtsdatums wohl eher unbedeutend und vernachlässigbar für Personalmanager sein wird.

Relativ unkritisch verhält es sich bei dem Merkmal der sexuellen Identität, bei dem es auch in der Vergangenheit keine Zeugnispraxis, die dem AGG widersprechen würde, gegeben hat.

Besondere Vorsicht ist geboten, wenn eine Bewerbung einen ausdrücklichen Hinweis auf eines der in § 1 AGG genannten Merkmale enthält. Der eventuell entstehende Eindruck der Nichteignung für die angestrebte Position wird durch eine deutliche Pointierung des Gegenteils zu entkräften versucht. In einem solchen Fall kann es sich um einen sog. AGG-Hopper[19] handeln, dessen Ziel nicht die Einstellung, sondern das Erstreiten von Schadensersatz oder Entschädigung ist.

Den Themen Altersangabe, Geburtsort etc. darf man aktuell nicht zuviel Gewicht zumessen. Selbst, wenn diese Informationen in Personalfragebögen nicht gegeben werden, so lassen sie sich doch in aller Regel aus den anderen Bewerbungsunterlagen (Zeugnisse, Schul- und oder

---

18 LAG Hamm 17. Dezember 1998 gem. Weuster, a.a.O. S. 53.
19 S. dazu auch www.agg-hopping.de

Hochschulabschlüsse) mühelos herleiten. Das Gesetz gibt keinen Anspruch, solche Dokumente im Nachhinein zu verändern (zu „neutralisieren"). Es ist im Grunde auch nicht damit zu rechnen, dass unter dem Druck des AGG nun plötzlich in keinerlei arbeitsrechtlich relevanten Papieren mehr Angaben zu Geburtsort, Geburtsdatum etc. gemacht werden. Diese Annahme darf indessen nicht dazu verleiten, die nicht gewollte Altersbenachteiligung „aus den Augen zu verlieren". Im Gegenteil, es ist damit zu rechnen, das lässt sich schon nach weniger als einem Jahr Gültigkeit des AGG anhand der noch kleinen Statistik erkennen, dass die unerlaubte Benachteiligung wegen Alters mit großem Abstand an der Spitze der Verstöße gegen die §§ 7 und 1 AGG liegen wird.

In Bezug auf die Hinterbliebenenversorgung bei eingetragenen Lebenspartnerschaften von Gleichgeschlechtlichen bleibt es auch nach Inkrafttreten des AGG dabei, dass der Hinterbliebene keine Gleichstellung mit dem hinterbliebenen Ehegatten aus einer Ehe zwischen heterosexuellen Partnern erfährt.

7. Datenschutz

Daten bis zum Abschluss eines Personalvorgangs aufzubewahren verstößt nicht gegen den Arbeitnehmerdatenschutz. Sie müssen nur geschützt aufbewahrt werden.

Dabei ist auch zu beachten, dass besondere Arten von personenbezogenen Daten wie Angaben über die rassische und ethnische Herkunft, politische Meinungen, religiöse oder philosophische Überzeugungen, Gewerkschaftszugehörigkeit, Gesundheit oder Sexualleben ohnehin nur mit Einwilligung des Betroffenen erhoben werden dürfen (§§ 3, Abs. 9 und 4 a, Abs. 3 BDSG). Auch verlangt das so genannte „Recht auf informationelle Selbstbestimmung" (BVerfG 1983 im sog. Volkszählungsurteil) eine subtile Abwägung zwischen eben diesem Recht und dem wohlbegründeten Interesse des fragenden Arbeitgebers an einer persönlichen Auskunft im Hinblick auf die genauen Anforderungen des Arbeitsplatzes.

Bei international agierenden Unternehmen ist Vorsicht geboten bei der Frage der Rechtmäßigkeit von internationalen Transfers. Wenn die Muttergesellschaft zum Beispiel in den USA sitzt, muss sie eine „Safe Harbor-Zertifizierung" haben, dann ist die Übermittlung nicht grundsätzlich kritisch. Auf jeden Fall empfiehlt es sich, vor jeglichem internationalem Transfer von Daten die Auskunft des (eines) Datenschutzbeauftragten einzuholen.

Zu Fragen der Berichtigung, Sperrung und Löschung von Daten vgl. § 35 BDSG und die hierzu ergangene Kommentierung. Im Rahmen dieses Buches zum AGG soll nicht näher auf datenschutzrechtliche Fragestellungen eingegangen werden.

8. Pflichten des Arbeitgebers

Nach dem Gesetz obliegt dem Arbeitgeber eine Reihe von Pflichten, die er im Rahmen des Personalmanagements zu beachten hat. Hierbei gehen Unternehmen in Deutschland sehr unterschiedlich vor. Einige haben noch immer nichts unternommen, andere haben sich sofort aktiv mit dem Gesetz auseinandergesetzt und seine Auswirkungen auf die betriebliche Praxis überprüft und berücksichtigt.

Das AGG muss im Unternehmen bekannt gemacht werden. Dies kann ggf. durch ein vorhandenes Intranet erfolgen. Dann muss aber gewährleistet sein, dass jeder Mitarbeiter Zugang zum Intranet hat. Dazu bedarf es keines individuellen PCs, sondern es genügt ein im Unternehmen öffentlich zugänglicher Rechner. Wenn dies nicht gewährleistet werden kann oder gar kein Intranet vorhanden ist – was in fast allen kleineren Unternehmen der Fall ist – dann muss das Gesetz durch Aushang bekannt gegeben werden. Dafür eignen sich auch Schwarze Bretter. Auch bei einer Betriebsversammlung kann die Information oder Schulung erfolgen. Dies wird allerdings nicht ausdrücklich empfohlen, da die äußeren Umstände keinen allzu großen Lerneffekt erwarten lassen.

Es sollte eine Unterrichtung bzw. Schulung (§ 12 AGG) grundsätzlich aller Mitarbeiter und Führungskräfte erfolgen. Dabei erscheint es sinnvoll, den Umfang der Schulungen an dem Adressatenkreis auszurichten. Während man gegenüber Mitarbeitern ohne besondere Funktion sicherlich mit einer kurzen Einweisung ausreichend Problembewusstsein schaffen kann, empfiehlt es sich bei Führungskräften oder Mitarbeitern des Personalbereichs, gleichermaßen bei Betriebsräten deutlich mehr Zeit vorzusehen.

Natürlich ist es möglich, wiederum adressatenorientiert, solche Schulungen auch mit Hilfe von elektronischen Lernprogrammen (vorzugsweise im geschützten Bereich eines Intranets) durchzuführen. Wo dies aus technischen oder sonstigen Gründen nicht realisierbar ist, kann das Ziel auch im Selbststudium durch schriftliche Unterlagen erreicht werden. Hier sollte der Anwender die Gelegenheit zum Dialog haben, sprich, er sollte in die Lage versetzt werden, selbst zu überprüfen, ob er den Lernstoff verstanden und in sich aufgenommen hat.[20]

Gleich, welcher Weg gewählt wird: Die Trainings sollten neben der Information zum Gesetz Beispiele für unerlaubtes Verhalten, notwendige Maßnahmen zur Verhinderung und ggf. die möglichen Sanktionen beinhalten. Da die Durchführung von Schulungen entlastende Wirkung bei gerichtlichen Auseinandersetzungen entfalten kann, empfiehlt es sich, diese zu dokumentieren.

---

[20] Einige schulen ihre gesamte Belegschaft, andere nur ihre Führungskräfte und die Personalmitarbeiter. Beispielsweise hat Lufthansa zwei elektronische Einweisungsprogramme entwickelt, die bereits am Tag des Inkrafttretens des AGG verfügbar waren.

Begleitend zur Schulung oder vor ihrem Beginn ist es möglicherweise sinnvoll, eine Verlautbarung der Geschäftsleitung, vorzugsweise Justitiariat und Personalbereich (in kleineren und mittleren Betrieben von einem Geschäftsführer) abzugeben, die auf die Pflichten eines jeden Einzelnen, wie sie sich aus dem Gesetz ergeben, hinweist und klarmacht, dass das Unternehmen die Einhaltung des Gesetzes kontrollieren und gegen Pflichtverstöße vorgehen wird. Auch eine solche schriftliche Äußerung aus der Spitze eines Unternehmens kann in einer gerichtlichen Auseinandersetzung als Indiz für die korrekte Haltung der Firma in Bezug auf das AGG gewertet werden und mit dazu beitragen, dass eventuell doch zu zahlende Entschädigungen nach diesem Gesetz geringer ausfallen.

Die Reaktionen auf das AGG sind sehr verschieden: Unternehmen müssen nach dem AGG (§ 12, Abs. 5 deutlich mehr Zeit) eine Beschwerdestelle einrichten. Auch hier gibt es wieder verschiedene Lösungsmöglichkeiten. Bei manchen Firmen existiert bereits ein bewährtes Beschwerdemanagement. Anlaufstellen können aber auch – wie bei allen Beschwerden – Vorgesetzte, Personalbetreuer, Mitarbeitervertretungen und eine eventuell vorhandene Sozialberatung sein. Man kann aber auch eine neue Beschwerdestelle nach AGG einrichten (besser nicht beim Betriebsrat, da er ja bereits Ansprechpartner für Beschwerden nach dem Betriebsverfassungsgesetz ist). Gleich, welche Lösung gewählt wird, sie muss bekannt gemacht werden. Zur Frage der Mitbestimmung des Betriebsrates bei der Einrichtung vgl. Teil III, Kapitel 6.2.

Unternehmen sind verpflichtet, gegen unzulässige Benachteiligungen vorzugehen. Jeder Hinweis ist zu beachten, die Klärung des Sachverhalts ist erforderlich. Unterlässt der Arbeitgeber die Sachverhaltsaufklärung, kann das bei einer gerichtlichen Auseinandersetzung als ein Arbeitsklima aufgefasst werden, das Benachteiligungen begünstigt, was den Ausgang zugunsten des Arbeitgebers unwahrscheinlich macht. Dem Benachteiligenden ist mit dem üblichen arbeitsrechtlichen Instrumentarium – von Verwarnung bis Kündigung – zu begegnen. Wenn einem Diskriminierenden wegen seines Verhaltens gekündigt wird, kann nicht ausgeschlossen werden, dass er nun seinerseits vor dem Arbeitsgericht eine Klage wegen Benachteiligung auf der Basis eines der acht Merkmale erhebt, z.B. mit der Begründung, es sei ihm im Grunde gar nicht wegen seines Verhaltens, sondern vielmehr wegen seines (höheren) Alters gekündigt worden. Solche Fälle werden wahrscheinlich nicht zu häufig geschehen. Man sollte ihnen – gute Prozessvorbereitung unterstellt – mit einiger Gelassenheit begegnen. Der Ausgang von Gerichtsverfahren wegen massiver Verstöße gegen das AGG kann u.a. davon abhängen, wie sich ein Unternehmen insgesamt, also auch bei weniger gravierenden Vorkommnissen verhalten hat.

Unternehmen müssen benachteiligte Mitarbeiter schützen – und zwar präventiv und reaktiv. Innerhalb eines Betriebes ist dieses Ziel relativ gut erreichbar. Jedoch ist dies zum Beispiel bei unflätigen Bemerkungen durch Dritte wie Lieferanten oder Kunden nicht immer ganz einfach. Zumal hier auch die Definition für Benachteiligung zunächst der subjektiven Einschätzung des jeweiligen Mitarbeiters unterliegt (in einem möglichen Beschwerdeverfahren oder gar vor Gericht tritt dann an die Stelle der subjektiven Befindlichkeit eine Bewertung nach objektiven Kriterien). Manch einer ist hart im Nehmen und verträgt auch eine raue Ansprache; andere sind so sensibel, dass ihre Auslösegrenze wesentlich niedriger liegt. Kein

IV. Folgen für das Personalmanagement

einfaches Unterfangen für Unternehmen, ihre Kunden um rücksichtvollen Umgang mit ihren Mitarbeitenden zu bitten! Unternehmen könnten die durch Dritte benachteiligten Mitarbeiter aus der Kundenbeziehung herausnehmen (hoffentlich empfinden diese das dann nicht wiederum als Benachteiligung!), sie könnten einen Verhaltenskodex erarbeiten (mitbestimmungspflichtig!) und diesen auch den Kunden zur Verfügung stellen. Sie könnten in die Allgemeinen Geschäftsbedingungen eine Verpflichtung zur diskriminierungsfreien Vertragsdurchführung aufnehmen oder im extremen Fall die Kundenbeziehung beenden.

Man wird realistischerweise sagen müssen, dass alle Maßnahmen, die sich z.B. an einen Kunden wenden, von diesem zunächst einmal mit einem gewissen Befremden quittiert werden. Hier liegt das Dilemma des Unternehmers, aus dem ihm auch nur schwer herausgeholfen werden kann. Schon gar nicht wird man ihm zumuten, eine gute Geschäftsbeziehung zu beenden, es sei denn, das Kundenverhalten liegt so außerhalb jeglicher Norm, dass ihm gar nichts anderes mehr übrig bleibt, als seine Beziehungen zu ihm abzubrechen. Aber das war auch schon vor Inkrafttreten des AGG nicht anders. Man darf hier gespannt sein, ob es überhaupt zu gerichtlichen Auseinandersetzungen kommt und was einem Unternehmer dann letztendlich zugemutet werden muss.

Zu den Pflichten der Unternehmen gehört auch, ihre individual- und kollektivrechtlichen Vereinbarungen auf Konformität mit dem AGG zu überprüfen. Dazu zählen neben dem Arbeitsvertrag auch Betriebsvereinbarungen und Tarifverträge (bei Haustarifverträgen). Beispielsweise sind Altersstufen in Vergütungsschemata grundsätzlich nicht AGG-konform. Anders verhält es sich mit den Erfahrungs- oder auch Senioritätsstufen, die Erkenntniszugewinn honorieren und nicht das Lebensalter.

Eine – mitbestimmungspflichtige – Antidiskriminierungsvereinbarung kann in einigen Unternehmen sinnvoll sein. Hierbei ist es eine Frage der Unternehmenskultur, ob eine solche Vereinbarung als zu starke Gängelung empfunden wird. In manchen Unternehmen herrscht der Geist eines engen Handlungsspektrums mit dann meist auch eingeschränkter Verantwortung. In einer solchen Kultur kann eine Antidiskriminierungsvereinbarung ein guter Weg sein. In solchen Unternehmen, die auf die Verantwortung ihrer Führungskräfte und Mitarbeiter setzen, wird eine derartige Vereinbarung eher nicht zielführend sein.

Das Risiko liegt bei fast jeder Verletzung des AGG zunächst beim Arbeitgeber. Das Gesetz sieht in § 15 AGG die Zahlung von Schadensersatz und Entschädigungen vor. Auch wenn es noch keine rechtskräftigen Entscheidungen von den arbeitsgerichtlichen Instanzen über die Auslegung der „angemessenen" Entschädigung eines Nicht-Vermögensschadens gibt, kann man davon ausgehen, dass die Entschädigung eines Nicht-Vermögensschadens gem. § 15, Abs. 2 AGG das größte Risiko für Arbeitgeber birgt. Zum einen unterliegt die Einschätzung über das Vorliegen einer Würdeverletzung (so kann man den Schaden nach § 15, Abs. 2 AGG bezeichnen) zunächst dem sich beschwerenden Subjekt und seinen Auslösegrenzen, zum anderen ist die Höhe der Entschädigung von der Beurteilung des Gerichtes abhängig, außer wenn das Beschäftigungsverhältnis auch bei benachteiligungsfreier Auswahl nicht zustande gekommen wäre. Dann gilt die Obergrenze von drei Monatsvergütungen. Auch wenn es in Deutschland mit großer Wahrscheinlichkeit keine so hohen Forderungen wie in angelsächsischen Staaten geben wird, u.a. weil es einen geregelten Kündigungsschutz gibt, so können finanzschwache Unternehmen durchaus in ihrer Existenz gefährdet werden, auch wenn anzunehmen ist, dass bei Festlegung der Höhe der Entschädigung für Persönlichkeitsverletzungen auch die Wirtschaftskraft des in Anspruch Genommenen ausschlaggebend sein wird.

Ob die Schadensersatz- und Entschädigungsvorschriften des § 15 AGG nun zu einer Belebung der Wirtschaft beitragen werden oder gar als Magnet für ausländische Investoren wirken, sei dahingestellt. Wahrscheinlich ist es nicht. Es wird an der Rechtsprechung liegen, hier „die Kirche ins Dorf zurückzutragen". Bedanken dürfte sie sich für diese Aufgabe wohl nicht.

Nicht einschätzen lässt sich zum aktuellen Zeitpunkt, ob Unternehmen, die sich in ihren öffentlichen Auftritten (Werbung, Internet etc.) ein bestimmtes Image – also beispielsweise jugendlich/dynamisch – geben, ihr Risiko bei Gericht erhöhen, weil die Außendarstellung möglicherweise als Indiz für eine latente Form der Altersdiskriminierung gesehen werden könnte. Klug beraten ist man immer, wenn man die ganze Vielfalt der Kunden (Alter, Herkunft, Weltanschauung etc.) auch in der Außendarstellung widerspiegelt.

9. Zusammenfassung

Für den schnellen Überblick sind die wichtigsten personalpolitischen Aktionen in einer Tabelle zusammengefasst.

Thema	Aspekt	Empfehlung[21]
Stellenausschreibung	Intern oder extern	Neutrale Ausschreibung (Geschlecht, Alter, Kultur/Ethnie, Behinderung)
	Ausschreibungsinhalt	Keine Forderung nach Foto, Angabe von Alter und Religion
	Zeitfenster für Bewerbungen angeben	Später eintreffende Bewerbungen dürfen unberücksichtigt bleiben
Auswahlverfahren	Online-Bewerbungen Papierform zulassen	Können bei Berufen, die nicht unmittelbar mit IT zu tun haben, selektierend sein (Vorsicht: Alter)

---

[21] Wenn nicht sachlich gerechtfertigt, sollte auf einen Filter jedweder Art verzichtet werden. Es gibt aber – wie in Teil III ausführlich beschrieben – eine Reihe von rechtfertigenden Gründen für die Anwendung von Filtern.

Thema	Aspekt	Empfehlung[21]
	Bewerbungsgespräch	Nicht fragen nach Lebensalter, persönlichen Lebensverhältnissen (Familienstand zulässig), Schwangerschaft oder Kinderwunsch, Behinderung, Staatsangehörigkeit (Aufenthalts- und Arbeitserlaubnis zulässig), politischer Einstellung, Partei- oder Gewerkschaftszugehörigkeit, Religion oder Weltanschauung (nach Scientology darf nach wie vor gefragt werden, keine Religion oder Weltanschauung nach § 1 AGG), allgemeine Gesundheit, Vorstrafen
		Standardisierte Fragen vorbereiten, allen Bewerbern dieselben Fragen stellen, Gespräch – wenn möglich – zu zweit führen. Dokumentieren, wegschließen
	Personalfragebogen (ist bei Änderung mitbestimmungspflichtig!)	Sollte nicht die Fragen enthalten, die auch für das Auswahlgespräch nicht zulässig sind
	Entscheidung für Bestgeeigneten	Entscheidung nach wesentlichen und entscheidenden beruflichen Anforderungen, nach „objektiven" Kriterien
	Ablehnung der Mitbewerber	Nur aus sachlichen Gründen: schlechte Schulnoten, fehlende Qualifizierung, mangelhafte Form der Bewerbung. Immer bezogen auf den konkreten Arbeitsplatz
	Absageschreiben	Sehr knapp halten! Möglichst keine Begründung (auch nicht telefonisch), neutrale Formulierung
		Bewerbungsunterlagen nach Zugang der Absage für zwei Monate aufbewahren oder kopieren, falls nicht tariflich kürzere Frist vereinbart ist. Auch Gesprächsprotokolle, Telefonnotizen etc. aufbewahren
Organisationspflichten	Benachteiligungsfreies Umfeld schaffen	Information über das AGG durch Aushang/Intranet
		Prozesse begutachten, ob Benachteiligungen „institutionalisiert" sind

Thema	Aspekt	Empfehlung[21]
		Regelungen überprüfen nach möglichen Benachteiligungen (Tarifverträge, Betriebsvereinbarungen, Einzelverträge etc.), hilfreich § 7, Abs. 2 AGG
	Schulung der Führungskräfte und Mitarbeiter	Organisationsverschulden bei sachgerechter Schulung unwahrscheinlich
		Führungskräfte-Schulung wichtig. Kann evtl. dem Arbeitgeber bei eigener Inanspruchnahme Regressmöglichkeit eröffnen
		Mitarbeiter-Schulung entweder als Einzel- (AGG-)Veranstaltung oder physisch in andere Schulungen integrieren oder eLearning-Tool anbieten
	Innerbetriebliche Beschwerdestelle	AGG-Beschwerden können in vorhandene Beschwerdestruktur integriert werden. Wenn keine vorhanden ist, neu etablieren. Sinnvollerweise im Personalbereich
Personalentwicklung	Karriereschritt	Neutral nach Alter, Geschlecht, Herkunft etc. gestalten
	Qualifizierung	Auswahl möglichst neutral gem. § 1 AGG
	Rotation	Alle Mitarbeiter einbeziehen
Ordnung des Betriebes	Umgang miteinander	Mitarbeiter auf ihre Verantwortung im Umgang mit anderen hinweisen
	Kleiderordnung	Allgemeine Vorschriften können gemacht werden (Logo, Sicherheitskleidung, Uniform zur Identifikation etc.). Achtung: Mitbestimmung umstritten. BAG: BR bestimmt mit gem. § 87, Abs. 1, Ziff. 1 BetrVG
	Beschwerden	Ernst nehmen und sofort Sachverhalt aufklären. Ggf. arbeitsrechtliche Maßnahmen ergreifen
Beendigung des Arbeitsverhältnisses	Beendigung nach Befristung	Unkritisch
	Kündigung (vorrangig nach KSchG)	Zugriff auf Dokumentation
	Beendigung nach Erreichen der Altersgrenze	Unkritisch

Thema	Aspekt	Empfehlung[21]
	Arbeitszeugnis	Keine subjektiven Einschätzungen, standardisierte Formulierungen verwenden, keine Angabe von Geburtsort, Behinderung, sex. Identität; auf Wunsch des Kandidaten keine Angabe von Geburtsdatum. Qualifiziertes Zeugnis nur auf Wunsch des Ausscheidenden, § 630, S. 2 BGB.
Risikomanagement	Schadensersatz oder Entschädigung	Vorsichtshalber Budget einstellen für derartige Fälle
	Gerichtsfälle werden in der Öffentlichkeit bekannt	Sprachregelungen und Pressetexte vorbereiten; positive Diversity-Beispiele pro-aktiv nach außen kommunizieren
	Reorganisationen mit Einschnitten beim Personal	Hemmschwelle für Klagen sinkt

10. Fragen und Antworten entlang des Personalprozesses

Nachfolgend eine Auswahl aus den am häufigsten gestellten Fragen.

- **F:** Darf auch in Zukunft, trotz der §§ 7 und 1 AGG, beim Einstellungsgespräch noch nach der Mitgliedschaft bei Scientology gefragt werden? **A:** Ja, trotz der Entscheidung des EGRM[22] vom April 2007 gilt in Deutschland weiterhin die alte Rechtslage gem. Urteil des BAG von 1996 (s. Teil III, Kapitel 2.3). Danach handelt es sich bei Scientology nicht um eine Religion oder Weltanschauung, sondern um eine auf wirtschaftlichen Gewinn ausgerichtete Organisation.

- **F:** Kann eine Gewerkschaft einen qualifizierten Bewerber, der erklärter Gewerkschaftsgegner ist, ablehnen? – **A:** Ja, kann sie. Der AGG-Schutz ist nur in den in § 1 AGG genannten Gründen verankert. Wird der Aufnahmeantrag allerdings wegen eines dieser Merkmale abgelehnt (§§ 7 und 1 AGG), so entsteht ein Anspruch auf Aufnahme, § 18 Abs. 1, Ziff.1 AGG.

---

[22] Europäischer Gerichtshof für Menschenrechte

- **F:** Muss eine CDU-Geschäftsstelle ein SPD-Mitglied einstellen? – **A:** Eignung vorausgesetzt kommt es darauf an, mit welchen Aufgaben der Mitarbeiter betraut wird. Die politische Überzeugung ist allerdings nicht AGG-geschützt. Sie ist nicht Weltanschauung. Es fragt sich, ob die Gerichte nicht durch Auslegung des Gesetzes dahin kommen werden, § 8 AGG analog anzuwenden und – in diesem Falle – der CDU die Ablehnung eines SPD–Mitgliedes dann zu erlauben, wenn es sich bei der Aufgabe um eine (partei-)politische handelt. Daran dürfte auch der Schutz von Art. 3 GG nichts ändern.

- **F:** Ist die Mitgliedschaft in einer politischen Partei gleichzusetzen mit der in § 1 AGG geschützten Weltanschauung? – **A:** Wohl eher nicht, aber es existiert bereits der Schutz durch Art. 3 GG.

- **F:** Wie kann sich ein Arbeitgeber gegen Inanspruchnahme wegen Verstoßes gegen das AGG bei Einschaltung eines Personalberaters wappnen, der einen Mitarbeiter suchen soll? – **A:** Nach der Rechtsprechung des Bundesarbeitsgerichtes haftet grundsätzlich der Arbeitgeber. Eine entsprechende vertragliche Abmachung (Inhalt: „Die Vorschriften des AGG sind zu beachten.") ermöglicht ihm jedoch, Regress zu nehmen.

- **F:** Muss man zukünftig Einstellungsgespräche auf Arbeitgeberseite immer mit zwei Personen führen? – **A:** Nein, es kann im Streitfall aber nützlich sein und wird daher bei absehbaren Konfliktfällen empfohlen. Zumindest sollte aber ein sehr genaues Protokoll verfasst werden. Die Fragen sollten möglichst zuvor schriftlich niedergelegt werden.

- **F:** Kann ein Arbeitgeber bevorzugt Schwerbehinderte einstellen? – **A:** Grundsätzlich nicht, es sei denn, er möchte seine „Quote" nach SGB IX erfüllen, sagt dies auch deutlich (z.B. bereits in der Ausschreibung), und es liegt im Übrigen gleiche Eignung vor.

Integration, Personalentwicklung, Rotation

- **F:** Kann ein Arbeitgeber gezielt Frauen in Führungspositionen fördern, weil zwischen dem Frauenanteil im Unternehmen und dem mit Führungsverantwortung ein deutliches Missverhältnis besteht? – **A:** Nein. Er kann Frauen nur bei gleicher Eignung mit obiger Begründung auswählen. Das hat der EuGH schon 1995 im sog. Fall „Kalanke" festgestellt. – Das gilt im Übrigen auch für die Förderung anderer Gruppen oder ihrer Angehörigen.

- **F:** Muss die Polizei ein Kopftuch zur Uniform dulden? – **A:** Eine Ablehnung wäre dann sachlich gerechtfertigt, wenn ein Kopftuch im Einsatz die Sicherheit einschränkt. Aber auch bestehende Uniform-Trageordnungen verlieren ihre Gültigkeit nicht. Deshalb muss niemand, der auf dem Tragen des Kopftuches zur Uniform besteht, eingestellt werden. „Uni-form" steht bekanntlich auch für gleiches Aussehen.

- **F:** Müssen Adventisten und Juden von Samstagarbeit befreit werden? – **A:** Es gibt keine Vorrechte für Menschen einer Glaubensrichtung. Anders gesagt: Die Verweigerung einer bevorzugenden Behandlung ist noch keine unzulässige Benachteiligung nach AGG. Deshalb müssen auch Muslimen keine Gebetspausen eingeräumt werden.

IV. Folgen für das Personalmanagement

- **F:** Liegt Mobbing schon dann vor, wenn sich ein Mitarbeiter über einen anderen despektierlich wegen seines Alters oder seiner Religion äußert? – **A:** Nein, ein Einzelfall genügt mit Sicherheit nicht. Vgl. hierzu die eingehende Definition des LAG Thüringen Teil III, Kapitel 5.4.

Mitbestimmungsrechte des Betriebs- oder Personalrates

- **F:** Darf man weiterhin eine Jubiläumszulage gewähren oder ist das eine Benachteiligung der jüngeren Kollegen? – **A:** Solange diese Zuwendungen abhängig sind von der Firmenzugehörigkeit, sind sie unkritisch. Aber sie dürfen nicht an das Alter, sondern müssen an die Firmenzugehörigkeit gekoppelt sein. Das ist aber auch schon immer so gewesen.

- **F:** Besteht ein Mitbestimmungsrecht hinsichtlich der Durchführung von Schulungen nach § 12 AGG? – **A:** Nein, es sein denn, sie sind in allgemeine Aus- oder Weiterbildungsmaßnahmen integriert (§§ 94 ff. BetrVG).

- **F:** Bestimmt der Betriebsrat bei Einrichtung der Beschwerdestelle mit? – **A:** Nach einem Beschluss des LAG Hamburg ja. Revision ist nicht zugelassen. Das LAG Hamburg meint aber, dass das BAG diese Frage grundsätzlich beantworten muss. Die Autoren stimmen dem LAG Hamburg dort nicht zu, wo es sich für ein Mitbestimmungsrecht des Betriebsrates bei der Einrichtung der Beschwerdestelle ausspricht, s. a. Teil III, Kapitel 8.1 zu § 13 AGG.

Rechte des Beschäftigten

- **F:** Kann jemand, der sich gemobbt fühlt, gemäß § 14 AGG die Arbeit verweigern und trotzdem den Anspruch auf Vergütung behalten, wenn derjenige, der vermeintlich mobbt, für längere Zeit (z.B. wegen Urlaubs) nicht anwesend ist? – **A:** Nein, § 14 AGG ist keine Vorschrift, die den Arbeitgeber zu bestimmten Handlungen zwingen soll, sondern dient lediglich dem persönlichen Schutz.

- **F:** Kann ein Benachteiligter seine Ansprüche an einen Antidiskriminierungsverband oder die Antidiskriminierungsstelle des Bundes abtreten? – **A:** Nein, s. Teil III, Kapitel 11 zu § 23 und zu §§ 25 ff AGG.

- **F:** Kann jemand, der Aufnahme in eine Gewerkschaft oder einen Verein gemäß § 18 AGG begehrt, Entschädigung verlangen, wenn er abgelehnt wird? – **A:** Nein, wenn die Ablehnung wegen eines Grundes nach § 1 AGG geschieht, hat er Anspruch auf Aufnahme, nicht auf Entschädigung oder gar Schadensersatz (Kontrahierungszwang, anders als in § 15 Abs. 6 AGG!).

Pflichten des Unternehmens

- **F:** Muss ein Unternehmen wegen § 17 AGG alle kollektiven (Tarifverträge und Betriebsvereinbarungen) und alle einseitig erlassenen Vorschriften auf AGG-Konformität überprüfen? – **A:** Das bedeutet einen sehr hohen Aufwand. Deshalb ist davon eher abzuraten. Nach § 7 Abs. 2 AGG sind ohnehin „Bestimmungen in Vereinbarungen, die gegen das Benachteiligungsverbot des Abs. 1 verstoßen ... unwirksam".

- **F:** Muss ein Arbeitgeber unter dem Gesichtspunkt der Fürsorge seine Mitarbeiter hinsichtlich ihrer Rechte aus dem AGG beraten? – **A:** Nein, es genügt die allgemeine Information über das Gesetz.

- **F:** Muss ein Arbeitgeber einem gläubigen Muslim fünfmal am Tag Gelegenheit und Raum zur Verrichtung seiner Gebete geben? – **A:** Nein, das Gesetz verbietet zwar die Benachteiligung wegen eines der in § 1 AGG genannten Gründen, es gewährt aber keineswegs Vorteile gegenüber anderen.

- **F:** Hat die Beschwerdestelle nach § 13 AGG selbständige Erledigungsbefugnis? – **A:** Grundsätzlich nicht, der Arbeitgeber kann sie aber so ausstatten.

- **F:** Welche Auswirkung hat § 7, Abs. 2 AGG (Unwirksamkeit von kollektiven Vereinbarungen) auf die Geltung von Tarifverträgen oder Betriebsvereinbarungen, wenn sich ein Mitarbeiter auf AGG-Diskonformität beruft? – **A:** Zunächst einmal ist die betreffende Norm unwirksam und entfaltet keine Wirkung, wenn sich jemand zu Recht auf § 7 Abs. 2 AGG beruft. Davon ist jedoch der Tarifvertrag in seiner Gesamtheit nicht betroffen.

Beendigung des Arbeitsverhältnisses

- **F:** Gilt die betriebliche oder tarifvertragliche Grenze für den Übergang in die Rente noch? – **A:** Grundsätzlich ja, es sei denn, es läge ein klarer Verstoß gegen die §§ 7 und 1 AGG (Alter) vor.

- **F:** Wie sieht es mit der Unkündbarkeit nach Betriebszugehörigkeit aus? – **A:** Sie gilt noch.

- **F:** Wie sieht es mit den in Tarifverträgen gestaffelten Kündigungsfristen aus? Sind sie AGG-konform? – **A:** Ja, wenn sie von der Betriebszugehörigkeit, nicht aber vom Alter abhängen.

- **F:** Darf die katholische Kirche sich von homosexuellen Arbeitnehmern trennen? – **A:** Wohl eher nicht. Die Ausnahmeregelung des § 9 AGG sieht dies nicht vor.

- **F:** Gilt die Beweislasterleichterung gemäß § 23 AGG auch in Fällen von Mobbing? – **A:** Nein, die Benachteiligung (Mobbing) findet in der Sphäre des Geschädigten statt. Die Beweislast liegt allein bei ihm.

V. Pro-aktive Auseinandersetzung mit dem AGG: Diversity Management

1. Definition und Dimensionen

Für Diversity und das Organisieren von Diversity gibt es keine allgemeinverbindliche Definition. Jedes Unternehmen entscheidet für sich, was es darunter versteht und welche Akzente es setzen möchte. Übersetzt wird Diversity oft mit „Vielfalt". Gemeint ist die Vielfalt der Mitarbeiter, oft auch die der Kunden oder sogar anderer Stakeholder.

Die Frage stellt sich für jedes Unternehmen, ob es die vorhandene Heterogenität als Störung empfindet oder als Chance für verschiedene Perspektiven und damit für Kreativität, die dann in Innovationen münden kann. Dafür braucht man jedoch eine Wertschätzungskultur für Diversität und keine Dominanzkultur einer bestimmten Gruppe. Eine homogene Mannschaft lässt sich zunächst leichter führen, da innerhalb dieser Gruppe ähnliche Werte und Vorstellungen vorausgesetzt werden können, was die Missverständniswahrscheinlichkeit reduziert. Allerdings kommen aus einem homogenen Team kaum unterschiedliche Herausforderungs- und damit Lösungsansätze.

Wie heterogen ein Unternehmen ist, entscheidet es aufgrund seines Geschäfts, also seiner Unternehmensstrategie und damit auch der Personalstrategie. Also: Wohin möchte sich ein Unternehmen entwickeln? Wo sind die Märkte? Hat das Unternehmen dafür das richtige Personal an Bord? Kann es überhaupt vielfältiger werden? Gibt es dafür Spielräume?

Wichtig ist jedoch neben der unternehmensindividuellen Komponente, dass Diversity – anders als in den USA – nicht auf sog. „political correctness", also auf die Vermeidung von Fehlern zielt, demnach kein reiner „Compliance[1]"-Ansatz ist, sondern dass es eine positive Haltung gegenüber der Unterschiedlichkeit der Mitarbeiter[2] praktiziert. Wahrscheinlich ist die Quasi-Gleichsetzung von Diversity und AGG aus dem angelsächsischen Raum dafür verantwortlich, warum es noch immer sehr wenig Unternehmen in Deutschland gibt, die ein

---

1 Compliance kommt aus dem Angelsächsischen, „to comply with" lässt sich übersetzen mit „einhalten", „gesetzestreu verhalten". Der in großen Unternehmen durch Compliance-Einheiten verfolgte Ansatz zielt auf Vermeidung rechtlicher Risiken und umfasst gegenwärtig meist kartellrechtliche, kapitalmarktrechtliche, aber auch integritätsstützende Aspekte.
2 Natürlich auch der Kunden. Aber da es ein HR-Buch ist, konzentrieren wir uns hier auf die Mitarbeiter.

pro-aktives Diversity Management betreiben und es auch entsprechend bezeichnen. Natürlich wird sich ein kleines oder mittelständisches Unternehmen keine Person oder gar eine Unternehmenseinheit leisten können, die sich ausschließlich diesem Thema widmet. Aber inhaltlich betrifft es Unternehmen aller Größenordnungen – unabhängig von der dafür verwendeten Bezeichnung. Also kann jedes Unternehmen entscheiden über Struktur, Bezeichnung und gesetzte Schwerpunkte.

Diversity, die Bezeichnung tauchte erstmals in den 90er Jahren in den USA auf, ist keine neue Managementmethode, die sich im Laufe der Zeit wieder erledigt, sondern ein Querschnittsthema, das jeden einzelnen Menschen und damit alle Unternehmen betrifft. Im Grunde ist es eine Frage des gesunden Menschenverstandes, eine des gedeihlichen Miteinanders im Unternehmen. Gibt es eine Dominanzkultur einer Gruppe (in unseren Kulturkreisen ggf. männlich, mitteleuropäisch), die dazu führt, dass sich Angehörige anderer Gruppen dieser Kultur anpassen müssen? Dies verbraucht enorm viel Ressourcen, die der Arbeit nicht mehr zur Verfügung stehen. Menschen, die sich nicht wertgeschätzt fühlen, sind weniger produktiv. Betrachtet man die jährlichen Gallup-Motivationsstudien[3] von Mitarbeitern in Deutschland oder global, so lässt sich feststellen, dass nur in Deutschland durchschnittlich 13 % aller Mitarbeiter aller Unternehmen motiviert für ihre Arbeit sind. 69 % machen Dienst nach Vorschrift, und 18 % stören den Betrieb. Die gut geführten Unternehmen dürften höhere positive Prozentzahlen bei den hoch motivierten Mitarbeitern haben, was bei anderen die Dramatik noch erhöht. Motivation resultiert auch aus der Wertschätzung, die ein Mitarbeiter eines Unternehmens erfährt.

Bedenkt man neben einer Reihe von anderen Faktoren wie z.B. Führung und optimale Deckung zwischen Mensch und Aufgabe, dass die mangelnde Wertschätzung aufgrund der Zugehörigkeit zu einer Minderheit auch leistungsreduzierend wirken kann, so liegt in der Neutralisierung bzw. Akzeptanz des „Anderen", des Abweichenden ein großes Produktivitätspotenzial. Neutralisierung bezieht sich hierbei darauf, dass es keine Rolle spielen darf, ob eine Aufgabe von einem Mann, einer Frau, einem In- oder Ausländer, einem jüngeren oder älteren, einem behinderten oder nicht behinderten Menschen oder von einem Homosexuellen wahrgenommen wird, solange er oder sie am besten geeignet ist für die Aufgabe. Hier gilt es, eine Balance zu finden zwischen dem Mögen durch den zukünftigen Vorgesetzten, weil das tägliche Miteinander trotz AGG stark von Subjektivität geprägt ist und sich dies im positiven Fall auch günstig auf die Arbeitsergebnisse auswirkt, und auf der anderen Seite der Vermeidung von „Filtern", die bestimmte Potenzialgruppen ausklammern.

Die Befassung mit den verschiedenen Dimensionen bzw. Merkmalen von Diversity, die in vollem Umfang auch dieselben sind wie die in § 1 AGG beschriebenen (Geschlecht, Alter, Rasse/Ethnie, Religion, Weltanschauung, Behinderung und sexuelle Identität), hängt – unabhängig von der Vermeidung von Benachteiligungen – von der Unternehmensstrategie ab. Dienstleistungsunternehmen werden sicher andere Akzente setzen als beispielsweise ein Maschinenbauunternehmen. Wenn die Geschäftsaktivitäten eines Unternehmens internationaler werden sollen, empfiehlt es sich, die dafür notwendigen interkulturellen Kompetenzen

---

3 http://germany.gallup.com, Zahlen von 2006

entweder durch die Beschäftigung von Mitarbeitern aus dem entsprechenden Zielland zu beschaffen oder zumindest – wenn Fluktuation oder Wachstum nicht vorhanden sind – entsprechendes Know-how zu schulen. So kann eine Fokussierung bei den pro-aktiven Maßnahmen durchaus auf eines oder auf wenige Merkmale beschränkt werden, ohne dass dadurch andere Gruppen benachteiligt würden. Bei den Merkmalen wird unterschieden zwischen sichtbaren und den häufigeren unsichtbaren Merkmalen. Im täglichen Leben stellen die sichtbaren Unterscheidungsmerkmale sicher die größere Herausforderung dar als die unsichtbaren, die als Entscheidungskriterium nur dann dienen könnten, wenn der Gesprächspartner von der „Besonderheit" weiß.

Häufig existiert die Annahme, dass die dominante Gruppe der Norm entspricht, alle anderen nicht. Genau an dieser Stelle ist ein Umdenken erforderlich. Es setzt auf die Gleichrangig- oder -wertigkeit der menschlichen Unterschiedlichkeiten. Dabei geht es im Kontext von Arbeit um Respekt, nicht unbedingt um ausdrückliches Mögen des Andersartigen oder aller zu einer bestimmten Gruppe gehörenden Menschen.

Dem Merkmal „Geschlecht" gilt in vielen Unternehmen zunächst die größte Aufmerksamkeit. Dabei ergibt sich die Gelegenheit, allein durch die Wahl eines anderen Begriffes („Diversity"), bis dahin negativ konnotierte Aktivitäten sozusagen zu neutralisieren, um sie im Sinne von Unternehmen und Mitarbeitern positiv zu nutzen.

Die Fokussierung auf „Geschlecht" bietet zudem die Möglichkeit, ein bekanntes Terrain – neutral – weiter zu bearbeiten. Ferner ist dies eine der Diversity-Dimensionen (neben Alter, Kultur und sexuelle Identität), die alle Menschen betrifft. Ist der Begriff „Frauenförderung" inzwischen eher negativ besetzt, können die Bezeichnung „Diversity" und der demografisch bedingte Mangel an männlichen Nachwuchskräften heute dazu führen, dass die Bereitschaft, weibliche Potenzialträger aus demselben Kulturkreis zu fördern, zunimmt. Angesichts der Tatsache, dass die Frauen inzwischen nicht nur einen gleichen Bildungsstand erreicht haben, sondern in den „richtigen" Fächern[4] häufig bessere Abschlüsse erzielen als ihre männlichen Kollegen, ist dies eigentlich eine Selbstverständlichkeit.

Andere Unternehmen decken ihren Engpass gezielt mit älterem Personal, weil diese über einen großen Erfahrungsschatz verfügen und damit schneller komplexe Aufgaben übernehmen können.

Da Diversity Management kein Derivat sozialromantischer Träumereien ist, sondern durch die Mobilisierung von Produktivitätsreserven zum Unternehmenserfolg beiträgt und dabei auch die Belange der Mitarbeiter berücksichtigt, ist es ein klassischer Win-Win-Ansatz, der beiden Seiten dient. Damit bewegt sich Diversity zwischen AGG, sozialpolitischen Ansprüchen und dem Profit.

---

[4] Aus Unternehmensperspektive sind das Wirtschaftswissenschaften, Jura, Ingenieurswissenschaften und die jeweils branchenspezifischen Fächer.

2. Business Case

Es gibt noch andere Gründe, warum es für Unternehmen – große genauso wie kleine und mittelständische – sinnvoll ist, sich mit Fragen der Diversity auseinanderzusetzen. Es braucht dabei nicht einmal die Bezeichnung „Diversity" verwendet zu werden, um dem Inhalt und damit den Menschen gerecht zu werden. Manche Unternehmen sprechen in einem Atemzug von „Diversity und Inclusion" und definieren damit auch gleich eines der wichtigsten Ziele, nämlich das Einbeziehen aller Menschen im Unternehmen.

Die organisatorische Umsetzung hängt ab von der Relevanz des Themas im notwendigen Veränderungsprozess und den vorhandenen Ressourcen.

Getragen wird Diversity Management nicht nur wegen rechtlicher Vorgaben, aus Gründen der „Compliance", also z.B. um dem AGG zu entsprechen, und nicht nur von ethischen, sondern vor allem aus wirtschaftlichen Gründen. Zunächst sei ein Blick auf den ethischen Aspekt geworfen. Es gibt keinen Grund, Menschen wegen der Zugehörigkeit zu einer bestimmten Gruppe, z.B. Behinderte, Menschen mit Migrationshintergrund o. a. schlechter zu behandeln. Schon das Grundgesetz verbietet Benachteiligungen (wie auch Bevorzugungen) aus Gründen, die man nicht vertreten muss (z.B. Geschlecht, Abstammung etc.) Art. 3, Abs. 3 GG. Kants Kategorischer Imperativ stellt das Handeln des Individuums in einen Sozialkontext. Seine Anwendung auf Situationen im Arbeitsleben ist nicht abwegig, sondern sogar angezeigt: „Handle so, dass die Maxime deines Willens jederzeit zugleich als Prinzip einer allgemeinen Gesetzgebung dienen könne[5]". Es ließen sich viele weitere ethische Beweggründe finden, die hier nicht weiter ausgeführt werden sollen.

Im Hinblick auf wirtschaftliche Beweggründe gibt es vier Hauptfaktoren: sich weiter entwickelnde Globalisierung, Heterogenität des Marktes, Demografie und zunehmende Individualität. Die Globalisierung bringt Menschen unterschiedlichster Kulturen einander näher. Als Kunde oder Mitarbeiter ebenso wie als Mitglied der Gesellschaft ist der Mensch betroffen. Er arbeitet im eigenen Land mit Menschen anderer Kulturen zusammen oder nimmt selbst eine Aufgabe im Ausland wahr. Er reist dienstlich oder privat und hat auch dadurch Kontakt mit unterschiedlichen Kulturen. Er ist Kunde im eigenen Land bei einem Anbieter von Waren oder Dienstleistungen aus anderen Kulturkreisen. Oder aber er ist nicht unmittelbar Partei, sondern außen stehender Beobachter von Interaktionen zwischen Menschen unterschiedlicher Kulturkreise. Die Motive für das engere Zusammenrücken mögen unterschiedlicher Natur sein, immer aber führen sie dazu, dass das Kennen der eigenen Kultur und dann der Abgleich mit der anderen erst ein missverständnisfreies Miteinander ermöglichen. Die Globalisierung wird sich noch weiter entwickeln und alle Winkel der zivilisierten Gesellschaften erreichen. Nur solche Gesellschaften bleiben ausgenommen, die ihre Homogenität mit allen Mitteln verteidigen und jede Form der Andersartigkeit ausgrenzen. Dies sind z.Z. vor allem Staaten

---

[5] Zitiert nach H. Schmidt, Philosophisches Wörterbuch, Stuttgart 1959, S. 268

V. Pro-aktive Auseinandersetzung mit dem AGG: Diversity Management

wie Iran, Irak, Saudi-Arabien etc. Sie werden jedoch mit großer Wahrscheinlichkeit nicht zu den Gewinnern beim Streben nach einer vorurteilsfreien, niemanden benachteiligenden Gesellschaft gehören.

Die Märkte werden immer vielfältiger. Dies bezieht sich nicht nur auf die Produktdifferenzierung z.b. nach Kaufkraft, sondern auch auf eine Differenzierung der Zielgruppen. Beispielsweise wird eine älter werdende Gesellschaft andere Angebote erwarten als eine sehr junge. Eine kaufkräftige Gruppe verlangt mehr Abgrenzung von den nicht so Wohlhabenden und ist auch bereit, dafür mehr zu investieren. Unternehmen entsprechen den Wünschen ihrer diversen Kunden am ehesten durch eine halbwegs gleiche Abbildung ihrer Kundenstruktur auf der Mitarbeiterseite. Denn sie kennt die Kultur und deren Schwerpunktsetzung besser als jeder noch so intensiv zu interkultureller Kompetenz Geschulte.

Über Demografie ist in den letzten Jahrzehnten viel berichtet worden. Erst in diesem wird das Thema auch außerhalb des Expertenkreises der Demografen ernst genommen. Geburtenraten, die seit Jahrzehnten deutlich unterhalb der Reproduktionsrate der Gesellschaft (s. Abb. 1) liegen, führen dazu, dass die Bevölkerung immer älter wird, aber zugleich auch schrumpft (s. Abb. 2). Aus diesem Grunde kann es sich kaum eine westliche Gesellschaft[6] noch leisten, auf qualifiziertes Potenzial zu verzichten – unabhängig davon, wo es herkommt und wie es beschaffen ist. Dies wirkt sich zu Gunsten von Frauen genauso aus wie für Ältere und Menschen mit Migrationshintergrund. Selbst bei sichtbar Behinderten – die meisten Behinderungen sieht man ja nicht – dürfte der enger werdende Arbeitsmarkt endlich zu der sozialpolitisch erwünschten Integration führen.

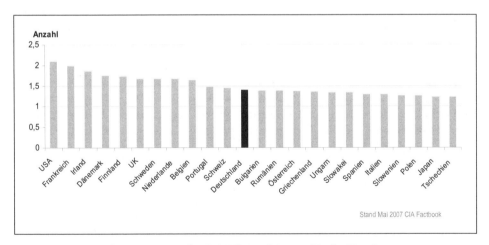

Abbildung 1: Geburtenraten in der EU, USA und Japan (Kinder/Frau)

---

6 Demografische Ausnahmen bilden die USA und Frankreich, deren Geburtenraten über oder um den Reproduktionsfaktor liegen, die jedoch aufgrund von rechtlichen Vorgaben (beide Staaten) und einer Historie von „Freiheit, Brüderlichkeit und Gerechtigkeit" (Frankreich) „andere" Menschen einbeziehen.

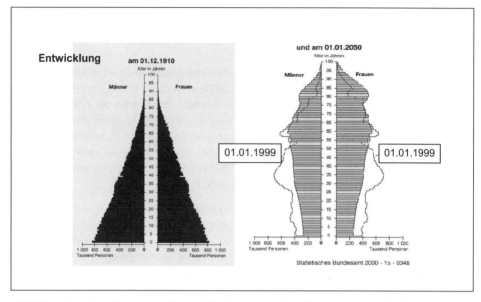

Abbildung 2: *Bevölkerung in Deutschland: von der Bevölkerungspyramide (links) zum Sarkophag (rechts, schraffierte Fläche)*

Die zunehmende Individualität, die nicht nur die Erwartungshaltung auf Seiten der Kunden verändert, sondern auch bei den Mitarbeitern, wird dazu führen, dass sich die Notwendigkeit zur Rücksichtnahme auf die sehr unterschiedlichen Wünsche in beiden Gruppen noch verstärkt. Mitarbeitende wollen genauso als Individuen wahrgenommen werden wie Kunden. Auch das leistet Diversity Management.

Aber auch Risikoaspekte spielen eine zunehmende Rolle: Nachhaltigkeitsindizes, Rating-Agenturen und andere externe Stakeholder erwarten nicht nur eine angemessene Rendite ihres eingesetzten Kapitals, sie hinterfragen auch das Wie der Produktion. Bekannteste Nachhaltigkeitsindizes sind hier der Dow Jones Sustainablility Index und Financial Times for Good (FTSE4Good). Aber auch der 1999 von Kofi Annan in Davos begründete UN Global Compact[7] widmet eines der zehn Prinzipien der Vermeidung von Diskriminierung.

---

[7] www.unglobalcompact.org

3. Implementierung

Bei der Einführung von Diversity gibt es verschiedene Möglichkeiten. Je nach Unternehmenskultur und Haltung zu Diversity unterscheidet sich die Herangehensweise. Ein stark reguliertes und wenig auf Vertrauen setzendes Unternehmen kann durchaus mit einem „Kick off", also zum Beispiel mit einer Veranstaltung, die vom Vorstandsvorsitzenden oder vom Personalvorstand begleitet, zumindest aber unterstützt wird, einen sinnvollen Start finden. Unternehmen mit einer hohen Vertrauenskultur im Umgang mit ihren Führungskräften würden diese möglicherweise gegen das Thema aufbringen, weil eine solche Veranstaltung implizit schuldhaft zugelassene Defizite unterstellt. Das könnte sich für die Entwicklung des Themas kontraproduktiv auswirken. Da es in den meisten Unternehmen – selbst in kleinen und mittelständischen – sehr viele Aktivitäten, sei es zur Integration von Menschen mit Behinderung, sei es zur besseren Vereinbarkeit von Beruf und Privatleben, sei es zur Entlastung älterer Arbeitnehmer etc. gibt, bedarf es möglicherweise keiner Startaktion. Vielleicht wird ja nicht einmal der Begriff „Diversity Management" verwendet. In solchen Unternehmen kann es genügen, die Kommunikation in Richtung auf gegenseitigen Respekt zu verstärken.

Die Frage, ob eine Top-down-Einführung besser ist als die Bottom-up-Implementierung, muss jedes Unternehmen für sich entscheiden. Bei Bottom-up ist die Unterstützung durch die breite Belegschaft wahrscheinlich. Bei einem Top-down-Ansatz ist das Commitment der Unternehmensleitung vorhanden und meist auch ein Budget für die Umsetzung. Optimal ist natürlich eine Einführung, bei der beide Seiten engagiert sind.

3.1 Status-quo-Analyse

Auf jeden Fall empfiehlt sich eine Bestandsanalyse für jedes Unternehmen. Diese besteht aus einem quantitativen und einem qualitativen Teil. Der quantitative Teil widmet sich der aktuellen Situation: Wie viel Mitarbeitende hat das Unternehmen, wie hoch in der Frauenanteil, wie hoch ist er bei den Führungspositionen? Wie sind die Altersverteilung und das Durchschnittsalter, wie die Behindertenquote? Gibt es Mitarbeiter ohne deutschen Pass? Wie viele von ihnen nehmen eine Führungsaufgabe wahr? Wie viele Mitarbeiter und Führungskräfte arbeiten im Ausland? Optimal ist es, wenn Verlaufszahlen für mehrere Jahre vorliegen, weil man so Entwicklungen nachvollziehen und ggf. quantitativ steuern kann.

Die qualitative Analyse untersucht die vorhandenen Aktivitäten. Sie erfolgt durch die „Diversity-Brille", d.h., Projekte, Programme und Aktivitäten, die es im Unternehmen neben Projekten, die sich namentlich dem Thema widmen, bereits gibt, die aber möglicherweise mit einem andern Ziel etabliert worden sind, können dennoch zu den Diversity-Aktivitäten gerechnet werden, wenn sie auch helfen, Minderheiten zu integrieren oder zu halten. Manche Unternehmensleitung wird vielleicht überrascht sein, was bereits alles vorhanden ist, ohne dass sie je formell ein Diversity-Programm gestartet hat.

Gerade im Zusammenhang mit möglichen AGG-Klagen kann es sich für den Verlauf des Prozesses als günstig erweisen, einen solchen Überblick zu haben, mit dem dann vor Gericht argumentiert werden könnte, dass das Unternehmen ja vieles für die Integration von Minderheiten unternimmt und mitnichten eine Kultur pflegt, in der Diskriminierungen und Benachteiligungen gebilligt werden.

3.2 Zieldefinition

Nachdem der Überblick über die Situation im Unternehmen geschaffen wurde – und zwar quantitativ und qualitativ –, sollte ein Ziel definiert werden. Dieses hängt ganz stark von der Unternehmensstrategie ab: Wohin möchte sich das Unternehmen in den nächsten Jahren entwickeln? Will es internationaler oder globaler werden? Will es attraktiv für Frauen sein? Hat es festgestellt, dass die Loyalität der jüngeren Mitarbeiter zu gering ist, es aber einer längern Qualifizierungszeit bedarf, um Führungs- oder Projektverantwortung zu übernehmen? Ist der Firmensitz in einem strukturschwachen Gebiet, das wenig attraktiv ist und kaum Nachwuchs anlockt?

Je nach Unternehmensziel und aktueller Situation wird es zu qualitativen und/oder quantitativen Zielen kommen. Auch die Formulierung von Quoten kann ein Weg sein, hängt aber wieder von der jeweiligen Unternehmenskultur ab. Man kann auch Maßnahmen für einzelne Mitarbeitergruppen durchführen, was einige Großunternehmen durchaus machen. Andere sagen, dass die Arbeitswelt bereits heute integriert funktioniert, und trennen die einzelnen Mitarbeitergruppen grundsätzlich nicht. Allenfalls, um das Veränderungstempo zu erhöhen, werden Maßnahmen für einzelne Gruppen durchgeführt.

Diversity ist keine Frage der Sozialromantik. Sofern Diversity an die Unternehmensstrategie gekoppelt ist, lassen sich auch pro-aktive Maßnahmen für einzelne Mitarbeitergruppen i. S. von § 5 AGG-verträglich durchführen, ohne dass darin eine unzulässige Benachteiligung i.S. der §§ 7 und 1 AGG läge. Diversity zielt auf einen respektvollen Umgang aller miteinander und bezieht dadurch alle ein – „Inclusion". In letzter Instanz geht es immer um Optimierungen im wirtschaftlichen Agieren, aber gleichzeitig auch um die pro-aktive Auseinandersetzung mit Mitarbeiterwünschen und -bedürfnissen. Dies wird mit einem missverständnisfreien Miteinander eher erreicht als durch die Erwartung, dass sich die Minderheiten an eine Dominanzkultur anpassen. Für eine solche Vermeidung von Missverständnissen müssen möglichst alle Mitarbeiter sich und ihre jeweiligen kulturellen Hintergründe, aber auch die ihrer Kollegen, verstanden haben.

3.3 Entwicklung einer Strategie

Aus den Zielen wird eine Strategie zur Erreichung der Ziele erarbeitet. Sie besteht aus der Kombination von Maßnahmen, stellt Ressourcen bereit, klärt Schnittstellen mit anderen Bereichen des Unternehmens, zielt auf Wettbewerbsvorteile und benennt Synergien, die durch die Umsetzung der Strategie erzielt werden sollen.

Idealerweise ist auch diese an die Unternehmensstrategie gekoppelt und nicht losgelöst zu betrachten. Sie ist Teil der Personalstrategie. Der Strategieprozess wird regelmäßig durchgeführt und aktuellen Herausforderungen angepasst.

Ein von der Personal- oder Unternehmensstrategie losgelöstes Diversity Management bliebe bei reinem Verantwortungshandeln gegenüber den Mitarbeitenden stehen und trüge nicht automatisch zum Gelingen des Unternehmens bei. Es liefe Gefahr, bei Restrukturierungen leichter zur Disposition gestellt zu werden.

3.4 Stakeholder-Analyse

Zu den „Beteiligten" am Unternehmensgeschehen aus der Perspektive des Diversity Managements gehören die unmittelbar Betroffenen, also zum Beispiel Frauen und Männer, Jüngere und Ältere, Inländer und Ausländer, Behinderte und nicht Behinderte, Heterosexuelle und Homosexuelle (sowie Transsexuelle). Was immer man für diese Gruppen jeweils unternimmt, wird an Ressourcen (Geld und Zeit) nicht mehr für andere aufgewendet werden können. Allerdings lässt § 5 AGG solche „positiven Maßnahmen" ja ausdrücklich zu.

Im Sinne der „Betriebshygiene" ist das nicht immer gerne gesehen – vor allem bei denen, die nicht in den Genuss der jeweiligen Maßnahme kommen. Sie könnten damit auch die Gegner bei der Durchführung einer solchen Aktion sein. Wenn es sich zudem noch um Entscheidungsbeteiligte handelt, die (unentdeckt) ihre eigenen Ziele verfolgen, kann ein an sich positiv angelegtes Projekt auch verhindert werden. Wichtig ist deshalb eine frühzeitige, umfassende und regelmäßige Kommunikation, die über den Stand der jeweiligen Aktion informiert.

Wie bei jedem Change-Projekt kommt es deshalb darauf an, eine sorgfältige Stakeholder-Analyse vorzunehmen und rechtzeitig alle Beteiligten zu informieren. Stakeholder in Unternehmen mit gewählten Betriebsräten sind auch die Arbeitnehmervertretungen, zumindest bei informations- und mitbestimmungspflichtigen Maßnahmen.

3.5 Maßnahmen

Aus der Strategie ergeben sich konkrete Maßnahmen. Meist geht es im Ziel ja um einen Bewusstseinswandel, also die Vielfalt als Chance und nicht als Risiko zu betrachten. Bewusstseinswandel erfolgt zu einem großen Teil über permanente Kommunikation. Diese reicht jedoch nicht aus, wenn man den Wandel lediglich seiner immanenten organischen Entwicklungsgeschwindigkeit überlässt. Beispielsweise wären Frauen im Management erst ca. im Jahre 2100 halbwegs paritätisch vertreten, wenn das heutige Entwicklungstempo beibehalten würde. Also braucht es Maßnahmen, die Katalysatorfunktion haben. Natürlich nur dann, wenn die Erhöhung des Frauenanteils in Führungspositionen ein erklärtes Ziel ist.

Diese hängen davon ab, was man erreichen möchte. Mehr Frauen im Management? Vielleicht hilft ein Mentoring-Programm für weibliche High Potentials. Mehr Ausländer in Führungspositionen? Vielleicht kann man bei der Auswahl stärker hoch qualifizierte Bewerber mit Migrationshintergrund gewinnen und diese gezielt entwickeln. Mehr Motivation und Leistungsbereitschaft bei älteren Mitarbeitern? Vielleicht ergibt eine Überprüfung der Personalprozesse, dass es einen Filter in Bezug auf das Alter gibt, womit Menschen oberhalb einer bestimmten Altersgrenze doch nicht mehr gefördert und gefordert werden, was sich im Einzelfall negativ auf ihre Motivation auswirken kann. Sollte dies der Fall sein, empfiehlt es sich, gezielt Mitarbeiter aus diesen Gruppen zu fördern und dies betriebsintern auch zu kommunizieren. Eine höhere interkulturelle Kompetenz bei Führungskräften und Mitarbeitenden? Wenn es Auslandsstationen gibt, könnten nationale Mitarbeiter entsandt werden. Auch Drittlandsentsendungen können ein probates Mittel sein.

Manche Unternehmen haben interne Netzwerke für einzelne Diversity-Gruppen: Homosexuelle, türkische Mitarbeiter, weibliche Führungskräfte, junge Mitarbeitende etc. Wenn es in eine Unternehmenskultur passt, kann es durchaus sinnvoll sein, solche Netzwerke zu unterstützen. Sind es keine reinen „Jammer"-Veranstaltungen, kann der dort gewonnene Input sinnvoll sowohl für das missverständnisfreie Miteinander im Unternehmen sein, aber auch Input für zielgruppengerechte Produkte für den Außenmarkt liefern. Er kann zudem Basis für aufzusetzende Projekte zur besseren Integration der jeweiligen Gruppe sein.

3.6 Kommunikation

Bei jedem Veränderungsprozess ist eine permanente Kommunikation über erreichte Etappen und Zwischenziele sinnvoll, um den nicht direkt betroffenen Teil der Mitarbeiter nicht zu verlieren, so auch in Bezug auf den gesamten Diversity-Komplex, was sich vor allem in der Zeit unmittelbar nach der Einführung besonders empfiehlt. Aber auch die einzelnen Dimensionen oder Maßnahmen zu den Merkmalen sollten der Betriebsöffentlichkeit durch das jeweils geeignete Medium nahegebracht werden.

Wenn zum Beispiel ein Projekt zur besseren Integration von bestimmten Menschen mit Behinderung über das Intranet oder die Betriebszeitung vorgestellt wird, nehmen es auch die nicht direkt angesprochenen Behinderten wahr und engagieren sich umso stärker in ihrer Arbeit, da sie ja erfahren, dass das Unternehmen verantwortlich auch für diese Beschäftigtengruppe handelt.

Auch die Unterstützung von externen Diversity-Gruppen kann eine positive Signalwirkung nach innen entfalten. Unterstützt ein Unternehmen zum Beispiel den „Christopher Street Day" und berichtet darüber nach innen, kann das bei Homosexuellen, die nicht wagen, sich authentisch zu verhalten, ihren Mut mobilisieren, sich nicht mehr zu verstellen, was sich positiv auf ihre Arbeitsleistung auswirken kann. Es gibt leider noch immer zu viele negative Beispiele von homophoben Arbeitskulturen, in denen Homosexuelle ihre sexuelle Identität verbergen müssen, ganze Legenden über ihr Privatleben erfinden und ständig darauf achten müssen, sich nicht zu versprechen. Dass sich dies auf ihre Arbeitsleistung auswirkt, bedarf kaum eines weiteren Nachweises. Eine Unternehmenskultur, die alle Menschen in ihrer Eigenart und, so sie sich im Rahmen der geltenden Gesetze bewegen, respektiert, mobilisiert automatisch Reserven. Eine ausklammernde Kultur reduziert Arbeitsleistung.

Es ist Aufgabe der Unternehmensleitung, ihre positive Haltung zur Vielfalt auch dahingehend zu flankieren, dass sie von allen im Unternehmen Respekt für das „Anderssein" einfordert.

3.7 Controlling

Wie bei jedem anderen Projekt oder jeder anderen Maßnahme auch, empfiehlt es sich, ihre Wirksamkeit zu überprüfen. Dafür kann man Projekte zunächst einmal pilotieren und nach der vereinbarten Zeit ihre Ergebnisse überprüfen. Dazu muss bei jeder einzelnen Maßnahme festgelegt werden, welches quantitative oder qualitative Ziel erreicht werden soll. Wenn es nicht erreicht wurde, stellt sich die Frage, ob es dafür nachvollziehbare Gründe gibt. Danach wird die Entscheidung über die Fortführung oder Beendigung des begonnenen Projekts getroffen.

Aber auch bei der Mitarbeiter-Struktur kann eine jährliche Analyse Aufschluss geben über Steuerungsmöglichkeiten. Hat sich ein Unternehmen quantitative Ziele für einen gegebenen Zeitraum gegeben, sind diese grundsätzlich einfacher zu kontrollieren als qualitative.

Wie misst man nun, ob sich die Unternehmenskultur verändert hat?

Das Unternehmen kann Mitarbeiterbefragungen z.B. zur Motivation durchführen, um so im Vergleich mit den Ergebnissen zum letzten Erhebungszeitraum Veränderungen feststellen zu können. Man kann aber auch Relationen bilden über die Zufriedenheit in bestimmten Gruppen (Frauen, Männer, Jüngere, Ältere etc.). Auf jeden Fall sollte sich die Unternehmensleitung regelmäßig ein Bild machen über den Status bzw. den Fortschritt in Veränderungsprozessen. Darin liegt zum einen ein Signal gegenüber der Betriebsöffentlichkeit, zum anderen eine unverzichtbare Voraussetzung, wirksam den Lenkungsaufgaben nachzukommen.

4. Managing Diversity

Ist Diversity Management zunächst eine statische Betrachtung, so zielt Managing Diversity darauf, die Vielfalt zu organisieren und sie – ähnlich wie bei einem Orchester – zu einem optimalen Ganzen zusammenzufügen.

„Managing Diversity ist eine personalwirtschaftliche und organisatorische Orientierung des Managementhandelns, das die vorhandene menschliche Vielfalt betriebswirtschaftlich relevant entwickelt und nutzt."[8] Es geht dabei um den Abbau von Dominanzkulturen, um die Erneuerung von Organisationen als soziale Systeme und letztlich um die Freude an und in der Verschiedenheit. Dazu müssen Unterschiede zunächst einmal überhaupt wahrgenommen werden. Danach ist die positive Auseinandersetzung mit dem „Anderssein" angesagt. Es muss sozusagen „hoffähig" werden oder besser: Es darf nicht länger Gegenstand von Diskussionen und besonderen Behandlungen sein. „Anders sein zu dürfen als die Mehrheit, ist in unserem Unternehmen nicht nur eine Selbstverständlichkeit, sondern wir begrüßen Menschen, die in bestimmten Ausformungen ihres Daseins von der Mehrheit abweichen, ausdrücklich als willkommene Bereicherung." So etwa könnte ein Credo eines modern geführten Unternehmens lauten.

Für die möglichst missverständnisfreie Kommunikation im Unternehmen sind aber nicht alle Diversity-Dimensionen relevant. Kulturelle Unterschiede, Prägungen durch die jeweilige Generation und das Geschlecht sind entscheidend. Jeder Mensch hat zunächst ein egozentrisches Weltbild und gleicht die anderen Menschen an seinen Werten ab. Wenn man davon ausgeht, dass die drei genannten Dimensionen die differenzierenden sind, kann Kommunikation nur gelingen, wenn man ein Verständnis über diese Differenzierungsmerkmale besitzt. Überträgt man die drei prägenden Dimensionen Kultur, Alter und Geschlecht, auf denen das Wertesystem eines jeden Menschen fußt und die ihn von anderen unterscheiden, auf ein Koordinatensystem (Geschlecht, Alter und Kultur je eine Achse), dann repräsentiert jeder Mensch mit seinen Werten einen Punkt in diesem Raum. Man kann sich gut vorstellen, dass die Kommunikation mit anderen „Punkten" umso schwieriger ist, je weiter sie im Raum entfernt sind.

---

[8] Iris Koall, Münster (2001)

V. Pro-aktive Auseinandersetzung mit dem AGG: Diversity Management   147

Da die Unternehmensbelegschaften „bunter", also vielfältiger werden, ist es zumindest wichtig, Kenntnis über die Gründe der Unterschiede zu haben und gerade nicht davon auszugehen, dass es ein gemeinsames Verständnis der Dinge gibt. In der Interaktion können dann die unterschiedlichen Begriffe geklärt werden.

4.1 Kultur

Es gibt drei Grobtypen von Kulturen[9]: linear aktive, multi-aktive und reaktive Kulturen. Linear aktive Kulturen zeichnen sich durch Planung, Einhalten der Pläne, Einhaltung von Arbeitsabläufen, Pünktlichkeit, Geduld, Auftragsbezogenheit, Personenunabhängigkeit, Sachlichkeit, Rationalität etc. aus. Protagonisten sind Deutschland, Österreich, die Schweiz, die USA und Großbritannien, Kanada, Australien, Südafrika und Skandinavien.

Die multi-aktiven Kulturen sind ungeduldig, emotional, bringen Arbeitsschritte durcheinander, sind personenbezogen, unpünktlich, machen mehrere Dinge zur gleichen Zeit, suchen Gefälligkeiten, sind sehr gesprächig. Zu ihren Protagonisten gehören sämtliche „Latinos", also Spanier, Südamerikaner, Italiener, aber auch Inder, Russen und Tschechen sowie viele Afrikaner.

Die reaktiven Kulturen haben einige Überschneidungen mit den linear-aktiven. So sind auch sie geduldig und pünktlich. Allerdings sind sie auch personenbezogen (Analogie zu den multi-aktiven Kulturen), müssen ihr Gesicht wahren, wahren auch das des Gegenübers, sind gute Zuhörer, legen sich nicht fest und sind sehr flexibel. Protagonisten sind die asiatischen Staaten wie China, Vietnam, Korea, aber auch die Türkei und Finnland.

Es gibt dann noch die Kulturen, die Elemente von jeweils zwei Typen besitzen. Mit dem Kultur-Modell von Lewis wird klar, dass man nicht davon ausgehen kann, dieselben Vorstellungen zu besitzen.

4.2 Alter

Selbst wenn man innerhalb eines Kulturkreises aufgewachsen ist, aber verschiedenen Generationen angehört, kann man nicht davon ausgehen, dass man über dieselben Werte und Vorstellungen wie alle anderen Jüngeren oder Älteren verfügt.

---

9   Richard D. Lewis et al., London, 1999.

Bezogen auf die Arbeitswelt sind gegenwärtig vier Generationen in den Unternehmen präsent: die Veteranen, die Babyboomer, die Generation X und die Nexters.[10] Sie alle sind in unterschiedlichen Zeiten geprägt worden, in denen die politischen und wirtschaftlichen Rahmenbedingungen ausschlaggebend sind, aber auch die Kultur, also Musik, Filme, Literatur. Es macht eben einen Unterschied, ob ein Mensch in eine Kriegszeit oder eine Zeit des Überflusses hineingeboren wurde.

Bei den Unterscheidungen handelt es sich um Stereotypisierungen, die der Verdeutlichung dienen sollen, weshalb sie auch nicht für alle Menschen der jeweiligen Generation zu 100 % zutreffen. Ebenso sind die Zuordnungen nach Geburtsjahren je nach Quelle unterschiedlich und damit auch anders definierbar.

Die Veteranen sind ca. vor 1945 geboren, haben ein hohes Arbeitsethos. Sie sind loyal, verlässlich, diszipliniert, pflichtbewusst, hierarchisch orientiert, dennoch gute Teammitglieder.

Die Babyboomer – geboren ca. zwischen 1945 und 1965 – sind auch noch arbeitsorientiert, sie sind aktiv, Welt gestaltend, aggressiv, als Führungskräfte kollegial und konsensorientiert (viele 68er gehören in diese Generation!), Partizipation, Fairness und Gleichberechtigung sind dieser Altersgruppe wichtig.

Die Generation X – geboren ca. zwischen 1965 und 1980 – ist als Teil der Erbengeneration schon viel mehr an einem Ausgleich zwischen Arbeit und Privatleben interessiert. Sie ist individualistisch, skeptisch und unabhängig. Als Führungskräfte sind ihre Angehörigen unprätentiös und geradlinig. Sie übernehmen Führungsverantwortung überhaupt nur, wenn die Aufgabe eine interessante Herausforderung darstellt, nicht wegen der „fringe benefits" wie Dienstwagen, großes Büro und Zimmerpflanze.

Die ca. nach 1980 geborenen Nexters gelten als selbstbewusst, konsumverwöhnt, multitasking-fähig, optimistisch, sehr mobil. Sie sind digital sozialisiert („homo zappiens"), offen für Veränderungen und neue Technologien.

Bedenkt man, dass jeder seine Werte für die richtigen hält, sich mit dem Verhalten der anderen Mitmenschen auseinandersetzt und darüber mit Unverständnis reagiert, dann wäre es sicher hilfreich zu verstehen, warum die anderen Generationen anders sind. Aus der Perspektive der beiden älteren Generationen können die eher an Freizeit orientierten jüngeren nicht arbeiten. Aus deren Sicht arbeiten hingegen die älteren zu viel. Die Babyboomer, die mit der 68er-Revolte antiautoritärer wurden, empfinden ihre Vorgängergeneration naturgemäß als zu diktatorisch. Sie selbst wiederum werden häufig auch als zu politisch eingestuft. Die Unmutsäußerungen der beiden jüngeren Generationen über die Art der Aufgabenzuteilung werden von den älteren als Ungeduld im Hinblick auf die berufliche Entwicklung fehlinterpretiert. In Wirklichkeit wollen die jüngeren jedoch in ihrer Arbeit einen sinnvollen Beitrag zum Gelingen des Ganzen leisten. Folglich sollten sie mit ganzen Projekten betraut werden und nicht mit Einzelbestandteilen, bei denen das Ganze unsichtbar bleibt.

---

10   Zemke, R. et al., New York, 2000. Es gibt aber auch noch andere Bezeichnungen anderer Autoren.

Als ein Ergebnis des so genannten Bologna-Prozesses kommen Akademiker früher in die Unternehmen. Mit der Verlängerung der Lebensarbeitszeit bleiben die Mitarbeitenden länger. Das heißt, die Altersspanne wird größer und damit auch die Anforderung an gegenseitigen Respekt und an das Verstehen des Andersseins.

4.3 Geschlecht

Über die Unterschiede und Gemeinsamkeiten von Frauen und Männern ist so viel geschrieben worden, dass damit ganze Bibliotheken gefüllt werden können. Hier soll deshalb eine Reduktion auf das für das Arbeitsleben Relevante erfolgen. So gibt es auch in der Dimension „Geschlecht" Kulturunterschiede. Anders als in der Emanzipationsbewegung der 70er Jahre angenommen, gibt es keine Höher- oder Geringerwertigkeit zwischen den Geschlechtern. Männer und Frauen sind grundverschieden. Obwohl es auch einen großen Überlappungsbereich gibt – nämlich immer dann, wenn Frauen hohe männliche Anteile haben oder Männer hohe weibliche – so lassen sich dennoch regelmäßig bestimmte Attribuierungen klar zuordnen: Z. B. Männer agieren zielorientiert, Frauen wegorientiert.

Besonders auch bei der Kommunikation gibt es relevante Unterschiede, die das missverständnisfreie Miteinander beeinträchtigen können. So sind die meisten Männer in ihren Wortbeiträgen dominanter, lauter, behaupten auch nicht Gesichertes, sind aggressiver, emotionsloser. Sie unterbrechen häufiger, kommunizieren einfacher und sind hierarchisch orientiert. Frauen kommunizieren emotionaler, unsicherer, verbindlicher, zurückhaltender, integrativer, passiver, leiser, offener, sie stellen mehr Fragen und benutzen mehr Konjunktive.

Auch wenn das sehr vereinfachende Zuordnungen sind, ist es doch wichtig zu verstehen, dass eine starke Kommunikation nicht automatisch mit Handlungsstärke gleichzusetzen ist und umgekehrt eine defensivere nicht mit Handlungsschwäche.

Insgesamt kann eine Kommunikation im heterogenen Kontext nur gelingen, wenn man sich der Unterschiede bewusst ist und sie grundsätzlich versteht.

5. Diversity Management bei Deutsche Lufthansa AG[11]

Lufthansa war das erste deutsche Unternehmen, das Diversity Management in Deutschland eingeführt hat, ohne dass es entweder von einer amerikanischen Muttergesellschaft dazu aufgefordert wurde oder durch einen Zusammenschluss mit einem US-amerikanischen Unternehmen einen Teil der dort vorhandenen Personalpolitik übernommen hat.

5.1 Einführung

Im August 2000 entschied der Vorstand über die Einrichtung einer Einheit „Change Management und Diversity". Sie ist im Bereich der Konzern-Personalpolitik im Ressort des Vorstands Human Resources und Aviation Services angesiedelt. Andere Unternehmen greifen den Marktaspekt mit auf und siedeln Diversity beim Vorstandsvorsitzenden oder in anderen Einheiten an. Auch in Bezug auf die Reportingfolge gibt es unterschiedliche Lösungen in Deutschland. Es gibt hier z.B. auch Unternehmen, die sich weiterhin auf Chancengleichheit lediglich der Geschlechter beschränken, dafür aber die Bezeichnung „Diversity" verwenden, weil sie neutraler ist. Bei Lufthansa werden alle Dimensionen (Geschlecht, Alter, Herkunft, Behinderung und sexuelle Identität) berücksichtigt.

Anders als das Thema „Chancengleichheit für Frauen und Männer", das sich bei Lufthansa in den 70er Jahren etabliert hatte, ist die Einführung von Diversity eher ein Top-down- als ein Bottom-up-Ansatz, wie er bei der Einführung von Chancengleichheit zum Tragen kam. Alle Merkmale, die nun in der Diversity-Einheit gebündelt sind, gehörten in verschiedenen personalpolitischen Einheiten bereits seit Jahrzehnten zur täglichen Praxis. Neu waren lediglich die Bezeichnung und die Bündelung. Eine solche Bündelung bietet die Gelegenheit zum Vergleich von Ressourcenallokation für die verschiedenen Gruppen. Beispielsweise ließ sich feststellen, dass für ca. 40 % der Mitarbeitenden, die Frauen, weniger Aufwand betrieben wurde, als für ca. 3 % aller Mitarbeiter, die einer anderen Gruppierung zuzurechnen waren, die Menschen mit Behinderung. Zwar ist dieser Aufwand gesetzlich vorgegeben, die verstärkte Administration garantiert aber noch lange nicht, dass allein durch sie schon etwas zur besseren Integration dieser Mitarbeitergruppe geschehen würde. Vielmehr bindet das sich ständig (sicherlich in guter Absicht) verdichtende Regelwerk auf Seiten des Managements überproportional viel Zeit, die möglicherweise bei der direkten Zuwendung zu diesem Personenkreis besser investiert wäre.

Auch Mitarbeitende mit Migrationshintergrund hatten eine relativ schwache Lobby, was sich erst nach und nach mit der stärkeren Internationalisierung des Unternehmens veränderte.

---

11 S.a. www.lufthansa.com -> Konzern -> Verantwortung

5.2 Status quo

Von den 94.510 Mitarbeitenden im Jahr 2006 waren:

Mitarbeitende: 94.510 Beschäftigte 2006 (LH-Konzern)

Internationalität

- MA aus **145** Nationen arbeiten im Konzern
- MA aus **123** Nationen arbeiten in Deutschland
- **33,8 %** Anteil Beschäftigte außerhalb Deutschlands
- **12,3 %** der MA in Deutschland ohne deutschen Pass
- **6,4 %** der Führungskräfte ohne deutschen Pass
- stärkste Minderheiten: Österreicher, Türken, Italiener
- Führungskräfte: USA, Großbritannien, Österreich

Abbildung 3: *Struktur der Mitarbeiter bei Lufthansa 2006*

Lufthansa steuert ihre Personalpolitik nicht über Quoten, sondern über qualitative Ziele. Allenfalls Aussagen, wie etwa, dass der Anteil internationaler Erfahrung steigen soll, finden sich in den strategischen Zielen. Das Unternehmen verfolgt jedoch stetig die Entwicklungszahlen, um bei nicht erwünschten Effekten gegensteuern zu können.

Der Blick auf das sich verändernde Durchschnittsalter im Konzern zeigt eine leichte Veränderung, die aber zu keinerlei Konsequenzen führte:

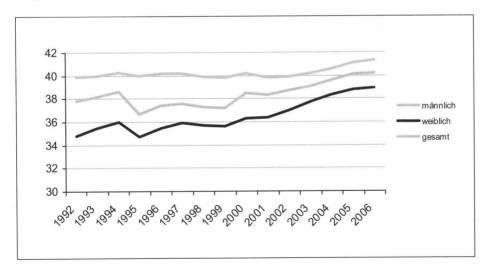

Abbildung 4: *Entwicklung des Durchschnittsalters 1992 – 2006*

Unter dem Begriff „Führung" finden sich bei Lufthansa zwei Gruppen. Einerseits sind es die Leitenden Angestellten im Sinne des § 5, Abs. 3 BetrVG, andererseits sind es Vorgesetzte mit Personalverantwortung unterhalb dieser Schwelle, also z.B. Meister, Flugkapitäne, Teamleiter etc.

Bei einem Frauenanteil von ca. 40 % sind die Anteile von Frauen in den Leitungsfunktionen eher gering, obwohl sie über dem deutschen Durchschnitt liegen.

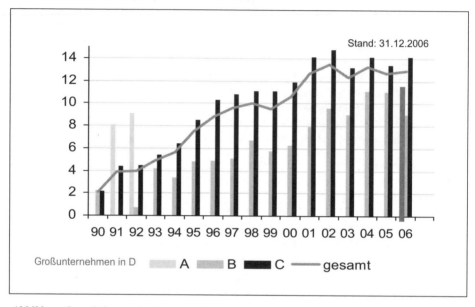

Abbildung 5: *Führungskräfte bei Lufthansa in den Leitungsebenen A, B und C in Prozent*

Zur Erläuterung: Leitungsebene „A" liegt direkt unterhalb des Vorstands (im Allgemeinen Bereichsvorstand, Bereichsleiter oder Geschäftsführer einer Konzerngesellschaft). Entsprechend nachfolgend „B": Hauptabteilungsleiter oder Geschäftsführer einer mittleren Gesellschaft, „C": Abteilungsleiter oder Geschäftsführer einer kleineren Gesellschaft, wobei sich diese klassischen historischen Bezeichnungen mehr und mehr verlieren.

Beim Anteil der Frauen in Vorgesetztenfunktionen einschließlich der vorbeschriebenen Leitungsebenen ergibt sich folgendes Bild:

V. Pro-aktive Auseinandersetzung mit dem AGG: Diversity Management

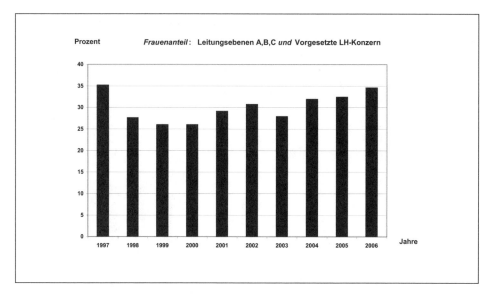

Abbildung 6: *Frauen als Vorgesetzte*

Bei den Pilotinnen hat es eine erfreuliche Entwicklung gegeben. Selbst wenn die Zahl noch immer gering ist, was mit der geringen Bewerberzahl zusammenhängt, gibt es einen deutlichen Trend nach oben.

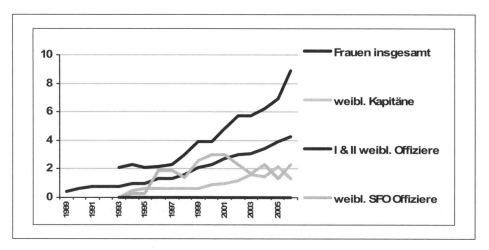

Abbildung 7: *Frauen im Cockpit*

Erläuterung: Offiziere sind Copiloten und SFO „Senior Flight Officers". Das sind Copiloten, die während eines Langstreckenfluges den Platz des Kapitäns – allerdings nicht während des Starts und der Landung – einnehmen dürfen.

Teilzeitarbeit hat sich bei Lufthansa in den vergangenen knapp zwei Dekaden zu einem Flexibilisierungsinstrument, um der Volatilität des Geschäftes auf der Personalseite zu begegnen, entwickelt. Aus diesem Grunde wird diese Arbeitsform längst nicht mehr nur von gering qualifizierten Frauen oder von Frauen in der Familienphase genutzt. Auch viele hoch qualifizierte Mitarbeitende nutzen sie, um geänderten Anforderungen an ihre Zeit oder privaten Vorstellungen zu entsprechen.

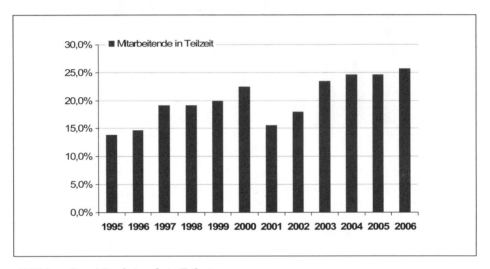

Abbildung 8: Mitarbeitende in Teilzeit

Folglich ist auch der Männeranteil an den Teilzeit-Mitarbeitenden sehr hoch.

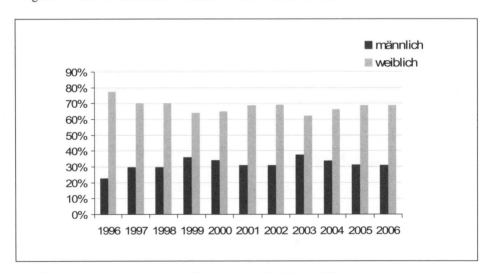

Abbildung 9: Anteil Männer und Frauen unter den Teilzeit-Mitarbeitenden

V. Pro-aktive Auseinandersetzung mit dem AGG: Diversity Management 155

5.3 Aktivitäten

Da Lufthansa ausdrücklich die Einbeziehung aller (Inclusion) zum Ziel hat, gibt es nur relativ wenige Einzelmaßnahmen für bestimmte Gruppen. Diese werden auch nicht regelmäßig aus der dafür verantwortlichen personalpolitischen Organisationseinheit initiiert, sondern finden – der allgemeinen Globalisierungsphilosophie folgend – überwiegend dezentral in den Konzerngesellschaften, und auch im Ausland in Abhängigkeit von Regulierung, Kultur und Mentalität statt. Eine Steuerung durch die Zentrale existiert nicht bzw. nur auf Wunsch oder wenn übergeordnete Verpflichtungen eine zentrale Steuerung erfordern.

Bei allen Diversity-Gruppen gibt es stets eine flankierende Kommunikation, da das Ziel jeglicher Diversity-Arbeit vor allem im Bewusstseinswandel besteht.

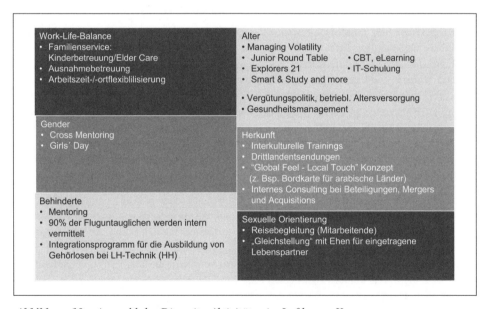

Abbildung 10: Auswahl der Diversity-Aktivitäten im Lufthansa-Konzern

Wie in Abbildung 10 dargestellt, gibt es für Frauen und Männer zahlreiche Möglichkeiten zur besseren Vereinbarkeit von Arbeit und Privatleben. Dazu nimmt das Unternehmen Rücksicht auf die Wünsche der Mitarbeitenden, indem im Rahmen des betrieblich Machbaren, immer mehr Arbeitszeit flexibilisiert (und auch verkürzt) wird. Nahezu alle sachdienlichen Arbeitszeitmodelle gibt es innerhalb des Unternehmens. Dabei sehen die Lösungen für Schichtmitarbeitende natürlich anders aus als für das Bordpersonal, das auf Grund sehr komplizierter, weil durch viele auch externe Parameter (gesetzliche Arbeits- und Ruhezeitenregelungen) Vorgaben eingeteilt wird. Noch unterschiedlicher, aber wesentlich einfacher sind die Modelle für das administrative Personal. Zur internen Bereitschaft, auf die Wünsche der Mitarbeitenden einzugehen, kommt noch eine weitere Hilfestellung, die Organisation von Betreuungsinfrastruktur. Ein Vertrag mit dem externen Dienstleister „Familienservice" sichert den Mitarbeitenden optimale Lösungen für die Kinderbetreuung und für die notwendige Versorgung von Eltern („elder care"). Lufthansa übernimmt die Kosten für die Beratung und Vermittlung (außer bei Au-pairs), die Mitarbeitenden zahlen die Betreuungskosten. Ferner gibt es Ausnahmebetreuungen für den Fall, dass die Regelbetreuung krank geworden ist, an fast jedem deutschen Standort.

Die Berufstätigkeit von Frauen wird zumindest in den westlichen Kulturkreisen nicht in Frage gestellt. Demzufolge braucht es nicht allzu vieler Katalysatormaßnahmen, um sie auch in verantwortungsvolle Aufgaben zu entwickeln. Deshalb gibt es seit 1998 das von Lufthansa gestartete Cross-Mentoring[12], bei dem Mentee und Mentor aus verschiedenen Unternehmen kommen. Eine der Mentees, die beim Start dieses Programmes beteiligt war, ist heute[13] die einzige Frau im Vorstand eines Dax30-Unternehmens. Ihr Mentor war obere Führungskraft bei Lufthansa.

Im Kontext mit der Geschlechterfrage bleiben noch zwei Herausforderungen offen: der scheinbare Glass-ceiling-Effekt für Frauen, die in die oberen Führungspositionen vorstoßen möchten, und der kulturelle Wandel bei denjenigen Männern, die sich mittlerweile – auf eigenen Wunsch – stärker in der Familienarbeit engagieren. Hier gibt es noch viel zu tun. Manchmal drängt sich leider der Eindruck auf, dass nach durchaus vorzeigbaren Erfolgen in Bezug auf Karrieren von Frauen nun unter den Männern, die um ihr eigenes Fortkommen fürchten und sehr wohl die größer werdende Konkurrenz gut ausgebildeter Frauen wahrnehmen, sich eine gewisse „Verhinderungshaltung" gegenüber dem weiblichen Geschlecht herauskristallisiert.

Für Mitarbeitende aller Altersstufen gibt es ein umfängliches Qualifizierungs- und Weiterbildungsangebot. Dieses wird immer mehr auch von den sog. Senior Professionals genutzt. Ein aus vielen Einzelbestandteilen bestehendes Gesundheitsvorsorgeprogramm – wiederum für alle Altersstufen – hält auch diese fit für den Job. Lufthansa hat sich schon vor Jahren mit den Folgen des demografischen Wandels auseinandergesetzt und viele der erforderlichen Maßnahmen bereits umgesetzt oder eingeleitet. Dies gilt vor allem für langfristige Veränderungen wie Vergütungs- und Versorgungsfragen. Eine zentrale Arbeitsgruppe zum demografischen Wandel widmet sich der Vielzahl von Einzelmaßnahmen, die in Kooperation mit den Konzerngesellschaften umgesetzt werden. Die Handlungsfelder in Bezug auf die erwähnten Senior Professionals sind der Abbildung 11 zu entnehmen.

---

12 Mehr zu diesem Thema, s. Rühl/Hoffmann
13 Bei der Drucklegung dieses Buches

V. Pro-aktive Auseinandersetzung mit dem AGG: Diversity Management

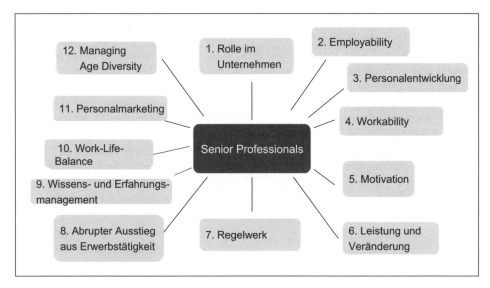

Abbildung 11: Personalpolitische Handlungsfelder als Reaktion auf den demografischen Wandel

Betrachtet man die Dimension „Herkunft", handelt es sich vor allem um das Merkmal „Nationalität", das zwar nicht in die Gründe, wegen derer nach § 1 AGG nicht benachteiligt werden darf, aufgenommen wurde, aber in der betrieblichen Realität durchaus eine Rolle spielt. Mitarbeiter der Lufthansa haben deswegen die Möglichkeit, ihre interkulturelle Kompetenz durch Schulungen und Einsätze im Ausland zu erhöhen. Für die dort eingestellten und beschäftigten Mitarbeitenden gibt es die Möglichkeit zu Entsendungen nach Deutschland („Impatriation") und auch zu Drittlandsentsendungen. Durch Beteiligungen und Zukäufe außerhalb Deutschlands sind die Anforderungen an die internationalen Kompetenzen der Mitarbeitenden gestiegen. Möglicherweise ist die Konzernsprache in naher Zukunft einheitlich Englisch.

Mitarbeitende mit Behinderung erfahren zusätzlich zu den Vorgaben des SGB IX vor allem durch dezentrale Integrationsmaßnahmen zusätzliche Aufmerksamkeit. Zum Beispiel bildet die Lufthansa Technik AG in Hamburg Gehörlose für Berufe in der Flugzeugwartung und -überholung aus und wurde dafür auch schon ausgezeichnet. Außerdem gibt es seit 2002 das bislang in Deutschland noch einzig existierende Mentoring für Mitarbeitende mit Behinderung. Ein Jahr lang haben die Mentees die Möglichkeit, mit einem Mentor oder einer Mentorin aus einer anderen Konzerngesellschaft über ihre berufliche Entwicklung zu sprechen.

Für homosexuelle Mitarbeitende, sofern sie sich nach dem Lebenspartnerschaftsgesetz verpartnert haben, gibt es seit 2001 die Möglichkeit, sämtliche im Manteltarifvertrag wegen familiärer Anlässe geregelten Freistellungen auch für ihre analoge Situation in Anspruch zu nehmen.

Mit dieser auszugsweisen Darstellung von „Diversity-Aktivitäten" im Lufthansa-Konzern sollte ein Praxisbeispiel vorgestellt werden. Es sollte deutlich machen, dass ein Unternehmen auf der einen Seite in nicht unerheblichem Maße ethischen Ansprüchen, die es selbst an sein Handeln stellt oder die von Betroffenen oder auch der Öffentlichkeit erhoben werden, genügen sollte. Gleichwertig daneben wird in der jüngeren Zeit immer klarer, das es sich eine Gesellschaft eben nicht nur aus ethischen, sondern aus unbestreitbaren wirtschaftlichen Gründen gar nicht leisten kann, auf den (Arbeits-)Beitrag von Menschen zu verzichten, die nicht a priori in den Wunschkatalogen derer zu finden sind, die für Einstellung und Beschäftigung in der Industrie die Verantwortung tragen. Erst das vorurteilsfreie Herangehen an diese Menschen, die bestimmten „Gruppen" zugeordnet werden und häufig durch das Gesetz besonderen Schutz genießen, erschließt diesen Personenkreis einer sinnvollen Einordnung in betriebliche Abläufe. Von dieser allein an der Eignung zur Bewältigung einer Aufgabe orientierten Haltung profitieren beide: das Individuum und die Allgemeinheit.

VI. Rechtsgrundlagen und Umsetzung in anderen EU-Staaten

1. Der Vertrag von Amsterdam

Mit dem zum 18. August 2006 in Kraft getretenen Allgemeinen Gleichbehandlungsgesetz (AGG) setzt die Bundesrepublik Deutschland (BR) – wenn auch verspätet – europäisches Recht in deutsches Recht um. Die Grundlagen dieses Gesetzes sind im Einzelnen:

- Die gemeinsame Grundrechtserklärung des Europäischen Parlaments, des Rats und der Kommission vom 5. April 1977
- Die Erklärung des Europäischen Parlaments über Grundrechte und Grundfreiheiten vom 12. April 1989
- Art. 2, 13 und 137 des sog. Amsterdamer Vertrages vom 1. Mai 1999 zur Abänderung des Vertrages zur Gründung der Europäischen Gemeinschaft („Vertrag von Maastricht") vom 1. November 1993.

Der **Amsterdamer Vertrag** auszugsweise

> **Art. 2**
>
> „Aufgabe der Gemeinschaft ist es, ... ein hohes Beschäftigungsniveau und ein hohes Maß an sozialem Schutz, die Gleichstellung von Männern und Frauen ... , die Hebung der Lebenshaltung und der Lebensqualität ... zu fördern."

> **Art. 13**
>
> „Unbeschadet der sonstigen Bestimmungen dieses Vertrages kann der Rat im Rahmen der durch den Vertrag auf die Gemeinschaft übertragenen Zuständigkeiten auf Vorschlag der Kommission und nach Anhörung des Europäischen Parlaments einstimmig geeignete Vorkehrungen treffen, um Diskriminierungen aus Gründen des Geschlechts, der Rasse, der ethnischen Herkunft, der Religion oder der Weltanschauung, einer Behinderung, des Alters oder der sexuellen Ausrichtung zu bekämpfen"

> **Art. 137**
>
> „Zur Verwirklichung der Ziele des Artikels 136 (Förderung der Beschäftigung, Verbesserung der Lebens- und Arbeitsbedingungen, d. Vf.) unterstützt und ergänzt die Gemeinschaft die Tätigkeit der Mitgliedstaaten auf folgenden Gebieten:
>
> - Verbesserung insbesondere der Arbeitsumwelt zum Schutz der Gesundheit und der Sicherheit der Arbeitnehmer,
>
> - Arbeitsbedingungen
>
> - Unterrichtung und Anhörung der Arbeitnehmer
>
> - berufliche Eingliederung der aus dem Arbeitsmarkt ausgegrenzten Personen ...
>
> - Chancengleichheit von Männern und Frauen auf dem Arbeitsmarkt und Gleichbehandlung am Arbeitsplatz."
>
> **Art. 141**
>
> (1) „Jeder Mitgliedstaat stellt die Anwendung des Grundsatzes des gleichen Entgelts für Männer und Frauen bei gleicher oder gleichwertiger Arbeit sicher."
>
> (3) „Der Rat beschließt ... Maßnahmen zur Gewährleistung der Anwendung des Grundsatzes der Chancengleichheit und der Gleichbehandlung von Männern und Frauen in Arbeits- und Beschäftigungsfragen, einschließlich des Grundsatzes des gleichen Entgelts bei gleicher oder gleichwertiger Arbeit."

Dieses sehr umfangreiche Vertragswerk bildet die Grundlage für die vier nachfolgend behandelten Richtlinien. Mit ihm werden den Organen der EU u.a. auf den Gebieten Arbeitsbeziehungen und Sozialpolitik sehr umfangreiche Rechte eingeräumt. Zwar bleibt nach Wortlaut des Vertrages die Gestaltung des Arbeitsrechts Sache der einzelnen Mitgliedstaaten, wobei die EU allerdings „Unterstützung" zusagt. Auf der anderen Seite heißt es aber auch recht klar, dass die Gemeinschaft befugt ist, durch den Erlass von Richtlinien auf den Gebieten u.a. Arbeitsbedingungen, Arbeitssicherheit, Unterrichtung und Anhörung der Arbeitnehmer, berufliche Eingliederung und Förderung der Arbeitnehmer und Förderung der Chancengleichheit und der Gleichbehandlung von Männern und Frauen, insbesondere bei Entgelt für gleiche oder gleichwertige Arbeit Mindeststandards zu setzen.[1]

Es ist also erkennbar, dass die EU sich schon seit vielen Jahren die Verbesserung der Arbeitsbedingungen im weitesten Sinne auf die Fahnen geschrieben hat und nach der umfassenden Festlegung der Grundsätze in den Verträgen von Maastricht und Amsterdam nach und nach daran gegangen ist, diese Absicht in mehreren sehr umfassenden und detaillierten Richtlinien umzusetzen.

---

1 Vgl. zum Gesamtthema Model, Rdn. 638

Hierbei entsteht manchmal der Eindruck, dass die Themen doppelt angesprochen und – zumindest für deutschen Geschmack – bisweilen auch etwas umständlich und vor allem nicht sehr lesefreundlich abgehandelt werden.

Sicherlich ist es zu begrüßen, wenn, bei Wahrung der einzelstaatlichen Individualitäten und Besonderheiten, im Hause Europa eine gewisse rechtliche Einheitlichkeit erarbeitet wird, um im Zuge der rasant zunehmenden Internationalisierung der Industrie und des gesamten Arbeitslebens wenigstens annähernd gleiche Bedingungen zu schaffen, um einzelstaatliche Mindestlohnregelungen zu vermeiden, ohne dass dadurch unvertretbare Nachteile für Arbeitnehmer eines bestimmten Landes entstehen.[2]

Diese Grundakzeptanz europäischer Gesetzesarbeit sollte indessen nicht dazu verleiten, alles, was „von Brüssel" kommt, kritiklos zu übernehmen bzw. bei der Umsetzung der Vorgaben in nationales Recht immer noch ein bisschen mehr zu tun als das, wozu man verpflichtet ist. Es sollte sowohl bei denjenigen, die von den Gesetzen unmittelbar betroffen sind, wie auch bei denen, die wegen ihres Berufes mit ihnen umzugehen haben, möglichst schon im Vorfeld des Erlasses von Richtlinien mit genauem Blick darauf geachtet werden, welche Position unsere Vertreter bei der Diskussion neuer Richtlinien einnehmen und ob denn der Bundestag sein Recht auf Anhörung genutzt hat.[3]

2. Die EU-Richtlinien

Die vier Richtlinien, die mit dem Allgemeinen Gleichbehandlungsgesetz (AGG) vom 18. August 2006 in nationales Recht umgesetzt wurden:

- **Richtlinie 2000/43 EG des Rates vom 29. Juni 2000**

zur Anwendung des Gleichbehandlungsgrundsatzes ohne Unterschied der Rasse oder der ethnischen Herkunft („Antirassismus-Richtlinie"). Grundlage ist Art. 13 des Vertrages von Amsterdam.

- **Richtlinie 2000/78 EG des Rates vom 7. November 2000**

zur Festlegung eines allgemeinen Rahmens für die Verwirklichung der Gleichbehandlung in Beschäftigung und Beruf. Grundlage ist Art. 13 des Vertrages von Amsterdam.

- **Richtlinie 2002/73 EG des Europäischen Parlaments und des Rates vom 23. September 2002**

---

2 Vgl. Model ebenda
3 Art. 23 GG

zur Änderung der Richtlinie 76/207 EWG des Rates zur Verwirklichung des Grundsatzes der Gleichbehandlung von Männern und Frauen hinsichtlich des Zugangs zur Beschäftigung, zur Berufsbildung und zum beruflichen Aufstieg sowie in Bezug auf die Arbeitsbedingungen.

Grundlage ist im Wesentlichen Art. 141 Abs. 3 des Vertrages von Amsterdam.

- **Richtlinie 2004/113 EG des Rates vom 13. Dezember 2004**

zur Verwirklichung des Grundsatzes der Gleichbehandlung von Männern und Frauen beim Zugang zu und bei der Versorgung mit Gütern und Dienstleistungen.

Grundlage ist im Wesentlichen Art. 13 des Vertrages von Amsterdam.

Neben einer Fülle von internationalen Übereinkommen im Bereich der Vereinten Nationen und Konventionen in Europa, die sich dem Schutz der Menschenrechte und dem Verbot von Diskriminierungen unterschiedlicher Art widmen, hat die Bundesrepublik Deutschland eine ganze Reihe einschlägiger Gesetze verabschiedet, die für sich genommen bereits einzelne Regelungstatbestände behandeln, die sich nun zum Teil im gleichen oder ähnlichen Gewand im neuen AGG wiederfinden. So z.B. BeschäftigtenschutzG, Gesetz zur Gleichstellung behinderter Menschen, BetrVG, BGB (§ 611 a) u.a.m.[4]

Die wichtigste deutsche Norm in diesen Zusammenhang hat Verfassungsrang, ist ein Grundrecht: Art. 3 GG (Gleichheit aller Menschen vor dem Gesetz) vom 23 Mai 1949, zuletzt geändert durch das Änderungsgesetz vom16. Juli 1998.

Art. 3 GG: „(1) Alle Menschen sind vor dem Gesetz gleich.

(2) Männer und Frauen sind gleichberechtigt. Der Staat fördert die tatsächliche Durchsetzung der Gleichberechtigung von Frauen und Männern und wirkt auf die Beseitigung bestehender Nachteile hin.

(3) Niemand darf wegen seiner Geschlechts, seiner Abstammung, seiner Rasse, seiner Sprache, seiner Heimat und Herkunft, seines Glaubens, seiner religiösen oder politischen Anschauungen benachteiligt oder bevorzugt werden. Niemand darf wegen seiner Behinderung benachteiligt werden."

Während Absatz 2 die Gleichberechtigung von Männern und Frauen kodifiziert, enthält Absatz 3 bereits ein umfassendes Verbot von Benachteiligungen. Nun ist die Formulierung der Grundrechte in erster Linie Ausfluss des Gedankens (des Konsenses), den Bürger in seinen Rechten vor dem Staat zu schützen. Über Art. 1 Abs. 3 GG[5] entfalten sie Wirkung aber auch unter den Staatsbürgern. Das heißt, sowohl der Gesetzgeber ist bei seiner Arbeit (Legislative)

---

4 Vgl. §§ 23, 75 BetrVG, §§ 3, 9, 10 AÜG
5 „Die nachfolgenden Grundrechte binden Gesetzgebung, vollziehende Gewalt und Rechtsprechung als unmittelbares Recht."

an die in den Grundrechten enthaltenen Regeln gebunden wie auch die Verwaltungen und die Gerichte bei der Auslegung von Gesetzen im Streitfall. Man spricht hier von der so genannten „Drittwirkung der Grundrechte"[6].

Zu den vier genannten Richtlinien nun im Einzelnen:

1.) Richtlinie 2000/43 EG („Rassismus-Richtlinie")

„Die Gleichheit vor dem Gesetz und der Schutz aller Menschen vor Diskriminierung ist ein allgemeines Menschenrecht." Diese Kernfeststellung[7] findet sich wortgleich auch in den drei anderen vorstehend erwähnten Richtlinien. Sie bildet die Grundüberzeugung des Rates der Europäischen Union und damit auch aller Länder in der EU und ist gleichzeitig Basis und Ausgangspunkt für den europäischen Gesetzgeber. Auffällig an dieser Richtlinie, die in ihrer Überschrift die Begriffe „Rasse" und „ethnische Herkunft" verwendet, ist die Tatsache, dass sie sich an prominenter Stelle[8] mit ihnen kritisch auseinandersetzt:

„Die Europäische Union weist Theorien, mit denen versucht wird, die Existenz verschiedener menschlicher Rassen zu belegen, zurück. Die Verwendung des Begriffes ‚Rasse' in dieser Richtlinie impliziert nicht die Akzeptanz solcher Theorien."

Die Gründe enthalten weitere Ausgangsüberlegungen, die sich später in den Artikeln der Richtlinie niederschlagen. So wird z.B. zum Thema Rechtsschutz für die Opfer von Diskriminierung aus Gründen der Rasse ausgeführt, dass Verbände oder juristische Personen vor Gericht im Namen des Opfers oder zu seiner Unterstützung sich an einem Verfahren beteiligen können.[9] Wir werden später feststellen, dass der deutsche Gesetzgeber die Befugnis der Antidiskriminierungsverbände auf die Unterstützung des Benachteiligten reduziert. Sie dürfen Rechte nur im fremdem Namen geltend machen, § 23 Abs. 2 und 3 AGG. Auch der Schutz vor Viktimisierung[10] und das Postulat von Sanktionen sind Gegenstand in den Gründen. Wichtig und vom nationalen Gesetzgeber immer wieder in den Diskussionen vor Verabschiedung des AGG herangezogen, ist der Hinweis des Rates, dass in der Richtlinie (lediglich) Mindestforderungen festgelegt werden. Es wird den Mitgliedstaaten ausdrücklich freigestellt, „günstigere Vorschriften beizubehalten oder einzuführen"[11]. Aber auch die Rechtfertigung einer unterschiedlichen Behandlung „unter sehr begrenzten Bedingungen" wird schon in den Motiven[12] erwähnt, um dann auch in die Richtlinien selbst Eingang zu finden[13].

In Artikel 1 der Richtlinie wird der Zweck, den der Rat mit ihrem Erlass verfolgt, genau umrissen. Es soll ein Rahmen zur Bekämpfung der Diskriminierung auf Grund der Rasse

---

6 Model, Rdn. 46, IV
7 Ziff. 3 der Gründe zu dieser Richtlinie
8 Ziff. 6 der Gründe zu dieser Richtlinie
9 Ziff. 19 der Gründe
10 Ziff. 20 der Gründe
11 Ziff. 25 der Gründe
12 Ziff. 18 der Günde
13 Art. 4, s. dort

oder der ethnischen Herkunft im Hinblick auf die Verwirklichung des Grundsatzes der Gleichbehandlung in den Mitgliedstaaten geschaffen werden. Hierbei ist unter Gleichbehandlungsgrundsatz zu verstehen, dass es keine unmittelbare oder mittelbare Diskriminierung aus Gründen der Rasse oder der ethnischen Herkunft geben darf[14]. Die unmittelbare Diskriminierung stellt darauf ab, dass eine Person aus Rasse- oder Herkunftsgründen in einer vergleichbaren Situation weniger günstig behandelt wird als eine andere Person[15]. Demgegenüber wird mit der mittelbaren Diskriminierung nicht der konkrete Einzelfall beschrieben, sondern die abstrakte Regelung durch Vorschriften, Kriterien oder Verfahren. Sie müssen nur benachteiligen „können", um als mittelbare Diskriminierung zu gelten, es sei denn, es läge hierfür eine sachliche Rechtfertigung vor, und die Mittel zur Erreichung des (angestrebten) Zieles sind angemessen und erforderlich. Interessant ist, dass in Art. 2 Abs. 3 das einzige Mal der Begriff „Belästigung" auftaucht. Der Richtliniengeber setzt ihn gleich mit unerwünschten Verhaltensweisen in diesem Zusammenhang, die die Würde eines Menschen verletzen und die ein von Einschüchterungen, Anfeindungen, Erniedrigungen, Entwürdigungen oder Beleidigungen gekennzeichnetes Umfeld schaffen. Diese Belästigungen sind Diskriminierungen im Sinne von Absatz 1. Der deutsche Gesetzgeber verwendet den Ausdruck „Diskriminierung" nicht mehr. Er wird ersetzt durch **„Benachteiligung", „Belästigung" und „sexuelle Belästigung"**. Lediglich die Bezeichnungen „Antidiskriminierungsverbände" und „Antidiskriminierungsstelle des Bundes" erinnern noch an die Richtlinien bzw. an den ursprünglichen Namen des Gesetzes (Antidiskriminierungsgesetz).

Der in Art. 3 Abs. 1 beschriebene Geltungsbereich ist sehr umfassend und deckt sowohl selbständige wie unselbständige Erwerbstätigkeit ab, ebenso Beschäftigungs- und Arbeitsbedingungen, Mitgliedschaft in Organisationen (Gewerkschaften, Arbeitgeberverbände), Sozialschutz einschließlich soziale Sicherheit und Gesundheitsdienste, Bildung, Versorgung mit Dienstleistungen und Zugang zu Wohnraum. In Bezug auf Berufsberatung sichert die Richtlinie den Zugang zu allen Ebenen und Formen, desgleichen zur Berufsausbildung und zur beruflichen Weiterbildung.

Ausdrücklich erlaubt ist die unterschiedliche Behandlung aus Gründen der **Staatsangehörigkeit**[16].

Keine Diskriminierung liegt vor, wenn im engen Zusammenhang mit einer beruflichen Tätigkeit bestimmte **ethnische Merkmale** eine wesentliche Voraussetzung für diese Tätigkeit darstellen[17].

Es ist nicht überraschend, wenn angesichts dieser umfassenden Schutzvorschriften, die die Intention der EU widerspiegeln, Diskriminierungen wegen Rasse und Ethnie möglichst gänzlich „auszurotten", wie erwähnt noch ein klarer Hinweis zu finden ist, dass die Richtlinie nur Mindestanforderungen enthält. Das heißt, die Mitgliedstaaten können weitergehende („güns-

---

[14] Art. 2 Abs. 1
[15] Art. 2 Abs. 2,a
[16] Vgl. z. B. Art. 11 (Freizügigkeit) und Art. 12 (Berufsfreiheit) GG
[17] Art. 4

VI. Rechtsgrundlagen und Umsetzung in anderen EU-Staaten

tigere") Gesetze sowohl beibehalten als auch neu erlassen[18]. Nicht erlaubt ist das Anpassen an die Richtlinie, wenn dadurch das im Mitgliedsland bestehende Niveau abgesenkt würde. Sprich, der **günstigere Status quo** soll auf jeden Fall erhalten bleiben.

Von besonderer Bedeutung ist die Vorschrift, die einschlägige Verbände, Organisationen oder andere juristische Personen ermächtigt, sich im Namen einer beschwerten Person oder zu deren Unterstützung und mit deren Einwilligung an einem Verfahren zur Durchsetzung entstandener Ansprüche zu beteiligen. Das kann in einem (Zivil- oder Arbeits-) Gerichtsverfahren oder einem Verwaltungsverfahren sein.[19]

Nicht neu und auch nachvollziehbar ist die besondere Regelung der **Beweislast**[20]. Gilt grundsätzlich in den meisten Rechtssystemen, dass derjenige, der eine für sein Vorbringen sprechende Tatsache behauptet, er diese auch beweisen muss, so gibt es davon Ausnahmen. Sie tragen dem Rechnung, dass es Situationen und Konstellationen geben kann, die eine solche Beweisführung nicht erlauben. Das ist dann der Fall, wenn die Sphäre, in der sich der behauptete Sachverhalt zugetragen hat, dem Einblick des Beschwerten, Benachteiligten oder Belästigten nicht zugänglich ist. Damit ist er darauf angewiesen, Tatsachen, die ihn beschweren bzw. seinen Anspruch stützen, in einer Form vorzubringen, dass damit ein hoher Grad an Wahrscheinlichkeit für die Richtigkeit der Behauptung gegeben erscheint. Sodann geht die Beweislast auf denjenigen über, der Zugriff auf die Tatsachen hat, die sich in der von ihm beherrschten Sphäre erkennen lassen. Im deutschen Recht gibt es eine solche **Beweislastumkehr z.B. im § 611 a BGB** schon seit vielen Jahren. Hier muss der Arbeitgeber beweisen, dass er den Arbeitnehmer/die Arbeitnehmerin nicht wegen des Geschlechts bei der Anbahnung eines Arbeitsverhältnisses oder beim beruflichen Aufstieg oder bei einer Kündigung etc. benachteiligt hat, wenn die klagende Partei Tatsachen glaubhaft macht, die einen entsprechenden Schluss nahelegen. Weitere Ausführungen hierzu gibt es zu den einschlägigen Vorschriften des AGG im entsprechenden Kontext.[21]

Bei seinem Bemühen, die EU-Bürger weitestgehend vor Diskriminierungen der vielfältigsten Art zu schützen, sah sich der Rat auch zu der Überlegung genötigt, was denn demjenigen unter Umständen widerfahren könnte, der sich gegen Benachteiligungen zur Wehr setzt und um seine Rechte kämpft. Hier könnten nämlich neue Benachteiligungen (eigener Art) entstehen, die sowohl als allgemeine Abschreckung (sozusagen präventiv) oder als eine Art Vergeltung durch die diskriminierende Person oder Institution empfunden werden können. Es ging also darum, den Rechtsuchenden vor derlei Folgen zu bewahren. Folgerichtig werden die Mitgliedstaaten verpflichtet, im Rahmen ihrer eigenen nationalen Gesetzgebung die erforderlichen Maßnahmen zu ergreifen, um eine solche **„Sekundärdiskriminierung"** zu verhindern[22].

---

18 Art. 6
19 Art. 7
20 Art. 8
21 Teil III, Kapitel 8.5
22 Art. 9, Viktimisierung

Wie nun kann die EU oder wie kann der einzelne Mitgliedstaat sicherstellen, dass im Sinne dieser Richtlinie gehandelt wird, wie kann die Verwirklichung des Grundsatzes der Gleichbehandlung aller Personen ohne Diskriminierung auf Grund der Rasse oder der ethnischen Herkunft gefördert werden? Es ist auf zwei Ebenen zu handeln. Zum einen – s.o. – darf der Diskriminierte bei dem Verfolgen seiner Rechte keine Nachteile erleiden. Zum anderen besteht ein (Kontroll-)Interesse der EU bzw. des einzelnen Mitgliedstaates daran, dass entsprechende Untersuchungen durchgeführt, Berichte veröffentlicht und Empfehlungen ausgesprochen werden. Dazu bedarf es einer verantwortlichen Stelle mit klaren Kompetenzen. Diese Stelle kann selbständig sein und nur mit dem Thema Verhinderung von Diskriminierung wegen Rasse und ethnischer Herkunft betraut werden; man kann die Aufgabe aber auch bereits vorhandenen Einrichtungen zuweisen[23].

Jede Vorschrift, mit der ein Subjekt des Rechts (Individuum oder juristische Person) zu einer Duldung oder Handlung oder zu einem Unterlassen gezwungen werden soll, bedarf zu ihrer Durchsetzung einer (Straf-)Bewehrung. Diese Pönalisierung bestimmten Verhaltens ist in den Rechtsordnungen der einzelnen Länder (und Mitgliedstaaten) höchst differenziert und in Ansehung des jeweiligen gewachsenen Rechtssystems geregelt. Unter Zugrundelegung dieser Erkenntnis musste der Rat von der Formulierung präziser Vorgaben (Sanktionen) absehen, mit denen die Einhaltung der Diskriminierungsverbote sichergestellt werden konnte. Auch ließ er offen, ob ein Mitgliedstaat dem Betroffenen Schadensersatzleistungen zubilligen sollte. Indessen fordert er[24], dass **Sanktionen** auf jeden Fall vorzusehen seien und dass sie **„wirksam, verhältnismäßig und abschreckend"** sein müssten. Solche Zurückhaltung, was die Präzisierung, nicht den Schweregrad der Sanktion, angeht, ist nicht überall in der europäischen Gesetzgebung zu finden, weshalb es auch an dieser Stelle in der besprochenen Richtlinie grundsätzlich positiv zu werten ist. Denkbar ist allerdings auch, dass sich die nationalen Gesetz- und Verordnungsgeber gerade bei dieser kritischen Frage gern etwas konkretere Vorgaben gewünscht hätten. Man durfte nach Lektüre dieser Richtlinie gespannt sein, ob es der Bundesrepublik Deutschland gelingen würde – etwa in Anlehnung an § 611 a BGB (Monatsgehalt) – eine vernünftige, kalkulierbare und allgemeinverständliche Regelung zu schaffen, die den EU-Vorgaben Rechnung trägt und klar umrissen ist, oder ob es wieder zu einer solch ausufernden unseligen Beschäftigung der Gerichte kommen würde, wie das nach 1972 der Fall war. Damals war es bei der Novellierung des Betriebsverfassungsgesetzes von 1952 nicht gelungen, im § 5 Abs. 3 BetrVG von 1972 den Begriff „leitender Angestellter" präzise zu definieren. Tausende von so genannten Statusprozessen deckten die Arbeitsgerichte zu. Es kam zu kuriosen und einander widersprechenden Entscheidungen. Die Zunft der Anwälte jubilierte, die Rechtsabteilungen größerer Unternehmen stöhnten und die Arbeit der Betriebsräte wurde weitgehend geprägt von diesen leidigen Verfahren. Erst nach Jahren halfen sich viele Streitparteien, d.h. Unternehmensleitungen und Betriebsräte, damit, bestimmte Positionen „außer Streit zu stellen". Mit anderen Worten auszuhandeln, welche Stelle denn nun als

---

[23] Vgl. Art. 13
[24] Art. 15

VI. Rechtsgrundlagen und Umsetzung in anderen EU-Staaten

„leitend" i.S.d. § 5 Abs. 3 BetrVG angesehen werden sollte und welche nicht; ein zwar letztlich befriedendes, aber höchst fragwürdiges Verfahren als unmittelbare Folge einer gesetzgeberischen Fehlleistung, die erst viele Jahre später (1988) korrigiert wurde.

2.) Richtlinie 2000/78 EG des Rates vom 27. November 2000 zur Festlegung eines allgemeinen Rahmens für die **Verwirklichung der Gleichbehandlung in Beschäftigung und Beruf.** Umzusetzen bis 2. Dezember 2003.

Auch diese Richtlinie fußt im Wesentlichen auf Art. 13 des Amsterdamer Vertrages. Ebenso zitiert sie[25] wie die Richtlinie 2000/43 vom 6. Juni 2000 Art. 6 Abs. 2 des Vertrages über die Europäische Union als Grundlage für diese Richtlinie (2000/78) und beruft sich dabei auf die **Grundsätze der Freiheit, der Demokratie, der Achtung der Menschenrechte und Grundfreiheiten sowie der Rechtsstaatlichkeit.** Auch erwähnt sie in den Gründen[26] die bereits besprochene Richtlinie 2000/43, die ja schon sicherstellt, dass wegen Rasse und ethnischer Herkunft in Beschäftigung und Beruf niemand diskriminiert werden darf. Da auch viele andere Gründe der Richtlinie 2000/78 denen der Richtlinie 2000/43 sehr gleichen bzw. fast identisch sind, soll auf Einzelheiten nicht weiter eingegangen werden. Mit Ausnahme der Ziffer 14. Sie legt fest, dass die Richtlinie nicht die einzelstaatlichen Bestimmungen über die Festsetzung der Altersgrenzen für den Eintritt in den Ruhestand berührt. In der Richtlinie selbst ist eine entsprechende Formulierung nicht vorhanden, es sei denn, man legt Art. 6 Abs. 2 als (Teil-)Konkretisierung von Ziff. 14 so aus[27].

Im Einzelnen:

Fast identisch mit der Richtlinie 2000/43 wird als Zweck dieser Richtlinie die Schaffung eines allgemeinen Rahmens zur Bekämpfung der Diskriminierung (jetzt aber:) wegen der **Religion oder der Weltanschauung,** einer **Behinderung,** des **Alters** oder der **sexuellen Ausrichtung** in Beschäftigung und Beruf im Hinblick auf die Verwirklichung des Grundsatzes der Gleichbehandlung in den Mitgliedstaaten genannt[28]. Und auch die Definitionen von unmittelbarer und mittelbarer Diskriminierung und Belästigung sind identisch[29]. Ein gravierender Unterschied tritt allerdings beim Vergleich des jeweiligen Geltungsbereichs[30] zu Tage. Während die Richtlinie 2000/43 ausdrücklich eine Diskriminierung wegen der Rasse bzw. wegen der ethnischen Herkunft beim Zugang zu und der Versorgung mit Gütern und Dienst-

---

25 Ziff. 1 der Gründe
26 Ziff. 10
27 Art. 6 Abs. 2: „Ungeachtet des Artikels 2 Absatz 2 können die Mitgliedstaaten vorsehen, dass bei den betrieblichen Systemen der sozialen Sicherheit die Festsetzung von Altersgrenzen als Voraussetzung für die Mitgliedschaft oder den Bezug von Altersrente oder von Leistungen bei Invalidität einschließlich der Festsetzung unterschiedlicher Altersgrenzen im Rahmen dieser Systeme für bestimmte Beschäftigte oder Gruppen bzw. Kategorien von Beschäftigten und die Verwendung im Rahmen dieser Systeme von Alterskriterien für versicherungsmathematische Berechnungen keine Diskriminierung wegen des Alters darstellt, solange diese nicht zu Diskriminierungen wegen des Geschlechts führt."
28 Art. 1
29 Art. 2
30 In beiden Richtlinien Art. 3

leistungen, die der Öffentlichkeit zur Verfügung stehen, einschließlich Wohnraum verbietet[31], findet sich in der Richtlinie 2000/78 kein entsprechender Passus in Bezug auf den von ihr[32] geschützten Personenkreis. Wenn berufliche Anforderungen eine Ungleichbehandlung wegen eines Merkmals, das im Zusammenhang mit einem der Diskriminierungsgründe im Artikel 1 steht, begründen, liegt keine Diskriminierung vor[33]. Auch diese Vorschrift entspricht der Regelung in der Richtlinie 2000/43[34].

Artikel 5 verlangt Vorkehrungen für **Menschen mit Behinderung,** um die Anwendung des Gleichbehandlungsgrundsatzes zu gewährleisten. Adressat ist der Arbeitgeber. Er muss nur dann nicht handeln, wenn er durch die erforderlichen Maßnahmen **unverhältnismäßig belastet** würde, es sei denn, der entsprechende Mitgliedstaat gleicht solche Belastungen im Rahmen seiner Behindertenpolitik aus.

Auch das Diskriminierungsverbot hinsichtlich des **Alters** erfährt Einschränkungen dann, wenn die Ungleichbehandlung durch rechtmäßige Ziele in den Bereichen Beschäftigungspolitik, Arbeitsmarkt und berufliche Bildung begründet ist. Im Einzelnen handelt es sich hier z.B. um die berufliche **Eingliederung** von Jugendlichen oder älteren Arbeitnehmern, die Festsetzung eines **Mindestalters** oder eines **Dienstalters** für den Zugang zu einer Beschäftigung. Auch kann ein **Höchstalter,** ohne eine Diskriminierung zu sein, dann festgelegt werden, wenn z.B. eine angemessene Beschäftigungszeit noch vor Eintritt in den Ruhestand erreicht werden soll[35].

Der in Artikel 9 geregelte **Rechtsschutz** zusammen mit Ziffer 35 der Gründe ist wortgleich mit Artikel 7 und Ziffer 26 der Gründe der Richtlinie 2000/43 und soll deshalb hier nicht noch einmal gesondert abgehandelt werden.

Dasselbe gilt für Artikel 10 **(Beweislast).** Er entspricht genau Artikel 8 der Richtlinie 2000/43[36]. Im Wesentlichen trifft das auch zu beim Vergleich der Artikel 9 der Richtlinie 2000/43 und Artikel 11 der Richtlinie 2000/78, „Viktimisierung". Sie sind fast gleichen Inhalts. Artikel 9 ist allgemeiner gehalten, Artikel 11 fokussiert das Verhältnis Arbeitgeber/Arbeitnehmer. Genauer: Er schützt den Arbeitnehmer, der sich beschwert oder der ein Verfahren zur Wahrnehmung seiner Rechte bzw. zur Durchsetzung des Gleichbehandlungsgrundsatzes einleitet, vor Entlassung oder anderen Benachteiligungen durch den Arbeitgeber.

Auch zum Thema „Sanktionen"[37] gilt das vorstehend zu Artikel 15 (2000/43) Gesagte, da beide Vorschriften identisch sind.

---

[31] Art. 3 Abs. 1, h
[32] S. o. zu Art. 1
[33] Art. 4 Abs. 1
[34] Ebenfalls Art. 4
[35] Art. 6 Abs. 1
[36] S. die dortigen Ausführungen
[37] Hier Art. 17

VI. Rechtsgrundlagen und Umsetzung in anderen EU-Staaten   169

Der deutsche Gesetzgeber war säumig. Er hätte die Richtlinie bis zum 2. Dezember 2003 umsetzen müssen.[38]

3.) Richtlinie 2002/73 des Europäischen Parlaments und des Rates vom 23. September 2002

zur Änderung der Richtlinie 76/207/EWG des Rates zur Verwirklichung des Grundsatzes der Gleichbehandlung von Männern und Frauen hinsichtlich des Zugangs zur Beschäftigung, zur Berufsbildung und zum beruflichen Aufstieg sowie in Bezug auf die Arbeitsbedingungen.

Sie fußt auf Art. 141 Abs. 3 des Vertrages zur Gründung der Europäischen Gemeinschaft (Vertrag von Maastricht i. d. Fassung des Vertrages von Amsterdam). Mit ihr soll die **grundsätzliche Gleichstellung von Männern und Frauen,** speziell die Chancengleichheit und die Gleichbehandlung in **Arbeits- und Beschäftigungsfragen** bewirkt werden. Besonders hervorgehoben und als verbotene Diskriminierung gekennzeichnet werden die „**Belästigung**" und die „**sexuelle Belästigung**". Letztere wird definiert als „jede Form von unerwünschtem Verhalten sexueller Natur, das sich in unerwünschter verbaler, nicht-verbaler oder physischer Form äußert und das bezweckt oder bewirkt, dass die Würde der betreffenden Person verletzt wird, insbesondere, wenn ein von Einschüchterungen, Anfeindungen, Erniedrigungen, Entwürdigungen und Beleidigungen gekennzeichnetes Umfeld geschaffen wird."[39]

Im Übrigen gleicht diese Richtlinie weitgehend den bereits besprochenen Richtlinien 2000/43 und 2000/78 EG des Rates, weshalb auf das dazu Angemerkte verwiesen werden kann.

4.) Richtlinie 2004/113 EG des Rates vom 13. Dezember 2004

zur Verwirklichung des Grundsatzes der Gleichbehandlung von Männern und Frauen beim Zugang zu und bei der Versorgung mit Gütern und Dienstleistungen.

Sie fußt auf Art. 13 Abs. 1 des Vertrages zur Gründung der Europäischen Gemeinschaft (Vertrag von Maastricht i. d. Fassung des Vertrages von Amsterdam). In den Gründen zu dieser Richtlinie[40] wird unter Bezugnahme auf die Artikel 21 und 23 der Charta der Grundrechte der Europäischen Union die **Gleichstellung** von **Mann und Frau als ein grundlegendes Prinzip der Europäischen Union** bezeichnet, die jegliche Diskriminierung wegen des Geschlechts verbiete. Nach entsprechenden bereits vorhandenen Vorschriften über das Verbot der geschlechtsbedingten Diskriminierungen im Bereich von Arbeit und Beschäftigung widmet sich diese Richtlinie der Bekämpfung von Belästigungen und Diskriminierungen außerhalb des Arbeitsmarktes[41]. Der Zugang zu und die Versorgung mit Gütern und Dienstleistungen ist schon in der Richtlinie 2000/43 des Rates vom 29. Juni 2000 geregelt. Hier ging es jedoch lediglich um ein Diskriminierungsverbot wegen der Rasse und der ethnischen Herkunft. Die Lücke im Hinblick auf das Geschlecht wird also mit der

---

38 Art. 18
39 Art. 2 Abs. 2
40 Ziff. 4
41 Ziff. 9 der Gründe

Richtlinie 2004/113 geschlossen. Natürlich ergeben sich zahlreiche Regelungsparallelen und teilweise wortgleiche Vorschriften mit den bereits besprochenen Richtlinien. Das gilt insbesondere für die verwendeten Definitionen und die Formulierung des Zwecks der Richtlinie in Artikel 1[42]. Auf ihre Darstellung soll deswegen, auch um Doppelungen zu vermeiden, verzichtet werden. Hervorzuheben ist jedoch die angestrebte Gleichbehandlung bei der Berechnung von Prämien und Leistungen im Bereich des **Versicherungswesens** und verwandter Finanzdienstleistungen. Hier werden die Mitgliedstaaten verpflichtet, dafür Sorge zu tragen, dass das Geschlecht nicht zu unterschiedlicher Behandlung führt. Zulässig ist diese indessen, wenn eine relevante und auf genauen versicherungsmathematischen und statistischen Daten beruhende Risikobewertung ein bestimmender Faktor ist[43]. Ausdrücklich ausgenommen von der zulässigen differenzierten Regelung sind die Kosten im Zusammenhang mit Schwangerschaft und Mutterschaft. Diese dürfen keinesfalls zu unterschiedlichen Prämien führen.

Das Thema **„gleichberechtigter Zugang zu Wohnraum"** wird in der Richtlinie selbst nicht erwähnt. Lediglich in den Gründen wird dargestellt, wann eine unterschiedliche Behandlung wegen des Geschlechts zulässig sein kann[44], z. B. dann, wenn eine Zufluchtstätte für Personen gleichen Geschlechts als Schutz der Opfer vor sexueller Gewalt eingerichtet worden ist. Auch die Aufzählung weiterer Fallkonstellationen, die eine vom Grundsatz des Diskriminierungsverbots abweichende Vorgehensweise rechtfertigen (z.B. Mitgliedschaft in privaten Clubs, die nur einem bestimmten Geschlecht zugänglich sind), lassen den Rückschluss zu, dass grundsätzlich beim Zugang zu Wohnraum eine geschlechtsdifferenzierende Haltung als Diskriminierung gewertet wird und damit verboten ist.

Umgesetzt werden musste diese Richtlinie spätestens bis zum 21. Dezember 2007. Sie enthält aber zusätzliche einige Verpflichtungen der Mitgliedstaaten zur Abgabe von Berichten zum Thema.

In Umsetzung der vier oben abgehandelten EU-Richtlinien geht das AGG von sechs verschiedenen Diskriminierungsmerkmalen aus. Der Gesetzgeber erklärt zum **Ziel des Gesetzes, Benachteiligungen aus Gründen der Rasse oder wegen der ethnischen Herkunft, des Geschlechts, der Religion oder Weltanschauung, einer Behinderung, des Alters oder der sexuellen Identität** zu verhindern oder – wo eventuell bereits vorhanden – zu beseitigen (§ 1 AGG).

Mit diesem Gesetz wird in der Bundesrepublik Deutschland erstmalig der Versuch unternommen, das Thema Antidiskriminierung bzw. unerlaubte Benachteiligung einheitlich für die Bereiche Arbeitsrecht, Zivilrecht und Recht der Soldatinnen und Soldaten zu regeln.

Dieser gesetzgeberische Akt, zu dem die Bundesrepublik Deutschland als EU-Mitgliedsstaat verpflichtet war, zeichnet sich zunächst einmal grundsätzlich dadurch aus, dass er eine Fülle bereits vorhandener Regelungen aufgreift, z. T. integriert, aber auch abändert oder gar aufhebt.

---

[42] Art. 5 Abs. 1
[43] Art. 5 Abs. 2
[44] Ziff. 16 der Gründe

VI. Rechtsgrundlagen und Umsetzung in anderen EU-Staaten

Die politische Diskussion im Vorfeld des Inkrafttretens dieses Gesetzes – vgl. insbesondere die Debatte im Deutschen Bundestag vom 21. Januar 2005 über den Gesetzesentwurf der Fraktionen von SPD und Bündnis 90/Die Grünen vom 16. Dezember 2004 und die darauf folgende öffentliche Anhörung im Bundestag (federführend: Bundestagsausschuss für Familie, Senioren, Frauen und Jugend !) am 7. März 2005 – war geprägt von breiter Zustimmung durch die Regierungskoalition und durch Verbände, die sich dem Schutz von Minderheiten verschrieben haben, und scharfer Ablehnung durch die Opposition und die Arbeitgeberverbände (s. hier insbesondere die Rede von Arbeitgeberpräsident Dr. Dieter Hundt anlässlich des Symposiums „Vertragsfreiheit bewahren! – Antidiskriminierung und deutsches Recht" am 24. Februar 2005 in Berlin). Angesichts der Wirtschaftslage in Deutschland (kaum Wachstum, aber 5, 2 Mio. Arbeitslose) konnte es nicht verwundern, dass kritische Töne auch aus dem Regierungslager (BMWA, BMI, Min.Präs. NRW) zu vernehmen waren. Hauptkritikpunkt war die Tatsache, dass der Gesetzentwurf an mehreren Stellen über die zwingenden Vorgaben der EU hinausging. Darauf wird an anderer Stelle eingegangen. Vergessen werden darf in diesem Zusammenhang auch nicht, dass die zugrunde liegenden **EU-Richtlinien** ja **einstimmig** zustande kommen mussten (und auch zustande gekommen sind). Mit anderen Worten trifft es nur die halbe Wahrheit, wenn die Schöpfer des Gesetzes sich zu ihrer Rechtfertigung für die kritisierten Inhalte auf zwingendes EU-Recht berufen. Denn diese Richtlinien haben die Vertreter der die Regierung tragenden Parteien in Brüssel selbst mit beschlossen. Hier wäre es seinerzeit noch möglich gewesen, auch weniger einschneidende und weniger in Inhalt und Komplexität belastende Aufträge an die nationalen Gesetzgeber zu formulieren.

Grundlage für diese Beschlüsse (Richtlinien, s.o.) bildet sozusagen als Generalklausel **Art. 13 des Amsterdamer Vertrages** (s.o.), der Diskriminierungen wegen Geschlecht, Rasse oder ethnischer Herkunft, Religion oder Weltanschauung, Alter, Behinderung und sexueller Identität verpönt.

3. Umsetzung der EU-Richtlinien innerhalb der EU-Staaten

Bei der Umsetzung in den 26 anderen EU-Staaten gibt es unterschiedliche Lösungen. Zwar mussten die zehn oder zwölf – je nach Betrachtungszeitraum – neuen Staaten zum Zeitpunkt des Beitritts sämtliche EU-Richtlinien in nationales Recht umgesetzt haben, aber die Realisierung war dort wie auch in den anderen 15 Staaten sehr unterschiedlich vorangeschritten und ist es bis zum heutigen Zeitpunkt. Bedenkt man zudem, dass es zum Teil erhebliche Unterschiede in der Mentalität im Hinblick auf die Einhaltung von Gesetzen – man betrachte beispielsweise die übererfüllenden Deutschen im Vergleich zu den „laisser faire"-Franzosen –

so ergeben sich nicht nur unterschiedliche Status, sondern eben auch verschiedene Handhabungen. Während die Angelsachsen in diesem Zusammenhang eher humorlos und unentspannt wirken, formulieren Staaten wie z.B. Italien Gesetze mit einer lockeren Eleganz, um sie dann – ebenso wie viele ihrer Vorgänger – im Nirvana verschwinden zu lassen.[45]

Wenn man sich die Auflistung genauer betrachtet, fällt auf, dass nur wenige Staaten den deutschen Weg, nämlich ein eigenes Gesetz zu formulieren, gewählt haben: Litauen, Österreich, die Slowakische Republik, Slowenien, Spanien, die Tschechische Republik und Ungarn. Auffällig ist, dass vor allem mitteleuropäische und die früheren osteuropäischen Staaten Arbeitsgesetze haben, so dass sich zentrale Lösungen für die Umsetzung der Richtlinien geradezu anbieten. Die anderen EU-Staaten haben die zusätzlichen Regulierungsbestandteile in vorhandene Gesetze integriert.

Die hier folgende Auflistung[46] erhebt nicht den Anspruch der Vollständigkeit.

Belgien:

Belgien hat in einem Gesetz zur Bekämpfung der Diskriminierung und zur Abänderung des Gesetzes vom 15. Februar 1993 zur Schaffung eines Zentrums für Chancengleichheit und Bekämpfung des Rassismus vom 25. Februar 2003 auf Bundesebene die EU-Richtlinien umgesetzt. Es deckt Rasse, Ethnie und weitere Gründe ab. Darüber hinaus wurden Gesetze für die Regionen verabschiedet.

Dänemark:

Dänemark hat sich in einer Fülle von Gesetzen – nummeriert! – der Umsetzung der Richtlinien gewidmet: Die Merkmale Rasse, Hautfarbe (!), nationale (!) oder ethnische Herkunft, Religion und sexuelle Orientierung werden durch Gesetz Nr. 960 (aus 2004) und über § 266 b des Strafgesetzbuches verabschiedet. Das Gesetz Nummer 626 (aus 1987) regelt das Verbot der Rassendiskriminierung. Das Gesetz Nummer 1416 (vormals mehrfach geändert; aus dem Jahr 2004) regelt das Verbot der Diskriminierung in Beschäftigung und Beruf. Nummer 374 (aus 2003) regelt das verbot der Ungleichbehandlung aufgrund der Rasse oder der Ethnizität. Die Verbote der unmittelbaren und mittelbaren Diskriminierung aufgrund des Alters und der Behinderung werden durch das Gesetz Nummer 1417 (aus 2004) vorgegeben. In Gesetz Nummer 31 (aus 2005) werden alle Diskriminierungsgründe der beiden arbeitsrechtlichen Richtlinien[47] und zusätzliche Gründe abgedeckt; sie richten sich auf das Verbot der Diskriminierung in Beschäftigung und Beruf.

---

[45] Sehr schön lassen sich diese Unterschiede zum Beispiel an Flughäfen und deren Sicherheitskontrollen beobachten: Während die Deutschen und Angelsachsen die Flüssigkeitsvorschriften sehr ernst nehmen, gibt es Länder, in denen es zwar den Hinweis auf EU-Vorschriften gibt, aber eine seriöse Kontrolle nur selten stattfindet.
[46] Entnommen zu großen Teilen aus: Europäische Kommission, Jahresbericht zur Gleichbehandlung 2006
[47] 2000/43/EG und 2000/78/EG

VI. Rechtsgrundlagen und Umsetzung in anderen EU-Staaten

Deutschland:

S. vor allem Teil III dieses Buches.

Estland:

Sämtliche Diskriminierungsgründe der beiden Richtlinien und zusätzliche Gründe werden durch das Gesetz über Änderungen des Gesetzes über den Justizkanzler und verwandte Gesetze abgedeckt. Das Gesetz der Republik Estland über Arbeitsverträge und zur Entscheidung des Obersten Sowjets der Republik Estland regelt in der „Umsetzung des Gesetzes der Republik Estland über Arbeitsverträge" (vom 22. April 2004), in dem Gesetz über Änderungen des Gesetzes der Republik Estland über Arbeitsverträge (vom 8. Februar 2006), dem Strafgesetzbuch 2002 (das allerdings nicht sexuelle Orientierung/Identität, alle Formen von Behinderung und Alter schützt) Teile der umzusetzenden Sachverhalte. Das Gesetz über Arbeitsvermittlung und Vergütungen (in Kraft getreten am 1. Januar 2006) regelt alle Diskriminierungsgründe einschließlich Geschlecht aus den beiden Richtlinien.

Finnland:

Das Nichtdiskriminierungsgesetz 21/2004, das Strafgesetzbuch in der durch Gesetz 302/2004 geänderten Fassung als auch das Arbeitsvertragsgesetz in der durch Gesetz 23/2004 geänderten Fassung decken alle Diskriminierungsgründe der beiden Richtlinien und zusätzliche Gründe ab. Darüber hinaus gibt es regionale Umsetzungen.

Frankreich:

Die beiden Richtlinien mit Abdeckung aller Diskriminierungsgründe sind geregelt in: Pressegesetz (geändert Februar 2005), Gesetz Nummer 2001-1066 zur Bekämpfung von Diskriminierungen, Gesetz Nummer 2002-73 zur sozialen Modernisierung, Gesetz vom 21. Dezember 2004 zur Schaffung der Gleichbehandlungsstelle (HALDE) und das Dekret Nr. 2006-641 (vom 1. Juni 2004) zur Änderung der Strafprozessordnung. Das Gesetz über die Trennung von Kirche und Staat gilt seit 1905; ihm ist mit Wirkung zum 15. März 2004 das Gesetz Nr. 2004-228 über die Säkularität in öffentlichen Schulen an die Seite gestellt worden. Beide decken sie den Grund „Religion" ab. Seit dem 11. Februar 2005 gilt das Gesetz Nummer 2005-102, das die gesellschaftliche Partizipation Behinderter ordnet. Das Gesetz Nummer 2005-846 vom 26. Juli 2005 regelt den Diskriminierungsgrund „Alter" und ermächtigt die Regierung, Dringlichkeitsmaßnahmen für Beschäftigung mittels Regierungsdekret (2005-901) über den Zugang zu Beschäftigung für den Öffentlichen Dienst zu ergreifen.

Griechenland:

Alle Gründe der beiden Richtlinien werden durch Gesetz Nr. 3304/2005 über die Anwendung des Gleichbehandlungsgrundsatzes, das am 27. Januar 2006 in Kraft trat, geregelt. Es gab bereits Vorläufer für einen Teil der Diskriminierungsmerkmale: Rasse oder ethnische Herkunft und Religion waren seit 1979 im Gesetz Nr. 927/1979 reguliert. Beim Merkmal „Behinderung" regelt das Gesetz 3144/2003 die obligatorische Beschäftigung behinderter Personen und den gesellschaftlichen Dialog über die Förderung von Beschäftigung und sozialem Schutz.

Irland:

In Irland werden alle Diskriminierungsmerkmale und weitere im Gleichheitsgesetz von 2004 zur Änderung des Gesetzes über die Gleichheit im Berufsleben von 1998 und das Gleichstellungsgesetz von 2000 geregelt. Seit 1989 deckt das Gesetz über das Verbot der Aufstachelung zum Hass bis auf Behinderung und Alter alle anderen Diskriminierungsgründe ab. Das Gesetz über willkürliche Entlassungen 1977 – 1993 deckt alle Gründe bis auf Behinderung ab.

Italien:

Rasse und ethnische Herkunft werden durch Gesetzesdekret Nr. 215 vom 9. Juli 2003 erfasst, dies ist am 2. August 2004 durch Gesetzesdekret Nr. 256 geändert worden. Ferner regelt das Dekret vom 11. Dezember 2003 interne Strukturen und Zuständigkeiten von Fachstellen. Das gemeinsame Dekret der Ministerien für Arbeit/Wohlfahrt und Chancengleichheit vom 16. Dezember 2005 deckt die Erstellung eines Verzeichnisses von Verbänden und anderen Organisationen ab, die berechtigt sind, Diskriminierungsbeschwerden vor Gericht zu vertreten. Alle Gründe der Richtlinie zur Gleichbehandlung im Bereich der Beschäftigung werden vom Gesetzesdekret Nr. 216 vom 9. Juli 2003 erfasst, die durch Gesetzesdekret Nr. 256 vom 2. August 2004 geändert wurden. Diskriminierungsverbote wegen der Behinderung werden vom Gesetz Nr. 205 vom 25. Juni 1993 untersagt. Dieses wurde umgewandelt in das Gesetzesdekret der Regierung Nr. 122 am 26. April 1993 (dringliche Maßnahmen bezüglich Diskriminierung aus Gründen der Rasse, der ethnischen Zugehörigkeit und der Religion). Das Recht Behinderter auf Arbeit wird durch das Gesetz Nr. 68 vom 12. März 1999 geregelt, hatte jedoch bereits diverse Vorgänger. Das Gesetz Nr. 300 vom 20. Mai 1970 enthält Bestimmungen über den Schutz der Freiheit und der Würde von Arbeitnehmern, die Freiheit zur Mitgliedschaft in Gewerkschaften und die Freiheit zu gewerkschaftlichen Aktivitäten am Arbeitsplatz.

Lettland:

Ein 2001 verabschiedetes und am 7. Mai 2004 geändertes Arbeitsgesetz deckt eine sehr umfassende Liste von Diskriminierungsgründen ab. Allerdings ist die sexuelle Orientierung dabei nicht erwähnt. Seit 1995 gibt es das Gesetz über soziale Sicherheit, das zum 3. Januar

2006 unter Einbezug einer Gleichbehandlungsgarantie geändert wurde. Am 13. Januar 2006 traten Änderungen zum Gesetz über das nationale Menschenrechtsbüro in Kraft, das alle Gründe außer Alter abdeckt.

Litauen:

Seit 1. Januar 2005 gilt das Gesetz über Chancengleichheit. Es gibt darüber hinaus Bestandteile im Beschäftigungsgesetz vom Juni 2002 und seit dem 11. Oktober 2005 das Gesetz zur Änderung des Gesetzes über Straftatbestände in der Verwaltung.

Luxemburg:

Einer der ersten EU-Staaten überhaupt mit Sitz des Europäischen Gerichtshofes hatte bis zum Sommer 2006 noch kein Gesetz abgeschlossen: Lediglich eine Parlamentsvorlage Nr. 5518 zur Umsetzung der Richtlinien lag zu diesem Zeitpunkt vor.

Malta:

Das Beschäftigungs- und Arbeitsbeziehungsgesetz aus 2002 und der Rechthinweis Nr. 461/2004, der die Gleichbehandlung in beschäftigungsrechtlichen Regelungen kodifiziert, deckt alle Gründe der beiden Richtlinien ab. Menschen mit Behinderung genießen seit 2000 Schutz durch das Chancengleichheitsgesetz.

Niederlande:

Die Niederlande hatten bereits seit 1994 ein Allgemeines Gleichbehandlungsgesetz, das 2004 durch EG-Umsetzungsgesetz und ein weiteres vom 15. September 2005 geändert wurde. Diese Vorschriften decken alle Gründe der Richtlinien ab und gehen teilweise darüber hinaus. Seit dem 17. Dezember 2003 gilt das Gesetz über Gleichbehandlung im Beschäftigungsverhältnis und zielt auf die Vermeidung von Altersdiskriminierung ab. Behinderte werden durch das Gesetz über Gleichbehandlung aufgrund einer Behinderung oder einer chronischen Krankheit vom 3. April 2003 geschützt.

Österreich:

Seit 1979 und dann geändert 2004 gilt das Bundesgesetz über die Gleichbehandlung. Dieses deckt bis auf Behinderung alle Gründe ab. Es gibt zudem seit dem 1. Juli 2004 das Bundesgesetz über die Gleichbehandlungskommission und die Gleichbehandlungsanwaltschaft. Seit dem 1. Januar 2006 sind das Behindertengleichstellungsgesetz und das Bundesgesetz über die Einstellung und Beschäftigung Behinderter in Kraft. Darüber hinaus gibt es in den Bundesländern eine Fülle von regionalen Gesetzen.

Polen:

Das am 14. November 2003 geänderte Arbeitsgesetzbuch deckt alle Gründe der Richtlinien ab. Es wurde am 20. April 2004 ergänzt um das Gesetz über Beschäftigungsförderung und die Arbeitsmarktsituation. Die Ministerratsverordnung vom 25. Juni 2002 über den Bevollmächtigten der Regierung für die Gleichstellung von Frauen und Männern schließt alle Gründe bis auf die Behinderung mit ein. Seit dem 1. Mai 2005 gilt das Gesetz über nationale und ethnische Minderheiten und über Regionalsprachen.

Portugal:

Das Gesetz 99/2003 über das Arbeitsgesetzbuch und das Gesetz 35/2004 zur Regelung des Arbeitsgesetzbuches decken alle Gründe und einige mehr ab. Zusätzlich sind Rasse und ethnische Herkunft durch Gesetz 18/2004, das zuletzt mit Gesetzesdekret 27/2005 geändert wurde, geschützt. Behinderung wird über Gesetz 38/2004 über Maßnahmen zur Wiedereingliederung und Beteiligung von Menschen mit Behinderungen kodifiziert.

Schweden:

Das mehrfach geänderte Gesetz über das Verbot der ethnischen Diskriminierung gilt aktuell in der Fassung von 2003:308. Behinderungen werden geregelt durch das Gesetz über das Verbot der Diskriminierung von Menschen im Arbeitsleben, 2003:309. Die sexuelle Identität wird reguliert durch das Gesetz 2003:310, Gesetz über das Verbot von Diskriminierung im Arbeitsleben aufgrund der sexuellen Ausrichtung. Rassismus und ethnische Herkunft, Religion und Weltanschauung, sexuelle Orientierung und Behinderung werden zudem für bestimmte Zielgruppen geschützt: im Gesetz über Gleichbehandlung von Studierenden an Hochschulen (2003:311) und im Diskriminierungsverbotsgesetz 2004:1089.

Slowakische Republik:

Alle Gründe der Richtlinien werden durch das Gesetz Nr. 365/2004 Slg. über Gleichbehandlung in bestimmten Bereichen und Schutz vor Diskriminierung abgedeckt. Es ersetzt ein früheres Antidiskriminierungsgesetz. Es gibt ferner das Gesetz Nr. 308/2004 über die Einrichtung des slowakischen Nationalen Zentrums für Menschenrechte und das Arbeitsgesetzbuch Nr. 311/2004.

Slowenien:

Seit 2004 gilt das Gesetz über die Umsetzung der Gleichbehandlungsgrundsatzes, seit 2003 das Beschäftigungsbeziehungsgesetz. Beide decken alle Diskriminierungsgründe ab. Menschen mit Behinderung erfahren Schutz über das seit 2004 geltende Gesetz über die berufliche Wiedereingliederung und Beschäftigung von Menschen mit Behinderungen.

Spanien:

Das Gesetz 62/2003 vom 30. Dezember 2003 über steuerliche, administrative und soziale Maßnahmen, das Gesetzesdekret 5/2000 vom 4. August 2000 und das Gesetz über Verstöße und Sanktionen der Sozialordnung, das am 4. Januar 2004 geändert wurde, umfassen alle Diskriminierungsgründe. Alter ist zusätzlich durch Gesetz 14/2005 geschützt, Behinderung durch das Dekret 1865/2004 zur Schaffung des Nationalen Behindertenrates und durch das Gesetz 51/2003 über Chancengleichheit, Nichtdiskriminierung und universalen Zugang für Menschen mit Behinderung.

Tschechische Republik:

Das Gesetz Nr. 65/1965 Slg. Arbeitsgesetzbuch, zuletzt geändert mit Gesetz Nr. 46/2004, das Gesetz Nr. 361/2003 Slg. über die Dienstbeziehungen von Mitgliedern der Sicherheitskräfte sowie das Gesetz Nr. 221/1999 Slg. über die Dienstbeziehungen von Mitgliedern der Streitkräfte in der aktualisierten Fassung von 2002 Slg. umfassen bis auf Behinderung alle Gründe. Das Beschäftigungsgesetz Nr. 435/2004 Slg. regelt zusätzliche Gründe einschließlich Geschlecht.

Ungarn:

Ungarn hat die Richtlinien im Gesetz CXXV 2003 über die Gleichbehandlung und die Förderung der Chancengleichheit (geändert im Mai 2005) umfassend für alle Diskriminierungsgründe umgesetzt. Das Regierungsdekret 362/2004 regelt die Gleichbehandlungsstelle und ihre detaillierte Verfahrensordnung.

Vereinigtes Königreich:

Da das Königreich aus Großbritannien (GB) und Nordirland (NI) besteht, werden im Folgenden die Umsetzungen jeweils differenziert dargestellt. GB: Das Rassenbeziehungsgesetz 1976 wurde zuletzt durch die Rassenbeziehungsordnung geändert und deckt die Gründe Rasse und ethnische Herkunft ab. In NI gilt die Rassenbeziehungsordnung von 1997, die zuletzt 2003 durch die Verordnung zur Rassenbeziehungsordnung geändert wurde. Für Menschen mit Behinderungen gilt in GB das Behinderungsdiskriminierungsgesetz aus dem Jahr 2005, das zahlreiche Vorläufer besitzt. In NI gilt die Verordnung 2004 zur Änderung des Behindertendiskriminierungsgesetzes 1995. Die sexuelle Orientierung erfährt Schutz in GB durch die Beschäftigungsgleichstellungsverordnung aus dem Jahr 2003, in NI gibt es ebenfalls eine Beschäftigungsgleichstellungsverordnung. Religion und Weltanschauung sind ebenfalls über eine eigene Beschäftigungsgleichstellungsverordnung in GB geschützt. In NI handelt es sich um die Gründe religiöse Überzeugung und politische Meinung unter einer gleichnamigen Verordnung. Das seit 2006 geltende Gleichstellungsgesetz deckt in GB alle Diskriminierungsgründe einschließlich Geschlecht ab.

Zypern:

Das Gleichbehandlungsgesetz Nr. 59(I)/2004 deckt Rasse und ethnische Herkunft ab. Das Gleichbehandlungsgesetz Nr. 58(I)/2004 deckt Rasse und ethnische Herkunft, Religion oder Weltanschauung, Alter und sexuelle Orientierung ab. Das Gesetz über Menschen mit Behinderung Nr. 57(I)/2004 schützt Menschen mit Behinderung. Das Verwaltungskommissargesetz Nr. 36(I)/2004 und das Gesetz Nr. 42(I)/2004 zur Bekämpfung von Rassismus und anderen Diskriminierungen wenden sich allen Diskriminierungsgründen zu.

Die zwölf neuen Beitrittsländer mussten als Voraussetzung zum Beitritt alle Richtlinien vorher umgesetzt haben, so dass hier keine großen Überraschungen zu erwarten waren. Dennoch hat sich Malta insbesondere beim Grund Rasse Zeit gelassen. Bei den 15 Altstaaten verwundern Deutschland und Luxemburg – zwei Gründungsstaaten der EU – mit ihrer verspäteten Umsetzung. Dies mag Ausdruck ihrer Skepsis gegenüber dem Regulierungsgegenstand sein, da er ja bereits in Verfassung oder Gesetzen kodifiziert war. Großbritannien, die Niederlande und die skandinavischen Länder hatten bereits vor der Existenz der Richtlinien eine Minderheiten integrierende Politik, so dass sie die Richtlinien eher forciert als bekämpft haben.

VII. Weitere EU-Vorgaben und Konsequenzen für das AGG

Schon vor Inkrafttreten des Gesetzes zur Umsetzung europäischer Richtlinien zur Verwirklichung des Grundsatzes der Gleichbehandlung, dessen Art. 1 das Allgemeine Gleichbehandlungsgesetz (AGG) enthält, in Deutschland am 18. August 2006, haben der Rat und das Europäische Parlament eine weitere Richtlinie zur selben Materie, die auch das AGG regelt, verabschiedet.

Es handelt sich um die **„Richtlinie des Europäischen Parlaments und des Rates vom 5. Juli 2006 zur Verwirklichung des Grundsatzes der Chancengleichheit und der Gleichbehandlung von Männern und Frauen in Arbeits- und Beschäftigungsfragen (2006/54/EG Neufassung).**

Nun fragt man sich, wie groß das Vertrauen der EU in die Loyalität und in das Pflichtbewusstsein ihrer Mitgliedstaaten wohl sein mag, wenn so kurze Zeit nach Ablauf der Umsetzungsfristen für die Richtlinien[1], die dem vorgenannten Gesetz zugrunde liegen, schon wieder eine Richtlinie erlassen wird, die auf den ersten Blick den anderen in einem hohen Maße gleich zu sein scheint. Ein Gefühl, dass nun alle Dinge von Neuem und damit doppelt geregelt werden, stellt sich ein. Auch das Wort „Neufassung" hilft zunächst nicht ab.

Die Richtlinie enthält wie üblich eine lange Liste von Gründen, deren Erwägung die Richtliniengeber schließlich zu der Neufassung veranlasst haben. In der Ziffer 1 (von 41) findet sich ein plausibles Motiv, das allerdings nicht allein tragend für diese Recht setzende europäische Aktivität ist. Es heißt hier: „Anlässlich neuerlicher Änderungen der genannten Richtlinien (76/207/EWG des Rates, 86/378/EWG des Rates, 75/117/EWG des Rates, 97/80/EG des Rates, die sich allesamt mit der Gleichbehandlung von Männern und Frauen im Arbeitsleben im Allgemeinen, aber auch mit dem Postulat nach gleichem Entgelt bei gleicher Arbeit und mit der Beweislast bei Diskriminierungen wegen des Geschlechts befassen, d. Verf.) empfiehlt sich aus Gründen der Klarheit eine Neufassung sowie die Zusammenfassung der wichtigsten Bestimmungen auf diesem Gebiet mit verschiedenen Entwicklungen auf Grund der Rechtsprechung des Gerichtshofs der Europäischen Gemeinschaften (im Folgenden ‚Gerichtshof') in einem einzigen Text."

---

[1] Vgl. Teil VI, Kapitel 2.

Im Verlaufe der Schilderung seiner Beweggründe wiederholt der Richtliniengeber bereits vertraute Regelungen, so z.B. den Grundsatz des gleichen Entgelts für gleiche oder gleichwertige Arbeit [2] als wichtigen Aspekt des Grundsatzes der Gleichbehandlung von Männern und Frauen und als wesentlichen und unverzichtbaren Bestandteil der Rechtsprechung des Gerichtshofes im Bereich der Diskriminierung aufgrund des Geschlechts. Diese starke Pointierung des Themas führt ihn dann zu dem Auftrag an sich, weitere Bestimmungen zur Verwirklichung dieses Grundsatzes festzulegen.

Folgerichtig wird in den Gründen darauf hingewiesen, dass der Gerichtshof festgestellt habe, dass der Grundsatz des gleichen Entgelts unter bestimmten Umständen nicht nur für Situationen gelte, in denen Männer und Frauen für denselben Arbeitgeber arbeiteten[3]. Diese Erkenntnis führt allerdings zu keiner entsprechenden Berücksichtigung in der Richtlinie. Man darf gespannt sein, was hier die Zukunft noch bringen wird. In diesem Zusammenhang werden die Mitgliedstaaten aufgefordert, gemeinsam mit den Sozialpartnern „dem Problem des anhaltenden geschlechtsspezifischen Lohngefälles und der nach wie vor ausgeprägten Geschlechtertrennung auf dem Arbeitsmarkt beispielsweise durch flexible Arbeitszeitregelungen entgegenzuwirken, die es sowohl Männern als auch Frauen ermöglichen, Familie und Beruf besser miteinander in Einklang zu bringen"[4]. Es folgen dann noch Vorschläge, wie so etwas bewerkstelligt werden kann, z.B. durch erschwingliche Einrichtungen für die Kinderbetreuung und die Betreuung pflegebedürftiger Personen.

Immer wieder, so auch hier, konstatiert Brüssel, dass die Frauen im Erwerbsleben nach wie vor unterrepräsentiert sind. Die Mitgliedstaaten werden aufgefordert, die Lage der Frauen zu verbessern. Auch dadurch, dass zum Ausgleich von Benachteiligungen in der beruflichen Laufbahn spezifische Vergünstigungen beibehalten oder beschlossen werden können.[5] In diesem Sinne ist auch die Erweiterung des Mutterschutzes zu verstehen. Der Anspruch nach Rückkehr aus dem Mutterschaftsurlaub geht zukünftig nicht nur auf Wiederbesetzung des alten oder eines gleichwertigen Arbeitsplatzes, sondern auch darauf, dass der Mutter alle Verbesserungen der Arbeitsbedingungen, auf die sie während ihrer Abwesenheit Anspruch gehabt hätte, zugute kommen.[6] Eine ähnliche Regelung auch für Väter zu treffen, stellt die Richtlinie ausdrücklich in das Ermessen der Mitgliedstaaten. Wenn diese sich allerdings dazu bereitfinden, dann müssen die zu treffenden Regelungen denen für Mütter entsprechen. Dasselbe gilt auch für Adoptionsurlaub!

In Artikel 6 der Richtlinie wird der persönliche Anwendungsbereich abgesteckt. Er ist in hohem Maße deckungsgleich mit § 6 AGG, allerdings doch mit einigen Besonderheiten. Zunächst einmal wird pauschal „die Erwerbsbevölkerung" genannt. Auf sie in ihrer Gesamtheit findet die Richtlinie Anwendung. Sodann geht es in die Einzelheiten. Während § 6 AGG die Geltung des AGG für Selbständige lediglich auf den Zugang zur Erwerbstätigkeit und den

---

[2] Gründe, Ziff. 8
[3] Gründe, Ziff. 10
[4] Gründe, Ziff. 11
[5] Gründe, Ziff. 22
[6] Art. 15

VII. Weitere EU-Vorgaben und Konsequenzen für das AGG

beruflichen Aufstieg begrenzte, gilt jetzt das gesamte Kapitel 2 der Richtlinie (Gleichbehandlung in betrieblichen Systemen der sozialen Sicherheit) auch für diese Gruppe. Wie allerdings Selbständige in innerbetriebliche Systeme einzuordnen sind, verrät der Text nicht. In Bezug auf die Gruppe der Arbeitnehmer, die in ihrer Gesamtheit offenbar nach Auffassung des Richtliniengebers bereits umfassend geschützt ist, wird die Regelung getroffen, dass die in Kapitel 2 der Richtlinie enthaltenen Vorschriften auch Anwendung finden, wenn deren Erwerbstätigkeit durch Krankheit, Mutterschaft, Unfall oder unverschuldete Arbeitslosigkeit unterbrochen ist. Das Gleiche gilt für Arbeitssuchende sowie sich im Ruhestand befindliche oder arbeitsunfähige Arbeitnehmer und auf ihre anspruchsberechtigten Angehörigen. Hier darf man wirklich auf die parlamentarische und außerparlamentarische Diskussion vor Umsetzung dieser Richtlinie in nationales Recht in Deutschland gespannt sein.

Im Zusammenhang mit den Diskriminierungsverboten formuliert die Richtlinie wiederum ausdrücklich einen Ausnahmetatbestand, der es dem nationalen Gesetzgeber erlaubt, Ungleichbehandlungen zuzulassen, wenn ein betreffendes (geschütztes) Merkmal aufgrund der Art einer bestimmten beruflichen Tätigkeit oder der Bedingungen ihrer Ausübung eine wesentliche und entscheidende berufliche Anforderung darstellt, sofern es sich um einen rechtmäßigen Zweck und eine angemessene Anforderung handelt[7]. Diese Formulierung findet sich fast wortgleich in § 8 AGG.

In Bezug auf Gleichbehandlung hinsichtlich des Zugangs zur Beschäftigung, zur Berufsbildung und zum beruflichen Aufstieg sowie in Bezug auf die Arbeitsbedingungen[8] wiederholt die Richtlinie weitestgehend die schon aus den alten Richtlinien (und aus dem AGG) bekannten Regelungen.

Beim Thema Rechtsschutz[9] geht die neue Richtlinie über das bisher geltende Recht hinaus. Während z.B. § 23 AGG ausdrücklich den Antidiskriminierungsverbänden nur zugesteht, als Beistände Benachteiligter in Prozessen aufzutreten, in denen kein Anwaltszwang herrscht, kennt die neue Richtlinie diese Einschränkung nicht. Hier heißt es, dass „Verbände, Organisationen oder andere juristische Personen ... sich entweder im Namen der beschwerten Person oder zu deren Unterstützung mit deren Einwilligung an den in dieser Richtlinie zur Durchsetzung der Ansprüche vorgesehenen Gerichts- oder Verwaltungsverfahren beteiligen können".[10]

Ganz erheblich über die zur Zeit gültigen Regeln zur Beweislasterleichterung geht die neue Richtlinie hinaus, indem sie nicht mehr von „Indizien, die bewiesen" werden müssen[11], spricht, sondern es ausreichend sein lässt, dass die Person, die sich durch die Verletzung des Gleichbehandlungsgrundsatzes beschwert fühlt, „Tatsachen glaubhaft macht, die das Vorlie-

---

7 Art. 14 Abs. 2
8 Vgl. insbes. Art. 14
9 Art. 17
10 Art. 17 Abs. 2
11 Vgl. § 22 AGG

gen einer unmittelbaren oder mittelbaren Diskriminierung vermuten lassen". Sodann obliegt es dem Beklagten zu beweisen, dass keine Verletzung des Gleichbehandlungsgrundsatzes vorgelegen hat.[12]

Als ob das nicht schon genug wäre und schon fast eine Einladung zu prozessieren darstellte, lässt die Richtlinie „das Recht der Mitgliedstaaten, eine für die klagende Partei günstigere Beweislastregelung vorzusehen, unberührt".[13]

Schließlich wird noch die Gründung eines künftigen Europäischen Instituts für Gleichstellungsfragen angekündigt.[14] Diesem Institut (oder der Kommission) ist dann regelmäßig zu berichten (Termin 15. Februar 2011). Die Kommission nimmt sich auch noch in Eigenhaftung und erlegt sich auf, bis zum 15. Februar 2013 die Anwendung dieser Richtlinie zu überprüfen und, soweit sie es für erforderlich hält, Änderungen vorzuschlagen.[15]

Die Umsetzungsfrist für diese Richtlinie in nationales Recht endet am 15. August 2008. Die genannte Frist kann um ein Jahr verlängert werden, wenn dies auf Grund besonderer Schwierigkeiten erforderlich ist. Umzusetzen sind nur die Teile der Richtlinie, die eine Veränderung in Bezug auf das Recht der früheren Richtlinien darstellen. Eine Umsetzung ist nur dann nicht erforderlich, wenn der Mitgliedstaat sicherstellt, dass die Sozialpartner die erforderlichen Bestimmungen im Wege einer Vereinbarung einführen. [16]

---

[12] Art. 19 Abs. 1
[13] Art. 19 Abs. 2
[14] Art. 20 Abs. 2, d)
[15] Art. 32
[16] Art. 33

VIII. Zivilrechtliches AGG

Das zivilrechtliche AGG befindet sich im 3. Abschnitt des Gesetzes und besteht unter der Überschrift „Schutz vor Benachteiligung im Zivilrechtsverkehr" aus den Paragrafen 19 bis 21. Im Folgenden soll – wie in der Einleitung, s. Teil I, angekündigt – nur ein recht kurzer Überblick über diesen Abschnitt gegeben werden, da der Fokus auf dem arbeitsrechtlichen AGG und seinen Auswirkungen für die betriebliche Praxis lag.

Die Gründe, aus denen nicht benachteiligt werden darf, § 19 Abs. 1 AGG, sind nahezu identisch mit denen aus § 1. Es fehlt lediglich das Merkmal „Weltanschauung". Dies ist von den europarechtlichen Vorgaben auch nicht gefordert, eine Kollision mit EU-Richtlinien besteht demnach nicht. Die Streichung erfolgte erst auf Empfehlung des Rechtsausschusses unmittelbar vor Verabschiedung des Gesetzes[1].

Der Gesetzgeber möchte Benachteiligungen wegen der Gründe Rasse oder ethnische Herkunft, des Geschlechts, der Religion, einer Behinderung, des Alters oder der sexuellen Identität bei der Begründung, Durchführung und Beendigung zivilrechtlicher Schuldverhältnisse, wenn sie sog. „Massengeschäfte" sind, verhindern. Unter Massengeschäften sind gem. § 19 Abs. 1, Ziff. 1 AGG Schuldverhältnisse zu verstehen, die typischerweise ohne Ansehen der Person zu vergleichbaren Bedingungen in einer Vielzahl von Fällen zustande kommen oder die (Ziff. 2) eine privatrechtliche Versicherung zum Gegenstand haben. Solche Benachteiligungen sind unzulässig. Bei der Vermietung von Wohnraum findet diese Vorschrift jedoch erst dann Anwendung, wenn der Vermieter insgesamt mehr als 50 Wohnungen vermietet, § 19 Abs. 5 AGG.

Anders als im arbeitsrechtlichen Teil des AGG, der insgesamt vier gesonderte Ausnahmevorschriften (§§ 5 und 8 – 10 AGG) kennt, werden in diesem Abschnitt die Ausnahmen gleich in der Vorschrift, die das Benachteiligungsverbot beschreibt, mit geregelt (Ausnahme ist § 20 AGG). So ist es z.B. zulässig, bei der Vermietung von Wohnraum dann unterschiedlich zu behandeln bzw. zu benachteiligen, wenn stabile soziale Bewohnerstrukturen erhalten oder geschaffen werden sollen. Dasselbe gilt für die Schaffung oder Erhaltung ausgewogener Siedlungsstrukturen sowie ausgeglichener wirtschaftlicher, sozialer und kultureller Verhältnisse, § 19 Abs. 3 AGG. Diese Vorschrift erlaubt präventives Vorgehen, das zwar im Einzelfall einen Betroffenen benachteiligen kann, jedoch langfristig gerade Benachteiligungen in größerem Umfang vermeiden hilft. Insofern gleicht sie § 5 AGG, der ebenfalls eine unterschiedliche Behandlung zulässt, wenn dadurch bestehende Nachteile wegen eines in § 1 AGG genannten Grundes verhindert oder ausgeglichen werden sollen[2].

---

1 Vgl. die recht ausführliche Darstellung bei Däubler, Rdn. 16 f. zu § 19 AGG.
2 Vgl. Teil III., Kapitel 6.5.

Die Benachteiligungsverbote finden keine Anwendung auf Schuldverhältnisse, bei denen ein besonderes Nähe- oder Vertrauensverhältnis der Parteien oder ihrer Angehörigen begründet wird. Bei Mietverhältnissen kann dies insbesondere dann der Fall sein, wenn die Parteien oder ihre Angehörigen Wohnraum auf demselben Grundstück nutzen, § 19 Abs. 5 AGG.

Eine recht umfassende Ausnahmeregelung findet sich in § 20 AGG. Hier wird eine unterschiedliche Behandlung wegen der Religion, einer Behinderung, des Alters, der sexuellen Identität oder des Geschlechts dann zugelassen, wenn ein sachlicher Grund hierfür vorliegt. Diese unterschiedliche Behandlung ist u.a. dann gerechtfertigt, wenn Gefahren vermieden oder Schäden verhütet werden, wenn die Intimsphäre oder die persönliche Sicherheit geschützt werden sollen oder wenn diese Behandlung Vorteile generiert und ein Interesse an der Durchsetzung von Gleichbehandlung fehlt. Desgleichen darf unterschiedlich behandelt werden, wenn dies im Zusammenhang mit der Religion oder mit der Ausübung der Religionsfreiheit gerechtfertigt erscheint, § 20 Abs. 1 AGG.

Eine breite Berücksichtigung in Bezug auf unterschiedliche Behandlung finden versicherungstechnische Notwendigkeiten. Hier ist es weiterhin zulässig, z.B. Frauen und Männer bei den Prämien, aber auch bei den Leistungen unterschiedlich zu behandeln. Voraussetzung für diese weit reichende Ausnahmevorschrift, die allerdings seit langem geltendem Recht entspricht, ist allerdings, dass die der unterschiedlichen Behandlung zugrunde liegenden Risiken mit Hilfe relevanter und genauer versicherungsmathematischer und statistischer Daten ermittelt wurden, § 20 Abs. 2 AGG.

Den in § 15 AGG enthaltenen Regelungen über Schadensersatz und Entschädigung entspricht im weitesten Sinne § 21 AGG. Er regelt die Ansprüche bei Verstoß gegen das Benachteiligungsverbot und geht insofern über § 15 AGG hinaus, als er einen Beseitigungs- und Unterlassungsanspruch formuliert, § 21 Abs. 1 AGG. Die Regeln des BGB, z.B. § 823 und § 1004, bleiben hiervon unberührt.

Die Schadensersatz- und Entschädigungsregeln dieser Vorschrift, § 21 Abs. 2 AGG, entsprechen § 15 Abs. 1 und 2 AGG. Ansprüche aus unerlaubter Handlung, z.B. § 823 Abs. 1 und 2 BGB, bleiben von den Ansprüchen gem. § 21 AGG unberührt, § 21 Abs. 3 AGG.

Wie in § 15 AGG gilt auch hier die Zweimonatsfrist zur Geltendmachung der Ansprüche,

§ 21 Abs. 5 AGG. Allerdings hier mit der Besonderheit, dass ein Anspruch nach Ablauf der Frist noch geltend gemacht werden kann, wenn der Benachteiligte ohne Verschulden an der Einhaltung der Frist verhindert war. Im Streitfalle müsste er diese Tatsache beweisen.

IX. Nachwort

Zu (un-)guter Letzt

Unabhängig von der Frage, ob die Bundesrepublik Deutschland unbedingt ein weiteres Gesetz zur Vermeidung von Benachteiligungen gebraucht hätte, lässt sich dieses nun vorliegende Gesetz durchaus außerhalb des „normalen" Arbeitslebens auf andere Situationen übertragen. Dass dabei Absurditäten entstehen können wird von den Autoren billigend in Kauf genommen.

Schaut man sich beispielsweise einmal die sich großer Beliebtheit erfreuende Fernsehsendung[1] „Deutschland sucht den Superstar" (DSDS)[2] unter AGG-Gesichtspunkten an, so ergeben sich ein paar bemerkenswerte – vielleicht nicht ganz ernst zu nehmende – Resultate. Zunächst stellt sich die Frage, ob es sich bei dieser Veranstaltung möglicherweise nicht doch um ein Arbeitsverhältnis[3] zwischen den Repräsentanten des Veranstalters und dem einzelnen Probanden oder zumindest um seine Anbahnung handeln könnte.

Wenn dem so wäre, dann könnte man den Wettbewerb durchaus mit einem Auswahlverfahren eines Unternehmens oder einer anderen Organisation vergleichen. Wie wäre es, wenn in einem Unternehmen der in diesem Buch gegebenen Empfehlung gefolgt würde, bei Auswahlgesprächen mehr als eine Person zu beteiligen? Bei DSDS sind es gar drei (Jury). Wie wäre es, wenn sich einer davon als „agent provocateur"[4] verhielte und die zu Beurteilenden versähe mit Kommentaren, wie:

- „Du siehst aus, als würde ein seltsames Tier in deinem Gesicht sterben."[5]

- „Du klingst, als wenn dir das Euter schwillt."[6]

---

[1] Ca. 7 Millionen Bundesbürger schauen sich diese Sendung an.
[2] Für die „anderen" ca. 75 Millionen Bundesbürger: Hierbei geht es um einen Schlagerwettbewerb, der sich über mehrere Auswahlrunden (und damit Sendungen mit Werbeblöcken) unter Beteiligung des anwesenden und des TV-Publikums erstreckt. Dem Sieger winkt eine gut dotierte Schlagerkarriere. Allerdings hat sich von diesen „Superstars" noch niemand über einen längeren Zeitraum in der breiten Öffentlichkeit halten können.
[3] Immerhin werden die Kandidaten auch zum Absingen der von einem Jurymitglied komponierten Schlager verpflichtet/angehalten.
[4] Zu Deutsch: „Oberrüpel", frei übersetzt.
[5] Aus: http://www.abendblatt.de/daten/2007/01/28/678138.html?prx=1, Druckdatum 8. Juli 2007
[6] Wie Fußnote 5, a.a.O., Aus: http://www.abendblatt.de/daten/2007/01/28/678138.html?prx=1, Druckdatum 8. Juli 2007

- „Du singst, als hättest du eine Klobürste im Arsch."[7]
- „Bei mir kommen solche Geräusche aus anderen Öffnungen."[8]
- „Warst du in der Kirche? Siehst so durchgeorgelt aus."[9]
- „Deine Stimme im Mülleimer – das wäre artgerechte Haltung."[10]
- „Das klingt mehr so wie ‚Schweine im Weltall'."[11]
- „Du bist wirklich alles, was wir hier nicht brauchen."[12]
- „Für mich hast du gerade zum zweiten Mal die Titanic versenkt."[13]
- „Das letzte Mal sahst du aus wie 'ne Rolle Drops mit Ohren."[14]
- „Du hast 'nen superhübschen Kopf, aber da unten, das musst du anders machen."[15]
- „Kann man das noch irgendwie verhindern, dass du Musiklehrer wirst?" zu einem Kandidaten, der Lehramt, Fachbereich Musik, studiert.[16]
- „Du musst vor allem auch zu Haus mal in den Spiegel gucken. Das sieht ja aus, als wäre in deinem Gesicht irgendein Tier verendet." Zu einem türkischen Teilnehmer mit Schnurrbart.[17]
- „Wenn ich mir 'nen Döner ans Ohr halte, dann höre ich wenigstens das ‚Schweigen der Lämmer'. Aber bei dir, da ist einfach NICHTS!"[18]
- „Solange wir Stimmen wie deine haben, müssen wir uns nicht wundern, wenn die Geburtenrate zurückgeht."[19]
- „Wenn man so aussieht wie du, ist das auch kein Wunder", zu einer Kandidatin, die gerade „Ich war noch niemals verliebt ..." gesungen hatte.[20]

---

7   Wie Fußnote 5, a.a.O.
8   http://www.spiegel.de/panorame/leute/0,1518,druck-458756,00.html, Duckdatum 8. Juli 2007
9   Wie Fußnote 8, a.a.O.
10 http://www.bild.t-online.de/BTO/leute/2007/01/10/bohlen-dsds/bohlen-dsds-sprueche..., Druckdatum 8. Juli 2007
11 http://www.clickpix.de/bohlen_2.htm, Druckdatum 8. Juli 2007
12 Wie Fußnote 11, a.a.O.
13 Wie Fußnote 11, a.a.O.
14 Wie Fußnote 11, a.a.O.
15 Wie Fußnote 11, a.a.O.
16 Wie Fußnote 11, a.a.O.
17 Wie Fußnote 11, a.a.O.
18 Wie Fußnote 11, a.a.O.
19 Wie Fußnote 11, a.a.O.
20 Wie Fußnote 11, a.a.O.

IX. Nachwort

- „Du hast ein göttliches Problem: Der liebe Gott gibt einigen Frauen dicke Möpse, anderen eine schlechte Stimme. Und dir hat er nun mal eine schlechte Stimme gegeben."[21]
- „Also der Werbevertrag für Clearasil ist dir jedenfalls sicher."[22]
- „Du musst nicht traurig sein. Guck mal, Schweine können z. B. nicht Stabhochspringen und sind deshalb auch nicht traurig."[23]
- „Du bist wie eine Wolke. Wenn du dich verziehst, könnte es noch ein schöner Tag werden."[24]
- „Die einzige Frau, auf die ich höre, ist die aus dem Navigationssystem in meinem Auto." (bei Beckmann)[25]

Hier liegen nicht nur Beleidigungen der übelsten Art vor, es finden auch gezielt Benachteiligungen auf Basis des § 3 AGG statt, und zwar in fast allen Varianten (unmittelbar, mittelbar und Belästigung – „Mobbing" sowie sexuelle Belästigung durch die Anspielungen auf die primären Geschlechtsmerkmale). Einem Kandidaten mit türkischem Migrationshintergrund seinen Kulturkreis bedingten Gesichtsschmuck, vulgo Bart, zu diffamieren, verletzt die §§ 1 und 7 AGG in genauso eklatanter Art wie die Aussage, dass nur die weibliche Navigationsstimme Respekt verdiene. Ob eine unreine Haut schon eine Form der Behinderung darstellt, mag bestreitbar sein, wohl eher aber nicht andere körperliche Gaben bzw. subjektiv wahrgenommene Defizite.

Wenn sich beim Leser ähnlich wie bei den Autoren bei der Lektüre zunächst Sprachlosigkeit einstellt nach dem Motto „Das kann doch nun wirklich nicht wahr sein", dann zeigt das zumindest, dass hier noch Stilgefühl und Anstand in ausreichendem Maße vorhanden sind. Sollte sich dann zusätzlich ein Gefühl der Wut einstellen, nähern wir uns schon der Frage, wie es denn sein kann, dass in der Bundesrepublik, die ja nun wirklich kaum eine Gelegenheit auslässt, ihre Bürger zu schützen, ob sie wollen oder nicht, solche Verbalinjurien schlimmster Provenienz ungefiltert auf die Bildschirme und in die Lautsprecher gelangen können. Die wohlfeile Antwort dazu: Machen die doch alles freiwillig. Sie wissen, auf was sie sich einlassen. Ist ja alles nur Spaß.

Fangen wir hinten an. Spaß ist die gnaden- und geschmacklose Herabwürdigung eines Menschen vor ca. sieben Mio. Fernsehzuschauern schon mal nicht. Es lachen nicht die Betroffenen, es lacht der, der den „Witz" gemacht hat, es lacht ein Teil der Zuschauer. Der andere Teil wendet sich ab oder glaubt, dass er das in Kauf nehmen muss, wenn er ansonsten diesen „Wettbewerb" weiter verfolgen möchte.

---

21 Wie Fußnote 11, a.a.O.
22 Wie Fußnote 11, a.a.O.
23 Wie Fußnote 11, a.a.O.
24 Wie Fußnote 11, a.a.O.
25 Wie Fußnote 11, a.a.O.

Das zweite Argument, jeder weiß, worauf er sich einlässt, ist wahrscheinlich zutreffend. Es ist wohl die Sucht nach Anerkennung, Berühmtheit und schnellem Geld so groß, dass man bereit ist, seine Menschenwürde am Studioeingang abzugeben und sie möglicherweise hinterher, nach Beendigung der Veranstaltung, nicht mehr wiederzufinden. Ist das nun Anlass für Mitleid, für den Ruf nach dem Staatsanwalt, dem Gesetzgeber??? Mitnichten. In einer freien Gesellschaft hat ein jeder Anspruch auf (eigenen) Schwachsinn, darauf, sich lächerlich zu machen, sich vor einem Millionenpublikum zu blamieren und sich ohne Gegenwehr zu einem für diese Gesellschaft kaum tauglichen Subjekt herabwürdigen zu lassen.

Das mit der Freiwilligkeit ist so eine Sache. Gesellschaft und Organisationen haben immer schon großen Einfallsreichtum bei der Erfindung von Initiationsriten bewiesen. Frei nach dem Motto: Machst du den Quatsch hier mit, darfst du zu uns kommen. Hier kann nun ein jeder mit Sicherheit eine Fülle von Beispielen nennen, auf die diese Klassifizierung zutrifft. Anders gesagt, stehst du DSDS durch, bist du auch für Höheres geeignet. Und das ist nun einmal diese Teleberühmtheit, das schnelle Geld, dieser ganze oberflächliche Rummel, den zu bewundern ein Großteil unserer Mitmenschen nur allzu gern bereit ist, selbst wenn er die Grenze des offenkundigen Schwachsinns schon weit hinter sich gelassen hat.

Und jetzt kommen natürlich die ganz kritischen Fragen: Braucht eine Gesellschaft gesetzgeberische Fürsorge im offiziellen (beruflichen) Kontext, wenn sie eigentlich ganz andere Ambitionen hat? Braucht sie Schutz vor Mobbing, wenn sich Mitglieder dieser Gesellschaft höchst freiwillig in Situationen begeben, in denen sie eigentlich nur noch Achselzucken und Kopfschütteln, nein, kein Mitleid, erwarten dürfen? Muss man sie wirklich vor Benachteiligungen wegen Geschlechts, Alter oder Behinderung schützen, wenn sie entweder selbst bereit sind, sich geschmacklich zu verstümmeln oder sich lustvoll an der hemmungslosen Erniedrigung junger Menschen zu delektieren? Arbeitet der Gesetzgeber hier nicht klar am Zeitgeist vorbei? Hat er gar nicht gemerkt, dass er noch immer auf dem Platz steht, obwohl die Partie längst abgepfiffen wurde?

Nein, nein und nochmals nein. Das meinen die Autoren nicht wirklich. Es werden ja auch immer noch an der Autobahn Schilder aufgestellt, die den Fahrer veranlassen sollen, seinen Schwung in kleinen Schritten von 160 auf 120, 100, 80, 60 km/h zu drosseln, obwohl er in den meisten Fällen keinen rechten Grund dafür erkennen kann und schon wenige Meter später die Fahrt wieder freigegeben wird. Diese kleine Bodenwelle hätte sein Astra auch ohne Achsbruch überstanden … Aber er ist ja eine Rundum-Umsorgung gewöhnt, hat aufgehört zu fragen, ob er das denn alles braucht, und ist sich eigentlich auch immer gewiss, dass das, was die von ihm gewählten Vertreter so veranlassen, schon irgendeinen Sinn haben wird, den er nicht unbedingt auch selbst erkennen muss.

Vor diesem Hintergrund müssen wir – und muss der Gesetzgeber – den Tendenzen geschmacklicher und geistiger Verirrungen dort entgegentreten, wo es für den Erhalt einer Gesellschaft von hohem kulturellem Anspruch erforderlich ist. Er darf sich achselzuckend und lächelnd wegdrehen, wenn in einem liberalen Umfeld merkwürdige Dinge passieren, die nicht von der Mehrheit goutiert werden, die aber die Existenz des Gemeinwesens auch nicht ernsthaft gefährden.

IX. Nachwort

Und er darf und muss säuberlich trennen zwischen dem, was an Maßnahmen zur Organisation einer modernen Arbeitswelt erforderlich ist, und dem, was sich die Gesellschaft im Bereiche der Freiwilligkeit so zuzumuten bereit ist. Dort sollte er sie dann auch in Ruhe lassen.

Der Leser mag verzeihen, dass sich die Autoren nach der ausführlichen ernsthaften Auseinandersetzung mit dem AGG und nach den vielen Ratschlägen für seine Anwendung in der Praxis ganz kurz den Luxus erlaubt haben, einige Gedanken, die sich ihnen aufdrängten (nach nur einmaligem (Teil-)Konsum von DSDS), hier mit einem gedanklichen Lächeln mitzuteilen.

Quellen- und Literaturverzeichnis

BAUER, DR. JOBST-HUBERTUS/GÖPFERT, DR. BURKARD/KRIEGER, DR. STEFFEN, Allgemeines Gleichbehandlungsgesetz, Kommentar, Verlag C. H. Beck, München, 2007.

BECKER, MANFRED/SEIDEL, ALINA (HRSG.), Diversity Management, Unternehmens- und Personalpolitik der Vielfalt, Schäffer-Poeschel, Stuttgart, 2006

BEHINDERTENBERICHT DER BUNDESREGIERUNG vom 16. Dezember 2004, Drucksache 15/4575

BELINSZKI, ESZTER/HANSEN, KATRIN/MÜLLER, URSULA (HRSG.), Diversity Management, Best Practices im internationalen Feld, Lit Verlag, Münster, 2003

BT, BUNDESTAG DRUCKSACHE, Drucksache 15/4575 vom 16. Dezember 2004

BT, BUNDESTAG DRUCKSACHE, Drucksache 16/1780 vom 8. Juni 2006

DÄUBLER, WOLFGANG/BERTZBACH, MARTIN (HRSG.), Allgemeines Gleichbehandlungsgesetz, Handkommentar, Nomos Verlagsgesellschaft, Baden-Baden, 2007

DER SPIEGEL, 33/2007, 13. August 2007

DGFP E.V. (HRSG.), Personalentwicklung für ältere Mitarbeiter, Düsseldorf, 2004

EUROBAROMETER, www.migration-boell.de/web/diversity

EUROPÄISCHE KOMMISSION, Gleichbehandlung und Antidiskriminierung, Jahresbericht 2006, Generaldirektion Beschäftigung, Soziale Angelegenheiten und Chancengleichheit, Referat g 4, Luxemburg, 2006

GOLDBERGER, NANCY U.A. (HRSG.), Knowledge, Difference, and Power, Basic Books, New York, 1996

HAUPTVERBAND DES DEUTSCHEN EINZELHANDELS (HDE), www.einzelhandel.de

http://germany.gallup.com

http://www.abendblatt.de/daten/2007/01/28/678138.html?prx=1, Druckdatum 8. Juli 2007

http://www.bild.t-online.de/BTO/leute/2007/01/10/bohlen-dsds/bohlen-dsds-sprueche..., Druckdatum 8. Juli 2007

http://www.clickpix.de/bohlen_2.htm, Druckdatum 8. Juli 07

http://www.spiegel.de/panorame/leute/0,1518,druck-458756,00.html, Duckdatum 8. Juli 2007

HUKE, RAINER, das Betriebsverfassungsgesetz, BDA*ktuell* Nr. 1, 9. Auflage, GDA-Gesellschaft für Marketing und Service der deutschen Arbeitgeber, Berlin, 2006

KOALL, IRIS, Managing Gender & Diversity – von der Homogenität zur Heterogenität in der Organisation der Unternehmung, Verlag Lit Geschlecht, Klutur, Gesellschaft, Bd. 9, Münster, 2001

KRELL, GERTRAUDE (HRSG.), Chancengleichheit durch Personalpolitik, Gleichstellung von Frauen und Männern in Unternehmen und Verwaltungen, Gabler, 4. Auflage, Wiesbaden, 2004

KUTZSCHENBACH, CLAUS VON, Frauen Männer Management, Führung und Team neu denken, Rosenberger Fachverlag, 2. Auflage, Leonberg, 2005

LEWIS, RICHARD D., When cultures collide, Nicholas Brealey Publishing, London, 1999

LOEBE, HERBERT/SEVERING, ECKART (HRSG.), Wettbewerbsfähig mit alternden Belegschaften, W. Bertelsmann Verlag, Bielefeld, 2005

LSVD, Lesben- und Schwulenverband in Deutschland, www.typo3.lsvd.de

MODEL/CREIFELDS, Staatsbürger-Taschenbuch, Verlag C. H. Beck, 31. Auflage, München, 2003

MÜTHLEIN, THOMAS/JASPERS, ANDREAS: AGG – Rechtssichere Personalprozesse und -datenverarbeitung, datakontext Fachverlag, Frechen, 2007

NICOLAI, DR. ANDREA, Das Allgemeine Gleichbehandlungsgesetz – AGG in der anwaltlichen Praxis, DeutscherAnwaltVerlag, Bonn, 2006

NZA, Neue Zeitschrift Arbeitsrecht, 1995

PETERS, SIBYLLE/BENSEL, NORBERT (HRSG.), Frauen und Männer im Management, Diversity in Diskurs und Praxis, Gabler, 2. Auflage, Wiesbaden, 2002

RAMSAUER, PETER, Baustein zum Nullwachstum, in: FAZ, 20. Januar 2005

RÜHL, MONIKA/HOFFMANN, JOCHEN, Chancengleichheit managen, Basis moderner Personalpolitik, Gabler, Wiesbaden, 2001

SCHIRRMACHER, FRANK, das Methusalem-Komplott, Blessing, 13. Auflage, München, 2004

SCHMIDT, HEINRICH, Philosophisches Wörterbuch, Stuttgart, 1960

SCHÜTT, KRISTINA/WOLF, ROLAND, Das neue Allgemeine Gleichbehandlungsgesetz, Pflichten – Risiken – Gestaltungsmöglichkeiten, Reihe BDAktuell Nr. 17, GDA – Gesellschaft für Marketing und Service der Deutschen Arbeitgeber, 1. Auflage, 2006

SIMMEL, P. OSKAR/STÄHLIN, RUDOLF (HRSG.), Christliche Religion, Fischer Bücherei, Frankfurt/Main, 1957

POREND, MARTINE, in: Soziale Sicherheit, Heft 8 und 9, S. 296, 2006, www.sozialesicherheit.de

TANNEN, DEBORAH, Job-Talk, Wie Frauen und Männer am Arbeitsplatz miteinander reden, Kabel, Hamburg, 1994

THOMAS, R. ROOSEVELT, Management of Diversity, Neue Personalstrategien für Unternehmen, Gabler, Wiesbaden, 2001

UBBER, THOMAS, zitiert in: Gleichbehandlungsgesetz verstößt gegen Europarecht, FAZ 3. Mai 2007

VER.DI, Bundesarbeitskreis Lesben, Schwule, Bisexuelle und Transgender, 24. Juni 2007, www.verdi.de

VEREINIGUNG DER HESSISCHEN UNTERNEHMERVERBÄNDE (VHU) E.V./HESSENCHEMIE / HESSENMETALL (HRSG.), Das Allgemeine Gleichbehandlungsgesetz (AGG), Ein Leitfaden für die Praxis, Deutscher Instituts-Verlag, Köln, 2006

WÄCHTER, HARTMUT/VEDDER, GÜNTHER/FÜHRING, MEIK (HRSG.), Personelle Vielfalt in Organisationen, Band 1, Rainer Hampp Verlag, München und Mering, 2003
WEUSTER, ARNULF, Arbeitszeugnisse nach dem AGG, in: Personalführung 5/2007
WISSKIRCHEN, GERLIND, AGG Allgemeines Gleichbehandlungsgesetz, Auswirkungen auf die Praxis, Datakontext Fachverlag, Frechen, 3. Auflage, 2007
WUNDERER, ROLF/DICK, PETRA (HRSG.), Frauen im Management; Luchterhand, Neuwied, Kriftel, Berlin, 1997
www.agg-hopping.de
www.arbeitsgruppe-scientology.de, Druckdatum 18.Juli 2007
http://www.bmfsfj.de/Kategorien/Ministerium/antidiskrtiminierungsstelle.html
www.cicero.de
www.germany.gallup.com
www.lufthansa.com, Druckdatum 25. Juli 2007
www.unglobalcompact.org
ZEMKE, RON/RAINES, CLAIRE/FILIPCZAK, BOB, Generations at Work, B., New York, 2000

Register

A

Ablehnung 112, 117
Absage 117
Absageschreiben 129
AGG-Hopper 123
Alter 28, 56
Altersbenachteiligung 124
Altersteilzeit 119
Altersteilzeitverträge 58
Altersversorgung 61
Amsterdam 159, 160
Angestellter, leitender 166
Antidiskriminierungsgesetz ... 164
Antidiskriminierungsstelle 99, 133
Antidiskriminierungsverband 97, 133
Anweisung 46
Anzeige 109
Arbeitnehmerdatenschutz 124
Arbeitsklima 126
Arbeitsmarktsituation 57
Arbeitsvertrag 117
Arbeitszeit 108
Arbeitszeugnis 122, 131
Ausgleichsabgabe 50
Aushang 125, 129
Ausnahmebetreuung 156
Ausnahmeregel 47
Ausschreibung 67, 108, 121, 128
Auswahl 121
Auswahlkriterium 35
Auswahlverfahren 111, 128

Auszubildende 20

B

Beendigung 121, 130
Behinderte 139
Behinderung 14, 27, 110, 113, 114, 115, 150, 157
Bekleidungsvorschrift 118
Belästigung 42, 164
Belästigung, sexuelle 43
Benachteiligung 56
Benachteiligung, mittelbare 41
Benachteiligung, unmittelbare 41
Benachteiligungsverbot 32
Berufserfahrung 56
Beschäftigte 20
Beschwerde 110, 112, 130
Beschwerderecht 70, 74
Beschwerdestelle 74, 126, 130, 133, 134
Beschwerdestelle, Einrichtung 75
Bestandsanalyse 141
Besteneignung 113
Bestgeeigneten 129
Betriebstreue 60
Betriebsvereinbarung 134
Betriebsversammlung 125
Beurteilung 118
Beweislast 165
Beweislasterleichterung ... 89, 134

Beweislasterleichterungsregel 88
Beweislastumkehr 114, 165
Bewerbung 128
Bewerbungsgespräch 112
Bewerbungsunterlagen 68
Bewusstseinswandel 144, 155

C

Chancengleichheit 150
Compliance 138

D

Demografie 109, 138, 139
Dienstalter 168
Dimension 150
Diskriminierung 22
Diskriminierung, positive 65
Diversity 131, 135, 138, 141, 142, 150
Diversity Management 136, 137, 143, 146, 150
Diversity-Dimension 146
Dokumentationspflicht 107
Dominanzkultur 136
Dritte 127
Durchschnittsalter 151

E

Einstellungsbedingung 35
Einstellungsgespräch 132
Entlassungsbedingung 38
Entlohnungssystem 58
Entschädigung 15, 79, 127, 131, 133
Entschädigungsvorschrift 128
Erfüllungsgehilfe 81
Ethnie 23
Exkulpation 117

F

Familienphase 112
Familienservice 156
Filter 136, 144
Foto 68, 109, 128
Frauen in Führungspositionen 132
Frist 85, 116
Führungskraft 122
Führungsposition 111

G

Gallup-Motivationsstudie 136
Geburtenrate 139
Geburtsdatum 123, 131
Generation 147, 148
Gesprächsleitfaden 112
Gewerkschaft 131
Gewerkschaftszugehörigkeit 124, 129
Glass-ceiling-Effekt 156
Gleichbehandlung 164
Gleichbehandlungsvorgabe 122
Gleichberechtigung 162
Gleichstellung 24, 169
Globalisierung 138

H

Heterogenität 16, 120, 135
Hierarchie 119
Höchstalter 168

I

Inclusion 138, 142, 155
Informationspflicht 73
Integration 139, 141, 142, 150

Internationalisierung............. 150
Intranet.................................. 125

J

Jubiläumszulage 133

K

Kinderbetreuung................... 156
Kleiderordnung..................... 130
Kommunikation..................... 146
Kompetenz, interkulturelle... 136, 139, 144, 157
Kontrahierungszwang............. 87, 120, 133
Krankheit................................114
Kultur............................ 138, 147
Kunde 126, 127, 139, 140
Kündigung............................. 130
Kündigung, betriebsbedingte .. 63
Kündigungsfrist..................... 134

L

Lebensalter............................113
Lebensarbeitszeit.................. 149
Lebenslauf............................ 123
Lebensverhältnis.............114, 129
Leistungsverweigerungs-
  recht........................... 70, 78
Lieferant............................... 126

M

Maastricht............................. 160
Massengeschäfte................... 183
Maßregelungsverbot............... 87
Mentoring........................... 144, 156, 157
Mietverhältnis....................... 184
Migrationshintergrund............111
Minderheit, ethnische............. 66

Mindestalter.................... 59, 168
Missverständnis..................... 142
Mitbestimmungsrecht.............. 75
Miteinander 149
Mobbing.......................... 45, 70, 117, 120, 133, 134, 187, 188
Motivation 144, 145
Mutterschutz......................... 180

N

Nachhaltigkeitsindizes........... 140
Netzwerk 144
Neufassung........................... 179
Nicht-Vermögensschaden........ 82

O

Ordnungsgeld 94
Organisationsverschulden 81, 130

P

Personalberater...................... 67, 112, 132
Personalentwicklung 130
Personalfragebogen 113, 129
Persönlichkeitsverletzung...... 128
Produktivitätsreserve............ 137

Q

Qualifikation......................... 119
Qualifizierung....................... 130
Quote 142, 151
Quotenregelung 66

R

Rasse................................ 23, 163
Rassismus-Richtlinie............. 163
Rating-Agentur..................... 140
Rechtsberatungsgesetz............ 99

Rechtsmissbrauch 112
Rechtsschutz 168, 181
Religion...................................... 25
Religionsgemeinschaft............. 53
Respekt 137,
141, 145, 149
Richtigkeitsgewähr 84
Risiko..................................... 127
Risikomanagement 131
Rotation......................... 119, 130

S

Sanktion 166, 168
Schadensersatz....................... 15,
79, 127, 131, 133
Schadensersatzvorschrift 128
Schulung 15,
69, 70, 121, 125, 130, 133
Schwangerschaft 114, 129
Schwerbehinderter 132
Scientology 26,
113, 129, 131
Sekundärdiskriminierung....... 165
Senior Professional 156
Sexuelle Identität 30
Sozialplan 57, 63
Sprache 108
Staatsangehörigkeit............... 115,
129, 164
Stakeholder 143
Stellenausschreibung 128

T

Tarifvertrag 134
Tarifvertragspartei................... 95
Teilzeit 154

U

UN Global Compact 140
Uniform................................. 132
Unternehmenskultur 142, 145
Urlaub 58

V

Vereinbarkeit von Arbeit
und Privatleben 141, 155
Vereinbarung,
kollektivrechtliche 84
Vereinigung...................... 94, 95
Vergütung..............................51,
119, 133
Verrentungsalter 122
Verschulden...................... 81, 82
Versicherungswesen............... 170
Vielfalt 135, 145
Volkszählungsurteil................ 50

W

Wandel, demografischer 156
Weltanschauung..................... 26
Werte 147, 148
Wertschätzung....................... 136
Wohnraum............................ 170

Z

Ziel.. 142
Zurückbehaltungsrecht 79
Zwangsgeld............................. 94

Die EU-Richtlinien und das AGG

RICHTLINIE DES RATES
vom 9. Februar 1976
zur Verwirklichung des Grundsatzes der Gleichbehandlung von Männern und Frauen hinsichtlich des Zugangs zur Beschäftigung, zur Berufsbildung und zum beruflichen Aufstieg sowie in bezug auf die Arbeitsbedingungen (76/207/EWG)

DER RAT DER EUROPÄISCHEN GEMEINSCHAFTEN –

gestützt auf den Vertrag zur Gründung der Europäischen Wirtschaftsgemeinschaft, insbesondere auf Artikel 235,

auf Vorschlag der Kommission,

nach Stellungnahme des Europäischen Parlaments (1),

nach Stellungnahme des Wirtschafts- und Sozialausschusses (2),

in Erwägung nachstehender Gründe:

Der Rat hat in seiner Entschließung vom 21. Januar 1974 über ein sozialpolitisches Aktionsprogramm (3) als eine der Prioritäten die Durchführung von Aktionen festgelegt, die zum Ziel haben, gleiche Bedingungen für Männer und Frauen hinsichtlich des Zugangs zur Beschäftigung, zur beruflichen Bildung und zum beruflichen Aufstieg sowie in bezug auf die Arbeitsbedingungen einschließlich der Entlohnung zu schaffen.

In bezug auf die Entlohnung hat der Rat am 10. Februar 1975 die Richtlinie 75/117/EWG zur Angleichung der Rechtsvorschriften der Mitgliedstaaten über die Anwendung des Grundsatzes des gleichen Entgelts für Männer und Frauen angenommen (4).

Ein Tätigwerden der Gemeinschaft erscheint auch notwendig, um den Grundsatz der Gleichbehandlung von Männern und Frauen hinsichtlich des Zugangs zur Beschäftigung, zur Berufsbildung und zum beruflichen Aufstieg sowie in bezug auf die sonstigen Arbeitsbedingungen zu verwirklichen. Die Gleichbehandlung von männlichen und weiblichen Arbeitnehmern stellt eines der Ziele der Gemeinschaft dar, soweit es sich insbesondere darum handelt, auf dem Wege des Fortschritts die Angleichung der Lebens- und Arbeitsbedingungen der Arbeitskräfte zu fördern. Im Vertrag sind die besonderen, hierfür erforderlichen Befugnisse nicht vorgesehen.

Der Grundsatz der Gleichbehandlung im Bereich der sozialen Sicherheit ist durch spätere Rechtsakte zu definieren und schrittweise zu verwirklichen –

HAT FOLGENDE RICHTLINIE ERLASSEN:

Artikel 1

(1) Diese Richtlinie hat zum Ziel, daß in den Mitgliedstaaten der Grundsatz der Gleichbehandlung von Männern und Frauen hinsichtlich des Zugangs zur Beschäftigung, einschließlich des Aufstiegs, und des Zugangs zur Berufsbildung sowie in bezug auf die Arbeitsbedingungen und in bezug auf die soziale Sicherheit unter den in Absatz 2 vorgesehenen Bedingungen verwirklicht wird. Dieser Grundsatz wird im folgenden als "Grundsatz der Gleichbehandlung" bezeichnet.

(2) Der Rat erlässt im Hinblick auf die schrittweise Verwirklichung des Grundsatzes der Gleichbehandlung im Bereich der sozialen Sicherheit auf Vorschlag der Kommission Bestimmungen, in denen dazu insbesondere der Inhalt, die Tragweite und die Anwendungsmodalitäten angegeben sind.

Artikel 2

(1) Der Grundsatz der Gleichbehandlung im Sinne der nachstehenden Bestimmungen beinhaltet, daß keine unmittelbare oder mittelbare Diskriminierung auf Grund des Geschlechts – insbesondere unter Bezugnahme auf den Ehe- oder Familienstand – erfolgen darf.

(2) Diese Richtlinie steht nicht der Befugnis der Mitgliedstaaten entgegen, solche beruflichen Tätigkeiten und gegebenenfalls die dazu jeweils erforderliche Ausbildung, für die das Geschlecht auf Grund ihrer Art oder der Bedingungen ihrer Ausübung eine unabdingbare Voraussetzung darstellt, von ihrem Anwendungsbereich auszuschließen.

(3) Diese Richtlinie steht nicht den Vorschriften zum Schutz der Frau, insbesondere bei Schwangerschaft und Mutterschaft, entgegen.

(4) Diese Richtlinie steht nicht den Maßnahmen zur Förderung der Chancengleichheit für Männer und Frauen, insbesondere durch Beseitigung der tatsächlich bestehenden Ungleichheiten, die die Chancen der Frauen in den in Artikel 1 Absatz 1 genannten Bereichen beeinträchtigen, entgegen. (1)ABl. Nr. C 111 vom 20.5.1975, S. 14. (2)ABl. Nr. C 286 vom 15.12.1975, S. 8. (3)ABl. Nr. C 13 vom 12.2.1974, S. 1. (4)ABl. Nr. L 45 vom 19.2.1975, S. 19.

Artikel 3

(1) Die Anwendung des Grundsatzes der Gleichbehandlung beinhaltet, daß bei den Bedingungen des Zugangs – einschließlich der Auswahlkriterien – zu den Beschäftigungen oder Arbeitsplätzen – unabhängig vom Tätigkeitsbereich oder Wirtschaftszweig – und zu allen Stufen der beruflichen Rangordnung keine Diskriminierung auf Grund des Geschlechts erfolgt.

(2) Zu diesem Zweck treffen die Mitgliedstaaten die notwendigen Maßnahmen, um sicherzustellen,

a) daß die mit dem Grundsatz der Gleichbehandlung unvereinbaren Rechts- und Verwaltungsvorschriften beseitigt werden;

b) daß die mit dem Grundsatz der Gleichbehandlung unvereinbaren Bestimmungen in Tarifverträgen oder Einzelarbeitsverträgen, in Betriebsordnungen sowie in den Statuten der freien Berufe nichtig sind, für nichtig erklärt oder geändert werden können;

c) daß die mit dem Grundsatz der Gleichbehandlung unvereinbaren Rechts- und Verwaltungsvorschriften, bei denen der Schutzgedanke, aus dem heraus sie ursprünglich entstanden sind, nicht mehr begründet ist, revidiert werden ; daß hinsichtlich der Tarifbestimmungen gleicher Art die Sozialpartner zu den wünschenswerten Revisionen aufgefordert werden.

Artikel 4

Die Anwendung des Grundsatzes der Gleichbehandlung in bezug auf den Zugang zu allen Arten und Stufen der Berufsberatung, der Berufsbildung, der beruflichen Weiterbildung und Umschulung beinhaltet, daß die Mitgliedstaaten die erforderlichen Maßnahmen treffen, um sicherzustellen,

a) daß die mit dem Grundsatz der Gleichbehandlung unvereinbaren Rechts- und Verwaltungsvorschriften beseitigt werden;

b) daß die mit dem Grundsatz der Gleichbehandlung unvereinbaren Bestimmungen in Tarifverträgen oder Einzelarbeitsverträgen, in Betriebsordnungen sowie in den Statuten der freien Berufe nichtig sind, für nichtig erklärt oder geändert werden können;

c) daß Berufsberatung, Berufsbildung, berufliche Weiterbildung um Umschulung – vorbehaltlich in der in einigen Mitgliedstaaten bestimmten privaten Bildungseinrichtungen gewährten Autonomie – auf allen Stufen zu gleichen Bedingungen ohne Diskriminierung auf Grund des Geschlechts zugänglich sind.

Artikel 5

(1) Die Anwendung des Grundsatzes der Gleichbehandlung hinsichtlich der Arbeitsbedingungen einschließlich der Entlassungsbedingungen beinhaltet, daß Männern und Frauen dieselben Bedingungen ohne Diskriminierung auf Grund des Geschlechts gewährt werden.

(2) Zu diesem Zweck treffen die Mitgliedstaaten die erforderlichen Maßnahmen, um sicherzustellen,

a) daß die mit dem Gleichbehandlungsgrundsatz unvereinbaren Rechts- und Verwaltungsvorschriften beseitigt werden;

b) daß die mit dem Grundsatz der Gleichbehandlung unvereinbaren Bestimmungen in Tarifverträgen oder Einzelarbeitsverträgen, in Betriebsordnungen sowie in den Statuten der freien Berufe nichtig sind, für nichtig erklärt oder geändert werden können;

c) daß die mit dem Grundsatz der Gleichbehandlung unvereinbaren Rechts- und Verwaltungsvorschriften, bei denen der Schutzgedanke, aus dem heraus sie ursprünglich entstanden sind, nicht mehr begründet ist, revidiert werden ; daß hinsichtlich der Tarifbestimmungen gleicher Art die Sozialpartner zu den wünschenswerten Revisionen aufgefordert werden.

Artikel 6

Die Mitgliedstaaten erlassen die innerstaatlichen Vorschriften, die notwendig sind, damit jeder, der sich wegen Nichtanwendung des Grundsatzes der Gleichbehandlung im Sinne der Artikel 3, 4 und 5 auf seine Person für beschwert hält, nach etwaiger Befassung anderer zuständiger Stellen seine Rechte gerichtlich geltend machen kann.

Artikel 7

Die Mitgliedstaaten treffen die notwendigen Maßnahmen, um Arbeitnehmer vor jeder Entlassung zu schützen, die eine Reaktion des Arbeitgebers auf eine Beschwerde im Betrieb oder gerichtliche Klage auf Einhaltung des Grundsatzes der Gleichbehandlung darstellt.

Artikel 8

Die Mitgliedstaaten tragen dafür Sorge, daß die in Anwendung dieser Richtlinie ergehenden Maßnahmen sowie die bereits geltenden einschlägigen Vorschriften den Arbeitnehmern in jeder geeigneten Form bekanntgemacht werden, beispielsweise in den Betrieben.

Artikel 9

(1) Die Mitgliedstaaten setzen die erforderlichen Rechts- und Verwaltungsvorschriften in Kraft, um dieser Richtlinie binnen dreissig Monaten nach ihrer Bekanntgabe nachzukommen, und unterrichten hiervon unverzueglich die Kommission.

Eine erste Prüfung und gegebenenfalls eine erste Revision der Rechts- und Verwaltungsvorschriften im Sinne des Artikels 3 Absatz 2 Buchstabe c) erster Halbsatz und des Artikels 5 Absatz 2 Buchstabe c) erster Halbsatz nehmen die Mitgliedstaaten jedoch innerhalb von vier Jahren nach Bekanntgabe dieser Richtlinie vor.

(2) Die Mitgliedstaaten prüfen in regelmässigen Abständen die unter Artikel 2 Absatz 2 fallenden beruflichen Tätigkeiten, um unter Berücksichtigung der sozialen. Entwicklung festzustellen, ob es gerechtfertigt ist, die betreffenden Ausnahmen aufrechtzuerhalten. Sie übermitteln der Kommission das Ergebnis dieser Prüfung.

(3) Ausserdem teilen die Mitgliedstaaten der Kommission den Wortlaut der Rechts- und Verwaltungsvorschriften mit, die sie im Anwendungsbereich dieser Richtlinie erlassen.

Artikel 10

Binnen zwei Jahren nach Ablauf der in Artikel 9 Absatz 1 Unterabsatz 1 vorgesehenen Frist von dreissig Monaten übermitteln die Mitgliedstaaten der Kommission alle zweckdienlichen Angaben, damit diese für den Rat einen Bericht über die Anwendung dieser Richtlinie erstellen kann.

Artikel 11

Diese Richtlinie ist an die Mitgliedstaaten gerichtet.

Geschehen zu Brüssel am 9. Februar 1976.

Im Namen des Rates

Der Präsident

G. THORN

RICHTLINIE 2000/78/EG DES RATES
vom 27. November 2000
zur Festlegung eines allgemeinen Rahmens für die Verwirklichung der Gleichbehandlung in Beschäftigung und Beruf

DER RAT DER EUROPÄISCHEN UNION —

gestützt auf den Vertrag zur Gründung der Europäischen Gemeinschaft, insbesondere auf Artikel 13,

auf Vorschlag der Kommission (¹),

nach Stellungnahme des Europäischen Parlaments (²),

nach Stellungnahme des Wirtschafts- und Sozialausschusses (³),

nach Stellungnahme des Ausschusses der Regionen (⁴),

in Erwägung nachstehender Gründe:

(1) Nach Artikel 6 Absatz 2 des Vertrags über die Europäische Union beruht die Europäische Union auf den Grundsätzen der Freiheit, der Demokratie, der Achtung der Menschenrechte und Grundfreiheiten sowie der Rechtsstaatlichkeit; diese Grundsätze sind allen Mitgliedstaaten gemeinsam. Die Union achtet die Grundrechte, wie sie in der Europäischen Konvention zum Schutze der Menschenrechte und Grundfreiheiten gewährleistet sind und wie sie sich aus den gemeinsamen Verfassungsüberlieferungen der Mitgliedstaaten als allgemeine Grundsätze des Gemeinschaftsrechts ergeben.

(2) Der Grundsatz der Gleichbehandlung von Männern und Frauen wurde in zahlreichen Rechtsakten der Gemeinschaft fest verankert, insbesondere in der Richtlinie 76/207/EWG des Rates vom 9. Februar 1976 zur Verwirklichung des Grundsatzes der Gleichbehandlung von Männern und Frauen hinsichtlich des Zugangs zur Beschäftigung, zur Berufsbildung und zum beruflichen Aufstieg sowie in Bezug auf die Arbeitsbedingungen (⁵).

(3) Bei der Anwendung des Grundsatzes der Gleichbehandlung ist die Gemeinschaft gemäß Artikel 3 Absatz 2 des EG-Vertrags bemüht, Ungleichheiten zu beseitigen und die Gleichstellung von Männern und Frauen zu fördern, zumal Frauen häufig Opfer mehrfacher Diskriminierung sind.

(4) Die Gleichheit aller Menschen vor dem Gesetz und der Schutz vor Diskriminierung ist ein allgemeines Menschenrecht; dieses Recht wurde in der Allgemeinen Erklärung der Menschenrechte, im VN-Übereinkommen zur Beseitigung aller Formen der Diskriminierung von Frauen, im Internationalen Pakt der VN über bürgerliche und politische Rechte, im Internationalen Pakt der VN über wirtschaftliche, soziale und kulturelle Rechte sowie in der Europäischen Konvention zum Schutze der Menschenrechte und Grundfreiheiten anerkannt, die von allen Mitgliedstaaten unterzeichnet wurden. Das Übereinkommen 111 der Internationalen Arbeitsorganisation untersagt Diskriminierungen in Beschäftigung und Beruf.

(5) Es ist wichtig, dass diese Grundrechte und Grundfreiheiten geachtet werden. Diese Richtlinie berührt nicht die Vereinigungsfreiheit, was das Recht jeder Person umfasst, zum Schutze ihrer Interessen Gewerkschaften zu gründen und Gewerkschaften beizutreten.

(6) In der Gemeinschaftscharta der sozialen Grundrechte der Arbeitnehmer wird anerkannt, wie wichtig die Bekämpfung jeder Art von Diskriminierung und geeignete Maßnahmen zur sozialen und wirtschaftlichen Eingliederung älterer Menschen und von Menschen mit Behinderung sind.

(7) Der EG-Vertrag nennt als eines der Ziele der Gemeinschaft die Förderung der Koordinierung der Beschäftigungspolitiken der Mitgliedstaaten. Zu diesem Zweck wurde in den EG-Vertrag ein neues Beschäftigungskapitel eingefügt, das die Grundlage bildet für die Entwicklung einer koordinierten Beschäftigungsstrategie und für die Förderung der Qualifizierung, Ausbildung und Anpassungsfähigkeit der Arbeitnehmer.

(8) In den vom Europäischen Rat auf seiner Tagung am 10. und 11. Dezember 1999 in Helsinki vereinbarten beschäftigungspolitischen Leitlinien für 2000 wird die Notwendigkeit unterstrichen, einen Arbeitsmarkt zu schaffen, der die soziale Eingliederung fördert, indem ein ganzes Bündel aufeinander abgestimmter Maßnahmen getroffen wird, die darauf abstellen, die Diskriminierung von benachteiligten Gruppen, wie den Menschen mit Behinderung, zu bekämpfen. Ferner wird betont, dass der Unterstützung älterer Arbeitnehmer mit dem Ziel der Erhöhung ihres Anteils an der Erwerbsbevölkerung besondere Aufmerksamkeit gebührt.

(9) Beschäftigung und Beruf sind Bereiche, die für die Gewährleistung gleicher Chancen für alle und für eine volle Teilhabe der Bürger am wirtschaftlichen, kulturellen und sozialen Leben sowie für die individuelle Entfaltung von entscheidender Bedeutung sind.

(10) Der Rat hat am 29. Juni 2000 die Richtlinie 2000/43/EG (⁶) zur Anwendung des Gleichbehandlungsgrundsatzes ohne Unterschied der Rasse oder der ethnischen Herkunft angenommen, die bereits einen Schutz vor solchen Diskriminierungen in Beschäftigung und Beruf gewährleistet.

(11) Diskriminierungen wegen der Religion oder der Weltanschauung, einer Behinderung, des Alters oder der sexuellen Ausrichtung können die Verwirklichung der im EG-Vertrag festgelegten Ziele unterminieren, insbesondere die Erreichung eines hohen Beschäftigungsniveaus

---

(¹) ABl. C 177 E vom 27.6.2000, S. 42.
(²) Stellungnahme vom 12. Oktober 2000 (noch nicht im Amtsblatt veröffentlicht).
(³) ABl. C 204 vom 18.7.2000, S. 82.
(⁴) ABl. C 226 vom 8.8.2000, S. 1.
(⁵) ABl. L 39 vom 14.2.1976, S. 40.

(⁶) ABl. L 180 vom 19.7.2000, S. 22.

2.12.2000 | DE | Amtsblatt der Europäischen Gemeinschaften | L 303/17

und eines hohen Maßes an sozialem Schutz, die Hebung des Lebensstandards und der Lebensqualität, den wirtschaftlichen und sozialen Zusammenhalt, die Solidarität sowie die Freizügigkeit.

(12) Daher sollte jede unmittelbare oder mittelbare Diskriminierung wegen der Religion oder der Weltanschauung, einer Behinderung, des Alters oder der sexuellen Ausrichtung in den von der Richtlinie abgedeckten Bereichen gemeinschaftsweit untersagt werden. Dieses Diskriminierungsverbot sollte auch für Staatsangehörige dritter Länder gelten, betrifft jedoch nicht die Ungleichbehandlungen aus Gründen der Staatsangehörigkeit und lässt die Vorschriften über die Einreise und den Aufenthalt von Staatsangehörigen dritter Länder und ihren Zugang zu Beschäftigung und Beruf unberührt.

(13) Diese Richtlinie findet weder Anwendung auf die Sozialversicherungs- und Sozialschutzsysteme, deren Leistungen nicht einem Arbeitsentgelt in dem Sinne gleichgestellt werden, der diesem Begriff für die Anwendung des Artikels 141 des EG-Vertrags gegeben wurde, noch auf Vergütungen jeder Art seitens des Staates, die den Zugang zu einer Beschäftigung oder die Aufrechterhaltung eines Beschäftigungsverhältnisses zum Ziel haben.

(14) Diese Richtlinie berührt nicht die einzelstaatlichen Bestimmungen über die Festsetzung der Altersgrenzen für den Eintritt in den Ruhestand.

(15) Die Beurteilung von Tatbeständen, die auf eine unmittelbare oder mittelbare Diskriminierung schließen lassen, obliegt den einzelstaatlichen gerichtlichen Instanzen oder anderen zuständigen Stellen nach den einzelstaatlichen Rechtsvorschriften oder Gepflogenheiten; in diesen einzelstaatlichen Vorschriften kann insbesondere vorgesehen sein, dass mittelbare Diskriminierung mit allen Mitteln, einschließlich statistischer Beweise, festzustellen ist.

(16) Maßnahmen, die darauf abstellen, den Bedürfnissen von Menschen mit Behinderung am Arbeitsplatz Rechnung zu tragen, spielen eine wichtige Rolle bei der Bekämpfung von Diskriminierungen wegen einer Behinderung.

(17) Mit dieser Richtlinie wird unbeschadet der Verpflichtung, für Menschen mit Behinderung angemessene Vorkehrungen zu treffen, nicht die Einstellung, der berufliche Aufstieg, die Weiterbeschäftigung oder die Teilnahme an Aus- und Weiterbildungsmaßnahmen einer Person vorgeschrieben, wenn diese Person für die Erfüllung der wesentlichen Funktionen des Arbeitsplatzes oder zur Absolvierung einer bestimmten Ausbildung nicht kompetent, fähig oder verfügbar ist.

(18) Insbesondere darf mit dieser Richtlinie den Streitkräften sowie der Polizei, den Haftanstalten oder den Notfalldiensten unter Berücksichtigung des rechtmäßigen Ziels, die Einsatzbereitschaft dieser Dienste zu wahren, nicht zur Auflage gemacht werden, Personen einzustellen oder weiter zu beschäftigen, die nicht den jeweiligen Anforderungen entsprechen, um sämtliche Aufgaben zu erfüllen, die ihnen übertragen werden können.

(19) Ferner können die Mitgliedstaaten zur Sicherung der Schlagkraft ihrer Streitkräfte sich dafür entscheiden, dass die eine Behinderung und das Alter betreffenden Bestimmungen dieser Richtlinie auf alle Streitkräfte oder einen Teil ihrer Streitkräfte keine Anwendung finden. Die Mitgliedstaaten, die eine derartige Entscheidung treffen, müssen den Anwendungsbereich dieser Ausnahmeregelung festlegen.

(20) Es sollten geeignete Maßnahmen vorgesehen werden, d. h. wirksame und praktikable Maßnahmen, um den Arbeitsplatz der Behinderung entsprechend einzurichten, z. B. durch eine entsprechende Gestaltung der Räumlichkeiten oder eine Anpassung des Arbeitsgeräts, des Arbeitsrhythmus, der Aufgabenverteilung oder des Angebots an Ausbildungs- und Einarbeitungsmaßnahmen.

(21) Bei der Prüfung der Frage, ob diese Maßnahmen zu übermäßigen Belastungen führen, sollten insbesondere der mit ihnen verbundene finanzielle und sonstige Aufwand sowie die Größe, die finanziellen Ressourcen und der Gesamtumsatz der Organisation oder des Unternehmens und die Verfügbarkeit von öffentlichen Mitteln oder anderen Unterstützungsmöglichkeiten berücksichtigt werden.

(22) Diese Richtlinie lässt die einzelstaatlichen Rechtsvorschriften über den Familienstand und davon abhängige Leistungen unberührt.

(23) Unter sehr begrenzten Bedingungen kann eine unterschiedliche Behandlung gerechtfertigt sein, wenn ein Merkmal, das mit der Religion oder Weltanschauung, einer Behinderung, dem Alter oder der sexuellen Ausrichtung zusammenhängt, eine wesentliche und entscheidende berufliche Anforderung darstellt, sofern es sich um einen rechtmäßigen Zweck und eine angemessene Anforderung handelt. Diese Bedingungen sollten in die Informationen aufgenommen werden, die die Mitgliedstaaten der Kommission übermitteln.

(24) Die Europäische Union hat in ihrer der Schlussakte zum Vertrag von Amsterdam beigefügten Erklärung Nr. 11 zum Status der Kirchen und weltanschaulichen Gemeinschaften ausdrücklich anerkannt, dass sie den Status, den Kirchen und religiöse Vereinigungen oder Gemeinschaften in den Mitgliedstaaten nach deren Rechtsvorschriften genießen, achtet und ihn nicht beeinträchtigt und dass dies in gleicher Weise für den Status von weltanschaulichen Gemeinschaften gilt. Die Mitgliedstaaten können in dieser Hinsicht spezifische Bestimmungen über die wesentlichen, rechtmäßigen und gerechtfertigten beruflichen Anforderungen beibehalten oder vorsehen, die Voraussetzung für die Ausübung einer diesbezüglichen beruflichen Tätigkeit sein können.

(25) Das Verbot der Diskriminierung wegen des Alters stellt ein wesentliches Element zur Erreichung der Ziele der beschäftigungspolitischen Leitlinien und zur Förderung der Vielfalt im Bereich der Beschäftigung dar. Ungleichbehandlungen wegen des Alters können unter bestimmten Umständen jedoch gerechtfertigt sein und erfordern daher besondere Bestimmungen, die je nach der Situation der Mitgliedstaaten unterschiedlich sein können. Es ist daher unbedingt zu unterscheiden zwischen einer Ungleichbehandlung, die insbesondere durch rechtmäßige Ziele im Bereich der Beschäftigungspolitik, des Arbeitsmarktes und der beruflichen Bildung gerechtfertigt ist, und einer Diskriminierung, die zu verbieten ist.

(26) Das Diskriminierungsverbot sollte nicht der Beibehaltung oder dem Erlass von Maßnahmen entgegenstehen, mit denen bezweckt wird, Benachteiligungen von Personen mit einer bestimmten Religion oder Weltanschauung, einer bestimmten Behinderung, einem bestimmten Alter oder einer bestimmten sexuellen Ausrichtung zu verhindern oder auszugleichen, und diese Maßnahmen können die Einrichtung und Beibehaltung von Organisationen von Personen mit einer bestimmten Religion oder Weltanschauung, einer bestimmten Behinderung, einem bestimmten Alter oder einer bestimmten sexuellen Ausrichtung zulassen, wenn deren Zweck hauptsächlich darin besteht, die besonderen Bedürfnisse dieser Personen zu fördern.

(27) Der Rat hat in seiner Empfehlung 86/379/EWG vom 24. Juli 1986 (¹) zur Beschäftigung von Behinderten in der Gemeinschaft einen Orientierungsrahmen festgelegt, der Beispiele für positive Aktionen für die Beschäftigung und Berufsbildung von Menschen mit Behinderung anführt; in seiner Entschließung vom 17. Juni 1999 betreffend gleiche Beschäftigungschancen für behinderte Menschen (²) hat er bekräftigt, dass es wichtig ist, insbesondere der Einstellung, der Aufrechterhaltung des Beschäftigungsverhältnisses sowie der beruflichen Bildung und dem lebensbegleitenden Lernen von Menschen mit Behinderung besondere Aufmerksamkeit zu widmen.

(28) In dieser Richtlinie werden Mindestanforderungen festgelegt; es steht den Mitgliedstaaten somit frei, günstigere Vorschriften einzuführen oder beizubehalten. Die Umsetzung dieser Richtlinie darf nicht eine Absenkung des in den Mitgliedstaaten bereits bestehenden Schutzniveaus rechtfertigen.

(29) Opfer von Diskriminierungen wegen der Religion oder Weltanschauung, einer Behinderung, des Alters oder der sexuellen Ausrichtung sollten über einen angemessenen Rechtsschutz verfügen. Um einen effektiveren Schutz zu gewährleisten, sollte auch die Möglichkeit bestehen, dass sich Verbände oder andere juristische Personen unbeschadet der nationalen Verfahrensordnung bezüglich der Vertretung und Verteidigung vor Gericht bei einem entsprechenden Beschluss der Mitgliedstaaten im Namen eines Opfers oder zu seiner Unterstützung an einem Verfahren beteiligen.

(30) Die effektive Anwendung des Gleichheitsgrundsatzes erfordert einen angemessenen Schutz vor Viktimisierung.

(31) Eine Änderung der Regeln für die Beweislast ist geboten, wenn ein glaubhafter Anschein einer Diskriminierung besteht. Zur wirksamen Anwendung des Gleichbehandlungsgrundsatzes ist eine Verlagerung der Beweislast auf die beklagte Partei erforderlich, wenn eine solche Diskriminierung nachgewiesen ist. Allerdings obliegt es dem Beklagten nicht, nachzuweisen, dass der Kläger einer bestimmten Religion angehört, eine bestimmte Weltanschauung hat, eine bestimmte Behinderung aufweist, ein bestimmtes Alter oder eine bestimmte sexuelle Ausrichtung hat.

(32) Die Mitgliedstaaten können davon absehen, die Regeln für die Beweislastverteilung auf Verfahren anzuwenden, in denen die Ermittlung des Sachverhalts dem Gericht oder der zuständigen Stelle obliegt. Dies betrifft Verfahren, in denen die klagende Partei den Beweis des Sachverhalts, dessen Ermittlung dem Gericht oder der zuständigen Stelle obliegt, nicht anzutreten braucht.

(33) Die Mitgliedstaaten sollten den Dialog zwischen den Sozialpartnern und im Rahmen der einzelstaatlichen Gepflogenheiten mit Nichtregierungsorganisationen mit dem Ziel fördern, gegen die verschiedenen Formen von Diskriminierung am Arbeitsplatz anzugehen und diese zu bekämpfen.

(34) In Anbetracht der Notwendigkeit, den Frieden und die Aussöhnung zwischen den wichtigsten Gemeinschaften in Nordirland zu fördern, sollten in diese Richtlinie besondere Bestimmungen aufgenommen werden.

(35) Die Mitgliedstaaten sollten wirksame, verhältnismäßige und abschreckende Sanktionen für den Fall vorsehen, dass gegen die aus dieser Richtlinie erwachsenden Verpflichtungen verstoßen wird.

(36) Die Mitgliedstaaten können den Sozialpartnern auf deren gemeinsamen Antrag die Durchführung der Bestimmungen dieser Richtlinie übertragen, die in den Anwendungsbereich von Tarifverträgen fallen, sofern sie alle erforderlichen Maßnahmen treffen, um jederzeit gewährleisten zu können, dass die durch diese Richtlinie vorgeschriebenen Ergebnisse erzielt werden.

(37) Im Einklang mit dem Subsidiaritätsprinzip nach Artikel 5 des EG-Vertrags kann das Ziel dieser Richtlinie, nämlich die Schaffung gleicher Ausgangsbedingungen in der Gemeinschaft bezüglich der Gleichbehandlung in Beschäftigung und Beruf, auf der Ebene der Mitgliedstaaten nicht ausreichend erreicht werden und kann daher wegen des Umfangs und der Wirkung der Maßnahme besser auf Gemeinschaftsebene verwirklicht werden. Im Einklang mit dem Verhältnismäßigkeitsprinzip nach jenem Artikel geht diese Richtlinie nicht über das für die Erreichung dieses Ziels erforderliche Maß hinaus —

HAT FOLGENDE RICHTLINIE ERLASSEN:

KAPITEL I

ALLGEMEINE BESTIMMUNGEN

Artikel 1

Zweck

Zweck dieser Richtlinie ist die Schaffung eines allgemeinen Rahmens zur Bekämpfung der Diskriminierung wegen der Religion oder der Weltanschauung, einer Behinderung, des Alters oder der sexuellen Ausrichtung in Beschäftigung und Beruf im Hinblick auf die Verwirklichung des Grundsatzes der Gleichbehandlung in den Mitgliedstaaten.

Artikel 2

Der Begriff „Diskriminierung"

(1) Im Sinne dieser Richtlinie bedeutet „Gleichbehandlungsgrundsatz", dass es keine unmittelbare oder mittelbare Diskriminierung wegen eines der in Artikel 1 genannten Gründe geben darf.

(2) Im Sinne des Absatzes 1

a) liegt eine unmittelbare Diskriminierung vor, wenn eine Person wegen eines der in Artikel 1 genannten Gründe in einer vergleichbaren Situation eine weniger günstige Behandlung erfährt, als eine andere Person erfährt, erfahren hat oder erfahren würde;

b) liegt eine mittelbare Diskriminierung vor, wenn dem Anschein nach neutrale Vorschriften, Kriterien oder Verfahren Personen mit einer bestimmten Religion oder Weltanschauung, einer bestimmten Behinderung, eines bestimmten Alters oder mit einer bestimmten sexuellen Ausrichtung gegenüber anderen Personen in besonderer Weise benachteiligen können, es sei denn:

i) diese Vorschriften, Kriterien oder Verfahren sind durch ein rechtmäßiges Ziel sachlich gerechtfertigt, und die Mittel sind zur Erreichung dieses Ziels angemessen und erforderlich, oder

---
(¹) ABl. L 225 vom 12.8.1986, S. 43.
(²) ABl. C 186 vom 2.7.1999, S. 3.

ii) der Arbeitgeber oder jede Person oder Organisation, auf die diese Richtlinie Anwendung findet, ist im Falle von Personen mit einer bestimmten Behinderung aufgrund des einzelstaatlichen Rechts verpflichtet, geeignete Maßnahmen entsprechend den in Artikel 5 enthaltenen Grundsätzen vorzusehen, um die sich durch diese Vorschrift, dieses Kriterium oder dieses Verfahren ergebenden Nachteile zu beseitigen.

(3) Unerwünschte Verhaltensweisen, die mit einem der Gründe nach Artikel 1 in Zusammenhang stehen und bezwecken oder bewirken, dass die Würde der betreffenden Person verletzt und ein von Einschüchterungen, Anfeindungen, Erniedrigungen, Entwürdigungen oder Beleidigungen gekennzeichnetes Umfeld geschaffen wird, sind Belästigungen, die als Diskriminierung im Sinne von Absatz 1 gelten. In diesem Zusammenhang können die Mitgliedstaaten den Begriff „Belästigung" im Einklang mit den einzelstaatlichen Rechtsvorschriften und Gepflogenheiten definieren.

(4) Die Anweisung zur Diskriminierung einer Person wegen eines der Gründe nach Artikel 1 gilt als Diskriminierung im Sinne des Absatzes 1.

(5) Diese Richtlinie berührt nicht die im einzelstaatlichen Recht vorgesehenen Maßnahmen, die in einer demokratischen Gesellschaft für die Gewährleistung der öffentlichen Sicherheit, die Verteidigung der Ordnung und die Verhütung von Straftaten, zum Schutz der Gesundheit und zum Schutz der Rechte und Freiheiten anderer notwendig sind.

Artikel 3

Geltungsbereich

(1) Im Rahmen der auf die Gemeinschaft übertragenen Zuständigkeiten gilt diese Richtlinie für alle Personen in öffentlichen und privaten Bereichen, einschließlich öffentlicher Stellen, in Bezug auf

a) die Bedingungen — einschließlich Auswahlkriterien und Einstellungsbedingungen — für den Zugang zu unselbständiger und selbständiger Erwerbstätigkeit, unabhängig von Tätigkeitsfeld und beruflicher Position, einschließlich des beruflichen Aufstiegs;

b) den Zugang zu allen Formen und allen Ebenen der Berufsberatung, der Berufsausbildung, der beruflichen Weiterbildung und der Umschulung, einschließlich der praktischen Berufserfahrung;

c) die Beschäftigungs- und Arbeitsbedingungen, einschließlich der Entlassungsbedingungen und des Arbeitsentgelts;

d) die Mitgliedschaft und Mitwirkung in einer Arbeitnehmer- oder Arbeitgeberorganisation oder einer Organisation, deren Mitglieder einer bestimmten Berufsgruppe angehören, einschließlich der Inanspruchnahme der Leistungen solcher Organisationen.

(2) Diese Richtlinie betrifft nicht unterschiedliche Behandlungen aus Gründen der Staatsangehörigkeit und berührt nicht die Vorschriften und Bedingungen für die Einreise von Staatsangehörigen dritter Länder oder staatenlosen Personen in das Hoheitsgebiet der Mitgliedstaaten oder deren Aufenthalt in diesem Hoheitsgebiet sowie eine Behandlung, die sich aus der Rechtsstellung von Staatsangehörigen dritter Länder oder staatenlosen Personen ergibt.

(3) Diese Richtlinie gilt nicht für Leistungen jeder Art seitens der staatlichen Systeme oder der damit gleichgestellten Systeme einschließlich der staatlichen Systeme der sozialen Sicherheit oder des sozialen Schutzes.

(4) Die Mitgliedstaaten können vorsehen, dass diese Richtlinie hinsichtlich von Diskriminierungen wegen einer Behinderung und des Alters nicht für die Streitkräfte gilt.

Artikel 4

Berufliche Anforderungen

(1) Ungeachtet des Artikels 2 Absätze 1 und 2 können die Mitgliedstaaten vorsehen, dass eine Ungleichbehandlung wegen eines Merkmals, das im Zusammenhang mit einem der in Artikel 1 genannten Diskriminierungsgründe steht, keine Diskriminierung darstellt, wenn das betreffende Merkmal aufgrund der Art einer bestimmten beruflichen Tätigkeit oder der Bedingungen ihrer Ausübung eine wesentliche und entscheidende berufliche Anforderung darstellt, sofern es sich um einen rechtmäßigen Zweck und eine angemessene Anforderung handelt.

(2) Die Mitgliedstaaten können in Bezug auf berufliche Tätigkeiten innerhalb von Kirchen und anderen öffentlichen oder privaten Organisationen, deren Ethos auf religiösen Grundsätzen oder Weltanschauungen beruht, Bestimmungen in ihren zum Zeitpunkt der Annahme dieser Richtlinie geltenden Rechtsvorschriften beibehalten oder in künftigen Rechtsvorschriften Bestimmungen vorsehen, die zum Zeitpunkt der Annahme dieser Richtlinie bestehende einzelstaatliche Gepflogenheiten widerspiegeln und wonach eine Ungleichbehandlung wegen der Religion oder Weltanschauung einer Person keine Diskriminierung darstellt, wenn die Religion oder die Weltanschauung dieser Person nach der Art dieser Tätigkeiten oder der Umstände ihrer Ausübung eine wesentliche, rechtmäßige und gerechtfertigte berufliche Anforderung angesichts des Ethos der Organisation darstellt. Eine solche Ungleichbehandlung muss die verfassungsrechtlichen Bestimmungen und Grundsätze der Mitgliedstaaten sowie die allgemeinen Grundsätze des Gemeinschaftsrechts beachten und rechtfertigt keine Diskriminierung aus einem anderen Grund.

Sofern die Bestimmungen dieser Richtlinie im übrigen eingehalten werden, können die Kirchen und anderen öffentlichen oder privaten Organisationen, deren Ethos auf religiösen Grundsätzen oder Weltanschauungen beruht, im Einklang mit den einzelstaatlichen verfassungsrechtlichen Bestimmungen und Rechtsvorschriften von den für sie arbeitenden Personen verlangen, dass sie sich loyal und aufrichtig im Sinne des Ethos der Organisation verhalten.

Artikel 5

Angemessene Vorkehrungen für Menschen mit Behinderung

Um die Anwendung des Gleichbehandlungsgrundsatzes auf Menschen mit Behinderung zu gewährleisten, sind angemessene Vorkehrungen zu treffen. Das bedeutet, dass der Arbeitgeber die geeigneten und im konkreten Fall erforderlichen Maßnahmen ergreift, um den Menschen mit Behinderung den Zugang zur Beschäftigung, die Ausübung eines Berufes, den beruflichen Aufstieg und die Teilnahme an Aus- und Weiterbildungsmaßnahmen zu ermöglichen, es sei denn, diese Maßnahmen würden den Arbeitgeber unverhältnismäßig belasten. Diese Belastung ist nicht unverhältnismäßig, wenn sie durch geltende Maßnahmen im Rahmen der Behindertenpolitik des Mitgliedstaates ausreichend kompensiert wird.

Artikel 6

Gerechtfertigte Ungleichbehandlung wegen des Alters

(1) Ungeachtet des Artikels 2 Absatz 2 können die Mitgliedstaaten vorsehen, dass Ungleichbehandlungen wegen des Alters keine Diskriminierung darstellen, sofern sie objektiv und ange-

messen sind und im Rahmen des nationalen Rechts durch ein legitimes Ziel, worunter insbesondere rechtmäßige Ziele aus den Bereichen Beschäftigungspolitik, Arbeitsmarkt und berufliche Bildung zu verstehen sind, gerechtfertigt sind und die Mittel zur Erreichung dieses Ziels angemessen und erforderlich sind.

Derartige Ungleichbehandlungen können insbesondere Folgendes einschließen:

a) die Festlegung besonderer Bedingungen für den Zugang zur Beschäftigung und zur beruflichen Bildung sowie besonderer Beschäftigungs- und Arbeitsbedingungen, einschließlich der Bedingungen für Entlassung und Entlohnung, um die berufliche Eingliederung von Jugendlichen, älteren Arbeitnehmern und Personen mit Fürsorgepflichten zu fördern oder ihren Schutz sicherzustellen;

b) die Festlegung von Mindestanforderungen an das Alter, die Berufserfahrung oder das Dienstalter für den Zugang zur Beschäftigung oder für bestimmte mit der Beschäftigung verbundene Vorteile;

c) die Festsetzung eines Höchstalters für die Einstellung aufgrund der spezifischen Ausbildungsanforderungen eines bestimmten Arbeitsplatzes oder aufgrund der Notwendigkeit einer angemessenen Beschäftigungszeit vor dem Eintritt in den Ruhestand.

(2) Ungeachtet des Artikels 2 Absatz 2 können die Mitgliedstaaten vorsehen, dass bei den betrieblichen Systemen der sozialen Sicherheit die Festsetzung von Altersgrenzen als Voraussetzung für die Mitgliedschaft oder den Bezug von Altersrente oder von Leistungen bei Invalidität einschließlich der Festsetzung unterschiedlicher Altersgrenzen im Rahmen dieser Systeme für bestimmte Beschäftigte oder Gruppen bzw. Kategorien von Beschäftigten und die Verwendung im Rahmen dieser Systeme von Alterskriterien für versicherungsmathematische Berechnungen keine Diskriminierung wegen des Alters darstellt, solange dies nicht zu Diskriminierungen wegen des Geschlechts führt.

Artikel 7
Positive und spezifische Maßnahmen

(1) Der Gleichbehandlungsgrundsatz hindert die Mitgliedstaaten nicht daran, zur Gewährleistung der völligen Gleichstellung im Berufsleben spezifische Maßnahmen beizubehalten oder einzuführen, mit denen Benachteiligungen wegen eines in Artikel 1 genannten Diskriminierungsgrunds verhindert oder ausgeglichen werden.

(2) Im Falle von Menschen mit Behinderung steht der Gleichbehandlungsgrundsatz weder dem Recht der Mitgliedstaaten entgegen, Bestimmungen zum Schutz der Gesundheit und der Sicherheit am Arbeitsplatz beizubehalten oder zu erlassen, noch steht er Maßnahmen entgegen, mit denen Bestimmungen oder Vorkehrungen eingeführt oder beibehalten werden sollen, die einer Eingliederung von Menschen mit Behinderung in die Arbeitswelt dienen oder diese Eingliederung fördern.

Artikel 8
Mindestanforderungen

(1) Die Mitgliedstaaten können Vorschriften einführen oder beibehalten, die im Hinblick auf die Wahrung des Gleichbehandlungsgrundsatzes günstiger sind als die in dieser Richtlinie vorgesehenen Vorschriften sind.

(2) Die Umsetzung dieser Richtlinie darf keinesfalls als Rechtfertigung für eine Absenkung des von den Mitgliedstaaten bereits garantierten allgemeinen Schutzniveaus in Bezug auf Diskriminierungen in den von der Richtlinie abgedeckten Bereichen benutzt werden.

KAPITEL II
RECHTSBEHELFE UND RECHTSDURCHSETZUNG

Artikel 9
Rechtsschutz

(1) Die Mitgliedstaaten stellen sicher, dass alle Personen, die sich durch die Nichtanwendung des Gleichbehandlungsgrundsatzes in ihren Rechten für verletzt halten, ihre Ansprüche aus dieser Richtlinie auf dem Gerichts- und/oder Verwaltungsweg sowie, wenn die Mitgliedstaaten es für angezeigt halten, in Schlichtungsverfahren geltend machen können, selbst wenn das Verhältnis, während dessen die Diskriminierung vorgekommen sein soll, bereits beendet ist.

(2) Die Mitgliedstaaten stellen sicher, dass Verbände, Organisationen oder andere juristische Personen, die gemäß den in ihrem einzelstaatlichen Recht festgelegten Kriterien ein rechtmäßiges Interesse daran haben, für die Einhaltung der Bestimmungen dieser Richtlinie zu sorgen, sich entweder im Namen der beschwerten Person oder zu deren Unterstützung und mit deren Einwilligung an den in dieser Richtlinie zur Durchsetzung der Ansprüche vorgesehenen Gerichts- und/oder Verwaltungsverfahren beteiligen können.

(3) Die Absätze 1 und 2 lassen einzelstaatliche Regelungen über Fristen für die Rechtsverfolgung betreffend den Gleichbehandlungsgrundsatz unberührt.

Artikel 10
Beweislast

(1) Die Mitgliedstaaten ergreifen im Einklang mit ihrem nationalen Gerichtswesen die erforderlichen Maßnahmen, um zu gewährleisten, dass immer dann, wenn Personen, die sich durch die Nichtanwendung des Gleichbehandlungsgrundsatzes für verletzt halten und bei einem Gericht oder einer anderen zuständigen Stelle Tatsachen glaubhaft machen, die das Vorliegen einer unmittelbaren oder mittelbaren Diskriminierung vermuten lassen, es dem Beklagten obliegt zu beweisen, dass keine Verletzung des Gleichbehandlungsgrundsatzes vorgelegen hat.

(2) Absatz 1 lässt das Recht der Mitgliedstaaten, eine für den Kläger günstigere Beweislastregelung vorzusehen, unberührt.

(3) Absatz 1 gilt nicht für Strafverfahren.

(4) Die Absätze 1, 2 und 3 gelten auch für Verfahren gemäß Artikel 9 Absatz 2.

(5) Die Mitgliedstaaten können davon absehen, Absatz 1 auf Verfahren anzuwenden, in denen die Ermittlung des Sachverhalts dem Gericht oder der zuständigen Stelle obliegt.

Artikel 11
Viktimisierung

Die Mitgliedstaaten treffen im Rahmen ihrer nationalen Rechtsordnung die erforderlichen Maßnahmen, um die Arbeitnehmer vor Entlassung oder anderen Benachteiligungen durch den Arbeitgeber zu schützen, die als Reaktion auf eine Beschwerde innerhalb des betreffenden Unternehmens oder auf die Einleitung eines Verfahrens zur Durchsetzung des Gleichbehandlungsgrundsatzes erfolgen.

Artikel 12

Unterrichtung

Die Mitgliedstaaten tragen dafür Sorge, dass die gemäß dieser Richtlinie getroffenen Maßnahmen sowie die bereits geltenden einschlägigen Vorschriften allen Betroffenen in geeigneter Form, zum Beispiel am Arbeitsplatz, in ihrem Hoheitsgebiet bekannt gemacht werden.

Artikel 13

Sozialer Dialog

(1) Die Mitgliedstaaten treffen im Einklang mit den einzelstaatlichen Gepflogenheiten und Verfahren geeignete Maßnahmen zur Förderung des sozialen Dialogs zwischen Arbeitgebern und Arbeitnehmern mit dem Ziel, die Verwirklichung des Gleichbehandlungsgrundsatzes durch Überwachung der betrieblichen Praxis, durch Tarifverträge, Verhaltenskodizes, Forschungsarbeiten oder durch einen Austausch von Erfahrungen und bewährten Verfahren, voranzubringen.

(2) Soweit vereinbar mit den einzelstaatlichen Gepflogenheiten und Verfahren, fordern die Mitgliedstaaten Arbeitgeber und Arbeitnehmer ohne Eingriff in deren Autonomie auf, auf geeigneter Ebene Antidiskriminierungsvereinbarungen zu schließen, die die in Artikel 3 genannten Bereiche betreffen, soweit diese in den Verantwortungsbereich der Tarifparteien fallen. Die Vereinbarungen müssen den in dieser Richtlinie sowie den in den einschlägigen nationalen Durchführungsbestimmungen festgelegten Mindestanforderungen entsprechen.

Artikel 14

Dialog mit Nichtregierungsorganisationen

Die Mitgliedstaaten fördern den Dialog mit den jeweiligen Nichtregierungsorganisationen, die gemäß den einzelstaatlichen Rechtsvorschriften und Gepflogenheiten ein rechtmäßiges Interesse daran haben, sich an der Bekämpfung von Diskriminierung wegen eines der in Artikel 1 genannten Gründe zu beteiligen, um die Einhaltung des Grundsatzes der Gleichbehandlung zu fördern.

KAPITEL III

BESONDERE BESTIMMUNGEN

Artikel 15

Nordirland

(1) Angesichts des Problems, dass eine der wichtigsten Religionsgemeinschaften Nordirlands im dortigen Polizeidienst unterrepräsentiert ist, gilt die unterschiedliche Behandlung bei der Einstellung der Bediensteten dieses Dienstes — auch von Hilfspersonal — nicht als Diskriminierung, sofern diese unterschiedliche Behandlung gemäß den einzelstaatlichen Rechtsvorschriften ausdrücklich gestattet ist.

(2) Um eine Ausgewogenheit der Beschäftigungsmöglichkeiten für Lehrkräfte in Nordirland zu gewährleisten und zugleich einen Beitrag zur Überwindung der historischen Gegensätze zwischen den wichtigsten Religionsgemeinschaften Nordirlands zu leisten, finden die Bestimmungen dieser Richtlinie über Religion oder Weltanschauung keine Anwendung auf die Einstellung von Lehrkräften in Schulen Nordirlands, sofern dies gemäß den einzelstaatlichen Rechtsvorschriften ausdrücklich gestattet ist.

KAPITEL IV

SCHLUSSBESTIMMUNGEN

Artikel 16

Einhaltung

Die Mitgliedstaaten treffen die erforderlichen Maßnahmen, um sicherzustellen, dass

a) die Rechts- und Verwaltungsvorschriften, die dem Gleichbehandlungsgrundsatz zuwiderlaufen, aufgehoben werden;

b) die mit dem Gleichbehandlungsgrundsatz nicht zu vereinbarenden Bestimmungen in Arbeits- und Tarifverträgen, Betriebsordnungen und Statuten der freien Berufe und der Arbeitgeber- und Arbeitnehmerorganisationen für nichtig erklärt werden oder erklärt werden können oder geändert werden.

Artikel 17

Sanktionen

Die Mitgliedstaaten legen die Sanktionen fest, die bei einem Verstoß gegen die einzelstaatlichen Vorschriften zur Anwendung dieser Richtlinie zu verhängen sind, und treffen alle erforderlichen Maßnahmen, um deren Durchführung zu gewährleisten. Die Sanktionen, die auch Schadenersatzleistungen an die Opfer umfassen können, müssen wirksam, verhältnismäßig und abschreckend sein. Die Mitgliedstaaten teilen diese Bestimmungen der Kommission spätestens am 2. Dezember 2003 mit und melden alle sie betreffenden späteren Änderungen unverzüglich.

Artikel 18

Umsetzung der Richtlinie

Die Mitgliedstaaten erlassen die erforderlichen Rechts- und Verwaltungsvorschriften, um dieser Richtlinie spätestens zum 2. Dezember 2003 nachzukommen, oder können den Sozialpartnern auf deren gemeinsamen Antrag die Durchführung der Bestimmungen dieser Richtlinie übertragen, die in den Anwendungsbereich von Tarifverträgen fallen. In diesem Fall gewährleisten die Mitgliedstaaten, dass die Sozialpartner spätestens zum 2. Dezember 2003 im Weg einer Vereinbarung die erforderlichen Maßnahmen getroffen haben; dabei haben die Mitgliedstaaten alle erforderlichen Maßnahmen zu treffen, um jederzeit gewährleisten zu können, dass die durch diese Richtlinie vorgeschriebenen Ergebnisse erzielt werden. Sie setzen die Kommission unverzüglich davon in Kenntnis.

Um besonderen Bedingungen Rechnung zu tragen, können die Mitgliedstaaten erforderlichenfalls eine Zusatzfrist von drei Jahren ab dem 2. Dezember 2003, d. h. insgesamt sechs Jahre, in Anspruch nehmen, um die Bestimmungen dieser Richtlinie über die Diskriminierung wegen des Alters und einer Behinderung umzusetzen. In diesem Fall setzen sie die Kommission unverzüglich davon in Kenntnis. Ein Mitgliedstaat, der die Inanspruchnahme dieser Zusatzfrist beschließt, erstattet der Kommission jährlich Bericht über die von ihm ergriffenen Maßnahmen zur Bekämpfung der Diskriminierung wegen des Alters und einer Behinderung und über die Fortschritte, die bei der Umsetzung der Richtlinie erzielt werden konnten. Die Kommission erstattet dem Rat jährlich Bericht.

Wenn die Mitgliedstaaten derartige Vorschriften erlassen, nehmen sie in den Vorschriften selbst oder durch einen Hinweis bei der amtlichen Veröffentlichung auf diese Richtlinie Bezug. Die Mitgliedstaaten regeln die Einzelheiten der Bezugnahme.

Artikel 19

Bericht

(1) Bis zum 2. Dezember 2005 und in der Folge alle fünf Jahre übermitteln die Mitgliedstaaten der Kommission sämtliche Informationen, die diese für die Erstellung eines dem Europäischen Parlament und dem Rat vorzulegenden Berichts über die Anwendung dieser Richtlinie benötigt.

(2) Die Kommission berücksichtigt in ihrem Bericht in angemessener Weise die Standpunkte der Sozialpartner und der einschlägigen Nichtregierungsorganisationen. Im Einklang mit dem Grundsatz der systematischen Berücksichtigung geschlechterspezifischer Fragen wird ferner in dem Bericht die Auswirkung der Maßnahmen auf Frauen und Männer bewertet. Unter Berücksichtigung der übermittelten Informationen enthält der Bericht erforderlichenfalls auch Vorschläge für eine Änderung und Aktualisierung dieser Richtlinie.

Artikel 20

Inkrafttreten

Diese Richtlinie tritt am Tag ihrer Veröffentlichung im *Amtsblatt der Europäischen Gemeinschaften* in Kraft.

Artikel 21

Adressaten

Diese Richtlinie ist an die Mitgliedstaaten gerichtet.

Geschehen zu Brüssel am 27. November 2000.

Im Namen des Rates
Der Präsident
É. GUIGOU

RICHTLINIE 2000/43/EG DES RATES
vom 29. Juni 2000
zur Anwendung des Gleichbehandlungsgrundsatzes ohne Unterschied der Rasse oder der ethnischen Herkunft

DER RAT DER EUROPÄISCHEN UNION —

gestützt auf den Vertrag zur Gründung der Europäischen Gemeinschaft, insbesondere auf Artikel 13,

auf Vorschlag der Kommission ([1]),

nach Stellungnahme des Europäischen Parlaments ([2]),

nach Stellungnahme des Wirtschafts- und Sozialausschusses ([3]),

nach Stellungnahme des Ausschusses der Regionen ([4]),

in Erwägung nachstehender Gründe:

(1) Der Vertrag über die Europäische Union markiert den Beginn einer neuen Etappe im Prozeß des immer engeren Zusammenwachsens der Völker Europas.

(2) Nach Artikel 6 des Vertrags über die Europäische Union beruht die Europäische Union auf den Grundsätzen der Freiheit, der Demokratie, der Achtung der Menschenrechte und Grundfreiheiten sowie der Rechtsstaatlichkeit; diese Grundsätze sind den Mitgliedstaaten gemeinsam. Nach Artikel 6 EU-Vertrag sollte die Union ferner die Grundrechte, wie sie in der Europäischen Konvention zum Schutze der Menschenrechte und Grundfreiheiten gewährleistet sind und wie sie sich aus den gemeinsamen Verfassungsüberlieferungen als allgemeine Grundsätze des Gemeinschaftsrechts ergeben, achten.

(3) Die Gleichheit vor dem Gesetz und der Schutz aller Menschen vor Diskriminierung ist ein allgemeines Menschenrecht. Dieses Recht wurde in der Allgemeinen Erklärung der Menschenrechte, im VN-Übereinkommen über die Beseitigung aller Formen der Diskriminierung von Frauen, im Internationalen Übereinkommen zur Beseitigung jeder Form von Rassendiskriminierung, im Internationalen Pakt der VN über bürgerliche und politische Rechte sowie im Internationalen Pakt der VN über wirtschaftliche, soziale und kulturelle Rechte und in der Europäischen Konvention zum Schutz der Menschenrechte und der Grundfreiheiten anerkannt, die von allen Mitgliedstaaten unterzeichnet wurden.

(4) Es ist wichtig, daß diese Grundrechte und Grundfreiheiten, einschließlich der Vereinigungsfreiheit, geachtet werden. Ferner ist es wichtig, im Zusammenhang mit dem Zugang zu und der Versorgung mit Gütern und Dienstleistungen der Schutz der Privatsphäre und des Familienlebens sowie die in diesem Kontext getätigten Geschäfte gewahrt bleibt.

(5) Das Europäische Parlament hat eine Reihe von Entschließungen zur Bekämpfung des Rassismus in der Europäischen Union angenommen.

(6) Die Europäische Union weist Theorien, mit denen versucht wird, die Existenz verschiedener menschlicher Rassen zu belegen, zurück. Die Verwendung des Begriffs „Rasse" in dieser Richtlinie impliziert nicht die Akzeptanz solcher Theorien.

(7) Auf seiner Tagung in Tampere vom 15. und 16. Oktober 1999 ersuchte der Europäische Rat die Kommission, so bald wie möglich Vorschläge zur Durchführung des Artikels 13 EG-Vertrag im Hinblick auf die Bekämpfung von Rassismus und Fremdenfeindlichkeit vorzulegen.

(8) In den vom Europäischen Rat auf seiner Tagung vom 10. und 11. Dezember 1999 in Helsinki vereinbarten beschäftigungspolitischen Leitlinien für das Jahr 2000 wird die Notwendigkeit unterstrichen, günstigere Bedingungen für die Entstehung eines Arbeitsmarktes zu schaffen, der soziale Integration fördert; dies soll durch ein Bündel aufeinander abgestimmter Maßnahmen geschehen, die darauf abstellen, Diskriminierungen bestimmter gesellschaftlicher Gruppen, wie ethnischer Minderheiten, zu bekämpfen.

(9) Diskriminierungen aus Gründen der Rasse oder der ethnischen Herkunft können die Verwirklichung der im EG-Vertrag festgelegten Ziele unterminieren, insbesondere die Erreichung eines hohen Beschäftigungsniveaus und eines hohen Maßes an sozialem Schutz, die Hebung des Lebensstandards und der Lebensqualität, den wirtschaftlichen und sozialen Zusammenhalt sowie die Solidarität. Ferner kann das Ziel der Weiterentwicklung der Europäischen Union zu einem Raum der Freiheit, der Sicherheit und des Rechts beeinträchtigt werden.

(10) Die Kommission legte im Dezember 1995 eine Mitteilung über Rassismus, Fremdenfeindlichkeit und Antisemitismus vor.

(11) Der Rat hat am 15. Juli 1996 die Gemeinsame Maßnahme 96/443/JI zur Bekämpfung von Rassismus und Fremdenfeindlichkeit ([5]) angenommen, mit der sich die Mitgliedstaaten verpflichten, eine wirksame justitielle Zusammenarbeit bei Vergehen, die auf rassistischen oder fremdenfeindlichen Verhaltensweisen beruhen, zu gewährleisten.

(12) Um die Entwicklung demokratischer und toleranter Gesellschaften zu gewährleisten, die allen Menschen — ohne Unterschied der Rasse oder der ethnischen Herkunft — eine Teilhabe ermöglichen, sollten spezifische Maßnahmen zur Bekämpfung von Diskriminierungen aus Gründen der Rasse oder der ethnischen Herkunft über die Gewährleistung des Zugangs zu unselbständiger und selbständiger Erwerbstätigkeit hinausgehen und auch Aspekte wie Bildung, Sozialschutz, einschließlich sozialer Sicherheit und der Gesundheitsdienste, soziale Vergünstigungen, Zugang zu und Versorgung mit Gütern und Dienstleistungen, mit abdecken.

---

[1] Noch nicht im Amtsblatt veröffentlicht.
[2] Stellungnahme vom 18. Mai 2000 (noch nicht im Amtsblatt veröffentlicht).
[3] Stellungnahme vom 12. April 2000 (noch nicht im Amtsblatt veröffentlicht).
[4] Stellungnahme vom 31. Mai 2000 (noch nicht im Amtsblatt veröffentlicht).
[5] ABl. L 185 vom 24.7.1996, S. 5.

(13) Daher sollte jede unmittelbare oder mittelbare Diskriminierung aus Gründen der Rasse oder der ethnischen Herkunft in den von der Richtlinie abgedeckten Bereichen gemeinschaftsweit untersagt werden. Dieses Diskriminierungsverbot sollte auch hinsichtlich Drittstaatsangehörigen angewandt werden, betrifft jedoch keine Ungleichbehandlungen aufgrund der Staatsangehörigkeit und läßt die Vorschriften über die Einreise und den Aufenthalt von Drittstaatsangehörigen und ihren Zugang zu Beschäftigung und Beruf unberührt.

(14) Bei der Anwendung des Grundsatzes der Gleichbehandlung ohne Ansehen der Rasse oder der ethnischen Herkunft sollte die Gemeinschaft im Einklang mit Artikel 3 Absatz 2 EG-Vertrag bemüht sein, Ungleichheiten zu beseitigen und die Gleichstellung von Männern und Frauen zu fördern, zumal Frauen häufig Opfer mehrfacher Diskriminierungen sind.

(15) Die Beurteilung von Tatbeständen, die auf eine unmittelbare oder mittelbare Diskriminierung schließen lassen, obliegt den einzelstaatlichen gerichtlichen Instanzen oder anderen zuständigen Stellen nach den nationalen Rechtsvorschriften oder Gepflogenheiten. In diesen einzelstaatlichen Vorschriften kann insbesondere vorgesehen sein, daß mittelbare Diskriminierung mit allen Mitteln, einschließlich statistischer Beweise, festzustellen ist.

(16) Es ist wichtig, alle natürlichen Personen gegen Diskriminierung aus Gründen der Rasse oder der ethnischen Herkunft zu schützen. Die Mitgliedstaaten sollten auch, soweit es angemessen ist und im Einklang mit ihren nationalen Gepflogenheiten und Verfahren steht, den Schutz juristischer Personen vorsehen, wenn diese aufgrund der Rasse oder der ethnischen Herkunft ihrer Mitglieder Diskriminierungen erleiden.

(17) Das Diskriminierungsverbot sollte nicht der Beibehaltung oder dem Erlaß von Maßnahmen entgegenstehen, mit denen bezweckt wird, Benachteiligungen von Angehörigen einer bestimmten Rasse oder ethnischen Gruppe zu verhindern oder auszugleichen, und diese Maßnahmen können Organisation von Personen einer bestimmten Rasse oder ethnischen Herkunft gestatten, wenn deren Zweck hauptsächlich darin besteht, für die besonderen Bedürfnisse dieser Personen einzutreten.

(18) Unter sehr begrenzten Bedingungen kann eine unterschiedliche Behandlung gerechtfertigt sein, wenn ein Merkmal, das mit der Rasse oder ethnischen Herkunft zusammenhängt, eine wesentliche und entscheidende berufliche Anforderung darstellt, sofern es sich um einen legitimen Zweck und eine angemessene Anforderung handelt. Diese Bedingungen sollten in die Informationen aufgenommen werden, die die Mitgliedstaaten der Kommission übermitteln.

(19) Opfer von Diskriminierungen aus Gründen der Rasse oder der ethnischen Herkunft sollten über einen angemessenen Rechtsschutz verfügen. Um einen effektiveren Schutz zu gewährleisten, sollte auch die Möglichkeit bestehen, daß sich Verbände oder andere juristische Personen unbeschadet der nationalen Verfahrensordnung bezüglich der Vertretung und Verteidigung vor Gericht bei einem entsprechenden Beschluß der Mitgliedstaaten im Namen eines Opfers oder zu seiner Unterstützung an einem Verfahren beteiligen.

(20) Voraussetzungen für eine effektive Anwendung des Gleichheitsgrundsatzes sind ein angemessener Schutz vor Viktimisierung.

(21) Eine Änderung der Regeln für die Beweislastverteilung ist geboten, wenn ein glaubhafter Anschein einer Diskriminierung besteht. Zur wirksamen Anwendung des Gleichbehandlungsgrundsatzes ist eine Verlagerung der Beweislast auf die beklagte Partei erforderlich, wenn eine solche Diskriminierung nachgewiesen ist.

(22) Die Mitgliedstaaten können davon absehen, die Regeln für die Beweislastverteilung auf Verfahren anzuwenden, in denen die Ermittlung des Sachverhalts dem Gericht oder der zuständigen Stelle obliegt. Dies betrifft Verfahren, in denen die klagende Partei den Beweis des Sachverhalts, dessen Ermittlung dem Gericht oder der zuständigen Stelle obliegt, nicht anzutreten braucht.

(23) Die Mitgliedstaaten sollten den Dialog zwischen den Sozialpartnern und mit Nichtregierungsorganisationen fördern, mit dem Ziel, gegen die verschiedenen Formen von Diskriminierung anzugehen und diese zu bekämpfen.

(24) Der Schutz vor Diskriminierung aus Gründen der Rasse oder der ethnischen Herkunft würde verstärkt, wenn es in jedem Mitgliedstaat eine Stelle bzw. Stellen gäbe, die für die Analyse der mit Diskriminierung verbundenen Probleme, die Prüfung möglicher Lösungen und die Bereitstellung konkreter Hilfsangebote an die Opfer zuständig wäre.

(25) In dieser Richtlinie werden Mindestanforderungen festgelegt; den Mitgliedstaaten steht es somit frei, günstigere Vorschriften beizubehalten oder einzuführen. Die Umsetzung der Richtlinie darf nicht als Rechtfertigung für eine Absenkung des in den Mitgliedstaaten bereits bestehenden Schutzniveaus benutzt werden.

(26) Die Mitgliedstaaten sollten wirksame, verhältnismäßige und abschreckende Sanktionen für den Fall vorsehen, daß gegen die aus der Richtlinie erwachsenden Verpflichtungen verstoßen wird.

(27) Die Mitgliedstaaten können den Sozialpartnern auf deren gemeinsamen Antrag die Durchführung der Bestimmungen dieser Richtlinie übertragen, die in den Anwendungsbereich von Tarifverträgen fallen, sofern sie alle erforderlichen Maßnahmen treffen, um jederzeit gewährleisten zu können, daß die durch diese Richtlinie vorgeschriebenen Ergebnisse erzielt werden.

(28) Entsprechend dem in Artikel 5 EG-Vertrag niedergelegten Subsidiaritäts- und Verhältnismäßigkeitsprinzip kann das Ziel dieser Richtlinie, nämlich ein einheitliches, hohes Niveau des Schutzes vor Diskriminierungen in allen Mitgliedstaaten zu gewährleisten, auf Ebene der Mitgliedstaaten nicht ausreichend erreicht werden; es kann daher wegen des Umfangs und der Wirkung der vorgeschlagenen Maßnahme besser auf Gemeinschaftsebene verwirklicht werden. Diese Richtlinie geht nicht über das für die Erreichung dieser Ziele erforderliche Maß hinaus —

HAT FOLGENDE RICHTLINIE ERLASSEN:

KAPITEL I

ALLGEMEINE BESTIMMUNGEN

Artikel 1
Zweck

Zweck dieser Richtlinie ist die Schaffung eines Rahmens zur Bekämpfung der Diskriminierung aufgrund der Rasse oder der ethnischen Herkunft im Hinblick auf die Verwirklichung des Grundsatzes der Gleichbehandlung in den Mitgliedstaaten.

Artikel 2
Der Begriff „Diskriminierung"

(1) Im Sinne dieser Richtlinie bedeutet „Gleichbehandlungsgrundsatz", daß es keine unmittelbare oder mittelbare Diskriminierung aus Gründen der Rasse oder der ethnischen Herkunft geben darf.

(2) Im Sinne von Absatz 1

a) liegt eine unmittelbare Diskriminierung vor, wenn eine Person aufgrund ihrer Rasse oder ethnischen Herkunft in einer vergleichbaren Situation eine weniger günstige Behandlung als eine andere Person erfährt, erfahren hat oder erfahren würde;

b) liegt eine mittelbare Diskriminierung vor, wenn dem Anschein nach neutrale Vorschriften, Kriterien oder Verfahren Personen, die einer Rasse oder ethnischen Gruppe angehören, in besonderer Weise benachteiligen können, es sei denn, die betreffenden Vorschriften, Kriterien oder Verfahren sind durch ein rechtmäßiges Ziel sachlich gerechtfertigt, und die Mittel sind zur Erreichung dieses Ziels angemessen und erforderlich.

(3) Unerwünschte Verhaltensweisen, die im Zusammenhang mit der Rasse oder der ethnischen Herkunft einer Person stehen und bezwecken oder bewirken, daß die Würde der betreffenden Person verletzt und ein von Einschüchterungen, Anfeindungen, Erniedrigungen, Entwürdigungen oder Beleidigungen gekennzeichnetes Umfeld geschaffen wird, sind Belästigungen, die als Diskriminierung im Sinne von Absatz 1 gelten. In diesem Zusammenhang können die Mitgliedstaaten den Begriff „Belästigung" im Einklang mit den einzelstaatlichen Rechtsvorschriften und Gepflogenheiten definieren.

(4) Die Anweisung zur Diskriminierung einer Person aus Gründen der Rasse oder der ethnischen Herkunft gilt als Diskriminierung im Sinne von Absatz 1.

Artikel 3
Geltungsbereich

(1) Im Rahmen der auf die Gemeinschaft übertragenen Zuständigkeiten gilt diese Richtlinie für alle Personen in öffentlichen und privaten Bereichen, einschließlich öffentlicher Stellen, in bezug auf:

a) die Bedingungen — einschließlich Auswahlkriterien und Einstellungsbedingungen — für den Zugang zu unselbständiger und selbständiger Erwerbstätigkeit, unabhängig von Tätigkeitsfeld und beruflicher Position, sowie für den beruflichen Aufstieg;

b) den Zugang zu allen Formen und allen Ebenen der Berufsberatung, der Berufsausbildung, der beruflichen Weiterbildung und der Umschulung einschließlich der praktischen Berufserfahrung;

c) die Beschäftigungs- und Arbeitsbedingungen, einschließlich Entlassungsbedingungen und Arbeitsentgelt;

d) die Mitgliedschaft und Mitwirkung in einer Arbeitnehmer- oder Arbeitgeberorganisation oder einer Organisation, deren Mitglieder einer bestimmten Berufsgruppe angehören, einschließlich der Inanspruchnahme der Leistungen solcher Organisationen;

e) den Sozialschutz, einschließlich der sozialen Sicherheit und der Gesundheitsdienste;

f) die sozialen Vergünstigungen;

g) die Bildung;

h) den Zugang zu und die Versorgung mit Gütern und Dienstleistungen, die der Öffentlichkeit zur Verfügung stehen, einschließlich von Wohnraum.

(2) Diese Richtlinie betrifft nicht unterschiedliche Behandlungen aus Gründen der Staatsangehörigkeit und berührt nicht die Vorschriften und Bedingungen für die Einreise von Staatsangehörigen dritter Staaten oder staatenlosen Personen in das Hoheitsgebiet der Mitgliedstaaten oder deren Aufenthalt in diesem Hoheitsgebiet sowie eine Behandlung, die sich aus der Rechtsstellung von Staatsangehörigen dritter Staaten oder staatenlosen Personen ergibt.

Artikel 4
Wesentliche und entscheidende berufliche Anforderungen

Ungeachtet des Artikels 2 Absätze 1 und 2 können die Mitgliedstaaten vorsehen, daß eine Ungleichbehandlung aufgrund eines mit der Rasse oder der ethnischen Herkunft zusammenhängenden Merkmals keine Diskriminierung darstellt, wenn das betreffende Merkmal aufgrund der Art einer bestimmten beruflichen Tätigkeit oder der Rahmenbedingungen ihrer Ausübung eine wesentliche und entscheidende berufliche Voraussetzung darstellt und sofern es sich um einen rechtmäßigen Zweck und eine angemessene Anforderung handelt.

Artikel 5
Positive Maßnahmen

Der Gleichbehandlungsgrundsatz hindert die Mitgliedstaaten nicht daran, zur Gewährleistung der vollen Gleichstellung in der Praxis spezifische Maßnahmen, mit denen Benachteiligungen aufgrund der Rasse oder ethnischen Herkunft verhindert oder ausgeglichen werden, beizubehalten oder zu beschließen.

Artikel 6
Mindestanforderungen

(1) Es bleibt den Mitgliedstaaten unbenommen, Vorschriften einzuführen oder beizubehalten, die im Hinblick auf die Wahrung des Gleichbehandlungsgrundsatzes günstiger als die in dieser Richtlinie vorgesehenen Vorschriften sind.

(2) Die Umsetzung dieser Richtlinie darf keinesfalls als Rechtfertigung für eine Absenkung des von den Mitgliedstaaten bereits garantierten Schutzniveaus in bezug auf Diskriminierungen in den von der Richtlinie abgedeckten Bereichen benutzt werden.

KAPITEL II

RECHTSBEHELFE UND RECHTSDURCHSETZUNG

Artikel 7

Rechtsschutz

(1) Die Mitgliedstaaten stellen sicher, daß alle Personen, die sich durch die Nichtanwendung des Gleichbehandlungsgrundsatzes in ihren Rechten für verletzt halten, ihre Ansprüche aus dieser Richtlinie auf dem Gerichts- und/oder Verwaltungsweg sowie, wenn die Mitgliedstaaten es für angezeigt halten, in Schlichtungsverfahren geltend machen können, selbst wenn das Verhältnis, während dessen die Diskriminierung vorgekommen sein soll, bereits beendet ist.

(2) Die Mitgliedstaaten stellen sicher, daß Verbände, Organisationen oder andere juristische Personen, die gemäß den in ihrem einzelstaatlichen Recht festgelegten Kriterien ein rechtmäßiges Interesse daran haben, für die Einhaltung der Bestimmungen dieser Richtlinie zu sorgen, sich entweder im Namen der beschwerten Person oder zu deren Unterstützung und mit deren Einwilligung an den in dieser Richtlinie zur Durchsetzung der Ansprüche vorgesehenen Gerichts- und/oder Verwaltungsverfahren beteiligen können.

(3) Die Absätze 1 und 2 lassen einzelstaatliche Regelungen über Fristen für die Rechtsverfolgung betreffend den Gleichbehandlungsgrundsatz unberührt.

Artikel 8

Beweislast

(1) Die Mitgliedstaaten ergreifen im Einklang mit ihrem nationalen Gerichtswesen die erforderlichen Maßnahmen, um zu gewährleisten, daß immer dann, wenn Personen, die sich durch die Nichtanwendung des Gleichbehandlungsgrundsatzes für verletzt halten und bei einem Gericht oder einer anderen zuständigen Stelle Tatsachen glaubhaft machen, die das Vorliegen einer unmittelbaren oder mittelbaren Diskriminierung vermuten lassen, es dem Beklagten obliegt zu beweisen, daß keine Verletzung des Gleichbehandlungsgrundsatzes vorgelegen hat.

(2) Absatz 1 läßt das Recht der Mitgliedstaaten, eine für den Kläger günstigere Beweislastregelung vorzusehen, unberührt.

(3) Absatz 1 gilt nicht für Strafverfahren.

(4) Die Absätze 1, 2 und 3 gelten auch für Verfahren gemäß Artikel 7 Absatz 2.

(5) Die Mitgliedstaaten können davon absehen, Absatz 1 auf Verfahren anzuwenden, in denen die Ermittlung des Sachverhalts dem Gericht oder der zuständigen Stelle obliegt.

Artikel 9

Viktimisierung

Die Mitgliedstaaten treffen im Rahmen ihrer nationalen Rechtsordnung die erforderlichen Maßnahmen, um den einzelnen vor Benachteiligungen zu schützen, die als Reaktion auf eine Beschwerde oder auf die Einleitung eines Verfahrens zur Durchsetzung des Gleichbehandlungsgrundsatzes erfolgen.

Artikel 10

Unterrichtung

Die Mitgliedstaaten tragen dafür Sorge, daß die gemäß dieser Richtlinie getroffenen Maßnahmen sowie die bereits geltenden einschlägigen Vorschriften allen Betroffenen in geeigneter Form in ihrem Hoheitsgebiet bekanntgemacht werden.

Artikel 11

Sozialer Dialog

(1) Die Mitgliedstaaten treffen im Einklang mit den nationalen Gepflogenheiten und Verfahren geeignete Maßnahmen zur Förderung des sozialen Dialogs zwischen Arbeitgebern und Arbeitnehmern, mit dem Ziel, die Verwirklichung des Gleichbehandlungsgrundsatzes durch Überwachung der betrieblichen Praxis, durch Tarifverträge, Verhaltenskodizes, Forschungsarbeiten oder durch einen Austausch von Erfahrungen und bewährten Lösungen voranzubringen.

(2) Soweit vereinbar mit den nationalen Gepflogenheiten und Verfahren, fordern die Mitgliedstaaten Arbeitgeber und Arbeitnehmer ohne Eingriff in deren Autonomie auf, auf geeigneter Ebene Antidiskriminierungsvereinbarungen zu schließen, die die in Artikel 3 genannten Bereiche betreffen, soweit diese in den Verantwortungsbereich der Tarifparteien fallen. Die Vereinbarungen müssen den in dieser Richtlinie festgelegten Mindestanforderungen sowie den einschlägigen nationalen Durchführungsbestimmungen entsprechen.

Artikel 12

Dialog mit Nichtregierungsorganisationen

Die Mitgliedstaaten fördern den Dialog mit geeigneten Nichtregierungsorganisationen, die gemäß ihren nationalen Rechtsvorschriften und Gepflogenheiten ein rechtmäßiges Interesse daran haben, sich an der Bekämpfung von Diskriminierung aus Gründen der Rasse oder der ethnischen Herkunft zu beteiligen, um den Grundsatz der Gleichbehandlung zu fördern.

KAPITEL III

MIT DER FÖRDERUNG DER GLEICHBEHANDLUNG BEFASSTE STELLEN

Artikel 13

(1) Jeder Mitgliedstaat bezeichnet eine oder mehrere Stellen, deren Aufgabe darin besteht, die Verwirklichung des Grundsatzes der Gleichbehandlung aller Personen ohne Diskriminierung aufgrund der Rasse oder der ethnischen Herkunft zu fördern. Diese Stellen können Teil einer Einrichtung sein, die auf nationaler Ebene für den Schutz der Menschenrechte oder der Rechte des einzelnen zuständig ist.

(2) Die Mitgliedstaaten stellen sicher, daß es zu den Zuständigkeiten dieser Stellen gehört,

— unbeschadet der Rechte der Opfer und der Verbände, der Organisationen oder anderer juristischer Personen nach Artikel 7 Absatz 2 die Opfer von Diskriminierungen auf unabhängige Weise dabei zu unterstützen, ihrer Beschwerde wegen Diskriminierung nachzugehen;

— unabhängige Untersuchungen zum Thema der Diskriminierung durchzuführen;

— unabhängige Berichte zu veröffentlichen und Empfehlungen zu allen Aspekten vorzulegen, die mit diesen Diskriminierungen in Zusammenhang stehen.

KAPITEL IV
SCHLUSSBESTIMMUNGEN

Artikel 14
Einhaltung

Die Mitgliedstaaten treffen die erforderlichen Maßnahmen, um sicherzustellen,

a) daß sämtliche Rechts- und Verwaltungsvorschriften, die dem Gleichbehandlungsgrundsatz zuwiderlaufen, aufgehoben werden;

b) daß sämtliche mit dem Gleichbehandlungsgrundsatz nicht zu vereinbarenden Bestimmungen in Einzel- oder Kollektivverträgen oder -vereinbarungen, Betriebsordnungen, Statuten von Vereinigungen mit oder ohne Erwerbszweck sowie Statuten der freien Berufe und der Arbeitnehmer- und Arbeitgeberorganisationen für nichtig erklärt werden oder erklärt werden können oder geändert werden.

Artikel 15
Sanktionen

Die Mitgliedstaaten legen die Sanktionen fest, die bei einem Verstoß gegen die einzelstaatlichen Vorschriften zur Anwendung dieser Richtlinie zu verhängen sind, und treffen alle geeigneten Maßnahmen, um deren Durchsetzung zu gewährleisten. Die Sanktionen, die auch Schadenersatzleistungen an die Opfer umfassen können, müssen wirksam, verhältnismäßig und abschreckend sein. Die Mitgliedstaaten teilen der Kommission diese Bestimmungen bis zum 19. Juli 2003 mit und melden alle sie betreffenden Änderungen unverzüglich.

Artikel 16
Umsetzung

Die Mitgliedstaaten erlassen die erforderlichen Rechts- und Verwaltungsvorschriften, um dieser Richtlinie bis zum 19. Juli 2003 nachzukommen, oder können den Sozialpartnern auf deren gemeinsamen Antrag die Durchführung der Bestimmungen dieser Richtlinie übertragen, die in den Anwendungsbereich von Tarifverträgen fallen. In diesem Fall gewährleisten die Mitgliedstaaten, daß die Sozialpartner bis zum 19. Juli 2003 im Wege einer Vereinbarung die erforderlichen Maßnahmen getroffen haben; dabei haben die Mitgliedstaaten alle erforderlichen Maßnahmen zu treffen, um jederzeit gewährleisten zu können, daß die durch diese Richtlinie vorgeschriebenen Ergebnisse erzielt werden. Sie setzen die Kommission unverzüglich davon in Kenntnis.

Wenn die Mitgliedstaaten derartige Vorschriften erlassen, nehmen sie in den Vorschriften selbst oder durch einen Hinweis bei der amtlichen Veröffentlichung auf diese Richtlinie Bezug. Die Mitgliedstaaten regeln die Einzelheiten der Bezugnahme.

Artikel 17
Bericht

(1) Bis zum 19. Juli 2005 und in der Folge alle fünf Jahre übermitteln die Mitgliedstaaten der Kommission sämtliche Informationen, die diese für die Erstellung eines dem Europäischen Parlament und dem Rat vorzulegenden Berichts über die Anwendung dieser Richtlinie benötigt.

(2) Die Kommission berücksichtigt in ihrem Bericht in angemessener Weise die Ansichten der Europäischen Stelle zur Beobachtung von Rassismus und Fremdenfeindlichkeit sowie die Standpunkte der Sozialpartner und der einschlägigen Nichtregierungsorganisationen. Im Einklang mit dem Grundsatz der Berücksichtigung geschlechterspezifischer Fragen wird ferner in dem Bericht die Auswirkung der Maßnahmen auf Frauen und Männer bewertet. Unter Berücksichtigung der übermittelten Informationen enthält der Bericht gegebenenfalls auch Vorschläge für eine Änderung und Aktualisierung dieser Richtlinie.

Artikel 18
Inkrafttreten

Diese Richtlinie tritt am Tag ihrer Veröffentlichung im *Amtsblatt der Europäischen Gemeinschaften* in Kraft.

Artikel 19
Adressaten

Diese Richtlinie ist an die Mitgliedstaaten gerichtet.

Geschehen zu Luxemburg am 29. Juni 2000.

Im Namen des Rates
Der Präsident
M. ARCANJO

5.10.2002 | DE | Amtsblatt der Europäischen Gemeinschaften | L 269/15

RICHTLINIE 2002/73/EG DES EUROPÄISCHEN PARLAMENTS UND DES RATES
vom 23. September 2002
zur Änderung der Richtlinie 76/207/EWG des Rates zur Verwirklichung des Grundsatzes der Gleichbehandlung von Männern und Frauen hinsichtlich des Zugangs zur Beschäftigung, zur Berufsbildung und zum beruflichen Aufstieg sowie in Bezug auf die Arbeitsbedingungen

DAS EUROPÄISCHE PARLAMENT UND DER RAT DER EUROPÄISCHEN UNION —

gestützt auf den Vertrag zur Gründung der Europäischen Gemeinschaft, insbesondere auf Artikel 141 Absatz 3,

auf Vorschlag der Kommission ([1]),

nach Stellungnahme des Wirtschafts- und Sozialausschusses ([2]),

gemäß dem Verfahren des Artikels 251 des Vertrags ([3]) aufgrund des vom Vermittlungsausschuss am 19. April 2002 gebilligten gemeinsamen Entwurfs,

in Erwägung nachstehender Gründe:

(1) Nach Artikel 6 des Vertrags über die Europäische Union beruht die Europäische Union auf den Grundsätzen der Freiheit, der Demokratie, der Achtung der Menschenrechte und Grundfreiheiten sowie der Rechtsstaatlichkeit; diese Grundsätze sind allen Mitgliedstaaten gemeinsam. Ferner achtet die Union nach Artikel 6 die Grundrechte, wie sie in der Europäischen Konvention zum Schutze der Menschenrechte und Grundfreiheiten gewährleistet sind und wie sie sich aus den gemeinsamen Verfassungsüberlieferungen der Mitgliedstaaten als allgemeine Grundsätze des Gemeinschaftsrechts ergeben.

(2) Die Gleichheit aller Menschen vor dem Gesetz und der Schutz vor Diskriminierung ist ein allgemeines Menschenrecht; dieses Recht wurde in der Allgemeinen Erklärung der Menschenrechte, im VN-Übereinkommen zur Beseitigung aller Formen der Diskriminierung von Frauen, im Internationalen Übereinkommen zur Beseitigung jeder Form von Rassendiskriminierung, im Internationalen Pakt der VN über bürgerliche und politische Rechte, im Internationalen Pakt der VN über wirtschaftliche, soziale und kulturelle Rechte sowie in der Konvention zum Schutze der Menschenrechte und Grundfreiheiten anerkannt, die von allen Mitgliedstaaten unterzeichnet wurden.

(3) Diese Richtlinie achtet die Grundrechte und entspricht den insbesondere mit der Charta der Grundrechte der Europäischen Union anerkannten Grundsätzen.

(4) Die Gleichstellung von Männern und Frauen stellt nach Artikel 2 und Artikel 3 Absatz 2 des EG-Vertrags sowie nach der Rechtsprechung des Gerichtshofs ein grundlegendes Prinzip dar. In diesen Vertragsbestimmungen wird die Gleichstellung von Männern und Frauen als Aufgabe und Ziel der Gemeinschaft bezeichnet, und es wird eine positive Verpflichtung begründet, sie bei allen Tätigkeiten der Gemeinschaft zu fördern.

(5) Artikel 141 des Vertrags, insbesondere Absatz 3, stellt speziell auf die Chancengleichheit und die Gleichbehandlung von Männern und Frauen in Arbeits- und Beschäftigungsfragen ab.

(6) In der Richtlinie 76/207/EWG des Rates ([4]) werden die Begriffe der unmittelbaren und der mittelbaren Diskriminierung nicht definiert. Der Rat hat auf der Grundlage von Artikel 13 des Vertrags die Richtlinie 2000/43/EG vom 29. Juni 2000 zur Anwendung des Gleichbehandlungsgrundsatzes ohne Unterschied der Rasse oder der ethnischen Herkunft ([5]) und die Richtlinie 2000/78/EG vom 27. November 2000 zur Festlegung eines allgemeinen Rahmens für die Verwirklichung der Gleichbehandlung in Beschäftigung und Beruf ([6]) angenommen, in denen die Begriffe der unmittelbaren und der mittelbaren Diskriminierung definiert werden. Daher ist es angezeigt, Begriffsbestimmungen in Bezug auf das Geschlecht aufzunehmen, die mit diesen Richtlinien übereinstimmen.

(7) Diese Richtlinie berührt nicht die Vereinigungsfreiheit einschließlich des Rechts jeder Person, zum Schutz ihrer Interessen Gewerkschaften zu gründen und Gewerkschaften beizutreten. Maßnahmen im Sinne von Artikel 141 Absatz 4 des Vertrags können die Mitgliedschaft in oder die Fortsetzung der Tätigkeit von Organisationen und Gewerkschaften einschließen, deren Hauptziel es ist, dem Grundsatz der Gleichbehandlung von Männern und Frauen in der Praxis Geltung zu verschaffen.

(8) Die Belästigung einer Person aufgrund ihres Geschlechts und die sexuelle Belästigung stellen einen Verstoß gegen den Grundsatz der Gleichbehandlung von Frauen und Männern dar; daher sollten diese Begriffe bestimmt und die betreffenden Formen der Diskriminierung verboten werden. Diesbezüglich ist darauf hinzuweisen, dass diese Formen der Diskriminierung nicht nur am Arbeitsplatz vorkommen, sondern auch im Zusammenhang mit dem Zugang zur Beschäftigung und zur beruflichen Ausbildung sowie während der Beschäftigung und der Berufstätigkeit.

(9) In diesem Zusammenhang sollten die Arbeitgeber und die für Berufsbildung zuständigen Personen ersucht werden, Maßnahmen zu ergreifen, um im Einklang mit

---

([1]) ABl. C 337 E vom 28.11.2000, S. 204, und ABl. C 270 E vom 25.9.2001, S. 9.
([2]) ABl. C 123 vom 25.4.2001, S. 81.
([3]) Stellungnahme des Europäischen Parlaments vom 31. Mai 2001 (ABl. C 47 vom 21.2.2002, S. 19), Gemeinsamer Standpunkt des Rates vom 23. Juli 2001 (ABl. C 307 vom 31.10.2001, S. 5) und Beschluss des Europäischen Parlaments vom 24. Oktober 2001 (ABl. C 112 E vom 9.5.2002, S. 14). Beschluss des Europäischen Parlaments vom 12. Juni 2002 und Beschluss des Rates vom 13. Juni 2002.

([4]) ABl. L 39 vom 14.2.1976, S. 40.
([5]) ABl. L 180 vom 19.7.2000, S. 22.
([6]) ABl. L 303 vom 2.12.2000, S. 16.

den innerstaatlichen Rechtsvorschriften und Gepflogenheiten gegen alle Formen der sexuellen Diskriminierung vorzugehen und insbesondere präventive Maßnahmen zur Bekämpfung der Belästigung und der sexuellen Belästigung am Arbeitsplatz zu treffen.

(10) Die Beurteilung von Sachverhalten, die auf eine unmittelbare oder mittelbare Diskriminierung schließen lassen, obliegt den einzelstaatlichen gerichtlichen Instanzen oder anderen zuständigen Stellen nach den nationalen Rechtsvorschriften oder Gepflogenheiten. In diesen einzelstaatlichen Vorschriften kann insbesondere vorgesehen sein, dass eine mittelbare Diskriminierung mit allen Mitteln einschließlich statistischer Beweise festgestellt werden kann. Nach der Rechtsprechung des Gerichtshofs (¹) liegt eine Diskriminierung vor, wenn unterschiedliche Vorschriften auf gleiche Sachverhalte angewandt werden oder wenn dieselbe Vorschrift auf ungleiche Sachverhalte angewandt wird.

(11) Die beruflichen Tätigkeiten, die die Mitgliedstaaten vom Anwendungsbereich der Richtlinie 76/207/EWG ausschließen können, sollten auf die Fälle beschränkt werden, in denen die Beschäftigung einer Person eines bestimmten Geschlechts aufgrund der Art der betreffenden speziellen Tätigkeit erforderlich ist, sofern damit ein legitimes Ziel verfolgt und dem Grundsatz der Verhältnismäßigkeit, wie er sich aus der Rechtsprechung des Gerichtshofs ergibt (²), entsprochen wird.

(12) Der Gerichtshof hat in ständiger Rechtsprechung anerkannt, dass der Schutz der körperlichen Verfassung der Frau während und nach einer Schwangerschaft ein legitimes, dem Gleichbehandlungsgrundsatz nicht entgegenstehendes Ziel ist. Er hat ferner in ständiger Rechtsprechung befunden, dass die Schlechterstellung von Frauen im Zusammenhang mit Schwangerschaft oder Mutterschaft eine unmittelbare Diskriminierung aufgrund des Geschlechts darstellt. Die vorliegende Richtlinie lässt somit die Richtlinie 92/85/EWG des Rates vom 19. Oktober 1992 über die Durchführung von Maßnahmen zur Verbesserung der Sicherheit und des Gesundheitsschutzes von schwangeren Arbeitnehmerinnen, Wöchnerinnen und stillenden Arbeitnehmerinnen am Arbeitsplatz (zehnte Einzelrichtlinie im Sinne des Artikels 16 Absatz 1 der Richtlinie 89/391/EWG) (³), mit der die physische und psychische Verfassung von Schwangeren, Wöchnerinnen und stillenden Frauen geschützt werden soll, unberührt. In den Erwägungsgründen jener Richtlinie heißt es, dass der Schutz der Sicherheit und der Gesundheit von schwangeren Arbeitnehmerinnen, Wöchnerinnen und stillenden Arbeitnehmerinnen Frauen auf dem Arbeitsmarkt nicht benachteiligen und die Richtlinien zur Gleichbehandlung von Männern und Frauen nicht beeinträchtigen sollte. Der Gerichtshof hat den Schutz der Rechte der Frauen im Bereich der Beschäftigung anerkannt, insbesondere den Anspruch auf Rückkehr an ihren früheren Arbeitsplatz oder einen gleichwertigen Arbeitsplatz unter Bedingungen, die für sie nicht weniger günstig sind, sowie darauf, dass ihnen alle Verbesserungen der Arbeitsbedingungen zugute kommen, auf die sie während ihrer Abwesenheit Anspruch gehabt hätten.

(13) In der Entschließung des Rates und der im Rat Vereinigten Minister für Beschäftigung und Sozialpolitik vom 29. Juni 2000 über eine ausgewogene Teilhabe von Frauen und Männern am Berufs- und Familienleben (⁴) wurden die Mitgliedstaaten ermutigt, die Möglichkeit zu prüfen, in ihrer jeweiligen Rechtsordnung männlichen Arbeitnehmern unter Wahrung ihrer bestehenden arbeitsbezogenen Rechte ein individuelles, nicht übertragbares Recht auf Vaterschaftsurlaub zuzuerkennen. In diesem Zusammenhang ist hervorzuheben, dass es den Mitgliedstaaten obliegt, zu bestimmen, ob sie dieses Recht zuerkennen oder nicht, und die etwaigen Bedingungen — außer der Entlassung und der Wiederaufnahme der Arbeit — festzulegen, die nicht in den Geltungsbereich dieser Richtlinie fallen.

(14) Die Mitgliedstaaten können gemäß Artikel 141 Absatz 4 des Vertrags zur Erleichterung der Berufstätigkeit des unterrepräsentierten Geschlechts oder zur Verhinderung bzw. zum Ausgleich von Benachteiligungen in der beruflichen Laufbahn spezifische Vergünstigungen beibehalten oder beschließen. In Anbetracht der aktuellen Situation und unter Berücksichtigung der Erklärung 28 zum Vertrag von Amsterdam sollten die Mitgliedstaaten in erster Linie eine Verbesserung der Lage der Frauen im Arbeitsleben anstreben.

(15) Das Diskriminierungsverbot sollte nicht der Beibehaltung oder dem Erlass von Maßnahmen entgegenstehen, mit denen bezweckt wird, Benachteiligungen von Personen eines Geschlechts zu verhindern oder auszugleichen. Diese Maßnahmen lassen die Einrichtung und Beibehaltung von Organisationen von Personen desselben Geschlechts zu, wenn deren Zweck hauptsächlich darin besteht, die besonderen Bedürfnisse dieser Personen zu berücksichtigen und die Gleichstellung von Männern und Frauen zu fördern.

(16) Der Grundsatz des gleichen Entgelts für Männer und Frauen ist in Artikel 141 des Vertrags und in der Richtlinie 75/117/EWG des Rates vom 10. Februar 1975 zur Angleichung der Rechtsvorschriften der Mitgliedstaaten über die Anwendung des Grundsatzes des gleichen Entgelts für Männer und Frauen (⁵) bereits fest verankert und wird vom Gerichtshof in ständiger Rechtsprechung bestätigt; dieser Grundsatz ist ein wesentlicher und unerlässlicher Bestandteil des gemeinschaftlichen Besitzstandes im Bereich der Diskriminierung aufgrund des Geschlechts.

(17) Der Gerichtshof hat entschieden, dass in Anbetracht des grundlegenden Charakters des Anspruchs auf einen effektiven gerichtlichen Rechtsschutz die Arbeitnehmer diesen Schutz selbst noch nach Beendigung des Beschäftigungsverhältnisses genießen müssen (⁶). Ein Arbeitnehmer, der eine Person, die nach dieser Richtlinie Schutz genießt, verteidigt oder für ihn als Zeuge aussagt, sollte denselben Schutz genießen.

(¹) Rechtssache C-394/96 (Brown), Slg. 1998, I-4185, und Rechtssache C-342/93 (Gillespie), Slg. 1996, I-475.
(²) Rechtssache C-222/84 (Johnston), Slg. 1986, S. 1651, Rechtssache C-273/97 (Sirdar), Slg. 1999, I-7403, und Rechtssache C-285/98 (Kreil), Slg. 2000, I-69.
(³) ABl. L 348 vom 28.11.1992, S. 1.

(⁴) ABl. C 218 vom 31.7.2000, S. 5.
(⁵) ABl. L 45 vom 19.2.1975, S. 19.
(⁶) Rechtssache C-185/97, (Coote), Slg. 1998, I-5199.

(18) Der Gerichtshof hat entschieden, dass der Gleichbehandlungsgrundsatz nur dann als tatsächlich verwirklicht angesehen werden kann, wenn bei Verstößen gegen diesen Grundsatz den Arbeitnehmern, die Opfer einer Diskriminierung wurden, eine dem erlittenen Schaden angemessene Entschädigung zuerkannt wird. Er hat ferner entschieden, dass eine im Voraus festgelegte Höchstgrenze einer wirksamen Entschädigung entgegenstehen kann und die Gewährung von Zinsen zum Ausgleich des entstandenen Schadens nicht ausgeschlossen werden darf (¹).

(19) Nach der Rechtsprechung des Gerichtshofs sind einzelstaatliche Vorschriften betreffend die Fristen für die Rechtsverfolgung zulässig, sofern sie für derartige Klagen nicht ungünstiger sind als für gleichartige Klagen, die das innerstaatliche Recht betreffen, und sofern sie die Ausübung der durch das Gemeinschaftsrecht gewährten Rechte nicht praktisch unmöglich machen.

(20) Opfer von Diskriminierungen aufgrund des Geschlechts sollten über einen angemessenen Rechtsschutz verfügen. Um einen effektiveren Schutz zu gewährleisten, sollte auch die Möglichkeit bestehen, dass sich Verbände, Organisationen und andere juristische Personen unbeschadet der nationalen Verfahrensregeln bezüglich der Vertretung und Verteidigung vor Gericht bei einem entsprechenden Beschluss der Mitgliedstaaten im Namen eines Opfers oder zu seiner Unterstützung an einem Verfahren beteiligen.

(21) Die Mitgliedstaaten sollten den Dialog zwischen den Sozialpartnern und — im Rahmen der einzelstaatlichen Praxis — mit den Nichtregierungsorganisationen fördern, mit dem Ziel, gegen die verschiedenen Formen von Diskriminierung aufgrund des Geschlechts am Arbeitsplatz anzugehen und diese zu bekämpfen.

(22) Die Mitgliedstaaten sollten wirksame, verhältnismäßige und abschreckende Sanktionen festlegen, die bei einer Verletzung der aus der Richtlinie 76/207/EWG erwachsenden Verpflichtungen zu verhängen sind.

(23) Im Einklang mit dem in Artikel 5 des Vertrags niedergelegten Grundsatz der Subsidiarität können die Ziele der in Betracht gezogenen Maßnahme auf der Ebene der Mitgliedstaaten nicht ausreichend erreicht werden; sie können daher besser auf Gemeinschaftsebene verwirklicht werden. Im Einklang mit dem in demselben Artikel genannten Grundsatz der Verhältnismäßigkeit geht diese Richtlinie nicht über das hierfür erforderliche Maß hinaus.

(24) Die Richtlinie 76/207/EWG sollte daher entsprechend geändert werden —

HABEN FOLGENDE RICHTLINIE ERLASSEN:

Artikel 1

Die Richtlinie 76/207/EWG wird wie folgt geändert:

1. In Artikel 1 wird folgender Absatz eingefügt:

„(1a) Die Mitgliedstaaten berücksichtigen aktiv das Ziel der Gleichstellung von Frauen und Männern bei der Formulierung und Umsetzung der Rechts- und Verwaltungsvorschriften, Politiken und Tätigkeiten in den in Absatz 1 genannten Bereichen."

2. Artikel 2 erhält folgende Fassung:

„Artikel 2

(1) Der Grundsatz der Gleichbehandlung im Sinne der nachstehenden Bestimmungen beinhaltet, dass keine unmittelbare oder mittelbare Diskriminierung aufgrund des Geschlechts — insbesondere unter Bezugnahme auf den Ehe- oder Familienstand — erfolgen darf.

(2) Im Sinne dieser Richtlinie bezeichnet der Ausdruck

— ,unmittelbare Diskriminierung': wenn eine Person aufgrund ihres Geschlechts in einer vergleichbaren Situation eine weniger günstige Behandlung erfährt, als eine andere Person erfährt, erfahren hat oder erfahren würde;

— ,mittelbare Diskriminierung': wenn dem Anschein nach neutrale Vorschriften, Kriterien oder Verfahren Personen, die einem Geschlecht angehören, in besonderer Weise gegenüber Personen des anderen Geschlechts benachteiligen können, es sei denn, die betreffenden Vorschriften, Kriterien oder Verfahren sind durch ein rechtmäßiges Ziel sachlich gerechtfertigt und die Mittel sind zur Erreichung dieses Ziels angemessen und erforderlich;

— ,Belästigung': wenn unerwünschte geschlechtsbezogene Verhaltensweisen gegenüber einer Person erfolgen, die bezwecken oder bewirken, dass die Würde der betreffenden Person verletzt und ein von Einschüchterungen, Anfeindungen, Erniedrigungen, Entwürdigungen oder Beleidigungen gekennzeichnetes Umfeld geschaffen wird;

— ,sexuelle Belästigung': jede Form von unerwünschtem Verhalten sexueller Natur, das sich in unerwünschter verbaler, nicht-verbaler oder physischer Form äußert und das bezweckt oder bewirkt, dass die Würde der betreffenden Person verletzt wird, insbesondere wenn ein von Einschüchterungen, Anfeindungen, Erniedrigungen, Entwürdigungen und Beleidigungen gekennzeichnetes Umfeld geschaffen wird.

(3) Belästigung und sexuelle Belästigung im Sinne dieser Richtlinie gelten als Diskriminierung aufgrund des Geschlechts und sind daher verboten.

Die Zurückweisung oder Duldung solcher Verhaltensweisen durch die betreffende Person darf nicht als Grundlage für eine Entscheidung herangezogen werden, die diese Person berührt.

(4) Die Anweisung zur Diskriminierung einer Person aufgrund des Geschlechts gilt als Diskriminierung im Sinne dieser Richtlinie.

(5) Die Mitgliedstaaten ersuchen in Einklang mit ihren nationalen Rechtsvorschriften, Tarifverträgen oder tariflichen Praktiken die Arbeitgeber und die für Berufsbildung zuständigen Personen, Maßnahmen zu ergreifen, um allen Formen der Diskriminierung aufgrund des Geschlechts und insbesondere Belästigung und sexueller Belästigung am Arbeitsplatz vorzubeugen.

(¹) Rechtssache C-180/95 (Draehmpaehl), Slg. 1997, I-2195. Rechtssache C-271/95 (Marshall), Slg. 1993, I-4367.

(6) Die Mitgliedstaaten können im Hinblick auf den Zugang zur Beschäftigung einschließlich der zu diesem Zweck erfolgenden Berufsbildung vorsehen, dass eine Ungleichbehandlung wegen eines geschlechtsbezogenen Merkmals keine Diskriminierung darstellt, wenn das betreffende Merkmal aufgrund der Art einer bestimmten beruflichen Tätigkeit oder der Bedingungen ihrer Ausübung eine wesentliche und entscheidende berufliche Anforderung darstellt, sofern es sich um einen rechtmäßigen Zweck und eine angemessene Anforderung handelt.

(7) Diese Richtlinie steht nicht den Vorschriften zum Schutz der Frau, insbesondere bei Schwangerschaft und Mutterschaft, entgegen.

Frauen im Mutterschaftsurlaub haben nach Ablauf des Mutterschaftsurlaubs Anspruch darauf, an ihren früheren Arbeitsplatz oder einen gleichwertigen Arbeitsplatz unter Bedingungen, die für sie nicht weniger günstig sind, zurückzukehren, und darauf, dass ihnen auch alle Verbesserungen der Arbeitsbedingungen, auf die sie während ihrer Abwesenheit Anspruch gehabt hätten, zugute kommen.

Die ungünstigere Behandlung einer Frau im Zusammenhang mit Schwangerschaft oder Mutterschaftsurlaub im Sinne der Richtlinie 92/85/EWG gilt als Diskriminierung im Sinne dieser Richtlinie.

Diese Richtlinie berührt nicht die Bestimmungen der Richtlinie 96/34/EG des Rates vom 3. Juni 1996 zu der von UNICE, CEEP und EGB geschlossenen Rahmenvereinbarung über Elternurlaub (*) und der Richtlinie 92/85/EWG des Rates vom 19. Oktober 1992 über die Durchführung von Maßnahmen zur Verbesserung der Sicherheit und des Gesundheitsschutzes von schwangeren Arbeitnehmerinnen, Wöchnerinnen und stillenden Arbeitnehmerinnen am Arbeitsplatz (zehnte Einzelrichtlinie im Sinne des Artikels 16 Absatz 1 der Richtlinie 89/391/EWG) (**). Sie lässt ferner das Recht der Mitgliedstaaten unberührt, eigene Rechte auf Vaterschaftsurlaub und/oder Adoptionsurlaub anzuerkennen. Die Mitgliedstaaten, die derartige Rechte anerkennen, treffen die erforderlichen Maßnahmen, um Arbeitnehmer und Arbeitnehmerinnen vor Entlassung infolge der Inanspruchnahme dieser Rechte zu schützen, und gewährleisten, dass sie nach Ablauf des Urlaubs Anspruch darauf haben, an ihren früheren Arbeitsplatz oder einen gleichwertigen Arbeitsplatz zurückzukehren, und zwar unter Bedingungen, die für sie nicht weniger günstig sind, und darauf, dass ihnen auch alle Verbesserungen der Arbeitsbedingungen, auf die sie während ihrer Abwesenheit Anspruch gehabt hätten, zugute kommen.

(8) Die Mitgliedstaaten können im Hinblick auf die Gewährleistung der vollen Gleichstellung von Männern und Frauen Maßnahmen im Sinne von Artikel 141 Absatz 4 des Vertrags beibehalten oder beschließen.

(*) ABl. L 145 vom 19.6.1996, S. 4.
(**) ABl. L 348 vom 28.11.1992, S. 1."

3. Artikel 3 erhält folgende Fassung:

„Artikel 3

(1) Die Anwendung des Grundsatzes der Gleichbehandlung bedeutet, dass es im öffentlichen und privaten Bereich einschließlich öffentlicher Stellen in Bezug auf folgende Punkte keinerlei unmittelbare oder mittelbare Diskriminierung aufgrund des Geschlechts geben darf:

a) die Bedingungen — einschließlich Auswahlkriterien und Einstellungsbedingungen — für den Zugang zu unselbständiger oder selbständiger Erwerbstätigkeit, unabhängig von Tätigkeitsfeld und beruflicher Position einschließlich des beruflichen Aufstiegs;

b) den Zugang zu allen Formen und allen Ebenen der Berufsberatung, der Berufsausbildung, der beruflichen Weiterbildung und der Umschulung einschließlich der praktischen Berufserfahrung;

c) die Beschäftigungs- und Arbeitsbedingungen einschließlich der Entlassungsbedingungen sowie das Arbeitsentgelt nach Maßgabe der Richtlinie 75/117/EWG;

d) die Mitgliedschaft und Mitwirkung in einer Arbeitnehmer- oder Arbeitgeberorganisation oder einer Organisation, deren Mitglieder einer bestimmten Berufsgruppe angehören, einschließlich der Inanspruchnahme der Leistungen solcher Organisationen.

(2) Zu diesem Zweck treffen die Mitgliedstaaten die erforderlichen Maßnahmen, um sicherzustellen, dass

a) die Rechts- und Verwaltungsvorschriften, die dem Gleichbehandlungsgrundsatz zuwiderlaufen, aufgehoben werden;

b) die mit dem Gleichbehandlungsgrundsatz nicht zu vereinbarenden Bestimmungen in Arbeits- und Tarifverträgen, Betriebsordnungen und Statuten der freien Berufe und der Arbeitgeber- und Arbeitnehmerorganisationen nichtig sind, für nichtig erklärt werden können oder geändert werden."

4. Die Artikel 4 und 5 werden gestrichen.

5. Artikel 6 erhält folgende Fassung:

„Artikel 6

(1) Die Mitgliedstaaten stellen sicher, dass alle Personen, die sich durch die Nichtanwendung des Gleichbehandlungsgrundsatzes in ihren Rechten für verletzt halten, ihre Ansprüche aus dieser Richtlinie auf dem Gerichts- und/oder Verwaltungsweg sowie, wenn die Mitgliedstaaten es für angezeigt halten, in Schlichtungsverfahren geltend machen können, selbst wenn das Verhältnis, während dessen die Diskriminierung vorgekommen sein soll, bereits beendet ist.

(2) Die Mitgliedstaaten treffen im Rahmen ihrer nationalen Rechtsordnung die erforderlichen Maßnahmen um sicherzustellen, dass der einer Person durch eine Diskriminierung in Form eines Verstoßes gegen Artikel 3 entstandene Schaden — je nach den Rechtsvorschriften der Mitgliedstaaten — tatsächlich und wirksam ausgeglichen oder ersetzt wird, wobei dies auf eine abschreckende und dem erlittenen Schaden angemessene Art und Weise geschehen muss; dabei darf ein solcher Ausgleich oder eine solche Entschädigung nur in den Fällen durch eine im Voraus festgelegte Höchstgrenze begrenzt werden, in denen der Arbeitgeber nachweisen kann, dass der einem/einer Bewerber/in durch die Diskriminierung im Sinne dieser Richtlinie entstandene Schaden allein darin besteht, dass die Berücksichtigung seiner/ihrer Bewerbung verweigert wird.

(3) Die Mitgliedstaaten stellen sicher, dass Verbände, Organisationen oder andere juristische Personen, die gemäß den in ihrem einzelstaatlichen Recht festgelegten Kriterien ein rechtmäßiges Interesse daran haben, für die Einhaltung der Bestimmungen dieser Richtlinie zu sorgen, sich entweder im Namen der beschwerten Person oder zu deren Unterstützung und mit deren Einwilligung an den in dieser Richtlinie zur Durchsetzung der Ansprüche vorgesehenen Gerichts- und/oder Verwaltungsverfahren beteiligen können.

(4) Die Absätze 1 und 3 lassen einzelstaatliche Regelungen über Fristen für die Rechtsverfolgung betreffend den Grundsatz der Gleichbehandlung unberührt."

6. Artikel 7 erhält folgende Fassung:

„*Artikel 7*

Die Mitgliedstaaten treffen im Rahmen ihrer nationalen Rechtsordnung die erforderlichen Maßnahmen, um die Arbeitnehmer sowie die aufgrund der innerstaatlichen Rechtsvorschriften und/oder Gepflogenheiten vorgesehenen Arbeitnehmervertreter vor Entlassung oder anderen Benachteiligungen durch den Arbeitgeber zu schützen, die als Reaktion auf eine Beschwerde innerhalb des betreffenden Unternehmens oder auf die Einleitung eines Verfahrens zur Durchsetzung des Gleichbehandlungsgrundsatzes erfolgen."

7. Die folgenden Artikel werden eingefügt:

„*Artikel 8a*

(1) Jeder Mitgliedstaat bezeichnet eine oder mehrere Stellen, deren Aufgabe darin besteht, die Verwirklichung der Gleichbehandlung aller Personen ohne Diskriminierung aufgrund des Geschlechts zu fördern, zu analysieren, zu beobachten und zu unterstützen. Diese Stellen können Teil von Einrichtungen sein, die auf nationaler Ebene für den Schutz der Menschenrechte oder der Rechte des Einzelnen zuständig sind.

(2) Die Mitgliedstaaten stellen sicher, dass es zu den Zuständigkeiten dieser Stellen gehört,

a) unbeschadet der Rechte der Opfer und der Verbände, der Organisationen oder anderer juristischer Personen nach Artikel 6 Absatz 3 die Opfer von Diskriminierungen auf unabhängige Weise dabei zu unterstützen, ihrer Beschwerde wegen Diskriminierung nachzugehen;

b) unabhängige Untersuchungen zum Thema der Diskriminierung durchzuführen;

c) unabhängige Berichte zu veröffentlichen und Empfehlungen zu allen Aspekten vorzulegen, die mit diesen Diskriminierungen in Zusammenhang stehen.

Artikel 8b

(1) Die Mitgliedstaaten treffen im Einklang mit den nationalen Gepflogenheiten und Verfahren geeignete Maßnahmen zur Förderung des sozialen Dialogs zwischen den Sozialpartnern mit dem Ziel, die Verwirklichung der Gleichbehandlung, unter anderem durch Überwachung der betrieblichen Praxis, durch Tarifverträge, Verhaltenskodizes, Forschungsarbeiten oder durch einen Austausch von Erfahrungen und bewährten Verfahren, voranzubringen.

(2) Soweit mit den nationalen Gepflogenheiten und Verfahren vereinbar, ersuchen die Mitgliedstaaten die Sozialpartner ohne Eingriff in deren Autonomie, die Gleichstellung von Männern und Frauen zu fördern und auf geeigneter Ebene Antidiskriminierungsvereinbarungen zu schließen, die die in Artikel 1 genannten Bereiche betreffen, soweit diese in den Verantwortungsbereich der Tarifparteien fallen. Die Vereinbarungen müssen den in dieser Richtlinie festgelegten Mindestanforderungen sowie den einschlägigen nationalen Durchführungsbestimmungen entsprechen.

(3) Die Mitgliedstaaten ersuchen in Übereinstimmung mit den nationalen Gesetzen, Tarifverträgen oder Gepflogenheiten die Arbeitgeber, die Gleichbehandlung von Frauen und Männern am Arbeitsplatz in geplanter und systematischer Weise zu fördern.

(4) Zu diesem Zweck sollten die Arbeitgeber ersucht werden, den Arbeitnehmern und/oder den Arbeitnehmervertretern in regelmäßigen angemessenen Abständen Informationen über die Gleichbehandlung von Frauen und Männern in ihrem Betrieb zu geben.

Diese Informationen können Statistiken über den Anteil von Frauen und Männern auf den unterschiedlichen Ebenen des Betriebs sowie mögliche Maßnahmen zur Verbesserung der Situation in Zusammenarbeit mit den Arbeitnehmervertretern enthalten.

Artikel 8c

Die Mitgliedstaaten fördern den Dialog mit den jeweiligen Nichtregierungsorganisationen, die gemäß den einzelstaatlichen Rechtsvorschriften und Gepflogenheiten ein rechtmäßiges Interesse daran haben, sich an der Bekämpfung von Diskriminierung aufgrund des Geschlechts zu beteiligen, um die Einhaltung des Grundsatzes der Gleichbehandlung zu fördern.

Artikel 8d

Die Mitgliedstaaten legen die Regeln für die Sanktionen fest, die bei einem Verstoß gegen die einzelstaatlichen Vorschriften zur Umsetzung dieser Richtlinie zu verhängen sind, und treffen alle erforderlichen Maßnahmen, um deren Anwendung zu gewährleisten.

Die Sanktionen, die auch Schadenersatzleistungen an die Opfer umfassen können, müssen wirksam, verhältnismäßig und abschreckend sein. Die Mitgliedstaaten teilen diese Vorschriften der Kommission spätestens am 5. Oktober 2005 mit und unterrichten sie unverzüglich über alle späteren Änderungen dieser Vorschriften.

Artikel 8e

(1) Die Mitgliedstaaten können Vorschriften einführen oder beibehalten, die im Hinblick auf die Wahrung des Gleichbehandlungsgrundsatzes günstiger als die in dieser Richtlinie vorgesehenen Vorschriften sind.

(2) Die Umsetzung dieser Richtlinie darf keinesfalls als Rechtfertigung für eine Absenkung des von den Mitgliedstaaten bereits garantierten Schutzniveaus in Bezug auf Diskriminierung in den von der Richtlinie abgedeckten Bereichen benutzt werden."

Artikel 2

(1) Die Mitgliedstaaten setzen die Rechts- und Verwaltungsvorschriften in Kraft, die erforderlich sind, um dieser Richtlinie spätestens am 5. Oktober 2005 nachzukommen, oder stellen spätestens bis zu diesem Zeitpunkt sicher, dass die Sozialpartner im Wege einer Vereinbarung die erforderlichen Bestimmungen einführen. Die Mitgliedstaaten treffen alle notwendigen Maßnahmen, um jederzeit gewährleisten zu können, dass die durch die Richtlinie vorgeschriebenen Ergebnisse erzielt werden. Sie setzen die Kommission unverzüglich davon in Kenntnis.

Wenn die Mitgliedstaaten diese Vorschriften erlassen, nehmen sie in den Vorschriften selbst oder durch einen Hinweis bei der amtlichen Veröffentlichung auf diese Richtlinie Bezug. Die Mitgliedstaaten regeln die Einzelheiten der Bezugnahme.

(2) Innerhalb von drei Jahren nach Inkrafttreten dieser Richtlinie übermitteln die Mitgliedstaaten der Kommission alle Informationen, die diese benötigt, um einen Bericht an das Europäische Parlament und den Rat über die Anwendung der Richtlinie zu erstellen.

(3) Unbeschadet des Absatzes 2 übermitteln die Mitgliedstaaten der Kommission alle vier Jahre den Wortlaut der Rechts- und Verwaltungsvorschriften über Maßnahmen nach Artikel 141 Absatz 4 des Vertrags sowie Berichte über diese Maßnahmen und deren Umsetzung. Auf der Grundlage dieser Informationen verabschiedet und veröffentlicht die Kommission alle vier Jahre einen Bericht, der eine vergleichende Bewertung solcher Maßnahmen unter Berücksichtigung der Erklärung Nr. 28 in der Schlussakte des Vertrags von Amsterdam enthält.

Artikel 3

Diese Richtlinie tritt am Tag ihrer Veröffentlichung im *Amtsblatt der Europäischen Gemeinschaften* in Kraft.

Artikel 4

Diese Richtlinie ist an alle Mitgliedstaaten gerichtet.

Geschehen zu Brüssel am 23. September 2002.

Im Namen des Europäischen Parlaments	*Im Namen des Rates*
Der Präsident	*Der Präsident*
P. COX	M. FISCHER BOEL

Die EU-Richtlinien und das AGG

RICHTLINIE 2004/113/EG DES RATES
vom 13. Dezember 2004
zur Verwirklichung des Grundsatzes der Gleichbehandlung von Männern und Frauen beim Zugang zu und bei der Versorgung mit Gütern und Dienstleistungen

DER RAT DER EUROPÄISCHEN UNION —

gestützt auf den Vertrag zur Gründung der Europäischen Gemeinschaft, insbesondere auf Artikel 13 Absatz 1,

auf Vorschlag der Kommission,

nach Stellungnahme des Europäischen Parlaments [1],

nach Stellungnahme des Ausschusses der Regionen [2],

nach Stellungnahme des Europäischen Wirtschafts- und Sozialausschusses [3],

in Erwägung nachstehender Gründe:

(1) Nach Artikel 6 des Vertrags über die Europäische Union beruht die Union auf den Grundsätzen der Freiheit, der Demokratie, der Achtung der Menschenrechte und Grundfreiheiten sowie der Rechtsstaatlichkeit; diese Grundsätze sind den Mitgliedstaaten gemeinsam; sie achtet ferner die Grundrechte, wie sie in der Europäischen Konvention zum Schutz der Menschenrechte und Grundfreiheiten gewährleistet sind und wie sie sich aus den gemeinsamen Verfassungsüberlieferungen der Mitgliedstaaten als allgemeine Grundsätze des Gemeinschaftsrechts ergeben.

(2) Die Gleichheit aller Menschen vor dem Gesetz und der Schutz vor Diskriminierung ist ein allgemeines Menschenrecht; dieses Recht wurde in der Allgemeinen Erklärung der Menschenrechte, im Übereinkommen der Vereinten Nationen über die Beseitigung aller Formen der Diskriminierung von Frauen, im Internationalen Übereinkommen zur Beseitigung jeder Form von Rassendiskriminierung, im Internationalen Pakt der Vereinten Nationen über bürgerliche und politische Rechte, im Internationalen Pakt der Vereinten Nationen über wirtschaftliche, soziale und kulturelle Rechte und in der Europäischen Konvention zum Schutz der Menschenrechte und Grundfreiheiten anerkannt, die von allen Mitgliedstaaten unterzeichnet wurden.

(3) Durch das Diskriminierungsverbot dürfen andere Grundrechte und Freiheiten nicht beeinträchtigt werden; hierzu gehören der Schutz des Privat- und Familienlebens und der in diesem Kontext stattfindenden Transaktionen sowie die Religionsfreiheit.

(4) Die Gleichstellung von Männern und Frauen ist ein grundlegendes Prinzip der Europäischen Union. Nach Artikel 21 und 23 der Charta der Grundrechte der Europäischen Union ist jegliche Diskriminierung wegen des Geschlechts verboten und muss die Gleichheit von Männern und Frauen in allen Bereichen gewährleistet werden.

(5) Gemäß Artikel 2 des Vertrags zur Gründung der Europäischen Gemeinschaft ist die Förderung der Gleichstellung von Männern und Frauen eine der Hauptaufgaben der Gemeinschaft. Außerdem muss die Gemeinschaft gemäß Artikel 3 Absatz 2 des Vertrags bei all ihren Tätigkeiten darauf hinwirken, Ungleichheiten zu beseitigen und die Gleichstellung von Männern und Frauen zu fördern.

(6) In ihrer Mitteilung zur sozialpolitischen Agenda hat die Kommission ihre Absicht angekündigt, eine Richtlinie zur Diskriminierung aufgrund des Geschlechts vorzulegen, die über den Bereich des Arbeitsmarktes hinausgeht. Dieser Vorschlag steht in vollem Einklang mit der Entscheidung 2001/51/EG des Rates vom 20. Dezember 2000 über ein Aktionsprogramm der Gemeinschaft betreffend die Gemeinschaftsstrategie für die Gleichstellung von Frauen und Männern (2001—2005) [4], die sämtliche Gemeinschaftspolitiken umfasst und darauf abzielt, die Gleichstellung von Männern und Frauen durch eine Anpassung dieser Politiken und durch konkrete Maßnahmen zur Verbesserung der Stellung von Männern und Frauen in der Gesellschaft zu fördern.

(7) Auf seiner Tagung in Nizza am 7. und 9. Dezember 2000 hat der Europäische Rat die Kommission aufgefordert, die Gleichstellungsrechte durch Verabschiedung einer Richtlinie zur Förderung der Gleichbehandlung von Männern und Frauen in anderen Bereichen als der Beschäftigung und dem Erwerbsleben zu stärken.

---

[1] Stellungnahme vom 30. März 2004 (noch nicht im Amtsblatt veröffentlicht).
[2] ABl. C 121 vom 30.4.2004, S. 27.
[3] ABl. C 241 vom 28.9.2004, S. 44.

[4] ABl. L 17 vom 19.1.2001, S. 22.

(8) Die Gemeinschaft hat eine Reihe von Rechtsinstrumenten zur Verhütung und Bekämpfung geschlechtsbedingter Diskriminierungen am Arbeitsmarkt verabschiedet. Diese Instrumente haben den Nutzen von Rechtsvorschriften im Kampf gegen Diskriminierung deutlich gemacht.

(9) Diskriminierungen aufgrund des Geschlechts, einschließlich Belästigungen und sexuellen Belästigungen, gibt es auch in Bereichen außerhalb des Arbeitsmarktes. Solche Diskriminierungen können dieselben negativen Auswirkungen haben und ein Hindernis für eine vollständige, erfolgreiche Eingliederung von Männern und Frauen in das wirtschaftliche und soziale Leben darstellen.

(10) Besonders augenfällig sind die Probleme im Bereich des Zugangs zu und der Versorgung mit Gütern und Dienstleistungen. Daher sollte dafür gesorgt werden, dass Diskriminierungen aufgrund des Geschlechts in diesem Bereich verhindert bzw. beseitigt werden. Wie dies bei der Richtlinie 2000/43/EG des Rates vom 29. Juni 2000 zur Anwendung des Gleichbehandlungsgrundsatzes ohne Unterschied der Rasse oder der ethnischen Herkunft ([1]) der Fall war, kann dieses Ziel im Wege gemeinschaftlicher Rechtsvorschriften besser erreicht werden.

(11) Diese Rechtsvorschriften sollten die Diskriminierung aus Gründen des Geschlechts beim Zugang zu und bei der Versorgung mit Gütern und Dienstleistungen verhindern. Unter Gütern sollten Güter im Sinne der den freien Warenverkehr betreffenden Bestimmungen des Vertrags zur Gründung der Europäischen Gemeinschaft verstanden werden. Unter Dienstleistungen sollten Dienstleistungen im Sinne des Artikels 50 dieses Vertrags verstanden werden.

(12) Um Diskriminierungen aus Gründen des Geschlechts zu verhindern, sollte diese Richtlinie sowohl für unmittelbare als auch für mittelbare Diskriminierungen gelten. Eine unmittelbare Diskriminierung liegt nur dann vor, wenn eine Person aufgrund ihres Geschlechts in einer vergleichbaren Situation eine weniger günstige Behandlung erfährt. Somit liegt beispielsweise bei auf körperliche Unterschiede bei Mann und Frau zurückzuführenden unterschiedlichen Gesundheitsdienstleistungen für Männer und Frauen keine Diskriminierung vor, weil es sich nicht um vergleichbare Situationen handelt.

(13) Das Diskriminierungsverbot sollte für Personen gelten, die Güter und Dienstleistungen liefern bzw. erbringen, die der Öffentlichkeit zur Verfügung stehen und die außerhalb des Bereichs des Privat- und Familienlebens und der in diesem Kontext stattfindenden Transaktionen angeboten werden. Nicht gelten sollte es dagegen für Medien- und Werbeinhalte sowie für das staatliche oder private Bildungswesen.

(14) Für jede Person gilt der Grundsatz der Vertragsfreiheit, der die freie Wahl des Vertragspartners für eine Transaktion einschließt. Eine Person, die Güter oder Dienstleistungen bereitstellt, kann eine Reihe von subjektiven Gründen für die Auswahl eines Vertragspartners haben. Diese Richtlinie sollte die freie Wahl des Vertragspartners durch eine Person solange nicht berühren, wie die Wahl des Vertragspartners nicht von dessen Geschlecht abhängig gemacht wird.

(15) Es bestehen bereits zahlreiche Rechtsinstrumente zur Verwirklichung des Grundsatzes der Gleichbehandlung von Männern und Frauen im Bereich Beschäftigung und Beruf. Diese Richtlinie sollte deshalb nicht für diesen Bereich gelten. Das Gleiche gilt für selbstständige Tätigkeiten, wenn sie von bestehenden Rechtsvorschriften erfasst werden. Diese Richtlinie sollte nur für private, freiwillige und von Beschäftigungsverhältnissen unabhängige Versicherungen und Rentensysteme gelten.

(16) Eine unterschiedliche Behandlung kann nur dann zulässig sein, wenn sie durch ein legitimes Ziel gerechtfertigt ist. Ein legitimes Ziel kann beispielsweise sein: der Schutz von Opfern sexueller Gewalt (wie die Einrichtung einer Zufluchtsstätte für Personen gleichen Geschlechts), der Schutz der Privatsphäre und des sittlichen Empfindens (wie etwa bei der Vermietung von Wohnraum durch den Eigentümer in der Wohnstätte, in der er selbst wohnt), die Förderung der Gleichstellung der Geschlechter oder der Interessen von Männern und Frauen (wie ehrenamtliche Einrichtungen, die nur den Angehörigen eines Geschlechts zugänglich sind), die Vereinsfreiheit (Mitgliedschaft in privaten Klubs die nur den Angehörigen eines Geschlechts zugänglich sind) und die Organisation sportlicher Tätigkeiten (z. B. Sportveranstaltungen, zu denen ausschließlich die Angehörigen eines Geschlechts zugelassen sind). Beschränkungen sollten jedoch im Einklang mit der in der Rechtsprechung des Gerichtshofs der Europäischen Gemeinschaften festgelegten Kriterien angemessen und erforderlich sein.

(17) Der Grundsatz der Gleichbehandlung beim Zugang zu Gütern und Dienstleistungen bedeutet nicht, dass Einrichtungen Männern und Frauen in jedem Fall zur gemeinsamen Nutzung bereitgestellt werden müssen, sofern dabei nicht Angehörige des einen Geschlechts besser gestellt sind als die des anderen.

(18) Die Anwendung geschlechtsspezifischer versicherungsmathematischer Faktoren ist im Bereich des Versicherungswesens und anderer verwandter Finanzdienstleistungen weit verbreitet. Zur Gewährleistung der Gleichbehandlung von Männern und Frauen sollte die Berücksichtigung geschlechtsspezifischer versicherungsmathematischer Faktoren nicht zu Unterschieden bei den Prämien und Leistungen führen. Damit es nicht zu einer abrupten Umstellung des Marktes kommen muss, sollte die Anwendung dieser Regel nur für neue Verträge gelten, die nach dem Zeitpunkt der Umsetzung dieser Richtlinie abgeschlossen werden.

([1]) ABl. L 180 vom 19.7.2000, S. 22.

(19) Bestimmte Risikokategorien können bei Männern und Frauen unterschiedlich sein. In einigen Fällen ist das Geschlecht ein bestimmender Faktor bei der Beurteilung der versicherten Risiken, wenn auch nicht unbedingt der Einzige. Bei Verträgen, mit denen diese Arten von Risiken versichert werden, können die Mitgliedstaaten entscheiden, Ausnahmen von der Regel geschlechtsneutraler Prämien und Leistungen zuzulassen, sofern sie sicherstellen können, dass die zugrunde liegenden versicherungsmathematischen und statistischen Daten, auf die sich die Berechnungen stützen, verlässlich sind, regelmäßig aktualisiert werden und der Öffentlichkeit zugänglich sind. Ausnahmen sind nur dann zulässig, wenn das betreffende nationale Recht die Regel der Geschlechtsneutralität bisher noch nicht vorsah. Fünf Jahre nach der Umsetzung dieser Richtlinie sollten die Mitgliedstaaten prüfen, inwieweit diese Ausnahmen noch gerechtfertigt sind, wobei die neuesten versicherungsmathematischen und statistischen Daten sowie ein Bericht, den die Kommission drei Jahre nach der Umsetzung dieser Richtlinie vorlegen wird, zu berücksichtigen sind.

(20) Eine Schlechterstellung von Frauen aufgrund von Schwangerschaft oder Mutterschaft sollte als eine Form der direkten Diskriminierung aufgrund des Geschlechts angesehen und daher im Bereich der Versicherungsdienstleistungen und der damit zusammenhängenden Finanzdienstleistungen unzulässig sein. Mit den Risiken der Schwangerschaft und der Mutterschaft verbundene Kosten sollten daher nicht den Angehörigen eines einzigen Geschlechts zugeordnet werden.

(21) Opfer von Diskriminierungen aufgrund des Geschlechts sollten über einen angemessenen Rechtsschutz verfügen. Um einen effektiveren Schutz zu gewährleisten, sollten Verbände, Organisationen oder andere juristische Personen bei einem entsprechenden Beschluss der Mitgliedstaaten auch die Möglichkeit haben, sich unbeschadet der nationalen Verfahrensregeln bezüglich der Vertretung und Verteidigung vor Gericht im Namen eines Opfers oder zu seiner Unterstützung an einem Verfahren zu beteiligen.

(22) Die Beweislastregeln sollten für die Fälle, in denen der Anschein einer Diskriminierung besteht und zur wirksamen Anwendung des Grundsatzes der Gleichbehandlung, angepasst werden; die Beweislast sollte wieder auf die beklagte Partei verlagert werden, wenn eine solche Diskriminierung nachgewiesen ist.

(23) Voraussetzung für eine effektive Anwendung des Grundsatzes der Gleichbehandlung ist ein angemessener gerichtlicher Schutz vor Viktimisierung.

(24) Die Mitgliedstaaten sollten zur Förderung des Grundsatzes der Gleichbehandlung den Dialog zwischen den einschlägigen Interessengruppen unterstützen, die im Einklang mit den nationalen Rechtsvorschriften und Gepflogenheiten ein rechtmäßiges Interesse daran haben, sich an der Bekämpfung von Diskriminierungen aufgrund des Geschlechts im Bereich des Zugangs zu und der Versorgung mit Gütern und Dienstleistungen zu beteiligen.

(25) Der Schutz vor Diskriminierung aufgrund des Geschlechts sollte verstärkt werden, indem in jedem Mitgliedstaat eine oder mehrere Stellen vorgesehen sind, die für die Analyse der mit Diskriminierungen verbundenen Probleme, die Prüfung möglicher Lösungen und die Bereitstellung konkreter Hilfsangebote für die Opfer zuständig wäre. Bei diesen Stellen kann es sich um dieselben Stellen handeln, die auf nationaler Ebene die Aufgabe haben, für den Schutz der Menschenrechte, für die Wahrung der Rechte des Einzelnen oder für die Verwirklichung des Grundsatzes der Gleichbehandlung einzutreten.

(26) In dieser Richtlinie werden Mindestanforderungen festgelegt; den Mitgliedstaaten steht es somit frei, günstigere Vorschriften einzuführen oder beizubehalten. Die Umsetzung dieser Richtlinie sollte nicht der Rechtfertigung einer Absenkung des in den Mitgliedstaaten bereits bestehenden Schutzniveaus dienen.

(27) Die Mitgliedstaaten sollten für die Verletzung der aus dieser Richtlinie erwachsenden Verpflichtungen wirksame, verhältnismäßige und abschreckende Sanktionen vorsehen.

(28) Da die Ziele dieser Richtlinie, nämlich die Gewährleistung eines einheitlichen, hohen Niveaus des Schutzes vor Diskriminierung in allen Mitgliedstaaten, auf Ebene der Mitgliedstaaten nicht ausreichend erreicht werden können und sich daher wegen des Umfangs und der Wirkung besser auf Gemeinschaftsebene zu erreichen sind, kann die Gemeinschaft im Einklang mit dem in Artikel 5 des Vertrags niedergelegten Subsidiaritätsprinzip tätig werden. Entsprechend dem in demselben Artikel genannten Verhältnismäßigkeitsprinzip geht diese Richtlinie nicht über das für die Erreichung dieser Ziele erforderliche Maß hinaus.

(29) Entsprechend der Nummer 34 der Interinstitutionellen Vereinbarung über bessere Rechtsetzung ([1]) sollten die Mitgliedstaaten für ihre eigenen Zwecke und im Interesse der Gemeinschaft eigene Tabellen aufstellen, denen im Rahmen des Möglichen die Entsprechungen zwischen dieser Richtlinie und den Umsetzungsmaßnahmen zu entnehmen sind, und diese veröffentlichen —

([1]) ABl. C 321 vom 31.12.2003, S. 1.

HAT FOLGENDE RICHTLINIE ERLASSEN:

KAPITEL I
ALLGEMEINE BESTIMMUNGEN

Artikel 1
Zweck

Zweck dieser Richtlinie ist die Schaffung eines Rahmens für die Bekämpfung geschlechtsspezifischer Diskriminierungen beim Zugang zu und der Versorgung mit Gütern und Dienstleistungen zur Umsetzung des Grundsatzes der Gleichbehandlung von Männern und Frauen in den Mitgliedstaaten.

Artikel 2
Begriffsbestimmungen

Im Sinne dieser Richtlinie bezeichnet der Ausdruck

a) unmittelbare Diskriminierung: wenn eine Person aufgrund ihres Geschlechts in einer vergleichbaren Situation eine weniger günstige Behandlung erfährt, als eine andere Person erfährt, erfahren hat oder erfahren würde;

b) mittelbare Diskriminierung: wenn dem Anschein nach neutrale Vorschriften, Kriterien oder Verfahren Personen, die einem Geschlecht angehören, in besonderer Weise gegenüber Personen des anderen Geschlechts benachteiligen können, es sei denn, die betreffenden Vorschriften, Kriterien oder Verfahren sind durch ein rechtmäßiges Ziel sachlich gerechtfertigt und die Mittel sind zur Erreichung dieses Ziels angemessen und erforderlich;

c) Belästigung: wenn unerwünschte geschlechtsbezogene Verhaltensweisen gegenüber einer Person erfolgen, die bezwecken oder bewirken, dass die Würde der betreffenden Person verletzt und ein von Einschüchterungen, Anfeindungen, Erniedrigungen, Entwürdigungen oder Beleidigungen gekennzeichnetes Umfeld geschaffen wird;

d) sexuelle Belästigung: jede Form von unerwünschtem Verhalten sexueller Natur, das sich in verbaler, nichtverbaler oder physischer Form äußert und das bezweckt oder bewirkt, dass die Würde der betreffenden Person verletzt wird, insbesondere wenn ein von Einschüchterungen, Anfeindungen, Erniedrigungen, Entwürdigungen oder Beleidigungen gekennzeichnetes Umfeld geschaffen wird.

Artikel 3
Geltungsbereich

(1) Im Rahmen der auf die Gemeinschaft übertragenen Zuständigkeiten gilt diese Richtlinie für alle Personen, die Güter und Dienstleistungen bereitstellen, die der Öffentlichkeit ohne Ansehen der Person zur Verfügung stehen, und zwar in öffentlichen und privaten Bereichen, einschließlich öffentlicher Stellen, und die außerhalb des Bereichs des Privat- und Familienlebens und der in diesem Kontext stattfindenden Transaktionen angeboten werden.

(2) Diese Richtlinie berührt nicht die freie Wahl des Vertragspartners durch eine Person, solange diese ihre Wahl nicht vom Geschlecht des Vertragspartners abhängig macht.

(3) Diese Richtlinie gilt weder für den Inhalt von Medien und Werbung noch im Bereich der Bildung.

(4) Diese Richtlinie gilt nicht im Bereich Beschäftigung und Beruf. Diese Richtlinie gilt nicht für selbstständige Tätigkeiten, soweit diese von anderen Rechtsvorschriften der Gemeinschaft erfasst werden.

Artikel 4
Grundsatz der Gleichbehandlung

(1) Im Sinne dieser Richtlinie bedeutet der Grundsatz der Gleichbehandlung von Männern und Frauen,

a) dass keine unmittelbare Diskriminierung aufgrund des Geschlechts, auch keine Schlechterstellung von Frauen aufgrund von Schwangerschaft oder Mutterschaft, erfolgen darf;

b) dass keine mittelbare Diskriminierung aufgrund des Geschlechts erfolgen darf.

(2) Diese Richtlinie gilt unbeschadet günstigerer Bestimmungen zum Schutz der Frauen in Bezug auf Schwangerschaft oder Mutterschaft.

(3) Belästigung und sexuelle Belästigung im Sinne dieser Richtlinie gelten als Diskriminierung aufgrund des Geschlechts und sind daher verboten. Die Zurückweisung oder Duldung solcher Verhaltensweisen durch die betreffende Person darf nicht als Grundlage für eine Entscheidung herangezogen werden, die diese Person berührt.

(4) Eine Anweisung zur unmittelbaren oder mittelbaren Diskriminierung aufgrund des Geschlechts gilt als Diskriminierung im Sinne dieser Richtlinie.

(5) Diese Richtlinie schließt eine unterschiedliche Behandlung nicht aus, wenn es durch ein legitimes Ziel gerechtfertigt ist, die Güter und Dienstleistungen ausschließlich oder vorwiegend für die Angehörigen eines Geschlechts bereitzustellen, und die Mittel zur Erreichung dieses Ziels angemessen und erforderlich sind.

Artikel 5

Versicherungsmathematische Faktoren

(1) Die Mitgliedstaaten tragen dafür Sorge, dass spätestens bei den nach dem 21. Dezember 2007 neu abgeschlossenen Verträgen die Berücksichtigung des Faktors Geschlecht bei der Berechnung von Prämien und Leistungen im Bereich des Versicherungswesens und verwandter Finanzdienstleistungen nicht zu unterschiedlichen Prämien und Leistungen führt.

(2) Unbeschadet des Absatzes 1 können die Mitgliedstaaten vor dem 21. Dezember 2007 beschließen, proportionale Unterschiede bei den Prämien und Leistungen dann zuzulassen, wenn die Berücksichtigung des Geschlechts bei einer auf relevanten und genauen versicherungsmathematischen und statistischen Daten beruhenden Risikobewertung ein bestimmender Faktor ist. Die betreffenden Mitgliedstaaten informieren die Kommission und stellen sicher, dass genaue Daten in Bezug auf die Berücksichtigung des Geschlechts als bestimmender versicherungsmathematischer Faktor erhoben, veröffentlicht und regelmäßig aktualisiert werden. Diese Mitgliedstaaten überprüfen ihre Entscheidung fünf Jahre nach dem 21. Dezember 2007, wobei sie dem in Artikel 16 genannten Bericht der Kommission Rechnung tragen, und übermitteln der Kommission die Ergebnisse dieser Überprüfung.

(3) Kosten im Zusammenhang mit Schwangerschaft und Mutterschaft dürfen auf keinen Fall zu unterschiedlichen Prämien und Leistungen führen.

Die Mitgliedstaaten können die Durchführung der aufgrund dieses Absatzes erforderlichen Maßnahmen bis spätestens zwei Jahre nach dem 21. Dezember 2007 aufschieben. In diesem Fall unterrichten die betreffenden Mitgliedstaaten unverzüglich die Kommission.

Artikel 6

Positive Maßnahmen

Der Gleichbehandlungsgrundsatz hindert die Mitgliedstaaten nicht daran, zur Gewährleistung der vollen Gleichstellung von Männern und Frauen in der Praxis spezifische Maßnahmen, mit denen geschlechtsspezifische Benachteiligungen verhindert oder ausgeglichen werden, beizubehalten oder zu beschließen.

Artikel 7

Mindestanforderungen

(1) Die Mitgliedstaaten können Vorschriften einführen oder beibehalten, die im Hinblick auf die Wahrung des Grundsatzes der Gleichbehandlung von Männern und Frauen günstiger sind, als die in dieser Richtlinie vorgesehenen Vorschriften.

(2) Die Umsetzung dieser Richtlinie darf keinesfalls der Rechtfertigung einer Absenkung des von den Mitgliedstaaten bereits garantierten Schutzniveaus in Bezug auf Diskriminierungen in den von der Richtlinie erfassten Bereichen dienen.

KAPITEL II

RECHTSBEHELFE UND RECHTSDURCHSETZUNG

Artikel 8

Rechtsschutz

(1) Die Mitgliedstaaten stellen sicher, dass alle Personen, die sich durch die Nichtanwendung des Grundsatzes der Gleichbehandlung in ihren Rechten für verletzt halten, ihre Ansprüche aus dieser Richtlinie auf dem Gerichts- und/oder Verwaltungsweg sowie, wenn die Mitgliedstaaten es für angezeigt halten, in Schlichtungsverfahren geltend machen können, selbst wenn das Verhältnis, während dessen die Diskriminierung vorgekommen sein soll, bereits beendet ist.

(2) Die Mitgliedstaaten treffen im Rahmen ihrer nationalen Rechtsordnung die erforderlichen Maßnahmen, um sicherzustellen, dass der einer Person durch eine Diskriminierung im Sinne dieser Richtlinie entstandene Schaden gemäß den von den Mitgliedstaaten festzulegenden Modalitäten tatsächlich und wirksam ausgeglichen oder ersetzt wird, wobei dies auf eine abschreckende und dem erlittenen Schaden angemessene Art und Weise geschehen muss. Die vorherige Festlegung einer Höchstgrenze schränkt diese Ausgleichs- oder Ersatzpflicht nicht ein.

(3) Die Mitgliedstaaten stellen sicher, dass Verbände, Organisationen oder andere juristische Personen, die gemäß den in ihrem nationalen Recht festgelegten Kriterien ein rechtmäßiges Interesse daran haben, für die Einhaltung der Bestimmungen dieser Richtlinie zu sorgen, sich im Namen der beschwerten Person oder zu deren Unterstützung und mit deren Einwilligung an den zur Durchsetzung der Ansprüche aus dieser Richtlinie vorgesehenen Gerichts- und/oder Verwaltungsverfahren beteiligen können.

(4) Die Absätze 1 und 3 lassen nationale Regelungen über Fristen für die Rechtsverfolgung in Fällen, in denen es um den Grundsatz der Gleichbehandlung geht, unberührt.

Artikel 9

Beweislast

(1) Die Mitgliedstaaten ergreifen im Einklang mit ihrem nationalen Gerichtswesen die erforderlichen Maßnahmen, um zu gewährleisten, dass immer dann, wenn Personen, die sich durch die Nichtanwendung des Grundsatzes der Gleichbehandlung in ihren Rechten für verletzt halten und bei einem Gericht oder einer anderen zuständigen Behörde Tatsachen glaubhaft machen, die das Vorliegen einer unmittelbaren oder mittelbaren Diskriminierung vermuten lassen, es dem Beklagten obliegt zu beweisen, dass keine Verletzung des Grundsatzes der Gleichbehandlung vorgelegen hat.

(2) Absatz 1 lässt das Recht der Mitgliedstaaten, eine für die Kläger günstigere Beweislastregelung vorzusehen, unberührt.

(3) Absatz 1 gilt nicht für Strafverfahren.

(4) Die Absätze 1, 2 und 3 gelten auch für Verfahren gemäß Artikel 8 Absatz 3.

(5) Die Mitgliedstaaten können davon absehen, Absatz 1 auf Verfahren anzuwenden, in denen die Ermittlung des Sachverhalts dem Gericht oder anderen zuständigen Behörde obliegt.

Artikel 10
Viktimisierung

Die Mitgliedstaaten treffen im Rahmen ihrer nationalen Rechtsordnung die erforderlichen Maßnahmen, um den Einzelnen vor Benachteiligungen zu schützen, die als Reaktion auf eine Beschwerde oder auf die Einleitung eines Verfahrens zur Durchsetzung des Grundsatzes der Gleichbehandlung erfolgen.

Artikel 11
Dialog mit einschlägigen Interessengruppen

Zur Förderung des Grundsatzes der Gleichbehandlung unterstützen die Mitgliedstaaten den Dialog mit den einschlägigen Interessengruppen, die gemäß ihren nationalen Rechtsvorschriften und Gepflogenheiten ein rechtmäßiges Interesse daran haben, sich an der Bekämpfung von Diskriminierungen aufgrund des Geschlechts im Bereich des Zugangs zu und der Versorgung mit Gütern und Dienstleistungen zu beteiligen.

KAPITEL III
MIT DER FÖRDERUNG DER GLEICHBEHANDLUNG BEFASSTE STELLEN

Artikel 12

(1) Jeder Mitgliedstaat bezeichnet eine oder mehrere Stellen, deren Aufgabe darin besteht, die Verwirklichung der Gleichbehandlung aller Personen ohne Diskriminierung aufgrund des Geschlechts zu fördern, zu analysieren, zu beobachten und zu unterstützen und trifft die erforderlichen Vorkehrungen. Diese Stellen können Teil von Einrichtungen sein, die auf nationaler Ebene die Aufgabe haben, für den Schutz der Menschenrechte, für die Wahrung der Rechte des Einzelnen oder für die Verwirklichung des Grundsatzes der Gleichbehandlung einzutreten.

(2) Die Mitgliedstaaten stellen sicher, dass es zu den Zuständigkeiten der in Absatz 1 genannten Stellen gehört,

a) unbeschadet der Rechte der Opfer und der Verbände, der Organisationen oder anderer juristischer Personen nach Artikel 8 Absatz 3 die Opfer von Diskriminierungen auf unabhängige Weise dabei zu unterstützen, ihrer Beschwerde wegen Diskriminierung nachzugehen;

b) unabhängige Untersuchungen zum Thema Diskriminierung durchzuführen;

c) unabhängige Berichte zu veröffentlichen und Empfehlungen zu allen Aspekten vorzulegen, die mit diesen Diskriminierungen in Zusammenhang stehen.

KAPITEL IV
SCHLUSSBESTIMMUNGEN

Artikel 13
Einhaltung

Die Mitgliedstaaten treffen die erforderlichen Maßnahmen, um sicherzustellen, dass der Grundsatz der Gleichbehandlung in Bezug auf den Zugang zu und die Versorgung mit Gütern und Dienstleistungen im Rahmen des Geltungsbereichs dieser Richtlinie beachtet wird; insbesondere ist sicherzustellen, dass

a) Rechts- und Verwaltungsvorschriften, die dem Grundsatz der Gleichbehandlung zuwiderlaufen, aufgehoben werden;

a) vertragliche Bestimmungen, Betriebsordnungen, Statuten von Vereinigungen mit oder ohne Erwerbszweck, die dem Grundsatz der Gleichbehandlung zuwiderlaufen, für nichtig erklärt werden oder erklärt werden können oder geändert werden.

Artikel 14
Sanktionen

Die Mitgliedstaaten legen die Sanktionen fest, die bei einem Verstoß gegen die nationalen Vorschriften zur Anwendung dieser Richtlinie zu verhängen sind, und treffen alle geeigneten Maßnahmen, um deren Durchsetzung zu gewährleisten. Die Sanktionen, die auch Schadenersatzleistungen an die Opfer umfassen können, müssen wirksam, verhältnismäßig und abschreckend sein. Die Mitgliedstaaten teilen der Kommission diese Bestimmungen bis spätestens zum 21. Dezember 2007 mit und melden alle sie betreffenden Änderungen unverzüglich.

Artikel 15
Unterrichtung

Die Mitgliedstaaten tragen dafür Sorge, dass die gemäß dieser Richtlinie getroffenen Maßnahmen sowie die bereits geltenden einschlägigen Vorschriften allen Betroffenen in geeigneter Form in ihrem gesamten Hoheitsgebiet bekannt gemacht werden.

Artikel 16

Berichte

(1) Die Mitgliedstaaten übermitteln der Kommission spätestens am 21. Dezember 2009 und in der Folge alle fünf Jahre sämtliche verfügbaren Informationen über die Anwendung dieser Richtlinie.

Die Kommission erstellt einen zusammenfassenden Bericht, der eine Prüfung der aktuellen Praxis der Mitgliedstaaten im Zusammenhang mit Artikel 5 in Bezug auf die Berücksichtigung des Faktors Geschlecht bei der Berechnung von Prämien und Leistungen enthält. Sie legt diesen Bericht dem Europäischen Parlament und dem Rat spätestens am 21. Dezember 2010 vor. Erforderlichenfalls fügt die Kommission diesem Bericht Vorschläge zur Änderung der Richtlinie bei.

(2) Die Kommission berücksichtigt in ihrem Bericht die Standpunkte der einschlägigen Interessengruppen.

Artikel 17

Umsetzung

(1) Die Mitgliedstaaten setzen die Rechts- und Verwaltungsvorschriften in Kraft, die erforderlich sind, um dieser Richtlinie spätestens am 21. Dezember 2007 nachzukommen. Sie teilen der Kommission unverzüglich den Wortlaut dieser Rechtsvorschriften mit.

Wenn die Mitgliedstaaten diese Vorschriften erlassen, nehmen sie in den Vorschriften selbst oder durch einen Hinweis bei der amtlichen Veröffentlichung auf diese Richtlinie Bezug. Die Mitgliedstaaten regeln die Einzelheiten der Bezugnahme.

(2) Die Mitgliedstaaten teilen der Kommission den Wortlaut der wichtigsten innerstaatlichen Rechtsvorschriften, die sie auf dem unter diese Richtlinie fallenden Gebiet erlassen, mit.

Artikel 18

Inkrafttreten

Diese Richtlinie tritt am Tag ihrer Veröffentlichung im *Amtsblatt der Europäischen Union* in Kraft.

Artikel 19

Adressaten

Diese Richtlinie ist an die Mitgliedstaaten gerichtet.

Geschehen zu Brüssel am 13. Dezember 2004.

Im Namen des Rates
Der Präsident
B. R. BOT

26.7.2006 | DE | Amtsblatt der Europäischen Union | L 204/23

RICHTLINIE 2006/54/EG DES EUROPÄISCHEN PARLAMENTS UND DES RATES

vom 5. Juli 2006

zur Verwirklichung des Grundsatzes der Chancengleichheit und Gleichbehandlung von Männern und Frauen in Arbeits- und Beschäftigungsfragen (Neufassung)

DAS EUROPÄISCHE PARLAMENT UND DER RAT DER EUROPÄISCHEN UNION —

gestützt auf den Vertrag zur Gründung der Europäischen Gemeinschaft, insbesondere auf Artikel 141 Absatz 3,

auf Vorschlag der Kommission,

nach Stellungnahme des Europäischen Wirtschafts- und Sozialausschusses ([1]),

gemäß dem Verfahren des Artikels 251 des Vertrags ([2]),

in Erwägung nachstehender Gründe:

(1) Die Richtlinie 76/207/EWG des Rates vom 9. Februar 1976 zur Verwirklichung des Grundsatzes der Gleichbehandlung von Männern und Frauen hinsichtlich des Zugangs zur Beschäftigung, zur Berufsbildung und zum beruflichen Aufstieg sowie in Bezug auf die Arbeitsbedingungen ([3]) und die Richtlinie 86/378/EWG des Rates vom 24. Juli 1986 zur Verwirklichung des Grundsatzes der Gleichbehandlung von Männern und Frauen bei den betrieblichen Systemen der sozialen Sicherheit ([4]) wurden erheblich geändert ([5]). Die Richtlinie 75/117/EWG des Rates vom 10. Februar 1975 zur Angleichung der Rechtsvorschriften der Mitgliedstaaten über die Anwendung des Grundsatzes des gleichen Entgelts für Männer und Frauen ([6]) und die Richtlinie 97/80/EG des Rates vom 15. Dezember 1997 über die Beweislast bei Diskriminierung aufgrund des Geschlechts ([7]) enthalten ebenfalls Bestimmungen, deren Ziel die Verwirklichung des Grundsatzes der Gleichbehandlung von Männern und Frauen ist. Anlässlich neuerlicher Änderungen der genannten Richtlinien empfiehlt sich aus Gründen der Klarheit eine Neufassung sowie die Zusammenfassung der wichtigsten Bestimmungen auf diesem Gebiet mit verschiedenen Entwicklungen aufgrund der Rechtsprechung des Gerichtshofs der Europäischen Gemeinschaften (im Folgenden „Gerichtshof") in einem einzigen Text.

(2) Die Gleichstellung von Männern und Frauen stellt nach Artikel 2 und Artikel 3 Absatz 2 des Vertrags sowie nach der Rechtsprechung des Gerichtshofs ein grundlegendes Prinzip dar. In diesen Vertragsbestimmungen wird die Gleichstellung von Männern und Frauen als Aufgabe und Ziel der Gemeinschaft bezeichnet, und es wird eine positive Verpflichtung begründet, sie bei allen Tätigkeiten der Gemeinschaft zu fördern.

(3) Der Gerichtshof hat festgestellt, dass die Tragweite des Grundsatzes der Gleichbehandlung von Männern und Frauen nicht auf das Verbot der Diskriminierung aufgrund des natürlichen Geschlechts einer Person beschränkt werden kann. Angesichts seiner Zielsetzung und der Art der Rechte, die damit geschützt werden sollen, gilt er auch für Diskriminierungen aufgrund einer Geschlechtsumwandlung.

(4) Artikel 141 Absatz 3 des Vertrags bietet nunmehr eine spezifische Rechtsgrundlage für den Erlass von Gemeinschaftsmaßnahmen zur Sicherstellung des Grundsatzes der Chancengleichheit und der Gleichbehandlung in Arbeits- und Beschäftigungsfragen, einschließlich des gleichen Entgelts für gleiche oder gleichwertige Arbeit.

(5) Die Artikel 21 und 23 der Charta der Grundrechte der Europäischen Union verbieten ebenfalls jegliche Diskriminierung aufgrund des Geschlechts und verankern das Recht auf Gleichbehandlung von Männern und Frauen in allen Bereichen, einschließlich Beschäftigung, Arbeit und Entgelt.

(6) Die Belästigung einer Person und die sexuelle Belästigung stellen einen Verstoß gegen den Grundsatz der Gleichbehandlung von Männern und Frauen dar und sind somit als Diskriminierung aufgrund des Geschlechts im Sinne dieser Richtlinie anzusehen. Diese Formen der Diskriminierung kommen nicht nur am Arbeitsplatz vor, sondern auch im Zusammenhang mit dem Zugang zur Beschäftigung, zur Berufsbildung und zum beruflichen Aufstieg. Diese Formen der Diskriminierung sollten daher verboten werden, und es sollten wirksame, verhältnismäßige und abschreckende Sanktionen vorgesehen werden.

(7) In diesem Zusammenhang sollten die Arbeitgeber und die für Berufsbildung zuständigen Personen ersucht werden, Maßnahmen zu ergreifen, um im Einklang mit den innerstaatlichen Rechtsvorschriften und Gepflogenheiten gegen alle Formen der Diskriminierung aufgrund des Geschlechts vorzugehen und insbesondere präventive Maßnahmen zur Bekämpfung der Belästigung und der sexuellen Belästigung am Arbeitsplatz ebenso wie beim Zugang zur Beschäftigung, zur Berufsbildung und zum beruflichen Aufstieg zu treffen.

(8) Der Grundsatz des gleichen Entgelts für gleiche oder gleichwertige Arbeit, gemäß Artikel 141 des Vertrags, der vom Gerichtshof in ständiger Rechtsprechung bestätigt wurde, ist ein wichtiger Aspekt des Grundsatzes der Gleichbehandlung von Männern und Frauen und ein wesentlicher und unverzichtbarer Bestandteil sowohl des

---

([1]) ABl. C 157 vom 28.6.2005, S. 83.
([2]) Stellungnahme des Europäischen Parlaments vom 6. Juli 2005 (noch nicht im Amtsblatt veröffentlicht), Gemeinsamer Standpunkt des Rates vom 10. März 2006 (ABl. C 126 E vom 30.5.2006, S. 33) und Standpunkt des Europäischen Parlaments vom 1. Juni 2006 (noch nicht im Amtsblatt veröffentlicht).
([3]) ABl. L 39 vom 14.2.1976, S. 40. Geändert durch die Richtlinie 2002/73/EG des Europäischen Parlaments und des Rates (ABl. L 269 vom 5.10.2002, S. 15).
([4]) ABl. L 225 vom 12.8.1986, S. 40. Geändert durch die Richtlinie 96/97/EG (ABl. L 46 vom 17.2.1997, S. 20).
([5]) Siehe Anhang I Teil A.
([6]) ABl. L 45 vom 19.2.1975, S. 19.
([7]) ABl. L 14 vom 20.1.1998, S. 6. Geändert durch die Richtlinie 98/52/EG (ABl. L 205 vom 22.7.1998, S. 66).

Die EU-Richtlinien und das AGG

(9) Um festzustellen, ob Arbeitnehmer eine gleiche oder gleichwertige Arbeit verrichten, sollte gemäß der ständigen Rechtsprechung des Gerichtshofs geprüft werden, ob sich diese Arbeitnehmer in Bezug auf verschiedene Faktoren, zu denen unter anderem die Art der Arbeit und der Ausbildung und die Arbeitsbedingungen gehören, in einer vergleichbaren Lage befinden.

(10) Der Gerichtshof hat festgestellt, dass der Grundsatz des gleichen Entgelts unter bestimmten Umständen nicht nur für Situationen gilt, in denen Männer und Frauen für denselben Arbeitgeber arbeiten.

(11) Die Mitgliedstaaten sollten weiterhin gemeinsam mit den Sozialpartnern dem Problem des anhaltenden geschlechtsspezifischen Lohngefälles und der nach wie vor ausgeprägten Geschlechtertrennung auf dem Arbeitsmarkt beispielsweise durch flexible Arbeitszeitregelungen entgegenwirken, die es sowohl Männern als auch Frauen ermöglichen, Familie und Beruf besser miteinander in Einklang zu bringen. Dies könnte auch angemessene Regelungen des Elternurlaubs umfassen, die von beiden Elternteilen in Anspruch genommen werden könnten, sowie die Bereitstellung zugänglicher und erschwinglicher Einrichtungen für die Kinderbetreuung und die Betreuung pflegebedürftiger Personen einschließen.

(12) Es sollten spezifische Maßnahmen erlassen werden, um die Verwirklichung des Grundsatzes der Gleichbehandlung in den betrieblichen Systemen der sozialen Sicherheit zu gewährleisten und seinen Geltungsbereich klarer zu definieren.

(13) Mit seinem Urteil vom 17. Mai 1990 in der Rechtssache C-262/88 ([1]) befand der Gerichtshof, dass alle Formen von Betriebsrenten Bestandteil des Entgelts im Sinne von Artikel 141 des Vertrags sind.

(14) Auch wenn sich der Begriff des Entgelts im Sinne des Artikels 141 des Vertrags nicht auf Sozialversicherungsleistungen erstreckt, steht nunmehr fest, dass ein Rentensystem für Beschäftigte im öffentlichen Dienst unter den Grundsatz des gleichen Entgelts fällt, wenn die aus einem solchen System zu zahlenden Leistungen dem Arbeitnehmer aufgrund seines Beschäftigungsverhältnisses mit dem öffentlichen Arbeitgeber gezahlt werden, ungeachtet der Tatsache, dass ein solches System Teil eines allgemeinen, durch Gesetz geregelten Systems ist. Nach den Urteilen des Gerichtshofs vom 28. August 1984 in der Rechtssache C-7/93 ([2]) und vom 12. August in der Rechtssache C-351/00 ([3]) ist diese Bedingung erfüllt, wenn das Rentensystem eine bestimmte Gruppe von Arbeitnehmern betrifft und die Leistungen unmittelbar von der abgeleisteten Dienstzeit abhängig sind und ihre Höhe aufgrund der letzten Bezüge des Beamten berechnet wird. Um der Klarheit willen ist es daher angebracht, entsprechende spezifische Bestimmungen zu erlassen.

(15) Der Gerichtshof hat bestätigt, dass, auch wenn die Beiträge männlicher und weiblicher Arbeitnehmer zu einem Rentensystem mit Leistungszusage unter Artikel 141 des Vertrags fallen, Ungleichheiten bei den im Rahmen von durch Kapitalansammlung finanzierten Systemen mit Leistungszusage gezahlten Arbeitgeberbeiträgen, die sich aus der Verwendung je nach Geschlecht unterschiedlicher versicherungsmathematischer Faktoren ergeben, nicht im Lichte dieser Bestimmung beurteilt werden können.

(16) Beispielsweise ist bei durch Kapitalansammlung finanzierten Systemen mit Leistungszusage hinsichtlich einiger Punkte, wie der Umwandlung eines Teils der regelmäßigen Rentenzahlungen in Kapital, der Übertragung der Rentenansprüche, der Hinterbliebenenrente, die an einen Anspruchsberechtigten auszuzahlen ist, der im Gegenzug auf einen Teil der jährlichen Rentenbezüge verzichtet oder einer gekürzten Rente, wenn der Arbeitnehmer sich für den vorgezogenen Ruhestand entscheidet, eine Ungleichbehandlung gestattet, wenn die Ungleichheit der Beträge darauf zurückzuführen ist, dass bei der Durchführung der Finanzierung des Systems je nach Geschlecht unterschiedliche versicherungstechnische Berechnungsfaktoren angewendet worden sind.

(17) Es steht fest, dass Leistungen, die aufgrund eines betrieblichen Systems der sozialen Sicherheit zu zahlen sind, nicht als Entgelt gelten, insofern sie auf Beschäftigungszeiten vor dem 17. Mai 1990 zurückgeführt werden können, außer im Fall von Arbeitnehmern oder ihren anspruchsberechtigten Angehörigen, die vor diesem Zeitpunkt eine Klage bei Gericht oder ein gleichwertiges Verfahren nach geltendem einzelstaatlichen Recht angestrengt haben. Es ist daher notwendig, die Anwendung des Grundsatzes der Gleichbehandlung entsprechend einzuschränken.

(18) Nach der ständigen Rechtsprechung des Gerichtshofs hat das Barber-Protokoll ([4]) keine Auswirkung auf den Anspruch auf Anschluss an ein Betriebsrentensystem, und die zeitliche Beschränkung der Wirkungen des Urteils in der Rechtssache C-262/88 gilt nur für den Anspruch auf Anschluss an ein Betriebsrentensystem. Der Gerichtshof hat auch für Recht erkannt, dass Arbeitnehmern, die ihren Anspruch auf Anschluss an ein Betriebsrentensystem geltend machen, die einzelstaatlichen Vorschriften über die Fristen für die Rechtsverfolgung entgegengehalten werden können, sofern sie für derartige Klagen nicht ungünstiger sind als für gleichartige Klagen, die das innerstaatliche Recht betreffen, und sofern sie die Ausübung der durch das Gemeinschaftsrecht gewährten Rechte nicht praktisch unmöglich machen. Der Gerichtshof hat zudem dargelegt, dass ein Arbeitnehmer, der Anspruch auf den rückwirkenden Anschluss an ein Betriebsrentensystem hat, sich der Zahlung der Beiträge für den betreffenden Anschlusszeitraum nicht entziehen kann.

(19) Die Sicherstellung des gleichen Zugangs zur Beschäftigung und zur entsprechenden Berufsbildung ist grundlegend für die Anwendung des Grundsatzes der Gleichbehandlung von Männern und Frauen in Arbeits- und Beschäftigungsfragen. Jede Einschränkung dieses Grundsatzes sollte daher auf diejenigen beruflichen Tätigkeiten beschränkt bleiben, die aufgrund ihrer Art oder der Bedingungen ihrer Ausübung die Beschäftigung einer Person eines bestimmten Geschlechts erfordern, sofern damit ein legitimes Ziel verfolgt und dem Grundsatz der Verhältnismäßigkeit entsprochen wird.

([1]) Rechtssache C-262/88: Barber gegen Guardian Royal Exchange Assurance Group, Slg. 1990, I-1889.
([2]) Rechtssache C-7/93: Bestuur van het Algemeen Burgerlijk Pensioensfonds gegen G. A. Beune, Slg. 1994, I-4471.
([3]) Rechtssache C-351/00: Pirkko Niemi, Slg. 2002, I-7007.

([4]) Protokoll Nr. 17 zu Artikel 141 des Vertrags zur Gründung der Europäischen Gemeinschaft (1992).

(20) Diese Richtlinie berührt nicht die Vereinigungsfreiheit, einschließlich des Rechts jeder Person, zum Schutz ihrer Interessen Gewerkschaften zu gründen und Gewerkschaften beizutreten. Maßnahmen im Sinne von Artikel 141 Absatz 4 des Vertrags können die Mitgliedschaft in oder die Fortsetzung der Tätigkeit von Organisationen oder Gewerkschaften einschließen, deren Hauptziel es ist, dem Grundsatz der Gleichbehandlung von Männern und Frauen in der Praxis Geltung zu verschaffen.

(21) Das Diskriminierungsverbot sollte nicht der Beibehaltung oder dem Erlass von Maßnahmen entgegenstehen, mit denen bezweckt wird, Benachteiligungen von Personen eines Geschlechts zu verhindern oder auszugleichen. Diese Maßnahmen lassen die Einrichtung und Beibehaltung von Organisationen von Personen desselben Geschlechts zu, wenn deren Hauptzweck darin besteht, die besonderen Bedürfnisse dieser Personen zu berücksichtigen und die Gleichstellung von Männern und Frauen zu fördern.

(22) In Übereinstimmung mit Artikel 141 Absatz 4 des Vertrags hindert der Grundsatz der Gleichbehandlung die Mitgliedstaaten im Hinblick auf die effektive Gewährleistung der vollen Gleichstellung von Männern und Frauen im Arbeitsleben nicht daran, zur Erleichterung der Berufstätigkeit des unterrepräsentierten Geschlechts oder zur Verhinderung bzw. zum Ausgleich von Benachteiligungen in der beruflichen Laufbahn spezifische Vergünstigungen beizubehalten oder zu beschließen. Angesichts der derzeitigen Lage und in Kenntnis der Erklärung Nr. 28 zum Vertrag von Amsterdam sollten die Mitgliedstaaten in erster Linie darauf hinwirken, die Lage der Frauen im Arbeitsleben zu verbessern.

(23) Aus der Rechtsprechung des Gerichtshofs ergibt sich klar, dass die Schlechterstellung einer Frau im Zusammenhang mit Schwangerschaft oder Mutterschaft eine unmittelbare Diskriminierung aufgrund des Geschlechts darstellt. Eine solche Behandlung, sollte daher von der vorliegenden Richtlinie ausdrücklich erfasst werden.

(24) Der Gerichtshof hat in ständiger Rechtsprechung anerkannt, dass der Schutz der körperlichen Verfassung der Frau während und nach einer Schwangerschaft sowie Maßnahmen zum Mutterschutz legitime Mittel zur Erreichung einer nennenswerten Gleichstellung sind. Diese Richtlinie sollte somit die Richtlinie 92/85/EWG des Rates vom 19. Oktober 1992 über die Durchführung von Maßnahmen zur Verbesserung der Sicherheit und des Gesundheitsschutzes von schwangeren Arbeitnehmerinnen, Wöchnerinnen und stillenden Arbeitnehmerinnen am Arbeitsplatz ([1]) unberührt lassen. Sie sollte ferner die Richtlinie 96/34/EG des Rates vom 3. Juni 1996 zu der von UNICE, CEEP und EGB geschlossenen Rahmenvereinbarung über Elternurlaub ([2]) unberührt lassen.

(25) Aus Gründen der Klarheit ist es außerdem angebracht, ausdrückliche Bestimmungen zum Schutz der Rechte der Frauen im Bereich der Beschäftigung im Falle des Mutterschaftsurlaubs aufzunehmen, insbesondere den Anspruch auf Rückkehr an ihren früheren Arbeitsplatz oder einen gleichwertigen Arbeitsplatz ohne Verschlechterung der Arbeitsbedingungen aufgrund dieses Mutterschaftsurlaubs sowie darauf, dass ihnen auch alle Verbesserungen der Arbeitsbedingungen zugute kommen, auf die sie während ihrer Abwesenheit Anspruch gehabt hätten.

(26) In der Entschließung des Rates und der im Rat vereinigten Minister für Beschäftigung und Sozialpolitik vom 29. Juni 2000 über eine ausgewogene Teilhabe von Frauen und Männern am Berufs- und Familienleben ([3]) wurden die Mitgliedstaaten ermutigt, die Möglichkeit zu prüfen, in ihren jeweiligen Rechtsordnungen männlichen Arbeitnehmern unter Wahrung ihrer bestehenden arbeitsbezogenen Rechte ein individuelles, nicht übertragbares Recht auf Vaterschaftsurlaub zuzuerkennen.

(27) Ähnliche Bedingungen gelten für die Zuerkennung — durch die Mitgliedstaaten — eines individuellen, nicht übertragbaren Rechts auf Urlaub aufgrund der Adoption eines Kindes an Männer und Frauen. Es ist Sache der Mitgliedstaaten zu entscheiden, ob sie ein solches Recht auf Vaterschaftsurlaub und/oder Adoptionsurlaub zuerkennen oder nicht, sowie alle außerhalb des Geltungsbereichs dieser Richtlinie liegenden Bedingungen, mit Ausnahme derjenigen, die die Entlassung und die Rückkehr an den Arbeitsplatz betreffen, festzulegen.

(28) Die wirksame Anwendung des Grundsatzes der Gleichbehandlung erfordert die Schaffung angemessener Verfahren durch die Mitgliedstaaten.

(29) Die Schaffung angemessener rechtlicher und administrativer Verfahren zur Durchsetzung der Verpflichtungen aufgrund der vorliegenden Richtlinie ist wesentlich für die tatsächliche Verwirklichung des Grundsatzes der Gleichbehandlung.

(30) Der Erlass von Bestimmungen zur Beweislast ist wesentlich, um sicherzustellen, dass der Grundsatz der Gleichbehandlung wirksam durchgesetzt werden kann. Wie der Gerichtshof entschieden hat, sollten daher Bestimmungen vorgesehen werden, die sicherstellen, dass die Beweislast — außer im Zusammenhang mit Verfahren, in denen die Ermittlung des Sachverhalts dem Gericht oder der zuständigen nationalen Stelle obliegt — auf die beklagte Partei verlagert wird, wenn der Anschein einer Diskriminierung besteht. Es ist jedoch klarzustellen, dass die Bewertung der Tatsachen, die das Vorliegen einer unmittelbaren oder mittelbaren Diskriminierung vermuten lassen, weiterhin der einschlägigen einzelstaatlichen Stelle im Einklang mit den innerstaatlichen Rechtsvorschriften oder Gepflogenheiten obliegt. Außerdem bleibt es den Mitgliedstaaten überlassen, auf jeder Stufe des Verfahrens eine für die klagende Partei günstigere Beweislastregelung vorzusehen.

(31) Um den durch diese Richtlinie gewährleisteten Schutz weiter zu verbessern, sollte auch die Möglichkeit bestehen, dass sich Verbände, Organisationen und andere juristische Personen unbeschadet der nationalen Verfahrensregeln bezüglich der Vertretung und Verteidigung bei einem entsprechenden Beschluss der Mitgliedstaaten im Namen der beschwerten Person oder zu deren Unterstützung an einem Verfahren beteiligen.

(32) In Anbetracht des grundlegenden Charakters des Anspruchs auf einen effektiven Rechtsschutz ist es angebracht, dass Arbeitnehmer diesen Schutz selbst noch nach Beendigung des Verhältnisses genießen, aus dem sich der behauptete Verstoß gegen den Grundsatz der Gleichbehandlung ergibt.

([1]) ABl. L 348 vom 28.11.1992, S. 1.
([2]) ABl. L 145 vom 19.6.1996, S. 4. Geändert durch die Richtlinie 97/75/EG (ABl. L 10 vom 16.1.1998, S. 24).

([3]) ABl. C 218 vom 31.7.2000, S. 5.

Ein Arbeitnehmer, der eine Person, die nach dieser Richtlinie Schutz genießt, verteidigt oder für sie als Zeuge aussagt, sollte den gleichen Schutz genießen.

(33) Der Gerichtshof hat eindeutig festgestellt, dass der Gleichbehandlungsgrundsatz nur dann als tatsächlich verwirklicht angesehen werden kann, wenn bei allen Verstößen eine dem erlittenen Schaden angemessene Entschädigung zuerkannt wird. Es ist daher angebracht, die Vorabfestlegung irgendeiner Höchstgrenze für eine solche Entschädigung auszuschließen, außer in den Fällen, in denen der Arbeitgeber nachweisen kann, dass der einem Bewerber infolge einer Diskriminierung im Sinne dieser Richtlinie entstandene Schaden allein darin besteht, dass die Berücksichtigung seiner Bewerbung verweigert wurde.

(34) Um die wirksame Umsetzung des Grundsatzes der Gleichbehandlung zu verstärken, sollten die Mitgliedstaaten den Dialog zwischen den Sozialpartnern und — im Rahmen der einzelstaatlichen Praxis — mit den Nichtregierungsorganisationen fördern.

(35) Die Mitgliedstaaten sollten wirksame, verhältnismäßige und abschreckende Sanktionen festlegen, die bei einer Verletzung der aus dieser Richtlinie erwachsenden Verpflichtungen zu verhängen sind.

(36) Da die Ziele dieser Richtlinie auf Ebene der Mitgliedstaaten nicht ausreichend verwirklicht werden können und daher besser auf Gemeinschaftsebene zu erreichen sind, kann die Gemeinschaft im Einklang mit dem in Artikel 5 des Vertrags niedergelegten Subsidiaritätsprinzip tätig werden. Entsprechend dem in demselben Artikel genannten Grundsatz der Verhältnismäßigkeit geht diese Richtlinie nicht über das zur Erreichung dieser Ziele erforderliche Maß hinaus.

(37) Zum besseren Verständnis der Ursachen der unterschiedlichen Behandlung von Männern und Frauen in Arbeits- und Beschäftigungsfragen sollten vergleichbare, nach Geschlechtern aufgeschlüsselte Statistiken weiterhin erstellt, ausgewertet und auf den geeigneten Ebenen zur Verfügung gestellt werden.

(38) Die Gleichbehandlung von Männern und Frauen in Arbeits- und Beschäftigungsfragen kann sich nicht auf gesetzgeberische Maßnahmen beschränken. Die Europäische Union und die Mitgliedstaaten sind vielmehr aufgefordert, den Prozess der Bewusstseinsbildung für das Problem der Lohndiskriminierung und ein Umdenken verstärkt zu fördern und dabei alle betroffenen Kräfte auf öffentlicher wie privater Ebene so weit wie möglich einzubinden. Dabei kann der Dialog zwischen den Sozialpartnern einen wichtigen Beitrag leisten.

(39) Die Verpflichtung zur Umsetzung dieser Richtlinie in nationales Recht sollte auf diejenigen Bestimmungen beschränkt werden, die eine inhaltliche Veränderung gegenüber den früheren Richtlinien darstellen. Die Verpflichtung zur Umsetzung derjenigen Bestimmungen, die inhaltlich unverändert bleiben, ergibt sich aus den früheren Richtlinien.

(40) Diese Richtlinie sollte unbeschadet der Verpflichtungen der Mitgliedstaaten in Bezug auf die Fristen zur Umsetzung der in Anhang I Teil B aufgeführten Richtlinien in einzelstaatliches Recht und zu ihrer Anwendung gelten.

(41) Entsprechend Nummer 34 der Interinstitutionellen Vereinbarung über bessere Rechtsetzung ([1]) sollten die Mitgliedstaaten für ihre eigenen Zwecke und im Interesse der Gemeinschaft eigene Tabellen aufstellen, denen im Rahmen des Möglichen die Entsprechungen zwischen dieser Richtlinie und den Umsetzungsmaßnahmen zu entnehmen sind, und diese veröffentlichen —

HABEN FOLGENDE RICHTLINIE ERLASSEN:

TITEL I

ALLGEMEINE BESTIMMUNGEN

Artikel 1

Gegenstand

Ziel der vorliegenden Richtlinie ist es, die Verwirklichung des Grundsatzes der Chancengleichheit und Gleichbehandlung von Männern und Frauen in Arbeits- und Beschäftigungsfragen sicherzustellen.

Zu diesem Zweck enthält sie Bestimmungen zur Verwirklichung des Grundsatzes der Gleichbehandlung in Bezug auf

a) den Zugang zur Beschäftigung einschließlich des beruflichen Aufstiegs und zur Berufsbildung,

b) Arbeitsbedingungen einschließlich des Entgelts,

c) betriebliche Systeme der sozialen Sicherheit.

Weiter enthält sie Bestimmungen, mit denen sichergestellt werden soll, dass die Verwirklichung durch die Schaffung angemessener Verfahren wirksamer gestaltet wird.

Artikel 2

Begriffsbestimmungen

(1) Im Sinne dieser Richtlinie bezeichnet der Ausdruck

a) „unmittelbare Diskriminierung" eine Situation, in der eine Person aufgrund ihres Geschlechts eine weniger günstige Behandlung erfährt, als eine andere Person in einer vergleichbaren Situation erfährt, erfahren hat oder erfahren würde;

b) „mittelbare Diskriminierung" eine Situation, in der dem Anschein nach neutrale Vorschriften, Kriterien oder Verfahren Personen des einen Geschlechts in besonderer Weise gegenüber Personen des anderen Geschlechts benachteiligen können, es sei denn, die betreffenden Vorschriften, Kriterien oder Verfahren sind durch ein rechtmäßiges Ziel sachlich gerechtfertigt und die Mittel sind zur Erreichung dieses Ziels angemessen und erforderlich;

c) „Belästigung" unerwünschte auf das Geschlecht einer Person bezogene Verhaltensweisen, die bezwecken oder bewirken, dass die Würde der betreffenden Person verletzt und ein von Einschüchterungen, Anfeindungen, Erniedrigungen, Entwürdigungen oder Beleidigungen gekennzeichnetes Umfeld geschaffen wird;

([1]) ABl. C 321 vom 31.12.2003, S. 1.

d) „sexuelle Belästigung" jede Form von unerwünschtem Verhalten sexueller Natur, das sich in unerwünschter verbaler, nicht-verbaler oder physischer Form äußert und das bezweckt oder bewirkt, dass die Würde der betreffenden Person verletzt wird, insbesondere wenn ein von Einschüchterungen, Anfeindungen, Erniedrigungen, Entwürdigungen und Beleidigungen gekennzeichnetes Umfeld geschaffen wird;

e) „Entgelt" die üblichen Grund- oder Mindestlöhne und -gehälter sowie alle sonstigen Vergütungen, die der Arbeitgeber aufgrund des Dienstverhältnisses dem Arbeitnehmer mittelbar oder unmittelbar als Geld- oder Sachleistung zahlt;

f) „betriebliche Systeme der sozialen Sicherheit" Systeme, die nicht durch die Richtlinie 79/7/EWG des Rates vom 19. Dezember 1978 zur schrittweisen Verwirklichung des Grundsatzes der Gleichbehandlung von Männern und Frauen im Bereich der sozialen Sicherheit [1] geregelt werden und deren Zweck darin besteht, den abhängig Beschäftigten und den Selbständigen in einem Unternehmen oder einer Unternehmensgruppe, in einem Wirtschaftszweig oder den Angehörigen eines Berufes oder einer Berufsgruppe Leistungen zu gewähren, die als Zusatzleistungen oder Ersatzleistungen die gesetzlichen Systeme der sozialen Sicherheit ergänzen oder an ihre Stelle treten, unabhängig davon, ob der Beitritt zu diesen Systemen Pflicht ist oder nicht.

(2) Im Sinne dieser Richtlinie gelten als Diskriminierung

a) Belästigung und sexuelle Belästigung sowie jede nachteilige Behandlung aufgrund der Zurückweisung oder Duldung solcher Verhaltensweisen durch die betreffende Person;

b) die Anweisung zur Diskriminierung einer Person aufgrund des Geschlechts;

c) jegliche ungünstigere Behandlung einer Frau im Zusammenhang mit Schwangerschaft oder Mutterschaftsurlaub im Sinne der Richtlinie 92/85/EWG.

Artikel 3

Positive Maßnahmen

Die Mitgliedstaaten können im Hinblick auf die Gewährleistung der vollen Gleichstellung von Männern und Frauen im Arbeitsleben Maßnahmen im Sinne von Artikel 141 Absatz 4 des Vertrags beibehalten oder beschließen.

---

[1] ABl. L 6 vom 10.1.1979, S. 24.

TITEL II

BESONDERE BESTIMMUNGEN

KAPITEL 1

Gleiches Entgelt

Artikel 4

Diskriminierungsverbot

Bei gleicher Arbeit oder bei einer Arbeit, die als gleichwertig anerkannt wird, wird mittelbare und unmittelbare Diskriminierung aufgrund des Geschlechts in Bezug auf sämtliche Entgeltbestandteile und -bedingungen beseitigt.

Insbesondere wenn zur Festlegung des Entgelts ein System beruflicher Einstufung verwendet wird, muss dieses System auf für männliche und weibliche Arbeitnehmer gemeinsamen Kriterien beruhen und so beschaffen sein, dass Diskriminierungen aufgrund des Geschlechts ausgeschlossen werden.

KAPITEL 2

Gleichbehandlung in betrieblichen Systemen der sozialen Sicherheit

Artikel 5

Diskriminierungsverbot

Unbeschadet des Artikels 4 darf es in betrieblichen Systemen der sozialen Sicherheit keine unmittelbare oder mittelbare Diskriminierung aufgrund des Geschlechts geben, insbesondere hinsichtlich

a) des Anwendungsbereichs solcher Systeme und die Bedingungen für den Zugang zu ihnen,

b) der Beitragspflicht und der Berechnung der Beiträge,

c) der Berechnung der Leistungen, einschließlich der Zuschläge für den Ehegatten und für unterhaltsberechtigte Personen, sowie der Bedingungen betreffend die Geltungsdauer und die Aufrechterhaltung des Leistungsanspruchs.

Artikel 6

Persönlicher Anwendungsbereich

Dieses Kapitel findet entsprechend den einzelstaatlichen Rechtsvorschriften und/oder Gepflogenheiten Anwendung auf die Erwerbsbevölkerung einschließlich der Selbständigen, der Arbeitnehmer, deren Erwerbstätigkeit durch Krankheit, Mutterschaft, Unfall oder unverschuldete Arbeitslosigkeit unterbrochen ist, und der Arbeitsuchenden sowie auf die sich im Ruhestand befindlichen oder arbeitsunfähigen Arbeitnehmer und auf ihre anspruchsberechtigten Angehörigen.

Artikel 7

Sachlicher Anwendungsbereich

(1) Dieses Kapitel findet Anwendung

a) auf betriebliche Systeme der sozialen Sicherheit, die Schutz gegen folgende Risiken bieten:

  i) Krankheit,

  ii) Invalidität,

  iii) Alter, einschließlich vorzeitige Versetzung in den Ruhestand,

  iv) Arbeitsunfall und Berufskrankheit,

  v) Arbeitslosigkeit;

b) auf betriebliche Systeme der sozialen Sicherheit, die sonstige Sozialleistungen in Form von Geld- oder Sachleistungen vorsehen, insbesondere Leistungen an Hinterbliebene und Familienleistungen, wenn diese Leistungen als vom Arbeitgeber aufgrund des Beschäftigungsverhältnisses an den Arbeitnehmer gezahlte Vergütungen gelten.

(2) Dieses Kapitel findet auch Anwendung auf Rentensysteme für eine besondere Gruppe von Arbeitnehmern wie beispielsweise Beamte, wenn die aus dem System zu zahlenden Leistungen aufgrund des Beschäftigungsverhältnisses mit dem öffentlichen Arbeitgeber gezahlt werden. Die Tatsache, dass ein solches System Teil eines allgemeinen durch Gesetz geregelten Systems ist, steht dem nicht entgegen.

Artikel 8

Ausnahmen vom sachlichen Anwendungsbereich

(1) Dieses Kapitel gilt nicht

a) für Einzelverträge Selbständiger,

b) für Systeme Selbständiger mit nur einem Mitglied,

c) im Fall von abhängig Beschäftigten für Versicherungsverträge, bei denen der Arbeitgeber nicht Vertragspartei ist,

d) für fakultative Bestimmungen betrieblicher Systeme der sozialen Sicherheit, die einzelnen Mitgliedern eingeräumt werden, um ihnen

  i) entweder zusätzliche Leistungen

  ii) oder die Wahl des Zeitpunkts, zu dem die regulären Leistungen für Selbständige einsetzen, oder die Wahl zwischen mehreren Leistungen

  zu garantieren,

e) für betriebliche Systeme der sozialen Sicherheit, sofern die Leistungen durch freiwillige Beiträge der Arbeitnehmer finanziert werden.

(2) Diesem Kapitel steht nicht entgegen, dass ein Arbeitgeber Personen, welche die Altersgrenze für die Gewährung einer Rente aus einem betrieblichen System der sozialen Sicherheit, jedoch noch nicht die Altersgrenze für die Gewährung einer gesetzlichen Rente erreicht haben, eine Zusatzrente gewährt, damit der Betrag der gesamten Leistungen dem Betrag entspricht oder nahe kommt, der Personen des anderen Geschlechts in derselben Lage, die bereits das gesetzliche Rentenalter erreicht haben, gewährt wird, bis die Bezieher der Zusatzrente das gesetzliche Rentenalter erreicht haben.

Artikel 9

Beispiele für Diskriminierung

(1) Dem Grundsatz der Gleichbehandlung entgegenstehende Bestimmungen sind solche, die sich unmittelbar oder mittelbar auf das Geschlecht stützen und Folgendes bewirken:

a) Festlegung der Personen, die zur Mitgliedschaft in einem betrieblichen System der sozialen Sicherheit zugelassen sind;

b) Regelung der Zwangsmitgliedschaft oder der freiwilligen Mitgliedschaft in einem betrieblichen System der sozialen Sicherheit;

c) unterschiedliche Regeln für das Beitrittsalter zum System oder für die Mindestdauer der Beschäftigung oder Zugehörigkeit zum System, die einen Leistungsanspruch begründen;

d) Festlegung — außer in den unter den Buchstaben h und j genannten Fällen — unterschiedlicher Regeln für die Erstattung der Beiträge, wenn der Arbeitnehmer aus dem System ausscheidet, ohne die Bedingungen erfüllt zu haben, die ihm einen aufgeschobenen Anspruch auf die langfristigen Leistungen garantieren;

e) Festlegung unterschiedlicher Bedingungen für die Gewährung der Leistungen oder die Beschränkung dieser Leistungen auf eines der beiden Geschlechter;

f) Festsetzung unterschiedlicher Altersgrenzen für den Eintritt in den Ruhestand;

g) Unterbrechung der Aufrechterhaltung oder des Erwerbs von Ansprüchen während eines gesetzlich oder tarifvertraglich festgelegten Mutterschaftsurlaubs oder Urlaubs aus familiären Gründen, der vom Arbeitgeber bezahlt wird;

h) Gewährung unterschiedlicher Leistungsniveaus, es sei denn, dass dies notwendig ist, um versicherungstechnischen Berechnungsfaktoren Rechnung zu tragen, die im Fall von Festbeitragssystemen je nach Geschlecht unterschiedlich sind; bei durch Kapitalansammlung finanzierten Festleistungssystemen ist hinsichtlich einiger Punkte eine Ungleichbehandlung gestattet, wenn die Ungleichheit der Beträge darauf zurückzuführen ist, dass bei der Durchführung der Finanzierung des Systems je nach Geschlecht unterschiedliche versicherungstechnische Berechnungsfaktoren angewendet worden sind;

i) Festlegung unterschiedlicher Höhen für die Beiträge der Arbeitnehmer;

j) Festlegung unterschiedlicher Höhen für die Beiträge der Arbeitgeber, außer

   i) im Fall von Festbeitragssystemen, sofern beabsichtigt wird, die Höhe der auf diesen Beiträgen beruhenden Rentenleistungen für Männer und Frauen auszugleichen oder anzunähern;

   ii) im Fall von durch Kapitalansammlung finanzierten Festleistungssystemen, sofern die Arbeitgeberbeiträge dazu bestimmt sind, die zur Deckung der Aufwendungen für die zugesagten Leistungen unerlässliche Finanzierungsgrundlage zu ergänzen;

k) Festlegung unterschiedlicher oder nur für Arbeitnehmer eines der Geschlechter geltender Regelungen — außer in den unter den Buchstaben h und j vorgesehenen Fällen — hinsichtlich der Garantie oder der Aufrechterhaltung des Anspruchs auf spätere Leistungen, wenn der Arbeitnehmer aus dem System ausscheidet.

(2) Steht die Gewährung von unter dieses Kapitel fallenden Leistungen im Ermessen der für das System zuständigen Verwaltungsstellen, so beachten diese den Grundsatz der Gleichbehandlung.

Artikel 10

Durchführung in Bezug auf Selbständige

(1) Die Mitgliedstaaten treffen die notwendigen Maßnahmen, um sicherzustellen, dass Bestimmungen betrieblicher Systeme der sozialen Sicherheit selbständig Erwerbstätiger, die dem Grundsatz der Gleichbehandlung entgegenstehen, spätestens mit Wirkung vom 1. Januar 1993 oder — für Mitgliedstaaten, die nach diesem Datum beigetreten sind — ab dem Datum, zu dem die Richtlinie 86/378/EG in ihrem Hoheitsgebiet anwendbar wurde, geändert werden.

(2) Dieses Kapitel steht dem nicht entgegen, dass für die Rechte und Pflichten, die sich aus einer vor dem Zeitpunkt der Änderung eines betrieblichen Systems der sozialen Sicherheit Selbständiger liegenden Zeit der Mitgliedschaft in dem betreffenden System ergeben, weiterhin die Bestimmungen des Systems gelten, die während dieses Versicherungszeitraums galten.

Artikel 11

Möglichkeit des Aufschubs in Bezug auf Selbständige

Was die betrieblichen Systeme der sozialen Sicherheit Selbständiger betrifft, können die Mitgliedstaaten die obligatorische Anwendung des Grundsatzes der Gleichbehandlung aufschieben

a) für die Festsetzung des Rentenalters für die Gewährung von Altersrenten oder Ruhestandsrenten sowie die Folgen, die sich daraus für andere Leistungen ergeben können, und zwar

   i) entweder bis zu dem Zeitpunkt, zu dem diese Gleichbehandlung in den gesetzlichen Systemen verwirklicht ist,

   ii) oder längstens bis zu dem Zeitpunkt, zu dem eine Richtlinie diese Gleichbehandlung vorschreibt;

b) für Hinterbliebenenrenten bis zu dem Zeitpunkt, zu dem für diese der Grundsatz der Gleichbehandlung in den gesetzlichen Systemen der sozialen Sicherheit durch das Gemeinschaftsrecht vorgeschrieben ist;

c) für die Anwendung des Artikels 9 Absatz 1 Buchstabe i in Bezug auf die Anwendung von versicherungstechnischen Berechnungsfaktoren bis zum 1. Januar 1999 oder — für Mitgliedstaaten, die nach diesem Datum beigetreten sind — bis zu dem Zeitpunkt, zu dem die Richtlinie 86/378/EG in ihrem Hoheitsgebiet anwendbar wurde.

Artikel 12

Rückwirkung

(1) Jede Maßnahme zur Umsetzung dieses Kapitels in Bezug auf die Arbeitnehmer deckt alle Leistungen der betrieblichen Systeme der sozialen Sicherheit ab, die für Beschäftigungszeiten nach dem 17. Mai 1990 gewährt werden, und gilt rückwirkend bis zu diesem Datum, außer im Fall von Arbeitnehmern oder ihren anspruchsberechtigten Angehörigen, die vor diesem Zeitpunkt Klage bei Gericht oder ein gleichwertiges Verfahren nach dem geltenden einzelstaatlichen Recht angestrengt haben. In diesem Fall werden die Umsetzungsmaßnahmen rückwirkend bis zum 8. April 1976 angewandt und decken alle Leistungen ab, die für Beschäftigungszeiten nach diesem Zeitpunkt gewährt werden. Für Mitgliedstaaten, die der Gemeinschaft nach dem 8. April 1976 und vor dem 17. Mai 1990 beigetreten sind, gilt anstelle dieses Datums das Datum, an dem Artikel 141 des Vertrags auf ihrem Hoheitsgebiet anwendbar wurde.

(2) Absatz 1 Satz 2 steht dem nicht entgegen, dass den Arbeitnehmern oder ihren Anspruchsberechtigten, die vor dem 17. Mai 1990 Klage erhoben haben, einzelstaatliche Vorschriften über die Fristen für die Rechtsverfolgung nach innerstaatlichem Recht entgegengehalten werden können, sofern sie für derartige Klagen nicht ungünstiger sind als für gleichartige Klagen, die das innerstaatliche Recht betreffen, und sofern sie die Ausübung der durch das Gemeinschaftsrecht gewährten Rechte nicht praktisch unmöglich machen.

(3) Für Mitgliedstaaten, die nach dem 17. Mai 1990 der Gemeinschaft beigetreten sind und zum 1. Januar 1994 Vertragsparteien des Abkommens über den Europäischen Wirtschaftsraum waren, wird das Datum „17. Mai 1990" in Absatz 1 Satz 1 durch „1. Januar 1994" ersetzt.

(4) Für andere Mitgliedstaaten, die nach dem 17. Mai 1990 beigetreten sind, wird das Datum „17. Mai 1990" in den Absätzen 1 und 2 durch das Datum ersetzt, zu dem Artikel 141 des Vertrags in ihrem Hoheitsgebiet anwendbar wurde.

Artikel 13

Flexibles Rentenalter

Haben Frauen und Männer zu gleichen Bedingungen Anspruch auf ein flexibles Rentenalter, so ist dies nicht als mit diesem Kapitel unvereinbar anzusehen.

KAPITEL 3

Gleichbehandlung hinsichtlich des Zugangs zur Beschäftigung zur Berufsbildung und zum beruflichen Aufstieg sowie in Bezug auf die Arbeitsbedingungen

Artikel 14

Diskriminierungsverbot

(1) Im öffentlichen und privaten Sektor einschließlich öffentlicher Stellen darf es in Bezug auf folgende Punkte keinerlei unmittelbare oder mittelbare Diskriminierung aufgrund des Geschlechts geben:

a) die Bedingungen — einschließlich Auswahlkriterien und Einstellungsbedingungen — für den Zugang zur Beschäftigung oder zu abhängiger oder selbständiger Erwerbstätigkeit, unabhängig von Tätigkeitsfeld und beruflicher Position einschließlich des beruflichen Aufstiegs;

b) den Zugang zu allen Formen und allen Ebenen der Berufsberatung, der Berufsausbildung, der beruflichen Weiterbildung und der Umschulung einschließlich der praktischen Berufserfahrung;

c) die Beschäftigungs- und Arbeitsbedingungen einschließlich der Entlassungsbedingungen sowie das Arbeitsentgelt nach Maßgabe von Artikel 141 des Vertrags;

d) die Mitgliedschaft und Mitwirkung in einer Arbeitnehmer- oder Arbeitgeberorganisation oder einer Organisation, deren Mitglieder einer bestimmten Berufsgruppe angehören, einschließlich der Inanspruchnahme der Leistungen solcher Organisationen.

(2) Die Mitgliedstaaten können im Hinblick auf den Zugang zur Beschäftigung einschließlich der zu diesem Zweck erfolgenden Berufsbildung vorsehen, dass eine Ungleichbehandlung wegen eines geschlechtsbezogenen Merkmals keine Diskriminierung darstellt, wenn das betreffende Merkmal aufgrund der Art einer bestimmten beruflichen Tätigkeit oder der Bedingungen ihrer Ausübung eine wesentliche und entscheidende berufliche Anforderung darstellt, sofern es sich um einen rechtmäßigen Zweck und eine angemessene Anforderung handelt.

Artikel 15

Rückkehr aus dem Mutterschaftsurlaub

Frauen im Mutterschaftsurlaub haben nach Ablauf des Mutterschaftsurlaubs Anspruch darauf, an ihren früheren Arbeitsplatz oder einen gleichwertigen Arbeitsplatz unter Bedingungen, die für sie nicht weniger günstig sind, zurückzukehren, und darauf, dass ihnen auch alle Verbesserungen der Arbeitsbedingungen, auf die sie während ihrer Abwesenheit Anspruch gehabt hätten, zugute kommen.

Artikel 16

Vaterschaftsurlaub und Adoptionsurlaub

Diese Richtlinie lässt das Recht der Mitgliedstaaten unberührt, eigene Rechte auf Vaterschaftsurlaub und/oder Adoptionsurlaub anzuerkennen. Die Mitgliedstaaten, die derartige Rechte anerkennen, treffen die erforderlichen Maßnahmen, um männliche und weibliche Arbeitnehmer vor Entlassung infolge der Inanspruchnahme dieser Rechte zu schützen, und gewährleisten, dass sie nach Ablauf des Urlaubs Anspruch darauf haben, an ihren früheren Arbeitsplatz oder einen gleichwertigen Arbeitsplatz unter Bedingungen, die für sie nicht weniger günstig sind, zurückzukehren, und darauf, dass ihnen auch alle Verbesserungen der Arbeitsbedingungen, auf die sie während ihrer Abwesenheit Anspruch gehabt hätten, zugute kommen.

TITEL III

HORIZONTALE BESTIMMUNGEN

KAPITEL 1

Rechtsmittel und Rechtsdurchsetzung

Abschnitt 1

Rechtsmittel

Artikel 17

Rechtsschutz

(1) Die Mitgliedstaaten stellen sicher, dass alle Personen, die sich durch die Nichtanwendung des Gleichbehandlungsgrundsatzes in ihren Rechten für verletzt halten, ihre Ansprüche aus dieser Richtlinie gegebenenfalls nach Inanspruchnahme anderer zuständiger Behörden oder, wenn die Mitgliedstaaten es für angezeigt halten, nach einem Schlichtungsverfahren auf dem Gerichtsweg geltend machen können, selbst wenn das Verhältnis, während dessen die Diskriminierung vorgekommen sein soll, bereits beendet ist.

(2) Die Mitgliedstaaten stellen sicher, dass Verbände, Organisationen oder andere juristische Personen, die gemäß den in ihrem einzelstaatlichen Recht festgelegten Kriterien ein rechtmäßiges Interesse daran haben, für die Einhaltung der Bestimmungen dieser Richtlinie zu sorgen, sich entweder im Namen der beschwerten Person oder zu deren Unterstützung mit deren Einwilligung an den in dieser Richtlinie zur Durchsetzung der Ansprüche vorgesehenen Gerichts- und/oder Verwaltungsverfahren beteiligen können.

(3) Die Absätze 1 und 2 lassen einzelstaatliche Regelungen über Fristen für die Rechtsverfolgung betreffend den Grundsatz der Gleichbehandlung unberührt.

Artikel 18

Schadenersatz oder Entschädigung

Die Mitgliedstaaten treffen im Rahmen ihrer nationalen Rechtsordnungen die erforderlichen Maßnahmen, um sicherzustellen, dass der einer Person durch eine Diskriminierung aufgrund des Geschlechts entstandene Schaden — je nach den Rechtsvorschriften der Mitgliedstaaten — tatsächlich und wirksam ausgeglichen oder ersetzt wird, wobei dies auf eine abschreckende und dem erlittenen Schaden angemessene Art und Weise geschehen muss. Dabei darf ein solcher Ausgleich oder eine solche Entschädigung nur in den Fällen durch eine im Voraus festgelegte Höchstgrenze begrenzt werden, in denen der Arbeitgeber nachweisen kann, dass der einem Bewerber durch die Diskriminierung im Sinne dieser Richtlinie entstandene Schaden allein darin besteht, dass die Berücksichtigung seiner Bewerbung verweigert wurde.

Abschnitt 2

Beweislast

Artikel 19

Beweislast

(1) Die Mitgliedstaaten ergreifen im Einklang mit dem System ihrer nationalen Gerichtsbarkeit die erforderlichen Maßnahmen, nach denen dann, wenn Personen, die sich durch die Verletzung des Gleichbehandlungsgrundsatzes für beschwert halten und bei einem Gericht bzw. einer anderen zuständigen Stelle Tatsachen glaubhaft machen, die das Vorliegen einer unmittelbaren oder mittelbaren Diskriminierung vermuten lassen, es dem Beklagten obliegt zu beweisen, dass keine Verletzung des Gleichbehandlungsgrundsatzes vorgelegen hat.

(2) Absatz 1 lässt das Recht der Mitgliedstaaten, eine für die klagende Partei günstigere Beweislastregelung vorzusehen, unberührt.

(3) Die Mitgliedstaaten können davon absehen, Absatz 1 auf Verfahren anzuwenden, in denen die Ermittlung des Sachverhalts dem Gericht oder einer anderen zuständigen Stelle obliegt.

(4) Die Absätze 1, 2 und 3 finden ebenfalls Anwendung auf

a) die Situationen, die von Artikel 141 des Vertrags und — sofern eine Frage einer Diskriminierung aufgrund des Geschlechts angesprochen ist — von den Richtlinien 92/85/EWG und 96/34/EG erfasst werden;

b) zivil- und verwaltungsrechtliche Verfahren sowohl im öffentlichen als auch im privaten Sektor, die Rechtsbehelfe nach innerstaatlichem Recht bei der Anwendung der Vorschriften gemäß Buchstabe a vorsehen, mit Ausnahme der freiwilligen oder in den innerstaatlichen Rechtsvorschriften vorgesehenen außergerichtlichen Verfahren.

(5) Soweit von den Mitgliedstaaten nicht anders geregelt, gilt dieser Artikel nicht für Strafverfahren.

KAPITEL 2

Förderung der Gleichbehandlung — Dialog

Artikel 20

Stellen zur Förderung der Gleichbehandlung

(1) Jeder Mitgliedstaat bezeichnet eine oder mehrere Stellen, deren Aufgabe darin besteht, die Verwirklichung der Gleichbehandlung aller Personen ohne Diskriminierung aufgrund des Geschlechts zu fördern, zu analysieren, zu beobachten und zu unterstützen. Diese Stellen können Teil von Einrichtungen sein, die auf nationaler Ebene für den Schutz der Menschenrechte oder der Rechte des Einzelnen verantwortlich sind.

(2) Die Mitgliedstaaten stellen sicher, dass es zu den Befugnissen dieser Stellen gehört,

a) unbeschadet der Rechte der Opfer und der Verbände, Organisationen oder anderer juristischer Personen nach Artikel 17 Absatz 2 die Opfer von Diskriminierungen auf unabhängige Weise dabei zu unterstützen, ihre Beschwerde wegen Diskriminierung zu verfolgen;

b) unabhängige Untersuchungen zum Thema der Diskriminierung durchzuführen;

c) unabhängige Berichte zu veröffentlichen und Empfehlungen zu allen Aspekten vorzulegen, die mit diesen Diskriminierungen in Zusammenhang stehen;

d) auf geeigneter Ebene mit entsprechenden europäischen Einrichtungen, wie beispielsweise einem künftigen Europäischen Institut für Gleichstellungsfragen verfügbare Informationen auszutauschen.

Artikel 21

Sozialer Dialog

(1) Die Mitgliedstaaten treffen im Einklang mit den nationalen Gepflogenheiten und Verfahren geeignete Maßnahmen zur Förderung des sozialen Dialogs zwischen den Sozialpartnern mit dem Ziel, die Verwirklichung der Gleichbehandlung voranzubringen, beispielsweise durch Beobachtung der Praktiken am Arbeitsplatz und beim Zugang zur Beschäftigung, zur Berufsbildung und zum beruflichen Aufstieg sowie durch Beobachtung der Tarifverträge und durch Verhaltenskodizes, Forschungsarbeiten oder den Austausch von Erfahrungen und bewährten Verfahren.

(2) Soweit mit den nationalen Gepflogenheiten und Verfahren vereinbar, ersuchen die Mitgliedstaaten die Sozialpartner ohne Eingriff in deren Autonomie, die Gleichstellung von Männern und Frauen durch flexible Arbeitsbedingungen zur besseren Vereinbarkeit von Privatleben und Beruf zu fördern und auf geeigneter Ebene Antidiskriminierungsvereinbarungen zu schließen, die in Artikel 1 genannten Bereiche betreffen, soweit diese in den Verantwortungsbereich der Tarifparteien fallen. Die Vereinbarungen müssen den Bestimmungen dieser Richtlinie sowie den einschlägigen nationalen Durchführungsbestimmungen entsprechen.

(3) Die Mitgliedstaaten ersuchen in Übereinstimmung mit den nationalen Gesetzen, Tarifverträgen oder Gepflogenheiten die Arbeitgeber, die Gleichbehandlung von Männern und Frauen am Arbeitsplatz sowie beim Zugang zur Beschäftigung, zur Berufsbildung und zum beruflichen Aufstieg in geplanter und systematischer Weise zu fördern.

(4) Zu diesem Zweck werden die Arbeitgeber ersucht, den Arbeitnehmern und/oder den Arbeitnehmervertretern in regelmäßigen angemessenen Abständen Informationen über die Gleichbehandlung von Männern und Frauen in ihrem Betrieb zu geben.

Diese Informationen können Übersichten über den Anteil von Männern und Frauen auf den unterschiedlichen Ebenen des Betriebs, ihr Entgelt sowie Unterschiede beim Entgelt und mögliche Maßnahmen zur Verbesserung der Situation in Zusammenarbeit mit den Arbeitnehmervertretern enthalten.

Artikel 22

Dialog mit Nichtregierungsorganisationen

Die Mitgliedstaaten fördern den Dialog mit den jeweiligen Nichtregierungsorganisationen, die gemäß den einzelstaatlichen Rechtsvorschriften und Gepflogenheiten ein rechtmäßiges Interesse daran haben, sich an der Bekämpfung von Diskriminierung aufgrund des Geschlechts zu beteiligen, um die Einhaltung des Grundsatzes der Gleichbehandlung zu fördern.

KAPITEL 3

Allgemeine horizontale Bestimmungen

Artikel 23

Einhaltung

Die Mitgliedstaaten treffen alle erforderlichen Maßnahmen, um sicherzustellen, dass

a) die Rechts- und Verwaltungsvorschriften, die dem Gleichbehandlungsgrundsatz zuwiderlaufen, aufgehoben werden;

b) mit dem Gleichbehandlungsgrundsatz nicht zu vereinbarende Bestimmungen in Arbeits- und Tarifverträgen, Betriebsordnungen und Statuten der freien Berufe und der Arbeitgeber- und Arbeitnehmerorganisationen und allen sonstigen Vereinbarungen und Regelungen nichtig sind, für nichtig erklärt werden können oder geändert werden;

c) betriebliche Systeme der sozialen Sicherheit, die solche Bestimmungen enthalten, nicht durch Verwaltungsmaßnahmen genehmigt oder für allgemeinverbindlich erklärt werden können.

Artikel 24

Viktimisierung

Die Mitgliedstaaten treffen im Rahmen ihrer nationalen Rechtsordnungen die erforderlichen Maßnahmen, um die Arbeitnehmer sowie die aufgrund der innerstaatlichen Rechtsvorschriften und/oder Gepflogenheiten vorgesehenen Arbeitnehmervertreter vor Entlassung oder anderen Benachteiligungen durch den Arbeitgeber zu schützen, die als Reaktion auf eine Beschwerde innerhalb des betreffenden Unternehmens oder auf die Einleitung eines Verfahrens zur Durchsetzung des Gleichbehandlungsgrundsatzes erfolgen.

Artikel 25

Sanktionen

Die Mitgliedstaaten legen die Regeln für die Sanktionen fest, die bei einem Verstoß gegen die einzelstaatlichen Vorschriften zur Umsetzung dieser Richtlinie zu verhängen sind, und treffen alle erforderlichen Maßnahmen, um deren Anwendung zu gewährleisten. Die Sanktionen, die auch Schadenersatzleistungen an die Opfer umfassen können, müssen wirksam, verhältnismäßig und abschreckend sein. Die Mitgliedstaaten teilen diese Vorschriften der Kommission spätestens bis zum 5. Oktober 2005 mit und unterrichten sie unverzüglich über alle späteren Änderungen dieser Vorschriften.

Artikel 26

Vorbeugung von Diskriminierung

Die Mitgliedstaaten ersuchen in Einklang mit ihren nationalen Rechtsvorschriften, Tarifverträgen oder Gepflogenheiten die Arbeitgeber und die für Berufsbildung zuständigen Personen, wirksame Maßnahmen zu ergreifen, um allen Formen der Diskriminierung aufgrund des Geschlechts und insbesondere Belästigung und sexueller Belästigung am Arbeitsplatz sowie beim Zugang zur Beschäftigung, zur Berufsbildung und zum beruflichen Aufstieg vorzubeugen.

Artikel 27

Mindestanforderungen

(1) Die Mitgliedstaaten können Vorschriften erlassen oder beibehalten, die im Hinblick auf die Wahrung des Gleichbehandlungsgrundsatzes günstiger als die in dieser Richtlinie vorgesehenen Vorschriften sind.

(2) Die Durchführung dieser Richtlinie rechtfertigt in keinem Fall eine Beeinträchtigung des Schutzniveaus der Arbeitnehmer in dem von ihr abgedeckten Bereich; das Recht der Mitgliedstaaten, als Reaktion auf eine veränderte Situation Rechts- und Verwaltungsvorschriften zu erlassen, die sich von denen unterscheiden, die zum Zeitpunkt der Bekanntgabe dieser Richtlinie in Kraft waren, bleibt unberührt, solange die Bestimmungen dieser Richtlinie eingehalten werden.

Artikel 28

Verhältnis zu gemeinschaftlichen und einzelstaatlichen Vorschriften

(1) Diese Richtlinie steht Vorschriften zum Schutz der Frau, insbesondere bei Schwangerschaft und Mutterschaft, nicht entgegen.

(2) Diese Richtlinie berührt nicht die Bestimmungen der Richtlinien 96/34/EG und 92/85/EWG.

Artikel 29

Durchgängige Berücksichtigung des Gleichstellungsaspekts

Die Mitgliedstaaten berücksichtigen aktiv das Ziel der Gleichstellung von Männern und Frauen bei der Formulierung und Durchführung von Rechts- und Verwaltungsvorschriften, Politiken und Tätigkeiten in den in dieser Richtlinie genannten Bereichen.

Artikel 30

Verbreitung von Informationen

Die Mitgliedstaaten tragen dafür Sorge, dass die in Anwendung dieser Richtlinie ergehenden Maßnahmen sowie die bereits geltenden einschlägigen Vorschriften allen Betroffenen in geeigneter Form und gegebenenfalls in den Betrieben bekannt gemacht werden.

TITEL IV

SCHLUSSBESTIMMUNGEN

Artikel 31

Berichte

(1) Die Mitgliedstaaten übermitteln der Kommission bis zum 15. Februar 2011 alle Informationen, die diese benötigt, um einen Bericht an das Europäische Parlament und den Rat über die Anwendung der Richtlinie zu erstellen.

(2) Unbeschadet des Absatzes 1 übermitteln die Mitgliedstaaten der Kommission alle vier Jahre den Wortlaut aller Maßnahmen nach Artikel 141 Absatz 4 des Vertrags sowie Berichte über diese Maßnahmen und deren Durchführung. Auf der Grundlage dieser Informationen verabschiedet und veröffentlicht die Kommission alle vier Jahre einen Bericht, der eine vergleichende Bewertung solcher Maßnahmen unter Berücksichtigung der Erklärung Nr. 28 in der Schlussakte des Vertrags von Amsterdam enthält.

(3) Die Mitgliedstaaten prüfen in regelmäßigen Abständen die in Artikel 14 Absatz 2 genannten beruflichen Tätigkeiten, um unter Berücksichtigung der sozialen Entwicklung festzustellen, ob es gerechtfertigt ist, die betreffenden Ausnahmen aufrechtzuerhalten. Sie übermitteln der Kommission das Ergebnis dieser Prüfung regelmäßig, zumindest aber alle acht Jahre.

Artikel 32

Überprüfung

Die Kommission überprüft spätestens bis zum 15. Februar 2013 die Anwendung dieser Richtlinie und schlägt, soweit sie dies für erforderlich hält, Änderungen vor.

Artikel 33

Umsetzung

Die Mitgliedstaaten setzen die Rechts- und Verwaltungsvorschriften in Kraft, die erforderlich sind, um dieser Richtlinie spätestens ab dem 15. August 2008 nachzukommen, oder stellen bis zu diesem Zeitpunkt sicher, dass die Sozialpartner im Wege einer Vereinbarung die erforderlichen Bestimmungen einführen. Den Mitgliedstaaten kann längstens ein weiteres Jahr eingeräumt werden, um dieser Richtlinie nachzukommen, wenn dies aufgrund besonderer Schwierigkeiten erforderlich ist. Die Mitgliedstaaten treffen alle notwendigen Maßnahmen, um jederzeit gewährleisten zu können, dass die durch die Richtlinie vorgeschriebenen Ergebnisse erzielt werden. Sie teilen der Kommission unverzüglich den Wortlaut dieser Vorschriften mit.

Wenn die Mitgliedstaaten diese Vorschriften erlassen, nehmen sie in den Vorschriften selbst oder durch einen Hinweis bei der amtlichen Veröffentlichung auf diese Richtlinie Bezug. Diese Bezugnahme enthält außerdem eine Erklärung, wonach Bezugnahmen in bestehenden Rechts- oder Verwaltungsvorschriften auf durch diese Richtlinie aufgehobene Richtlinien als Bezugnahmen auf die vorliegende Richtlinie zu verstehen sind. Die Mitgliedstaaten regeln die Einzelheiten der Bezugnahme und die Formulierung der genannten Erklärung.

Die Verpflichtung zur Umsetzung dieser Richtlinie in innerstaatliches Recht beschränkt sich auf diejenigen Bestimmungen, die eine inhaltliche Veränderung gegenüber den früheren Richtlinien darstellen. Die Verpflichtung zur Umsetzung derjenigen Bestimmungen, die inhaltlich unverändert bleiben, ergibt sich aus den früheren Richtlinien.

Die Mitgliedstaaten teilen der Kommission den Wortlaut der wichtigsten innerstaatlichen Rechtsvorschriften mit, die sie auf dem unter diese Richtlinie fallenden Gebiet erlassen.

Artikel 34

Aufhebung

(1) Die Richtlinien 75/117/EWG, 76/207/EWG, 86/378/EWG und 97/80/EG werden mit Wirkung vom 15. August 2009 aufgehoben; die Verpflichtung der Mitgliedstaaten hinsichtlich der Fristen für die Umsetzung der in Anhang I Teil B genannten Richtlinien in einzelstaatliches Recht und für ihre Anwendung bleibt hiervon unberührt.

(2) Verweisungen auf die aufgehobenen Richtlinien gelten als Verweisungen auf die vorliegende Richtlinie und sind nach der Entsprechungstabelle in Anhang II zu lesen.

Artikel 35

Inkrafttreten

Diese Richtlinie tritt am zwanzigsten Tag nach ihrer Veröffentlichung im *Amtsblatt der Europäischen Union* in Kraft.

Artikel 36

Adressaten

Diese Richtlinie ist an die Mitgliedstaaten gerichtet.

Geschehen zu Straßburg am 5. Juli 2006.

Im Namen des Europäischen Parlaments	Im Namen des Rates
Der Präsident	Die Präsidentin
J. BORRELL FONTELLES	P. LEHTOMÄKI

Allgemeines Gleichbehandlungsgesetz (AGG)

vom 14.08.2006 (BGBl. I S. 1897),
geändert durch Artikel 8 Abs. 1 des Gesetzes
vom 2. Dezember 2006 (BGBl. I S. 2742).

Abschnitt 1
Allgemeiner Teil

§ 1 Ziel des Gesetzes

Ziel des Gesetzes ist, Benachteiligungen aus Gründen der Rasse oder wegen der ethnischen Herkunft, des Geschlechts, der Religion oder Weltanschauung, einer Behinderung, des Alters oder der sexuellen Identität zu verhindern oder zu beseitigen.

§ 2 Anwendungsbereich

(1) Benachteiligungen aus einem in § 1 genannten Grund sind nach Maßgabe dieses Gesetzes unzulässig in Bezug auf:

1. die Bedingungen, einschließlich Auswahlkriterien und Einstellungsbedingungen, für den Zugang zu unselbstständiger und selbstständiger Erwerbstätigkeit, unabhängig von Tätigkeitsfeld und beruflicher Position, sowie für den beruflichen Aufstieg,

2. die Beschäftigungs- und Arbeitsbedingungen einschließlich Arbeitsentgelt und Entlassungsbedingungen, insbesondere in individual- und kollektivrechtlichen Vereinbarungen und Maßnahmen bei der Durchführung und Beendigung eines Beschäftigungsverhältnisses sowie beim beruflichen Aufstieg,

3. den Zugang zu allen Formen und allen Ebenen der Berufsberatung, der Berufsbildung einschließlich der Berufsausbildung, der beruflichen Weiterbildung und der Umschulung sowie der praktischen Berufserfahrung,

4. die Mitgliedschaft und Mitwirkung in einer Beschäftigten- oder Arbeitgebervereinigung oder einer Vereinigung, deren Mitglieder einer bestimmten Berufsgruppe angehören, einschließlich der Inanspruchnahme der Leistungen solcher Vereinigungen,

5. den Sozialschutz, einschließlich der sozialen Sicherheit und der Gesundheitsdienste,

6. die sozialen Vergünstigungen,

7. die Bildung,

8. den Zugang zu und die Versorgung mit Gütern und Dienstleistungen, die der Öffentlichkeit zur Verfügung stehen, einschließlich von Wohnraum.

(2) 1Für Leistungen nach dem Sozialgesetzbuch gelten § 33c des Ersten Buches Sozialgesetzbuch und § 19a des Vierten Buches Sozialgesetzbuch. 2Für die betriebliche Altersvorsorge gilt das Betriebsrentengesetz.

(3) 1Die Geltung sonstiger Benachteiligungsverbote oder Gebote der Gleichbehandlung wird durch dieses Gesetz nicht berührt. 2Dies gilt auch für öffentlich-rechtliche Vorschriften, die dem Schutz bestimmter Personengruppen dienen.

(4) Für Kündigungen gelten ausschließlich die Bestimmungen zum allgemeinen und besonderen Kündigungsschutz.

§ 3 Begriffsbestimmungen

(1) 1Eine unmittelbare Benachteiligung liegt vor, wenn eine Person wegen eines in § 1 genannten Grundes eine weniger günstige Behandlung erfährt, als eine andere Person in einer vergleichbaren Situation erfährt, erfahren hat oder erfahren würde. 2Eine unmittelbare Benachteiligung wegen des Geschlechts liegt in Bezug auf § 2 Abs. 1 Nr. 1 bis 4 auch im Falle einer ungünstigeren Behandlung einer Frau wegen Schwangerschaft oder Mutterschaft vor.

(2) Eine mittelbare Benachteiligung liegt vor, wenn dem Anschein nach neutrale Vorschriften, Kriterien oder Verfahren Personen wegen eines in § 1 genannten Grundes gegenüber anderen Personen in besonderer Weise benachteiligen können, es sei denn, die betreffenden Vorschriften, Kriterien oder Verfahren sind durch ein rechtmäßiges Ziel sachlich gerechtfertigt und die Mittel sind zur Erreichung dieses Ziels angemessen und erforderlich.

(3) Eine Belästigung ist eine Benachteiligung, wenn unerwünschte Verhaltensweisen, die mit einem in § 1 genannten Grund in Zusammenhang stehen, bezwecken oder bewirken, dass die Würde der betreffenden Person verletzt und ein von Einschüchterungen, Anfeindungen, Erniedrigungen, Entwürdigungen oder Beleidigungen gekennzeichnetes Umfeld geschaffen wird.

(4) Eine sexuelle Belästigung ist eine Benachteiligung in Bezug auf § 2 Abs. 1 Nr. 1 bis 4, wenn ein unerwünschtes, sexuell bestimmtes Verhalten, wozu auch unerwünschte sexuelle Handlungen und Aufforderungen zu diesen, sexuell bestimmte körperliche Berührungen, Bemerkungen sexuellen Inhalts sowie unerwünschtes Zeigen und sichtbares Anbringen von pornographischen Darstellungen gehören, bezweckt oder bewirkt, dass die Würde der betreffenden Person verletzt wird, insbesondere wenn ein von Einschüchterungen, Anfeindungen, Erniedrigungen, Entwürdigungen oder Beleidigungen gekennzeichnetes Umfeld geschaffen wird.

(5) 1Die Anweisung zur Benachteiligung einer Person aus einem in § 1 genannten Grund gilt als Benachteiligung. 2Eine solche Anweisung liegt in Bezug auf § 2 Abs. 1 Nr. 1 bis 4 insbesondere vor, wenn jemand eine Person zu einem Verhalten bestimmt, das einen Beschäftigten oder eine Beschäftigte wegen eines in § 1 genannten Grundes benachteiligt oder benachteiligen kann.

§ 4 Unterschiedliche Behandlung wegen mehrerer Gründe

Erfolgt eine unterschiedliche Behandlung wegen mehrerer der in § 1 genannten Gründe, so kann diese unterschiedliche Behandlung nach den §§ 8 bis 10 und 20 nur gerechtfertigt werden, wenn sich die Rechtfertigung auf alle diese Gründe erstreckt, derentwegen die unterschiedliche Behandlung erfolgt.

§ 5 Positive Maßnahmen

Ungeachtet der in den §§ 8 bis 10 sowie in § 20 benannten Gründe ist eine unterschiedliche Behandlung auch zulässig, wenn durch geeignete und angemessene Maßnahmen bestehende Nachteile wegen eines in § 1 genannten Grundes verhindert oder ausgeglichen werden sollen.

Abschnitt 2
Schutz der Beschäftigten vor Benachteiligung

Unterabschnitt 1
Verbot der Benachteiligung

§ 6 Persönlicher Anwendungsbereich

(1) 1Beschäftigte im Sinne dieses Gesetzes sind

1. Arbeitnehmerinnen und Arbeitnehmer,
2. die zu ihrer Berufsbildung Beschäftigten,
3. Personen, die wegen ihrer wirtschaftlichen Unselbstständigkeit als arbeitnehmerähnliche Personen anzusehen sind; zu diesen gehören auch die in Heimarbeit Beschäftigten und die ihnen Gleichgestellten.

2Als Beschäftigte gelten auch die Bewerberinnen und Bewerber für ein Beschäftigungsverhältnis sowie die Personen, deren Beschäftigungsverhältnis beendet ist.

(2) 1Arbeitgeber (Arbeitgeber und Arbeitgeberinnen) im Sinne dieses Abschnitts sind natürliche und juristische Personen sowie rechtsfähige Personengesellschaften, die Personen nach Absatz 1 beschäftigen. 2Werden Beschäftigte einem Dritten zur Arbeitsleistung überlassen, so gilt auch dieser als Arbeitgeber im Sinne dieses Abschnitts. 3Für die in Heimarbeit Beschäftigten und die ihnen Gleichgestellten tritt an die Stelle des Arbeitgebers der Auftraggeber oder Zwischenmeister.

(3) Soweit es die Bedingungen für den Zugang zur Erwerbstätigkeit sowie den beruflichen Aufstieg betrifft, gelten die Vorschriften dieses Abschnitts für Selbstständige und Organmitglieder, insbesondere Geschäftsführer oder Geschäftsführerinnen und Vorstände, entsprechend.

§ 7 Benachteiligungsverbot

(1) Beschäftigte dürfen nicht wegen eines in § 1 genannten Grundes benachteiligt werden; dies gilt auch, wenn die Person, die die Benachteiligung begeht, das Vorliegen eines in § 1 genannten Grundes bei der Benachteiligung nur annimmt.

(2) Bestimmungen in Vereinbarungen, die gegen das Benachteiligungsverbot des Absatzes 1 verstoßen, sind unwirksam.

(3) Eine Benachteiligung nach Absatz 1 durch Arbeitgeber oder Beschäftigte ist eine Verletzung vertraglicher Pflichten.

§ 8 Zulässige unterschiedliche Behandlung wegen beruflicher Anforderungen

(1) Eine unterschiedliche Behandlung wegen eines in § 1 genannten Grundes ist zulässig, wenn dieser Grund wegen der Art der auszuübenden Tätigkeit oder der Bedingungen ihrer Ausübung eine wesentliche und entscheidende berufliche Anforderung darstellt, sofern der Zweck rechtmäßig und die Anforderung angemessen ist.

(2) Die Vereinbarung einer geringeren Vergütung für gleiche oder gleichwertige Arbeit wegen eines in § 1 genannten Grundes wird nicht dadurch gerechtfertigt, dass wegen eines in § 1 genannten Grundes besondere Schutzvorschriften gelten.

§ 9 Zulässige unterschiedliche Behandlung wegen der Religion oder Weltanschauung

(1) Ungeachtet des § 8 ist eine unterschiedliche Behandlung wegen der Religion oder der Weltanschauung bei der Beschäftigung durch Religionsgemeinschaften, die ihnen zugeordneten Einrichtungen ohne Rücksicht auf ihre Rechtsform oder durch Vereinigungen, die sich die gemeinschaftliche Pflege einer Religion oder Weltanschauung zur Aufgabe machen, auch zulässig, wenn eine bestimmte Religion oder Weltanschauung unter Beachtung des Selbstverständnisses der jeweiligen Religionsgemeinschaft oder Vereinigung im Hinblick auf ihr Selbstbestimmungsrecht oder nach der Art der Tätigkeit eine gerechtfertigte berufliche Anforderung darstellt.

(2) Das Verbot unterschiedlicher Behandlung wegen der Religion oder der Weltanschauung berührt nicht das Recht der in Absatz 1 genannten Religionsgemeinschaften, der ihnen zugeordneten Einrichtungen ohne Rücksicht auf ihre Rechtsform oder der Vereinigungen, die sich die gemeinschaftliche Pflege einer Religion oder Weltanschauung zur Aufgabe machen, von ihren Beschäftigten ein loyales und aufrichtiges Verhalten im Sinne ihres jeweiligen Selbstverständnisses verlangen zu können.

§ 10 Zulässige unterschiedliche Behandlung wegen des Alters

1Ungeachtet des § 8 ist eine unterschiedliche Behandlung wegen des Alters auch zulässig, wenn sie objektiv und angemessen und durch ein legitimes Ziel gerechtfertigt ist. 2Die Mittel zur Erreichung dieses Ziels müssen angemessen und erforderlich sein. 3Derartige unterschiedliche Behandlungen können insbesondere Folgendes einschließen:

1.
    die Festlegung besonderer Bedingungen für den Zugang zur Beschäftigung und zur beruflichen Bildung sowie besonderer Beschäftigungs- und Arbeitsbedingungen, einschließlich der Bedingungen für Entlohnung und Beendigung des Beschäftigungsverhältnisses, um die berufliche Eingliederung von Jugendlichen, älteren Beschäftigten und Personen mit Fürsorgepflichten zu fördern oder ihren Schutz sicherzustellen,

2.
    die Festlegung von Mindestanforderungen an das Alter, die Berufserfahrung oder das Dienstalter für den Zugang zur Beschäftigung oder für bestimmte mit der Beschäftigung verbundene Vorteile,

3.
    die Festsetzung eines Höchstalters für die Einstellung auf Grund der spezifischen Ausbildungsanforderungen eines bestimmten Arbeitsplatzes oder auf Grund der Notwendigkeit einer angemessenen Beschäftigungszeit vor dem Eintritt in den Ruhestand,

4.
    die Festsetzung von Altersgrenzen bei den betrieblichen Systemen der sozialen Sicherheit als Voraussetzung für die Mitgliedschaft oder den Bezug von Altersrente oder von Leistungen bei Invalidität einschließlich der Festsetzung unterschiedlicher Altersgrenzen im Rahmen dieser Systeme für bestimmte Beschäftigte oder Gruppen von Beschäftigten und die Verwendung von Alterskriterien im Rahmen dieser Systeme für versicherungsmathematische Berechnungen,

5.
    eine Vereinbarung, die die Beendigung des Beschäftigungsverhältnisses ohne Kündigung zu einem Zeitpunkt vorsieht, zu dem der oder die Beschäftigte eine Rente wegen Alters beantragen kann; § 41 des Sechsten Buches Sozialgesetzbuch bleibt unberührt,

6. Differenzierungen von Leistungen in Sozialplänen im Sinne des Betriebsverfassungsgesetzes, wenn die Parteien eine nach Alter oder Betriebszugehörigkeit gestaffelte Abfindungsregelung geschaffen haben, in der die wesentlich vom Alter abhängenden Chancen auf dem Arbeitsmarkt durch eine verhältnismäßig starke Betonung des Lebensalters erkennbar berücksichtigt worden sind, oder Beschäftigte von den Leistungen des Sozialplans ausgeschlossen haben, die wirtschaftlich abgesichert sind, weil sie, gegebenenfalls nach Bezug von Arbeitslosengeld, rentenberechtigt sind.

Unterabschnitt 2
Organisationspflichten des Arbeitgebers

§ 11 Ausschreibung

Ein Arbeitsplatz darf nicht unter Verstoß gegen § 7 Abs. 1 ausgeschrieben werden.

§ 12 Maßnahmen und Pflichten des Arbeitgebers

(1) 1Der Arbeitgeber ist verpflichtet, die erforderlichen Maßnahmen zum Schutz vor Benachteiligungen wegen eines in § 1 genannten Grundes zu treffen. 2Dieser Schutz umfasst auch vorbeugende Maßnahmen.

(2) 1Der Arbeitgeber soll in geeigneter Art und Weise, insbesondere im Rahmen der beruflichen Aus- und Fortbildung, auf die Unzulässigkeit solcher Benachteiligungen hinweisen und darauf hinwirken, dass diese unterbleiben. 2Hat der Arbeitgeber seine Beschäftigten in geeigneter Weise zum Zwecke der Verhinderung von Benachteiligung geschult, gilt dies als Erfüllung seiner Pflichten nach Absatz 1.

(3) Verstoßen Beschäftigte gegen das Benachteiligungsverbot des § 7 Abs. 1, so hat der Arbeitgeber die im Einzelfall geeigneten, erforderlichen und angemessenen Maßnahmen zur Unterbindung der Benachteiligung wie Abmahnung, Umsetzung, Versetzung oder Kündigung zu ergreifen.

(4) Werden Beschäftigte bei der Ausübung ihrer Tätigkeit durch Dritte nach § 7 Abs. 1 benachteiligt, so hat der Arbeitgeber die im Einzelfall geeigneten, erforderlichen und angemessenen Maßnahmen zum Schutz der Beschäftigten zu ergreifen.

(5) 1Dieses Gesetz und § 61b des Arbeitsgerichtsgesetzes sowie Informationen über die für die Behandlung von Beschwerden nach § 13 zuständigen Stellen sind im Betrieb oder in der Dienststelle bekannt zu machen. 2Die Bekanntmachung kann durch Aushang oder Auslegung an geeigneter Stelle oder den Einsatz der im Betrieb oder der Dienststelle üblichen Informations- und Kommunikationstechnik erfolgen.

Unterabschnitt 3
Rechte der Beschäftigten

§ 13 Beschwerderecht

(1) 1Die Beschäftigten haben das Recht, sich bei den zuständigen Stellen des Betriebs, des Unternehmens oder der Dienststelle zu beschweren, wenn sie sich im Zusammenhang mit ihrem Beschäftigungsverhältnis vom Arbeitgeber, von Vorgesetzten, anderen Beschäftigten oder Dritten wegen eines in § 1 genannten Grundes benachteiligt fühlen. 2Die Beschwerde ist zu prüfen und das Ergebnis der oder dem beschwerdeführenden Beschäftigten mitzuteilen.

(2) Die Rechte der Arbeitnehmervertretungen bleiben unberührt.

§ 14 Leistungsverweigerungsrecht

1Ergreift der Arbeitgeber keine oder offensichtlich ungeeignete Maßnahmen zur Unterbindung einer Belästigung oder sexuellen Belästigung am Arbeitsplatz, sind die betroffenen Beschäftigten berechtigt, ihre Tätigkeit ohne Verlust des Arbeitsentgelts einzustellen, soweit dies zu ihrem Schutz erforderlich ist. 2§ 273 des Bürgerlichen Gesetzbuchs bleibt unberührt.

§ 15 Entschädigung und Schadensersatz

(1) 1Bei einem Verstoß gegen das Benachteiligungsverbot ist der Arbeitgeber verpflichtet, den hierdurch entstandenen Schaden zu ersetzen. 2Dies gilt nicht, wenn der Arbeitgeber die Pflichtverletzung nicht zu vertreten hat.

(2) 1Wegen eines Schadens, der nicht Vermögensschaden ist, kann der oder die Beschäftigte eine angemessene Entschädigung in Geld verlangen. 2Die Entschädigung darf bei einer Nichteinstellung drei Monatsgehälter nicht übersteigen, wenn der oder die Beschäftigte auch bei benachteiligungsfreier Auswahl nicht eingestellt worden wäre.

(3) Der Arbeitgeber ist bei der Anwendung kollektivrechtlicher Vereinbarungen nur dann zur Entschädigung verpflichtet, wenn er vorsätzlich oder grob fahrlässig handelt.

(4) 1Ein Anspruch nach Absatz 1 oder 2 muss innerhalb einer Frist von zwei Monaten schriftlich geltend gemacht werden, es sei denn, die Tarifvertragsparteien haben etwas anderes vereinbart. 2Die Frist beginnt im Falle einer Bewerbung oder eines beruflichen Aufstiegs mit dem Zugang der Ablehnung und in den sonstigen Fällen einer Benachteiligung zu dem Zeitpunkt, in dem der oder die Beschäftigte von der Benachteiligung Kenntnis erlangt.

(5) Im Übrigen bleiben Ansprüche gegen den Arbeitgeber, die sich aus anderen Rechtsvorschriften ergeben, unberührt.

(6) Ein Verstoß des Arbeitgebers gegen das Benachteiligungsverbot des § 7 Abs. 1 begründet keinen Anspruch auf Begründung eines Beschäftigungsverhältnisses, Berufsausbildungsverhältnisses oder einen beruflichen Aufstieg, es sei denn, ein solcher ergibt sich aus einem anderen Rechtsgrund.

§ 16 Maßregelungsverbot

(1) 1Der Arbeitgeber darf Beschäftigte nicht wegen der Inanspruchnahme von Rechten nach diesem Abschnitt oder wegen der Weigerung, eine gegen diesen Abschnitt verstoßende Anweisung auszuführen, benachteiligen. 2Gleiches gilt für Personen, die den Beschäftigten hierbei unterstützen oder als Zeuginnen oder Zeugen aussagen.

(2) 1Die Zurückweisung oder Duldung benachteiligender Verhaltensweisen durch betroffene Beschäftigte darf nicht als Grundlage für eine Entscheidung herangezogen werden, die diese Beschäftigten berührt. 2Absatz 1 Satz 2 gilt entsprechend.

(3) § 22 gilt entsprechend.

Unterabschnitt 4
Ergänzende Vorschriften

§ 17 Soziale Verantwortung der Beteiligten

(1) Tarifvertragsparteien, Arbeitgeber, Beschäftigte und deren Vertretungen sind aufgefordert, im Rahmen ihrer Aufgaben und Handlungsmöglichkeiten an der Verwirklichung des in § 1 genannten Ziels mitzuwirken.

(2) 1In Betrieben, in denen die Voraussetzungen des § 1 Abs. 1 Satz 1 des Betriebsverfassungsgesetzes vorliegen, können bei einem groben Verstoß des Arbeitgebers gegen Vorschriften aus diesem Abschnitt der Betriebsrat oder eine im Betrieb vertretene Gewerkschaft unter der Voraussetzung des § 23 Abs. 3 Satz 1 des Betriebsverfassungsgesetzes die dort genannten

Rechte gerichtlich geltend machen; § 23 Abs. 3 Satz 2 bis 5 des Betriebsverfassungsgesetzes gilt entsprechend. 2Mit dem Antrag dürfen nicht Ansprüche des Benachteiligten geltend gemacht werden.

§ 18 Mitgliedschaft in Vereinigungen

(1) Die Vorschriften dieses Abschnitts gelten entsprechend für die Mitgliedschaft oder die Mitwirkung in einer

1.
    Tarifvertragspartei,
2.
    Vereinigung, deren Mitglieder einer bestimmten Berufsgruppe angehören oder die eine überragende Machtstellung im wirtschaftlichen oder sozialen Bereich innehat, wenn ein grundlegendes Interesse am Erwerb der Mitgliedschaft besteht,

sowie deren jeweiligen Zusammenschlüssen.

(2) Wenn die Ablehnung einen Verstoß gegen das Benachteiligungsverbot des § 7 Abs. 1 darstellt, besteht ein Anspruch auf Mitgliedschaft oder Mitwirkung in den in Absatz 1 genannten Vereinigungen.

Abschnitt 3
Schutz vor Benachteiligung im Zivilrechtsverkehr

§ 19 Zivilrechtliches Benachteiligungsverbot

(1) Eine Benachteiligung aus Gründen der Rasse oder wegen der ethnischen Herkunft, wegen des Geschlechts, der Religion, einer Behinderung, des Alters oder der sexuellen Identität bei der Begründung, Durchführung und Beendigung zivilrechtlicher Schuldverhältnisse, die

1.
    typischerweise ohne Ansehen der Person zu vergleichbaren Bedingungen in einer Vielzahl von Fällen zustande kommen (Massengeschäfte) oder bei denen das Ansehen der Person nach der Art des Schuldverhältnisses eine nachrangige Bedeutung hat und die zu vergleichbaren Bedingungen in einer Vielzahl von Fällen zustande kommen oder

2.

    eine privatrechtliche Versicherung zum Gegenstand haben,

ist unzulässig.

(2) Eine Benachteiligung aus Gründen der Rasse oder wegen der ethnischen Herkunft ist darüber hinaus auch bei der Begründung, Durchführung und Beendigung sonstiger zivilrechtlicher Schuldverhältnisse im Sinne des § 2 Abs. 1 Nr. 5 bis 8 unzulässig.

(3) Bei der Vermietung von Wohnraum ist eine unterschiedliche Behandlung im Hinblick auf die Schaffung und Erhaltung sozial stabiler Bewohnerstrukturen und ausgewogener Siedlungsstrukturen sowie ausgeglichener wirtschaftlicher, sozialer und kultureller Verhältnisse zulässig.

(4) Die Vorschriften dieses Abschnitts finden keine Anwendung auf familien- und erbrechtliche Schuldverhältnisse.

(5) 1Die Vorschriften dieses Abschnitts finden keine Anwendung auf zivilrechtliche Schuldverhältnisse, bei denen ein besonderes Nähe- oder Vertrauensverhältnis der Parteien oder ihrer Angehörigen begründet wird. 2Bei Mietverhältnissen kann dies insbesondere der Fall sein, wenn die Parteien oder ihre Angehörigen Wohnraum auf demselben Grundstück nutzen. 3Die Vermietung von Wohnraum zum nicht nur vorübergehenden Gebrauch ist in der Regel kein Geschäft im Sinne des Absatzes 1 Nr. 1, wenn der Vermieter insgesamt nicht mehr als 50 Wohnungen vermietet.

§ 20 Zulässige unterschiedliche Behandlung

(1) 1Eine Verletzung des Benachteiligungsverbots ist nicht gegeben, wenn für eine unterschiedliche Behandlung wegen der Religion, einer Behinderung, des Alters, der sexuellen Identität oder des Geschlechts ein sachlicher Grund vorliegt. 2Das kann insbesondere der Fall sein, wenn die unterschiedliche Behandlung

1.

    der Vermeidung von Gefahren, der Verhütung von Schäden oder anderen Zwecken vergleichbarer Art dient,

2.

    dem Bedürfnis nach Schutz der Intimsphäre oder der persönlichen Sicherheit Rechnung trägt,

3. besondere Vorteile gewährt und ein Interesse an der Durchsetzung der Gleichbehandlung fehlt,

4. an die Religion eines Menschen anknüpft und im Hinblick auf die Ausübung der Religionsfreiheit oder auf das Selbstbestimmungsrecht der Religionsgemeinschaften, der ihnen zugeordneten Einrichtungen ohne Rücksicht auf ihre Rechtsform sowie der Vereinigungen, die sich die gemeinschaftliche Pflege einer Religion zur Aufgabe machen, unter Beachtung des jeweiligen Selbstverständnisses gerechtfertigt ist.

(2) 1Eine unterschiedliche Behandlung wegen des Geschlechts ist im Falle des § 19 Abs. 1 Nr. 2 bei den Prämien oder Leistungen nur zulässig, wenn dessen Berücksichtigung bei einer auf relevanten und genauen versicherungsmathematischen und statistischen Daten beruhenden Risikobewertung ein bestimmender Faktor ist. 2Kosten im Zusammenhang mit Schwangerschaft und Mutterschaft dürfen auf keinen Fall zu unterschiedlichen Prämien oder Leistungen führen. 3Eine unterschiedliche Behandlung wegen der Religion, einer Behinderung, des Alters oder der sexuellen Identität ist im Falle des § 19 Abs. 1 Nr. 2 nur zulässig, wenn diese auf anerkannten Prinzipien risikoadäquater Kalkulation beruht, insbesondere auf einer versicherungsmathematisch ermittelten Risikobewertung unter Heranziehung statistischer Erhebungen.

§ 21 Ansprüche

(1) 1Der Benachteiligte kann bei einem Verstoß gegen das Benachteiligungsverbot unbeschadet weiterer Ansprüche die Beseitigung der Beeinträchtigung verlangen. 2Sind weitere Beeinträchtigungen zu besorgen, so kann er auf Unterlassung klagen.

(2) 1Bei einer Verletzung des Benachteiligungsverbots ist der Benachteiligende verpflichtet, den hierdurch entstandenen Schaden zu ersetzen. 2Dies gilt nicht, wenn der Benachteiligende die Pflichtverletzung nicht zu vertreten hat. 3Wegen eines Schadens, der nicht Vermögensschaden ist, kann der Benachteiligte eine angemessene Entschädigung in Geld verlangen.

(3) Ansprüche aus unerlaubter Handlung bleiben unberührt.

(4) Auf eine Vereinbarung, die von dem Benachteiligungsverbot abweicht, kann sich der Benachteiligende nicht berufen.

(5) Ein Anspruch nach den Absätzen 1 und 2 muss innerhalb einer Frist von zwei Monaten geltend gemacht werden. 2Nach Ablauf der Frist kann der Anspruch nur geltend gemacht werden, wenn der Benachteiligte ohne Verschulden an der Einhaltung der Frist verhindert war.

Abschnitt 4
Rechtsschutz

§ 22 Beweislast

Wenn im Streitfall die eine Partei Indizien beweist, die eine Benachteiligung wegen eines in § 1 genannten Grundes vermuten lassen, trägt die andere Partei die Beweislast dafür, dass kein Verstoß gegen die Bestimmungen zum Schutz vor Benachteiligung vorgelegen hat.

§ 23 Unterstützung durch Antidiskriminierungsverbände

(1) 1Antidiskriminierungsverbände sind Personenzusammenschlüsse, die nicht gewerbsmäßig und nicht nur vorübergehend entsprechend ihrer Satzung die besonderen Interessen von benachteiligten Personen oder Personengruppen nach Maßgabe von § 1 wahrnehmen. 2Die Befugnisse nach den Absätzen 2 bis 4 stehen ihnen zu, wenn sie mindestens 75 Mitglieder haben oder einen Zusammenschluss aus mindestens sieben Verbänden bilden.

(2) 1Antidiskriminierungsverbände sind befugt, im Rahmen ihres Satzungszwecks in gerichtlichen Verfahren, in denen eine Vertretung durch Anwälte und Anwältinnen nicht gesetzlich vorgeschrieben ist, als Beistände Benachteiligter in der Verhandlung aufzutreten. 2Im Übrigen bleiben die Vorschriften der Verfahrensordnungen, insbesondere diejenigen, nach denen Beiständen weiterer Vortrag untersagt werden kann, unberührt.

(3) Antidiskriminierungsverbänden ist im Rahmen ihres Satzungszwecks die Besorgung von Rechtsangelegenheiten Benachteiligter gestattet.

(4) Besondere Klagerechte und Vertretungsbefugnisse von Verbänden zu Gunsten von behinderten Menschen bleiben unberührt.

Abschnitt 5
Sonderregelungen für öffentlich-rechtliche Dienstverhältnisse

§ 24 Sonderregelung für öffentlich-rechtliche Dienstverhältnisse

Die Vorschriften dieses Gesetzes gelten unter Berücksichtigung ihrer besonderen Rechtsstellung entsprechend für

1.
Beamtinnen und Beamte des Bundes, der Länder, der Gemeinden, der Gemeindeverbände sowie der sonstigen der Aufsicht des Bundes oder eines Landes unterstehenden Körperschaften, Anstalten und Stiftungen des öffentlichen Rechts,

2.
Richterinnen und Richter des Bundes und der Länder,

3.
Zivildienstleistende sowie anerkannte Kriegsdienstverweigerer, soweit ihre Heranziehung zum Zivildienst betroffen ist.

Abschnitt 6
Antidiskriminierungsstelle

§ 25 Antidiskriminierungsstelle des Bundes

(1) Beim Bundesministerium für Familie, Senioren, Frauen und Jugend wird unbeschadet der Zuständigkeit der Beauftragten des Deutschen Bundestages oder der Bundesregierung die Stelle des Bundes zum Schutz vor Benachteiligungen wegen eines in § 1 genannten Grundes (Antidiskriminierungsstelle des Bundes) errichtet.

(2) 1Der Antidiskriminierungsstelle des Bundes ist die für die Erfüllung ihrer Aufgaben notwendige Personal- und Sachausstattung zur Verfügung zu stellen. 2Sie ist im Einzelplan des Bundesministeriums für Familie, Senioren, Frauen und Jugend in einem eigenen Kapitel auszuweisen.

§ 26 Rechtsstellung der Leitung der Antidiskriminierungsstelle des Bundes

(1) 1Die Bundesministerin oder der Bundesminister für Familie, Senioren, Frauen und Jugend ernennt auf Vorschlag der Bundesregierung eine Person zur Leitung der Antidiskriminierungsstelle des Bundes. 2Sie steht nach Maßgabe dieses Gesetzes in einem öffentlich-rechtlichen Amtsverhältnis zum Bund. 3Sie ist in Ausübung ihres Amtes unabhängig und nur dem Gesetz unterworfen.

(2) Das Amtsverhältnis beginnt mit der Aushändigung der Urkunde über die Ernennung durch die Bundesministerin oder den Bundesminister für Familie, Senioren, Frauen und Jugend.

(3) 1Das Amtsverhältnis endet außer durch Tod

1.
    mit dem Zusammentreten eines neuen Bundestages,

2.
    durch Ablauf der Amtszeit mit Erreichen der Altersgrenze nach § 41 Abs. 1 des Bundesbeamtengesetzes,

3.
    mit der Entlassung.

2Die Bundesministerin oder der Bundesminister für Familie, Senioren, Frauen und Jugend entlässt die Leiterin oder den Leiter der Antidiskriminierungsstelle des Bundes auf deren Verlangen oder wenn Gründe vorliegen, die bei einer Richterin oder einem Richter auf Lebenszeit die Entlassung aus dem Dienst rechtfertigen. 3Im Falle der Beendigung des Amtsverhältnisses erhält die Leiterin oder der Leiter der Antidiskriminierungsstelle des Bundes eine von der Bundesministerin oder dem Bundesminister für Familie, Senioren, Frauen und Jugend vollzogene Urkunde. 4Die Entlassung wird mit der Aushändigung der Urkunde wirksam.

(4) 1Das Rechtsverhältnis der Leitung der Antidiskriminierungsstelle des Bundes gegenüber dem Bund wird durch Vertrag mit dem Bundesministerium für Familie, Senioren, Frauen und Jugend geregelt. 2Der Vertrag bedarf der Zustimmung der Bundesregierung.

(5) 1Wird eine Bundesbeamtin oder ein Bundesbeamter zur Leitung der Antidiskriminierungsstelle des Bundes bestellt, scheidet er oder sie mit Beginn des Amtsverhältnisses aus dem bisherigen Amt aus. 2Für die Dauer des Amtsverhältnisses ruhen die aus dem Beamtenverhältnis begründeten Rechte und Pflichten mit Ausnahme der Pflicht zur Amtsverschwiegenheit und des Verbots der Annahme von Belohnungen oder Geschenken. 3Bei unfallverletzten Beamtinnen oder Beamten bleiben die gesetzlichen Ansprüche auf das Heilverfahren und einen Unfallausgleich unberührt.

§ 27 Aufgaben

(1) Wer der Ansicht ist, wegen eines in § 1 genannten Grundes benachteiligt worden zu sein, kann sich an die Antidiskriminierungsstelle des Bundes wenden.

(2) ¹Die Antidiskriminierungsstelle des Bundes unterstützt auf unabhängige Weise Personen, die sich nach Absatz 1 an sie wenden, bei der Durchsetzung ihrer Rechte zum Schutz vor Benachteiligungen. ²Hierbei kann sie insbesondere

1. über Ansprüche und die Möglichkeiten des rechtlichen Vorgehens im Rahmen gesetzlicher Regelungen zum Schutz vor Benachteiligungen informieren,
2. Beratung durch andere Stellen vermitteln,
3. eine gütliche Beilegung zwischen den Beteiligten anstreben.

³Soweit Beauftragte des Deutschen Bundestages oder der Bundesregierung zuständig sind, leitet die Antidiskriminierungsstelle des Bundes die Anliegen der in Absatz 1 genannten Personen mit deren Einverständnis unverzüglich an diese weiter.

(3) Die Antidiskriminierungsstelle des Bundes nimmt auf unabhängige Weise folgende Aufgaben wahr, soweit nicht die Zuständigkeit der Beauftragten der Bundesregierung oder des Deutschen Bundestages berührt ist:

1. Öffentlichkeitsarbeit,
2. Maßnahmen zur Verhinderung von Benachteiligungen aus den in § 1 genannten Gründen,
3. Durchführung wissenschaftlicher Untersuchungen zu diesen Benachteiligungen.

(4) ¹Die Antidiskriminierungsstelle des Bundes und die in ihrem Zuständigkeitsbereich betroffenen Beauftragten der Bundesregierung und des Deutschen Bundestages legen gemeinsam dem Deutschen Bundestag alle vier Jahre Berichte über Benachteiligungen aus den in § 1 genannten Gründen vor und geben Empfehlungen zur Beseitigung und Vermeidung dieser Benachteiligungen. ²Sie können gemeinsam wissenschaftliche Untersuchungen zu Benachteiligungen durchführen.

(5) Die Antidiskriminierungsstelle des Bundes und die in ihrem Zuständigkeitsbereich betroffenen Beauftragten der Bundesregierung und des Deutschen Bundestages sollen bei Benachteiligungen aus mehreren der in § 1 genannten Gründe zusammenarbeiten.

§ 28 Befugnisse

(1) Die Antidiskriminierungsstelle des Bundes kann in Fällen des § 27 Abs. 2 Satz 2 Nr. 3 Beteiligte um Stellungnahmen ersuchen, soweit die Person, die sich nach § 27 Abs. 1 an sie gewandt hat, hierzu ihr Einverständnis erklärt.

(2) 1Alle Bundesbehörden und sonstigen öffentlichen Stellen im Bereich des Bundes sind verpflichtet, die Antidiskriminierungsstelle des Bundes bei der Erfüllung ihrer Aufgaben zu unterstützen, insbesondere die erforderlichen Auskünfte zu erteilen. 2Die Bestimmungen zum Schutz personenbezogener Daten bleiben unberührt.

§ 29 Zusammenarbeit mit Nichtregierungsorganisationen und anderen Einrichtungen

Die Antidiskriminierungsstelle des Bundes soll bei ihrer Tätigkeit Nichtregierungsorganisationen sowie Einrichtungen, die auf europäischer, Bundes-, Landes- oder regionaler Ebene zum Schutz vor Benachteiligungen wegen eines in § 1 genannten Grundes tätig sind, in geeigneter Form einbeziehen.

§ 30 Beirat

(1) 1Zur Förderung des Dialogs mit gesellschaftlichen Gruppen und Organisationen, die sich den Schutz vor Benachteiligungen wegen eines in § 1 genannten Grundes zum Ziel gesetzt haben, wird der Antidiskriminierungsstelle des Bundes ein Beirat beigeordnet. 2Der Beirat berät die Antidiskriminierungsstelle des Bundes bei der Vorlage von Berichten und Empfehlungen an den Deutschen Bundestag nach § 27 Abs. 4 und kann hierzu sowie zu wissenschaftlichen Untersuchungen nach § 27 Abs. 3 Nr. 3 eigene Vorschläge unterbreiten.

(2) 1Das Bundesministerium für Familie, Senioren, Frauen und Jugend beruft im Einvernehmen mit der Leitung der Antidiskriminierungsstelle des Bundes sowie den entsprechend zuständigen Beauftragten der Bundesregierung oder des Deutschen Bundestages die Mitglieder dieses Beirats und für jedes Mitglied eine Stellvertretung. 2In den Beirat sollen Vertreterinnen und Vertreter gesellschaftlicher Gruppen und Organisationen sowie Expertinnen und Experten in Benachteiligungsfragen berufen werden. 3Die Gesamtzahl der Mitglieder des Beirats soll 16 Personen nicht überschreiten. 4Der Beirat soll zu gleichen Teilen mit Frauen und Männern besetzt sein.

(3) Der Beirat gibt sich eine Geschäftsordnung, die der Zustimmung des Bundesministeriums für Familie, Senioren, Frauen und Jugend bedarf.

(4) 1Die Mitglieder des Beirats üben die Tätigkeit nach diesem Gesetz ehrenamtlich aus. 2Sie haben Anspruch auf Aufwandsentschädigung sowie Reisekostenvergütung, Tagegelder und Übernachtungsgelder. 3Näheres regelt die Geschäftsordnung.

Abschnitt 7
Schlussvorschriften

§ 31 Unabdingbarkeit

Von den Vorschriften dieses Gesetzes kann nicht zu Ungunsten der geschützten Personen abgewichen werden.

§ 32 Schlussbestimmungen

Soweit in diesem Gesetz nicht Abweichendes bestimmt ist, gelten die allgemeinen Bestimmungen.

§ 33 Übergangsbestimmungen

(1) Bei Benachteiligungen nach den §§ 611a, 611b und 612 Abs. 3 des Bürgerlichen Gesetzbuchs oder sexuellen Belästigungen nach dem Beschäftigtenschutzgesetz ist das vor dem 18. August 2006 maßgebliche Recht anzuwenden.

(2) 1Bei Benachteiligungen aus Gründen der Rasse oder wegen der ethnischen Herkunft sind die §§ 19 bis 21 nicht auf Schuldverhältnisse anzuwenden, die vor dem 18. August 2006 begründet worden sind. 2Satz 1 gilt nicht für spätere Änderungen von Dauerschuldverhältnissen.

(3) 1Bei Benachteiligungen wegen des Geschlechts, der Religion, einer Behinderung, des Alters oder der sexuellen Identität sind die §§ 19 bis 21 nicht auf Schuldverhältnisse anzuwenden, die vor dem 1. Dezember 2006 begründet worden sind. 2Satz 1 gilt nicht für spätere Änderungen von Dauerschuldverhältnissen.

(4) 1Auf Schuldverhältnisse, die eine privatrechtliche Versicherung zum Gegenstand haben, ist § 19 Abs. 1 nicht anzuwenden, wenn diese vor dem 22. Dezember 2007 begründet worden sind. 2Satz 1 gilt nicht für spätere Änderungen solcher Schuldverhältnisse.

Die Autoren

Jochen Hoffmann
trat 1971 als Ass. jur. in die Lufthansa ein und war zunächst in der Abteilung „Tarifpolitik" in Köln tätig. Von 1973 bis 1988 nahm er die Aufgabe des Personalchefs für das Fliegende Personal und die Verkehrsfliegerschule wahr. Bis 1994 war er für die oberen Führungskräfte und Personalservices verantwortlich, bevor er bis 2001 die Leitung der Konzernpersonalpolitik und zentrale Personaldienste übernahm.

Seit 29 Jahren ist er ehrenamtlicher Richter, davon zunächst zwölf Jahre am Sozialgericht Frankfurt, zehn Jahre am Hessischen Landesarbeitsgericht Frankfurt und seit 2000 am Bundesarbeitsgericht in Erfurt. Jochen Hoffmann nimmt eine Reihe von Aufsichtsrats- und Vorstandsmandaten in verschiedenen Organisationen wahr. Zudem hat er Texte zu seinen Verantwortungsgebieten veröffentlicht.

Monika Rühl
ist seit Januar 2001 Leiterin „Change Management und Diversity" der Deutschen Lufthansa AG in Frankfurt am Main. Zuvor nahm sie 6 Jahre lang die Aufgabe der Beauftragten für Chancengleichheit wahr. Nach ihrem Studium der Anglistik, Mathematik, Pädagogik und Philosophie war sie u.a. als Assistentin des Geschäftsführers einer Stiftung und Produktionsassistentin einer TV-Produktion tätig. 1991 trat sie zunächst als Flugbegleiterin bei der Lufthansa AG ein. Von 1994 – 2001 war sie ehrenamtliche Richterin am Arbeitsgericht in Berlin. Seit 2002

ist sie beim Landesarbeitsgericht in Frankfurt. Sie ist Lehrbeauftragte der Universität Magdeburg. Monika Rühl hat eine Reihe von Texten zu Themen ihres Verantwortungsbereichs veröffentlicht.

Managementwissen:
kompetent, kritisch, kreativ

Besser führen mit Humor

Mit Humor erträgt sich vieles leichter. Wie man mit Humor besser führt, zeigt Gerhard Schwarz in dieser spannenden und aufschlussreichen Lektüre. Ein echtes Lesevergnügen.

Gerhard Schwarz
Führen mit Humor
Ein gruppendynamisches
Erfolgskonzept
2007. 216 S. Geb.
EUR 29,90
ISBN 978-3-409-12732-5

Die 25 wichtigsten Bücher zum Thema "Unternehmensführung"!

Das "Summasummarum des Management" bringt 25 der wichtigsten Werke der "Managementliteratur" auf den Punkt. Das Buch skizziert die Inhalte, fixiert die Kerngedanken und bietet dem Leser damit eine Abkürzung zu den essentiellen Prinzipien des Managements in der heutigen Zeit.

Cornelius Boersch |
Rainer Elschen (Hrsg.)
**Das Summa Summarum
des Management**
Die 25 wichtigsten Werke für
Strategie, Führung und Veränderung
2007. 280 S. Geb.
EUR 37,90
ISBN 978-3-8349-0519-2

Das erste Buch, das strukturelle Konflikte erklärt und Lösungen zeigt

Das Buch zeigt Managern und Führungskräften anhand von aktuellen Fallbeispielen, wie die inneren Mechanismen von strukturellen Konflikten funktionieren, woran man sie erkennt und welches Rüstzeug es braucht, sie unschädlich zu machen und für den unternehmerischen Wandel zu nutzen.

Ralf-Gerd Zülsdorf
**Strukturelle Konflikte
in Unternehmen**
Strategien für das Erkennen,
Lösen, Vorbeugen
2007. ca. 220 S.
Geb. ca. EUR 36,90
ISBN 978-3-8349-0549-9

Änderungen vorbehalten. Stand: Juli 2007.
Erhältlich im Buchhandel oder beim Verlag.
Gabler Verlag . Abraham-Lincoln-Str. 46 . 65189 Wiesbaden . www.gabler.de

Mitarbeiter erfolgreich führen

Persönlichkeit und Performance entwickeln

Das Autorenteam vermittelt sowohl die Philosophie und die Konzepte als auch die methodischen Schritte des Coachings. Sie stellen beispielhaft Coaching-Protokolle vor, die eine Anleitungs- und Trainingshilfe sind, um eine veränderte Führungskultur zu schaffen.

Gerhard Lenz | Heiner Ellebracht | Gisela Osterhold
Coaching als Führungsprinzip
Persönlichkeit und Performance entwickeln
2007. 160 S.
Br. EUR 29,90
ISBN 978-3-8349-0522-2

Führungsposition erfolgreich meistern

Christian Stöwe und Nicole Seifert geben erprobte Empfehlungen und Tipps für alle brennenden Fragen, die dem ehemaligen Kollegen als neuer Führungskraft im Alltag begegnen.

Christian Stöwe | Lara Keromosemito
Vom Kollegen zum Vorgesetzten
Wie Sie sich als Führungskraft erfolgreich positionieren
2007. ca. 208 S.
Br. ca. EUR 34,90
ISBN 978-3-8349-0199-6

Worauf es beim Führen wirklich ankommt

Was zeichnet gute Führung aus? Welche Führungsansätze sind wichtig und praxisnah? Daniel F. Pinnow, Geschäftsführer der renommierten Akademie für Führungskräfte, zeigt in diesem Kompendium, worauf es wirklich ankommt.

Daniel F. Pinnow
Führen
Worauf es wirklich ankommt
2007. 324 S.
Geb. EUR 39,90
ISBN 978-3-8349-0331-0

Änderungen vorbehalten. Stand: Juli 2007.
Erhältlich im Buchhandel oder beim Verlag.
Gabler Verlag · Abraham-Lincoln-Str. 46 · 65189 Wiesbaden · www.gabler.de

Unternehmen global erfolgreich führen

Die 'Toolbox' zur erfolgreichen Entwicklung einer gemeinsamen kulturellen Grundorientierung in multinationalen Unternehmen

Auf Basis einer qualitativen empirischen Studie (Interviews mit zahlreichen Managern aus neun multinationalen Unternehmen in den Regionen Deutschland/Schweiz, USA, Japan/Asien) diskutiert der Leitfaden Barrieren, Grenzen und Verbesserungspotential bei der Entwicklung einer transnationalen Unternehmenskultur.

Susanne Blazejewski | Wolfgang Dorow | Werner Auer-Rizzi | Gerhard Reber
Unternehmenskulturen in globaler Interaktion
Analysen, Erfahrungen, Lösungsansätze
2007. XXX, 456 S. Mit 60 Abb.
Geb. EUR 42,90
ISBN 978-3-8349-0052-4

Erfolgreich Geschäfte machen – sicher verhandeln in China

Nur wer die Kunst beherrscht, mit Chinesen geschickt zu verhandeln, wird im China-Geschäft erfolgreich sein. Dieser äußerst nützliche Ratgeber vermittelt das nötige Know-how dazu. Jetzt in der 2., überarbeiteten Auflage.

Manuel Vermeer
China.de
Was Sie wissen müssen, um mit Chinesen erfolgreich Geschäfte zu machen
2., überarb. Aufl. 2007. 192 S.
Geb. EUR 39,90
ISBN 978-3-8349-0566-6

Shared Services, BPO und Offshoring – neue Wege zu effizienter Organisation und Kostensenkung im Unternehmen

Ein praktischer Leitfaden zur Umsetzung von Shared Services und Business Process Outsourcing sowie zur Wahl der richtigen Standorte. Mit konkreten Handlungsempfehlungen und vielen Best-Practice-Beispielen.

Sören Dressler
Shared Services, Business Process Outsourcing und Offshoring
Die moderne Ausgestaltung des Back Office – Wege zu Kostensenkung und mehr Effizienz im Unternehmen
2007. ca. 224 S.
Br. EUR 39,90
ISBN 978-3-8349-0257-3

Änderungen vorbehalten. Stand: Juli 2007.
Erhältlich im Buchhandel oder beim Verlag.
Gabler Verlag . Abraham-Lincoln-Str. 46 . 65189 Wiesbaden . www.gabler.de